समीक्षा की कसौटी पर

समीक्षा की कसौटी पर

प्रो. शेरसिंह बिष्ट

वाणी प्रकाशन

वाणी प्रकाशन
4695, 21-ए, दरियागंज, नयी दिल्ली 110 002
शाखा
अशोक राजपथ, पटना 800 004
फ़ोन: +91 11 23273167 फ़ैक्स: +91 11 23275710
www.vaniprakashan.in
vaniprakashan@gmail.com
sales@vaniprakashan.in

SAMEEKSHA KEE KASOUTI PAR
by Prof. Shersingh Bisht

ISBN : 978-93-87409-96-5
Criticism

प्रथम संस्करण

मूल्य : ₹ 595

सिटी प्रेस, दिल्ली-110 095 में मुद्रित

वाणी प्रकाशन का लोगो मक़बूल फ़िदा हुसेन की कूची से

समर्पण

प्रात:स्मरणीय
(स्व.) श्रीमती बसन्ती रौतेला
एवं
(स्व.) श्री तेजबहादुर सिंह रौतेला जी
को
सादर समर्पित!

भूमिका

साहित्य-सृजन के साथ उसकी समीक्षा का प्रश्न भी जुड़ा हुआ है। साहित्य के नाम पर जो कुछ भी लिखा जाता है, वह सब साहित्य नहीं होता। साहित्यिक मूल्यों को तय करने के लिए साहित्यशास्त्र का निर्माण हुआ है, जिसे संस्कृताचार्यों ने काव्यशास्त्र अथवा अलंकारशास्त्र आदि नामों से अभिहित किया है। किसी भी विषय का शास्त्र उस विषय से सम्बन्धित सर्वोत्तम गुणों अथवा सकारात्मक विशेषताओं के समंजित रूप का तार्किक आधार पर कुछ मानक या मूल्य निर्धारित करता है जो अधिसंख्य प्रबुद्ध वर्ग द्वारा स्वीकार्य होता है। साहित्येतर विधाओं को बारीकी से समझने के लिए उनका भी एक शास्त्र होता है, उदाहरणार्थ–नीतिशास्त्र, अर्थशास्त्र, राजनीतिशास्त्र, शिक्षाशास्त्र, धर्मशास्त्र आदि। जहाँ तक साहित्यिक मूल्यों अथवा मानकों के निर्धारण का प्रश्न है, उसके सन्दर्भ में विश्व के सभी देशों की भाषाओं के साहित्य के बारे में वहाँ के विद्वान समीक्षकों द्वारा विचार-विमर्श होते आया है। समय-समय पर उनकी सर्वमान्यता, व्यावहारिकता तथा उत्कृष्टता पर भी चर्चा-परिचर्चा होती रही है। किसी भी साहित्यिक मानदण्ड के बारे में तार्किक आधार पर सहमति-असहमति, संशोधन-परिवर्धन होना भी एक सामान्य प्रक्रिया है। परन्तु कुछ बातें सार्वभौमिक एवं सार्वकालिक होती हैं, जिसके आधार पर रचना विशेष की स्वीकार्यता हर युग में बनी रहती है। भारतीय साहित्य के सन्दर्भ में बात करें तो आदिकाव्य वाल्मीकि-रामायण और व्यासकृत महाभारत आज भी अपनी स्वीकार्यता को बनाये हुए हैं। वाल्मीकिकृत 'रामायण' यदि युग-जीवन का आदर्श है तो 'महाभारत' सार्वभौमिक यथार्थ का।

साहित्य की यह परम्परा निरन्तर चली आ रही है। परम्पराएँ निरन्तर चलती रहती हैं। वे कभी समाप्त नहीं होतीं, वरन् अतीत को वर्तमान से जोड़ती जाती हैं। हर देश और समाज की अपनी सामाजिक, सांस्कृतिक एवं साहित्यिक परम्परा होती है। भारतीय साहित्य की परम्परा आदिकाव्य रामायण से प्रारम्भ होती है। उससे पूर्व में वेद, उपनिषद् आदि की परम्परा रही है। हिन्दी भाषा

का विकास संस्कृत, पालि, प्राकृत, अपभ्रंश से हुआ। इन्हीं भाषाओं में रचित साहित्य की अगली कड़ी के रूप हिन्दी साहित्य की विकास-यात्रा प्रारम्भ हुई। प्रारम्भ में यह साहित्य जनपदीय बोली/भाषा में रचा गया, जैसे–अपभ्रंश, मैथिली, ब्रज, अवधी आदि। उसी की अगली कड़ी के रूप में आधुनिक युग में खड़ी बोली हिन्दी में साहित्य-सृजन का प्रारम्भ हुआ। इसे ही हम सामान्य रूप में हिन्दी साहित्य के नाम से जानते हैं। संस्कृत साहित्य के मूल्यांकन के लिए उसके समानान्तर एक समीक्षाशास्त्र का निर्माण होता रहा, जिसे 'काव्यशास्त्र' कहा जाता है। इसका शुभारम्भ पहली शती के आसपास संस्कृत में आचार्य भरतमुनि के नाट्यशास्त्र से माना जाता है। संस्कृत में काव्यशास्त्र के निर्माण की यह परम्परा अविच्छिन्न रूप में भरतमुनि से लेकर अठारहवीं शती में पण्डितराज जगन्नाथ तक चलती रही। इससे यह बात समझ में आती है कि साहित्य-सृजन के साथ-साथ उसकी समीक्षा का भी उतना ही महत्त्व है।

समीक्षा 'सूप' का काम करती है जिसका उद्देश्य है, 'सार-सार को गहि रहे थोथा देइ उड़ाय'। अनाज के दानों में मिश्रित भूसा जब तक उससे दूर नहीं किया जायेगा, तब तक वह दानों का ही भ्रम देता रहेगा। इसलिए हर युग में साहित्य से उसके भूसे को उड़ाने अथवा पृथक् करने के लिए समीक्षारूपी सूप का प्रयोग होता रहा है। इसी आधार पर सत-असत् साहित्य की पहचान हो पाती है। हिन्दी में यह काम प्रारम्भ में संस्कृत काव्यशास्त्र से चलाया गया। युगानुरूप जब हिन्दी साहित्य के क्षेत्र में परम्परा से इतर पद्य एवं गद्य साहित्य लिखा जाने लगा तो संस्कृत के परम्परित प्रतिमानों रस-अलंकारादि की प्रासंगिकता को लेकर भी बहस शुरू हुई। व्यावहारिक समीक्षा के क्षेत्र में यह अनुभव किया गया कि रस-अलंकारादि के आधार पर आधुनिक हिन्दी साहित्य का समग्र मूल्यांकन सम्भव नहीं है।

पश्चिमी देशों के साहित्य के प्रभाव के कारण हिन्दी साहित्य का परिदृश्य व्यापक एवं बहुआयामी हो चला था। यह व्यापकता एवं बहुलता कथ्य एवं शिल्प दोनों क्षेत्रों में थी। इस कारण हिन्दी समीक्षा का वितान भी तदनुरूप विस्तार पाता गया। आधुनिक युग में हर दशक में हिन्दी साहित्य में कथ्य एवं शिल्प के स्तर पर बदलाव होते रहे हैं। यह परिवर्तन पद्य एवं गद्य दोनों में कम-अधिक मात्रा में होता आया है। समीक्षा साहित्य की अनुगामी होती है। जब जैसा साहित्य लिखा जाता है, आलोचना युगानुरूप साहित्यिक मूल्यों के आधार पर उसके गुण-दोषों पर विचार करती है। साहित्य-सृजन में युगानुरूप होने वाले परिवर्तनों को साहित्यिक सन्दर्भ में विश्लेषित करते हुए

उनकी प्रासंगिकता, उपादेयता एवं विशेषता का मूल्यांकन करना ही समीक्षा का कार्य है। 'समीक्षा की कसौटी पर' नामक उक्त ग्रन्थ में इन्हीं बातों को विविध सन्दर्भों में विवेचित एवं विश्लेषित किया गया है।

इस पुस्तक में एक ओर संस्कृत के काव्यशास्त्रीय प्रतिमानों की हिन्दी साहित्य के परिप्रेक्ष्य में प्रासंगिकता पर विचार किया गया है तो दूसरी ओर हिन्दी आलोचना की विकास-यात्रा पर प्रकाश डाला गया है। संस्कृताचार्यों एवं हिन्दी आलोचकों ने साहित्य के सन्दर्भ में जो कुछ भी कहा है, उसकी वर्तमान सन्दर्भों में जाँच-पड़ताल, व्यावहारिकता, उपादेयता एवं कमियों को तार्किक आधार पर उजागर करना एक बात है, उसका विकल्प प्रस्तुत करना दूसरी बात। उक्त ग्रन्थ में इन दोनों विषयों पर गम्भीरतापूर्वक विचार किया गया है। इस दृष्टि से 'आलोचना के नये आयाम' नामक अध्याय विशेष रूप से उल्लेखनीय है। किसी भी कृति के साहित्यिक मूल्यांकन की दृष्टि से ध्वनि-सिद्धान्त सर्वाधिक उपयुक्त प्रतिमान है जिसमें संस्कृत के अन्य काव्य-सम्प्रदायों—रस, अलंकार, रीति, वक्रोक्ति तथा औचित्य का समाहार हो जाता है, परन्तु विवेच्य कृति के कथ्य अथवा विषय के औचित्य, प्रासंगिकता, उपादेयता आदि के सन्दर्भ में वह मौन है।

आधुनिक युग में कथ्य तथा विषय को भी युगीन सन्दर्भों में जाँचा-परखा जाता है। उसके सामाजिक सरोकारों, मानवीय सन्दर्भों तथा सांस्कृतिक मूल्यों के सन्दर्भ में भी विचार किया जाता है। यही कारण है कि हिन्दी में समीक्षा की शास्त्रीय पद्धति के इतर कई अन्य समीक्षा-पद्धतियों को भी स्थान दिया गया है, जिसमें पाश्चात्य समीक्षा-पद्धति का प्रभाव भी देखा जा सकता है। भारतीय एवं पश्चिमी समीक्षा-पद्धतियों, विभिन्न विचारधाराओं, भाषावैज्ञानिक, समाजवैज्ञानिक, शैलीवैज्ञानिक तथा मनोवैज्ञानिक आधार पर भी कृतियों की समीक्षा की जाती है। अतः समीक्षा में एक खुली विचार-दृष्टि, सकारात्मक सोच, निष्पक्षता तथा समग्रता का होना आवश्यक है। समीक्षक को किसी विचारधारा विशेष के प्रति प्रतिबद्ध होकर दुराग्रहपूर्ण ढंग से समीक्षा नहीं करनी चाहिए, वरन् आलोच्य कृति को दृष्टिपथ में रखते हुए युगानुरूप गुण-दोषों के आधार पर उसका समग्र अध्ययन एवं मूल्यांकन करना चाहिए। यही बात इन आलोचनात्मक निबन्धों में कही गयी है।

जो कुछ पूर्ववर्ती समीक्षकों द्वारा कहा जा चुका है, उसका पिष्टपेषण निरर्थक है। उनके सापेक्ष कोई मौलिक बात तार्किक आधार पर कहनी हो तो उनका सन्दर्भ लिया जा सकता है। उक्त पुस्तक में परम्परा के सापेक्ष साहित्यिक मूल्यांकन के सन्दर्भ में उन विषयों पर तर्कसंगत रूप में प्रकाश डाला गया है, जिस ओर अभी तक आलोचकों का ध्यान नहीं गया है।

उदाहरण के तौर पर, 'क्या साहित्य समाज का दर्पण है?' आलेख को लिया जा सकता है। अभी तक अधिकांश समीक्षकों अथवा अध्यापकीय आलोचकों द्वारा शतश: बार सूत्रवाक्य की तरह इसी बात को दोहराया जाता रहा है कि 'साहित्य समाज का दर्पण है।' हमने हिन्दी साहित्य के इतिहास के समग्र अध्ययन के उपरान्त इस बात को तार्किक रूप से अप्रामाणिक सिद्ध करते हुए कहा है कि 'साहित्य समाज का दर्पण नहीं है'। वह समाज-सापेक्ष हो सकता है। 'अद्वैतवाद के पुनर्मूल्यांकन' में भी परम्परित मान्यताओं का खण्डन है। मध्यकालीन सम्पूर्ण भक्ति साहित्य को भी एक ही तुला पर नहीं तौला जा सकता कि वह ईश्वर के सगुण अथवा निर्गुण रूप पर आधारित भक्ति काव्य मात्र है। वस्तुत: वह दो अलग-अलग जीवन-दृष्टियों पर आधारित काव्य है। एक सनातन रूढ़िवादिता पर आधारित है तो दूसरा प्रगतिशील मानवतावादी दृष्टि पर। उनका प्रतिपाद्य केवल 'भक्ति' ही नहीं है, वरन् भक्ति के आलम्बन के माध्यम से दो भिन्न-भिन्न दृष्टियाँ भी हैं। इसी बात को 'भक्तिकालीन काव्य में आदर्श एवं यथार्थ' निबन्ध में तर्कसंगत रूप में प्रस्तुत किया गया है। इसके अतिरिक्त रीतिवाद तथा छायावाद के अन्तर्विरोध, मतवैभिन्य आदि का नये सन्दर्भ में मूल्यांकन एवं विश्लेषण है।

समीक्षा की सार्थकता उसकी व्यावहारिकता पर निर्भर करती है। समसामयिक साहित्य की तत्युगीन सन्दर्भों में जाँच-पड़ताल तथा उसकी विशेषताओं से पाठकों को अवगत कराना भी उसका एक प्रमुख उद्देश्य होता है। हाल के वर्षों में जो सृजनात्मक कृतियाँ, आलोचनात्मक पुस्तकें तथा अन्य विषयों से सम्बन्धित ग्रन्थ प्रकाश में आये हैं, जिनको पढ़ने का लेखक को अवसर मिला है, उनको भी समीक्षा की कसौटी पर परखने का प्रयास किया गया है। पुस्तक की मौलिकता के सन्दर्भ में कहा जा सकता है कि समीक्षा के क्षेत्र में जिस दिशा में अभी तक नहीं सोचा गया है, उस पर नयी दृष्टि से विचार करने का प्रयास किया गया है। यदि यह पुस्तक समीक्षा के क्षेत्र में कुछ नया जोड़ने में सक्षम हो पाती है तो लेखक का प्रयास सार्थक हो पायेगा। कुमाऊँ विश्वविद्यालय द्वारा विशेषज्ञों की संस्तुति के आधार पर यू.जी.सी. के प्रकाशन मद से पुस्तक प्रकाशन हेतु तीस हज़ार रुपये की धनराशि स्वीकृत की गयी है। इसके लिए मैं सभी का आभार व्यक्त करता हूँ। इस पुस्तक को तैयार करने में प्रत्यक्ष एवं परोक्ष रूप से जिन पुस्तकों एवं विद्वानों का सहयोग लिया गया है, उन सभी के प्रति भी कृतज्ञता ज्ञापित करता हूँ।

–प्रो. शेरसिंह बिष्ट

अनुक्रम

खण्ड-1

खण्ड-2

खण्ड-1

हिन्दी आलोचना का विकास

1. पूर्वपीठिका (भारतेन्दु-पूर्व युग)

हिन्दी आलोचना का इतिहास रीतिकाल से थोड़ा पहले से प्रारम्भ होता है। 'हिततरंगिणी' के लेखक कृपाराम हिन्दी के सर्वप्रथम काव्यशास्त्री माने जाते हैं। इन्होंने संवत् 1598 में रस-रीति पर 'हिततरंगिणी' नामक ग्रन्थ दोहों में तैयार किया। विद्वानों का अनुमान है कि इनके पहले और लोगों ने भी रीतिग्रन्थ लिखे थे, जो अब नहीं मिलते। कृपाराम के बारे में भी कोई वृत्तान्त नहीं मिलता। हिन्दी में रीतिग्रन्थों के सूत्रपात के सम्बन्ध में आचार्य रामचन्द्र शुक्ल लिखते हैं–"संवत् 1598 में कृपाराम थोड़ा बहुत रस-निरूपण भी कर चुके थे। उसी समय के लगभग चरखारी के मोहनलाल मिश्र ने 'श्रृंगार सागर' नामक एक ग्रन्थ श्रृंगार सम्बन्धी लिखा। नरहरि कवि के साथी करनेस कवि ने 'कर्णाभरण', 'श्रुतिभूषण' और 'भूषभूषण' नामक तीन ग्रन्थ अलंकार सम्बन्धी लिखे। रस-निरूपण और अलंकार-निरूपण का इस प्रकार सूत्रपात हो जाने पर केशवदास जी ने काव्य के सब अंगों का निरूपण शास्त्रीय पद्धति पर किया। इसमें सन्देह नहीं कि काव्यरीति का सम्यक् समावेश पहले-पहल आचार्य केशव ने ही किया।"[1] केशवदास (संवत् 1612–1674) ओरछा नरेश इन्द्रजीत सिंह के दरबार में रहते थे। ये अपने समय के साहित्य शास्त्रज्ञ कवि थे। केशवदास ने ही पहले-पहल संस्कृत साहित्यशास्त्र में निरूपित काव्यांगों का पूरा परिचय कराया। ये काव्य में अलंकारों का स्थान प्रधान मानते थे। उन्होंने स्वयं कहा है–

जदपि सुजाति सुलच्छनी, सुबरन सरस, सुवृत्त।
भूषन बिनु न बिराजई, कविता वनिता मित्त।।

इन्होंने भामह, उद्भट और दण्डी का अनुसरण किया जो रस, रीति आदि सब कुछ अलंकार के अन्तर्गत ही लेते थे। केशव ने अलंकारों पर 'कविप्रिया' तथा रस पर 'रसिकप्रिया' लिखी। इन ग्रन्थों की सारी सामग्री कई संस्कृत ग्रन्थों से ली गयी है। आचार्य रामचन्द्र शुक्ल के अनुसार–"केशव के

50 या 60 वर्ष पीछे हिन्दी में लक्षण ग्रन्थों की जो परम्परा चली, वह केशव के मार्ग पर नहीं चली। ...वह रस की प्रधानता मानने वाले काव्यप्रकाश और साहित्यदर्पण के पक्ष पर रही और अलंकारों के निरूपण में उसने अधिकतर चन्द्रालोक और कुवलयानन्द का अनुसरण किया।''[2] शुक्ल जी केशवदास के काव्यलक्षण सम्बन्धी विवेचन को संस्कृत साहित्यशास्त्र के विकासक्रम की उद्धरणी मात्र मानते हैं। उनके अनुसार–''हिन्दी रीतिग्रन्थों की अखण्ड परम्परा चिन्तामणि से चली। अत: रीतिकाल का आरम्भ उन्हीं से मानना चाहिए। उन्होंने संवत् 1700 के कुछ आगे-पीछे 'काव्यविवेक', 'कविकुलकल्पतरु' और 'काव्यप्रकाश'–ये तीन ग्रन्थ लिखकर काव्य के सब अंगों का पूरा निरूपण किया और पिंगल या छन्दशास्त्र पर भी एक पुस्तक लिखी। उसके उपरान्त तो लक्षण ग्रन्थों की भरमार-सी होने लगी। कवियों ने कविता लिखने की यह प्रणाली ही बना ली कि पहले दोहे में अलंकार या रस का लक्षण लिखना, फिर उसके उदाहरण के रूप में कविता या सवैया लिखना। ...संस्कृत साहित्य में कवि और आचार्य दो भिन्न-भिन्न श्रेणियों के व्यक्ति रहे। हिन्दी काव्यक्षेत्र में यह भेद लुप्त-सा हो गया। इस एकीकरण का प्रभाव अच्छा नहीं पड़ा। आचार्यत्व के लिए जिस सूक्ष्म विवेचन और पर्यालोचन शक्ति की अपेक्षा होती है, उसका विकास नहीं हुआ।''[3]

शुक्ल जी की दृष्टि में हिन्दी में लक्षण ग्रन्थों की परिपाटी पर रचना करने वाले जो सैकड़ों कवि हुए, उनमें आचार्यत्व के गुण नहीं थे। वे वास्तव में कवि ही थे। केशवदास के बाद लक्षण ग्रन्थों की अविरल परम्परा का प्रारम्भ शुक्ल जी ने चिन्तामणि से माना है। चिन्तामणि त्रिपाठी कानपुर के रहने वाले थे और वे चार भाई थे–चिन्तामणि, भूषण, मतिराम और जयशंकर। ये चारों कवि थे। चिन्तामणि के बाद लक्षण ग्रन्थ लिखने वाले कवि-आचार्यों की जो परम्परा चली, उनमें महाराज जसवन्त सिंह, मतिराम, कुलपति मिश्र, देव, सूरति मिश्र, श्रीपति, भिखारीदास, भूपति, दलपतिराम, सोमनाथ, रसलीन, रघुनाथ, दूलह, रतनकवि, महाराज रामसिंह, बेनी प्रवीन, ग्वालकवि, प्रतापसाहि आदि प्रमुख हैं।

2. भारतेन्दु युग (आरम्भ)

आधुनिक युग में हिन्दी आलोचना का प्रारम्भ भारतेन्दु युग से हुआ। हिन्दी समीक्षा के स्वरूप पर प्रकाश डालते हुए डॉ. रामदरश मिश्र ने लिखा है– ''हिन्दी समीक्षा के दो पक्ष हैं–1. सैद्धान्तिक तथा 2. व्यावहारिक। संस्कृत काव्यशास्त्र से उनका सम्बन्ध केवल सैद्धान्तिक धरातल पर जुड़ता है, क्योंकि

संस्कृत में व्यावहारिक समीक्षा नहीं थी यानी आज के रूप में नहीं थी। वह कहीं गुण-दोष विवेचन के प्रसंग में आ जाती थी तो कहीं टीकाओं के रूप में। कहीं कई कवियों की विशेषताओं की सूक्तिमूलक तुलना के रूप में है। हिन्दी के रीतिकाल में इसी परम्परा की अनुकृति दिखाई पड़ती है। वास्तव में भारतीय काव्यशास्त्र ने सिद्धान्त-चर्चा में ही अधिक रुचि दिखाई और व्यावहारिक समीक्षा की ओर उसका ध्यान ही नहीं था, जबकि पाश्चात्य काव्यशास्त्र व्यावहारिक समीक्षा की ओर प्रारम्भ से ही उन्मुख रहा।''[4]

डॉ. मिश्र का स्पष्ट अभिमत है कि हिन्दी समीक्षा की शुरुआत वस्तुतः व्यावहारिक समीक्षा से ही हुई। यह व्यावहारिक समीक्षा उसे प्राचीन सिद्धान्तों को नये सन्दर्भों में परखने की दृष्टि भी देती है। इसका पूर्वरूप रीतिकालीन काव्यशास्त्र में दिखाई तो देता है, परन्तु वह संस्कृत काव्यशास्त्र का सही-ग़लत अनुकरण होने के कारण भ्रमपूर्ण है तथा अपना एक स्वतन्त्र रूप नहीं बना पाता, साथ ही उसमें मौलिकता का भी अभाव है। वस्तुतः रीतिकालीन काव्यशास्त्र संस्कृत काव्यशास्त्र का ही अव्यवस्थित अन्धानुकरण मात्र है। उसने उसमें कोई परिवर्तन या विकास नहीं किया। इस प्रकार रीतिकालीन समीक्षा हिन्दी समीक्षा के क्षेत्र में कोई मौलिक योगदान नहीं दे पायी।

हिन्दी समीक्षा का वास्तविक प्रारम्भ आधुनिक काल से ही माना जा सकता है। यद्यपि सैद्धान्तिक स्तर पर वह संस्कृत काव्यशास्त्र की परम्परा को ही विकसित करती हुई आगे बढ़ती है, लेकिन उसमें पाश्चात्य समीक्षा पद्धति के समायोजन से एक तरह का सन्तुलन दिखाई देता है जो उसे व्यावहारिक स्वरूप प्रदान करता है। इस सम्बन्ध में डॉ. रामदरश मिश्र लिखते हैं-''मुझे लगता है कि हिन्दी की अपनी समीक्षा का सूत्रपात आधुनिक काल में ही होता है। यह समीक्षा पश्चिम की व्यावहारिक समीक्षा को अपनाती है, उसकी मनोवैज्ञानिक, समाजशास्त्रीय और ऐतिहासिक दृष्टि से प्रभावित होती है, किन्तु व्यावहारिक समीक्षा का क्षेत्र तो अपना ही साहित्य होता है और अपना साहित्य अपने परिवेश के जीवन से बना होता है। इसलिए पश्चिम से प्रभावित होने के बावजूद हिन्दी समीक्षा का अपना रंग है, उसके अपने मूल्य हैं और वह भारतीय रस-सिद्धान्त को दृढ़ता से पकड़े हुए है। ...इसलिए यह बात निर्भ्रान्त रूप से कही जा सकती है कि हिन्दी समीक्षा का अपना एक व्यक्तित्व है और उसका आरम्भ भारतेन्दु काल से होता है।''[5]

यह सही है कि खड़ी बोली के आविर्भाव से हिन्दी साहित्य को बहुत बड़ी शक्ति प्राप्त हुई तथा खड़ी बोली में गद्य की सृजनात्मक एवं चिन्तनात्मक

विधाओं में लेखन कार्य प्रारम्भ हुआ। इसीलिए आचार्य रामचन्द्र शुक्ल ने आधुनिक काल को 'गद्य युग' की संज्ञा दी। विचार साहित्य एवं समीक्षा का समुचित विकास गद्य में ही हो सकता था, पद्य में नहीं। यद्यपि इस युग में नाटक, उपन्यास, कहानी आदि सृजनात्मक गद्य का विकास हुआ, परन्तु विभिन्न पत्र-पत्रिकाओं–'हरिश्चन्द्र चन्द्रिका', 'हिन्दी प्रदीप', 'भारत मित्र', 'सार सुधानिधि, 'ब्राह्मण', 'नागरी नीरद, 'आनन्द कादम्बिनी' आदि में विविध विषयों पर लेखों, निबन्धों एवं समीक्षात्मक टिप्पणियों के रूप में आलोचना का प्रारम्भिक रूप विकसित हुआ। यद्यपि इस काल में समीक्षा का व्यापक रूप दृष्टिगत नहीं होता, लेकिन हिन्दी समीक्षा-यात्रा में एक नयी आलोचनात्मक दृष्टि का विकास अवश्य परिलक्षित होता है। उदाहरणार्थ, बालकृष्ण भट्ट ने 'हिन्दी प्रदीप' में अपने लेखों के माध्यम से बौद्धिक एवं तार्किक दृष्टि से सोचने के लिए लोगों को प्रेरित किया तथा अन्धविश्वासों से दूर रहने की सलाह दी।

आधुनिक काल में भारतेन्दु हरिश्चन्द्र की 'नाटक' नामक पुस्तक सैद्धान्तिक समीक्षा की पहली पुस्तक मानी जाती है। इस पुस्तक में भारतेन्दु ने नाटक के विविध पक्षों पर विचार करते हुए उसकी प्रकृति, लोकरुचि तथा प्राचीन नाटकशास्त्र की उपयोगिता पर प्रकाश डाला है। वे नाटकों में अस्वाभाविकता और अलौकिकता के स्थान पर स्वाभाविकता एवं लौकिक दृश्यों को समसामयिक एवं लोकरुचि के अनुकूल मानते हैं। इसमें उन्होंने भारतीय एवं पश्चिमी नाटक विषयक अवधारणा का अध्ययन किया है। इस पुस्तक के सम्बन्ध में डॉ. रामदरश मिश्र ने लिखा है–"यद्यपि यह पुस्तक नाटक-साहित्य का कोई बहुत गहरा अध्ययन तथा मौलिक विवेचन प्रस्तुत नहीं करती है, फिर भी कई दृष्टियों से यह महत्त्वपूर्ण है। ...भारतेन्दु ने प्रचलित साहित्य सिद्धान्तों को नवीन सामाजिक सन्दर्भों, नवीन रुचियों, संस्कारों तथा पश्चिमी साहित्य की सापेक्षता में व्याख्यायित कर नवीन समीक्षा प्रणाली का सूत्रपात किया। इनकी समन्वयी दृष्टि पूर्व-पश्चिम और प्राचीन-नवीन के सामंजस्य से एक नवीन साहित्य-समीक्षा दृष्टि का आरम्भ कर सकने में समर्थ हुई।"[6]

भारतेन्दु की 'नाटक' पुस्तक के अतिरिक्त तत्कालीन साहित्यिक पत्र-पत्रिकाओं में सैद्धान्तिक तथा व्यावहारिक समीक्षा-विषयक कई लेख, सम्पादकीय टिप्पणियाँ एवं सम्पादक के नाम पत्र लिखे गये, जिनमें देवकीनन्दन खत्री द्वारा 'नागरी नीरद' पत्रिका के सम्पादक चौधरी बदरीनारायण 'प्रेमघन' को लिखा गया पत्र विशेष महत्त्वपूर्ण है, जिसमें उन्होंने उपन्यास की वस्तु एवं शिल्प सम्बन्धी प्रश्न उठाये थे तथा गुण-दोष दिखाने वाली समीक्षा का खण्डन

किया था। आलोचना के क्षेत्र में हिन्दी में किसी सम्पूर्ण कृति का गुण-दोषों के आधार पर समीक्षा का कार्य पहली बार चौधरी बदरीनारायण 'प्रेमघन' तथा उसके बाद बालकृष्ण भट्ट द्वारा प्रारम्भ किया गया, जिनमें हिन्दी समीक्षा का प्रारम्भिक स्वरूप दिखाई देता है। सन् 1886 की 'आनन्द कादम्बिनी' में 'प्रेमघन' जी ने बाबू रमेशचन्द्र दत्त के बंगला उपन्यास 'बंग-विजेता' की बाबू गदाधर सिंह द्वारा किये गये हिन्दी अनुवाद की समीक्षा की। इसमें प्रेमघन जी ने मूल तथा अनुवाद दोनों के गुण-दोषों की विस्तृत समीक्षा की है। उन्होंने उपन्यास के अन्तरंग एवं बहिरंग दोनों पक्षों पर विचार करते हुए उपन्यास के तत्त्वों एवं कलात्मक स्वरूप को दृष्टिगत करते हुए इसकी समीक्षा की है। डॉ. रामदरश मिश्र प्रस्तुत समीक्षा को सही अर्थों में हिन्दी की व्यावहारिक समीक्षा का सूत्रपात मानते हैं, जिसमें पहली बार एक समूची कृति की बहिरन्तर यात्रा करने वाली समीक्षा के दर्शन होते हैं।[7]

'आनन्द कादम्बिनी' में ही प्रेमघन जी ने लाला श्रीनिवास दास के नाटक 'संयोगिता स्वयंवर' की भी लम्बी समीक्षा की थी, जो काफ़ी प्रशंसात्मक थी। इसके विपरीत अप्रैल 1886 के 'हिदी प्रदीप' में पं. बालकृष्ण भट्ट ने लाला श्रीनिवास के ही नाटक 'संयोगिता स्वयंवर' की 'सच्ची आलोचना' शीर्षक से समीक्षा की, जो जितनी सच्ची थी, उतनी ही कटु भी। भट्ट जी ने इस ऐतिहासिक नाटक की आलोचना ऐतिहासिक आख्यानों की सत्यता, देशकाल -वातावरण, समसामयिक सन्दर्भों में उसकी उपयोगिता, प्रासंगिकता, रचना की जीवन्तता एवं कलात्मक सृजनशीलता के आधार पर की और उन्हें लगा कि यह नाटक उपर्युक्त में से किसी एक का भी निर्वाह नहीं करता। इसलिए यह एक असफल नाट्य कृति है। वस्तुतः इस काल के समीक्षकों के मूल्यांकन का आधार तत्युगीन सामाजिक, सांस्कृतिक एवं राष्ट्रीय भावना से जुड़ा हुआ था। उसी दृष्टि के आधार पर वे किसी भी रचना के पक्ष-विपक्ष में अपना मत निर्धारित करते थे। लेकिन निर्विवाद रूप से कहा जा सकता है कि प्रेमघन तथा पं. बालकृष्ण भट्ट ने भारतेन्दु के समीक्षा के कार्य को आगे बढ़ाया।

आधुनिक हिन्दी आलोचना के स्वरूप पर प्रकाश डालते हुए आचार्य रामचन्द्र शुक्ल लिखते हैं–''हिन्दी साहित्य में समालोचना पहले-पहल केवल गुण-दोष दर्शन के रूप में प्रकट हुई। लेखों के रूप में इसका सूत्रपात बाबू हरिश्चन्द्र के समय में ही हुआ। लेख के रूप में पुस्तकों की विस्तृत समालोचना उपाध्याय पं. बदरीनारायण चौधरी ने अपनी 'आनन्द कादम्बिनी' में शुरू की। लाला श्रीनिवास दास के 'संयोगिता स्वंयवर' नाटक की बड़ी

विशद और कड़ी आलोचना...उक्त पत्रिका में निकली थी। पर किसी ग्रन्थकार के गुण अथवा दोष ही दिखलाने के लिए कोई पुस्तक भारतेन्दु के समय में न निकली थी।''[8] इस प्रकार की गुण-दोषों के विवेचन पर आधारित पुस्तकें पहली बार आचार्य महावीर प्रसाद द्विवेदी ने लिखीं।

3. द्विवेदी युग (नवजागरण काल)

भारतेन्दु काल में किसी रचना को जाँचने-परखने का कोई स्पष्ट साहित्यिक मानदण्ड नहीं था और व्यक्तिगत रुचि-अरुचि के आधार पर उसके गुण-दोषों का विवेचन किया जाता था। यद्यपि भाव-सौदर्य, सामाजिक एवं राष्ट्रीय मूल्यवत्ता का सम्मिलित प्रभाव उनकी समीक्षा-दृष्टि का प्रमुख आधार था। इसके विपरीत द्विवेदी युग में आलोचना का मानदण्ड स्पष्टतर होता गया। भारतेन्दु युग में जिन बिन्दुओं के आधार पर समीक्षा की जा रही थी, उनका स्पष्ट विकास द्विवेदी युग में दिखाई देता है। ये मानदण्ड तत्कालीन सामाजिक, सांस्कृतिक एवं राष्ट्रीय सन्दर्भों से सीधे जुड़े हुए थे। किसी भी साहित्यिक कृति को उपयोगितावादी दृष्टि से देखा-परखा जाने लगा तथा रचना के साहित्यिक पक्ष की अपेक्षा उसके विषय के नैतिक पक्ष एवं औदात्य को अधिक महत्त्व दिया जाने लगा। इस युग के समीक्षा-विषयक दृष्टिकोण को स्पष्ट करते हुए डॉ. रामदरश मिश्र लिखते हैं–''इस काल का मानदण्ड साहित्यिक होने की अपेक्षा नैतिक अधिक है। इसलिए यह समीक्षा एक ओर तो सामाजिक जीवन के लिए अनपुयोगी भाव संसार का तिरस्कार करती है, दूसरे ऐसे विषयों, ऐसे पात्रों तथा ऐसी कथाओं के वर्णन पर ज़ोर देती है जो उपयोगी हों, आदर्श हों, शिक्षाप्रद हों। ...यह सामाजिक उपयोगिता एक ओर भावों की सार्थकता उनके औदात्य में देखती है, दूसरी ओर विषय-पक्ष की आत्यन्तिक महत्ता स्वीकारती हुई कला-पक्ष के प्रति उदासीनता-सी बरतती है।''[9]

द्विवेदी जी ने संस्कृत के कवियों को लेकर गुण-दोष परिचायक समीक्षाएँ निकालीं, जिनमें 'विक्रमांकदेव चरित चर्चा' और 'नैषधचरित चर्चा' पुस्तकें मुख्य हैं। उन्होंने 'कालिदास की निरंकुशता' नामक पुस्तक में भाषा और व्याकरण सम्बन्धी त्रुटियों के प्रश्न उठाते हुए उनकी आलोचना की है। शुक्ल जी द्विवेदी जी की इस तरह की आलोचना से सन्तुष्ट नहीं थे। वे लिखते हैं–''यद्यपि द्विवेदी जी ने हिन्दी के बड़े-बड़े कवियों को लेकर गम्भीर साहित्य समीक्षा का स्थायी साहित्य प्रस्तुत नहीं किया, पर नयी निकली पुस्तकों की भाषा आदि की खरी आलोचना करके हिन्दी साहित्य

का बड़ा भारी उपकार किया।''[10] मिश्रबन्धुओं ने 'हिन्दी नवरत्न' नामक जो समालोचनात्मक ग्रन्थ निकाला था, उसको लेकर हिन्दी आलोचना जगत् में बड़ी तीव्र प्रतिक्रिया हुई थी। इसमें देव को बिहारी से भी बड़ा कवि सिद्ध करते हुए, उन्हें हिन्दी का सबसे बड़ा कवि घोषित किया गया था। इसके बाद पं. पद्मसिंह शर्मा ने बिहारी पर एक आलोचनात्मक पुस्तक निकाली, जिसमें उन्होंने उन आक्षेपों को निराधार बताया, जो देव को बिहारी से ऊँचा सिद्ध करने के लिए लगाए गये थे। इससे एक बात यह हुई कि तुलनात्मक समीक्षा ज़ोरों से आगे बढ़ चली।

'देव और बिहारी' के विवाद को लेकर पं. कृष्णबिहारी मिश्र की पहली पुस्तक 'देव और बिहारी' प्रकाश में आयी। इस पुस्तक के सम्बन्ध में आचार्य रामचन्द्र शुक्ल ने लिखा है–''इस पुस्तक में बड़ी शिष्टता, सभ्यता और मार्मिकता के साथ दोनों बड़े कवियों की भिन्न-भिन्न रचनाओं का मिलान किया गया है। इसमें जो बातें कही गयी हैं, वे बहुत साहित्यिक विवेचन के साथ कही गयी हैं। 'नवरत्न' की तरह यों ही नहीं कही गयीं। वह पुरानी परिपाटी की साहित्य-समीक्षा के भीतर अच्छा स्थान पाने योग्य है। मिश्रबन्धुओं की अपेक्षा पं. कृष्णबिहारी जी साहित्यिक आलोचना के कहीं अधिक अधिकारी कहे जा सकते हैं। 'देव और बिहारी' के उत्तर में लाला भगवानदीन जी ने 'बिहारी और देव' नाम की पुस्तक निकाली, जिसमें उन्होंने मिश्रबन्धुओं के भद्दे आक्षेपों को उचित शब्दों में जवाब देकर पं. कृष्णबिहारी जी की बातों पर भी पूरा विचार किया। अच्छा हुआ कि 'छोटे-बड़े' के इस भद्दे झगड़े की ओर अधिक लोग आकर्षित नहीं हुए।''[11] द्विवेदी युगीन आलोचना की उपलब्धियों पर टिप्पणी करते हुए शुक्ल जी लिखते हैं–''द्वितीय उत्थान के भीतर 'समालोचना' की यद्यपि बहुत कुछ उन्नति हुई, पर उसका स्वरूप प्रायः रूढ़िगत (कन्वेंशनल) ही रहा। कवियों की विशेषताओं का अन्वेषण और उनकी अन्तःप्रकृति की छानबीन करने वाली उच्चकोटि की समालोचना का प्रारम्भ तृतीय उत्थान में जाकर हुआ।''[12]

द्विवेदी युग में हिन्दी के कई मूर्धन्य विद्वान हुए हैं, जिन्होंने आलोचना के क्षेत्र में भी महत्त्वपूर्ण योगदान दिया। इस युग में कृति विशेष तथा कवि विशेष पर पुस्तकाकार रूप में भी आलोचनाएँ सामने आयीं। इनमें आलोचना की प्रायः दो धाराएँ देखने को मिलती हैं–एक तो महावीर प्रसाद द्विवेदी की विचारधारा का अनुसरण करती थी, जो सामाजिक उपयोगिता, आदर्शवादिता, इतिवृत्तात्मकता तथा चारित्रिक औदात्य को साहित्यिक कृतियों का आदर्श

स्थापित करना चाहती थी तथा दूसरी वह विचारधारा थी, जो साहित्य में रीतिकाल अथवा रीतिवादी दृष्टि को अपना आदर्श मानती थी। वह रीतिकाल की तरह ही श्रृंगार रस को काव्य में सर्वोच्चता प्रदान करते हुए कलात्मक सौन्दर्य को सर्वाधिक महत्त्व देती थी तथा सामाजिक एवं राष्ट्रीय सन्दर्भों से हटकर शुद्ध भाववादी दृष्टि को काव्य का आधार मानती थी। इस विचारधारा के आलोचकों में पद्मसिंह शर्मा, लाला भगवानदीन, कृष्णबिहारी मिश्र आदि प्रमुख थे, जिन्होंने तुलनात्मक ढंग से देव और बिहारी को एक-दूसरे से श्रेष्ठ या बड़ा कवि सिद्ध करने में अपनी सारी शक्ति लगा दी। ये समीक्षक हिन्दी आलोचना के क्षेत्र में कोई मौलिक योगदान नहीं दे सके, क्योंकि वे परम्परा से चली आ रही पद्धति का ही पुनर्कथन या पिष्टपेषण कर रहे थे। द्विवेदी जी तथा उनके समर्थकों ने इनका घोर विरोध किया तथा रीतिवादी काव्यधारा एवं आलोचना-पद्धति को विस्थापित कर, सामाजिक उपयोगिता पर आधारित नैतिकतावादी एवं मूल्यपरक समीक्षा प्रणाली को आगे बढ़ाया। इसका मुख्य श्रेय महावीर प्रसाद द्विवेदी को जाता है।

महावीर प्रसाद द्विवेदी के समीक्षा-विषयक दृष्टिकोण को स्पष्ट करते हुए डॉ. रामदरश मिश्र ने लिखा है–''द्विवेदी जी ने साहित्य-रचना को युगीन और सामाजिक जीवन से तो जोड़ा ही, साहित्यालोचन को भी युग और समाज का ठोस आधार दिया। आधार सामाजिक उपयोगिता का अधिक था, मनोवैज्ञानिक और सौन्दर्य बोधात्मक कम। ...इस काल की समीक्षा मूलतः रसधर्मी होकर भी उसे आन्तरिक आयाम देने में सफल नहीं हो सकी। उसे तो वह सामाजिक उपयोगिता के भिन्न-भिन्न पक्षों से शासित करती रह गयी।''[13]

द्विवेदी जी की साहित्य-समीक्षा विषयक अवधारणा 'सरस्वती' में प्रकाशित उनके विभिन्न लेखों, निबन्धों तथा निबन्ध-संग्रहों में उपलब्ध है। उन्होंने संस्कृत के कई प्रतिष्ठत कवियों की भी आलोचना लिखी, जिनमें ''विक्रमांकदेवचरित', 'नैषधचरित चर्चा' तथा 'कालिदास की निरंकुशता' जैसे निबन्ध लिखे। इनमें इन कृतियों का परिचय देते हुए उन्होंने उनके गुण-दोषों पर प्रकाश डाला। उन्होंने अपनी 'रसज्ञ रंजन' पुस्तक में संकलित निबन्धों–'कवि कर्तव्य', कवि और कविता', 'कविता', 'कवि बनने के सापेक्ष साधन', 'नायिका भेद' 'कवियों की उर्मिला-विषयक उदासीनता' आदि निबन्धों में कविता के गुण-धर्म के सम्बन्ध में गम्भीरतापूर्वक विवेचन किया है। उनकी दृष्टि में कविता का विषय मनोरंजन, उपदेश तथा उदात्तता से समन्वित होना चाहिए और शैली सरल तथा सादगीपूर्ण।[14]

द्विवेदी युगीन आलोचना की उपलब्धियों का आकलन करते हुए डॉ. रामविलास शर्मा लिखते हैं–"द्विवेदी युग की आलोचना अत्यन्त प्रखर है। उसमें उस तीव्र संघर्ष की झलक मिलती है जो साहित्य को रूढ़िवाद से मुक्त करके उसे नयी दिशा में विकसित करने के लिए हो रहा है। यह संघर्ष साहित्य तक सीमित नहीं है। राजनीतिशास्त्र, समाजशास्त्र, इतिहास, दर्शन आदि अनेक क्षेत्रों में यह संघर्ष चल रहा है और विभिन्न क्षेत्रों में चलने वाले ये संघर्ष आपस में जुड़े हुए हैं। इस युग में आलोचना की भूमिका यह है कि साहित्य और समाज की ठोस तत्कालीन परिस्थितियों को ध्यान में रखते हुए, वह उन तमाम रूढ़ियों से संघर्ष करती है जो साहित्य के विकास में बाधक हैं। उसने कलात्मक साहित्य के विकास की प्रेरणा दी, उसके साथ-साथ आगे बढ़ी और कहीं-कहीं वह उसके आगे चलती है, भविष्य का पथ प्रशस्त करते हुए। रामचन्द्र शुक्ल इसी युग की देन हैं।"[15]

4. शुक्ल युग (प्रथम उत्थान)

द्विवेदी युग के बाद हिन्दी आलोचना के स्वरूप में निश्चित रूप से बदलाव आया तथा गुण-दोष कथन से आगे बढ़कर कवियों की विशेषताओं और उनकी अन्तःप्रवृत्तियों को उजागर करने की ओर आलोचकों का ध्यान गया। कबीर, सूर, तुलसी, जायसी आदि कवियों पर विस्तृत आलोचनाएँ पुस्तकाकार रूप में अथवा भूमिकाओं के रूप में भी निकलीं। इस काल के शीर्षस्थ आलोचक थे–आचार्य रामचन्द्र शुक्ल। शुक्ल जी ने तुलसी, सूर और जायसी पर विस्तृत समीक्षाएँ लिखीं, जिनमें पहली 'गोस्वामी तुलसीदास' पुस्तकाकार रूप में छपी तथा शेष दो 'भ्रमरगीतसार' और 'जायसी ग्रन्थावली' की भूमिका के रूप में सम्मिलित हैं।

रामचन्द्र शुक्ल ने हिन्दी समीक्षा को एक नया आयाम प्रदान किया। हिन्दी समीक्षा को एक नयी पहचान दिलाने में शुक्ल जी का महत्त्वपूर्ण योगदान है। वे रसवादी आचार्य माने जाते हैं। संस्कृत साहित्य में रस-सिद्धान्त का गहन अध्ययन, विस्तृत विवेचन एवं विश्लेषण हआ है, परन्तु शुक्ल जी ने रस को साहित्य की मूलभूत शक्ति मानते हुए, उसे पश्चिमी विचारों एवं भारतीय परिवेश की परिवर्तित परिस्थितियों में नवीन सन्दर्भों में व्याख्यायित एवं विश्लेषित किया। शुक्ल जी ने रस को 'आस्वाद' की परिधि से बाहर निकालकर, उसे सामाजिक सन्दर्भों से जोड़कर, नये सिरे से विकसित स्वरूप प्रदान किया। इस तरह विकसित रस के आधार पर उन्होंने हिन्दी में व्याख्यात्मक

समीक्षा का सूत्रपात किया। उनकी समीक्षा एकपक्षीय न होकर व्यापक सन्दर्भों से समन्वित है।

शुक्ल जी ने हिन्दी समीक्षा को एक साहित्यिक स्वरूप प्रदान किया। उन्होंने द्विवेदी युगीन समीक्षकों की तरह सामाजिक उपयोगिता अथवा नैतिक आदर्शों को ऊपर से लादा नहीं, वरन् रचना की अन्तःवृत्तियों की छानबीन करते हुए, उसी के भीतर से सामाजिकता एवं नैतिकता के स्वर को उजागर किया। शुक्ल जी की दृष्टि में भावों की गहराई और उदात्तता ही वह मूलभूत तत्त्व है, जिनके आधार पर श्रेष्ठ साहित्य की रचना हो सकती है। शुक्ल जी की समीक्षा पद्धति का मूल्यांकन करते हुए डॉ. रामदरश मिश्र लिखते हैं–"शुक्ल जी रस को ही काव्य का मूल तत्त्व स्वीकार करते हैं। अतएव उनके मूल्यांकन की पद्धति साहित्यिक है। किन्तु साथ ही वे भावों का सम्बन्ध सामाजिक परिष्कार, लोकमंगल आदि से जोड़कर सहज की साहित्य को नैतिकता से सम्पृक्त कर देते हैं। ...शुक्ल जी ने 'रामचरित मानस' का गहन अध्ययन करने के कारण शक्ति, शील और सौन्दर्य से मण्डित राम को काव्य-नायकों का आदर्श माना और 'रामचरितमानस' को रस और लोकधर्म की गरिमा से संयुक्त काव्य का प्रतिमान।"[16]

शुक्ल जी ने इन्हीं प्रतिमानों के आधार पर काव्य के दो भेद किये– 1. आनन्द की साधानावस्था वाले काव्य, 2. आनन्द की सिद्धावस्था वाले काव्य। इन्हीं कसौटियों के आधार पर शुक्ल जी ने अनेक काव्यकृतियों का मूल्यांकन किया। इस प्रकार उन्होंने लोकमंगलयुक्त रस को काव्य का प्रतिमान बनाया। उन्होंने लोकहृदय के साथ कविहृदय का भी तादात्म्य स्थापित किया। शुक्ल जी सिद्धान्त-निरूपण में जितने सिद्धहस्त थे, उतने ही कृतियों की व्याख्या और मूल्यांकन करने में भी। उन्होंने जीवन के व्यापक फलक पर साहित्य को देखा और परखा। इसीलिए वे मुक्तक की अपेक्षा प्रबन्धात्मक रचनाओं को अधिक महत्त्व देते हैं। सूर, तुलसी और जायसी पर लिखी गयी उनकी समीक्षाएँ व्यावहारिक समीक्षा की उत्कृष्ट उदाहरण हैं। आई.ए. रिचर्ड्स आदि पश्चिमी समीक्षकों का प्रभाव भी उनकी व्यावहारिक समीक्षाओं में देखा जा सकता है। रामदरश मिश्र के शब्दों में–"वे काव्यकृतियों की सुन्दरता की व्याख्या लोकजीवन की मार्मिक छवियों और अनुभूतियों की सापेक्षता में करते हैं।"[17]

शुक्ल जी के बाद जो आलोचनाएँ प्रकाश में आयीं, उनमें लाला भगवानदीन की सूर, तुलसी और दीनदयाल गिरि की समालोचनाएँ उनके द्वारा संकलित एवं सम्पादित पुस्तक–'सूरपंचरत्न', दोहावली' तथा 'दीनदयालगिरि ग्रन्थावली'

में सम्मिलित हैं। पं. अयोध्यासिंह उपाध्याय की कबीर समीक्षा उनके द्वारा संगृहीत 'कबीर वचनावली' के साथ तथा डॉ. पीताम्बरदत्त बडथ्वाल की कबीर समीक्षा 'कबीर ग्रन्थावली' के साथ भूमिका में निहित है।[18]

बाबू श्यामसुन्दर दास ने भारतीय एवं पाश्चात्य साहित्य सिद्धान्तों एवं आलोचना के विविध रूपों से परिचित कराने के लिए 'साहित्यालोचन' नामक पुस्तक लिखी, जिसमें काव्य, नाटक, उपन्यास आदि विविध विधाओं के बारे में विस्तार से प्रकाश डाला गया है। यह पुस्तक पूर्वी एवं पश्चिमी समीक्षकों की साहित्य-विषयक अवधारणाओं का संग्रह होने के कारण मौलिक तो नहीं कही जा सकती, परन्तु इसमें साहित्य के विविध रूपों की तटस्थ समीक्षा अवश्य उपलब्ध है। इसमें श्यामसुन्दर दास ने कबीर और छायावादी कवियों की अच्छी समीक्षा की है, जो शुक्ल जी की कृपादृष्टि से वंचित रह गये थे।

गुलाबराय ने समीक्षा-विषयक दो पुस्तकें लिखीं–'काव्य के रूप' तथा 'सिद्धान्त और अध्ययन'। उन्होंने पूरब और पश्चिम के समीक्षा-विषयक मतों का समाहार करने का प्रयास किया है। इनमें उनका एक समीक्षक की अपेक्षा व्याख्याकार का रूप ही दिखाई देता है। वे काफ़ी उदारवादी आलोचक हैं। इसी कड़ी में विश्वनाथप्रसाद मिश्र भी आते हैं। वे भी शुक्ल जी की तरह ही रसवादी आलोचक हैं। उनकी रस-सम्बन्धी मान्यताएँ संस्कृत के लक्षण ग्रन्थों पर आधारित हैं। सिद्धान्त-निरूपण की दृष्टि से तो उनका विशेष योगदान नहीं है, परन्तु उन्होंने कई रचनाकारों की व्यावहारिक समीक्षा की है। रीतिकालीन साहित्य पर उन्होंने काफ़ी काम किया है। इस दृष्टि से उनकी 'हिन्दी साहित्य का अतीत' नामक पुस्तक काफ़ी महत्त्वपूर्ण है। लक्ष्मीनारायण सुधांशु रामचन्द्र शुक्ल की परम्परा में आते हैं। यद्यपि वे रसवादी समीक्षक हैं, परन्तु उन्होंने अन्य दृष्टियों से भी साहित्य का विवेचन एवं विश्लेषण किया है।

5. छायावादी युग (स्वच्छन्दतावादी समीक्षा/द्वितीय उत्थान)

स्वच्छन्दतावादी समीक्षा का मूल आधार छायावादी काव्य है। छायावादी कविता एक नये परिवेश में, एक नयी भावभूमि के साथ साहित्य के क्षेत्र में अवतरित हुई। इसको लेकर तमाम तरह के मत-मतान्तर हिन्दी समीक्षा के क्षेत्र में दिखाई पड़ते हैं। छायावादी कविता की पृष्ठभूमि के सम्बन्ध में डॉ. रामदरश मिश्र लिखते हैं–"इस कविता का अपना युगीन राष्ट्रीय परिवेश है तथा इसका सम्बन्ध अपनी सुदीर्घ साहित्यिक एवं दार्शनिक परम्परा से भी है। इसलिए छायावाद का अपना एक काव्य व्यक्तित्व है, जो उसे पश्चिम से जोड़े रखकर

भी पश्चिम से अलगाता है और जो भारतीय साहित्य परम्परा से सम्बद्ध होकर भी उससे अलग है। छायावादी कविता में पिछली कविता की अपेक्षा जिन बातों पर बल दिया गया, वे हैं–स्वानुभूति की प्रधानता, कल्पना की अतिशयता और सौन्दर्य-दृष्टि की आत्मगतता। वास्तव में छायावाद मध्यकालीन सामन्ती जड़ सामूहिकता के विरुद्ध व्यक्ति चेतना का उन्मेष लेकर आया था। इसलिए अनुभूति, सौन्दर्य-दृष्टि और कल्पना के सम्बन्ध में उसकी मान्यताएँ परम्परित न रहकर नवीन हो गयीं। ...छायावादी कल्पना भी स्वच्छन्द होकर जाने-पहचाने संसार से आगे बढ़कर एक नये भाव-संसार में उड़ चली। उसने मूर्त जगत् के भीतर निहित उसकी अन्त:चेतना की पहचान की। उसने रूप के अरूप को पहचाना और अरूप को रूप प्रदान किया।''[19]

छायावादी काव्य की इन विशेषताओं को उद्घाटित करने और उनका सही-सही मूल्यांकन करने के लिए नयी समीक्षा-दृष्टि की आवश्यकता थी, जो परम्परित प्रतिमानों की परम्परित व्याख्या के आधार पर सम्भव नहीं थी। शुक्ल जी की लोकमंगलकारी रस-दृष्टि से भी इसका मूल्यांकन नहीं हो सकता था। यह कार्य नवीन समीक्षा-पद्धति से ही हो सकता था, जिसे स्वच्छन्दतावादी समीक्षा कहा गया। स्वच्छन्दतावादी समीक्षकों को इस बात का मूल्यांकन करना था कि किसी कृति विशेष में अनुभूतियों की सफल अभिव्यक्ति हो सकी है अथवा नहीं। अनुभूति का स्वरूप क्या है, वह कैसी है, यह महत्त्वपूर्ण नहीं था, क्योंकि प्रत्येक व्यक्ति एक-दूसरे से भिन्न प्रकृति का, भिन्न रुचि-संस्कार वाला होता है। उसे समान्यीकृत नहीं किया जा सकता। अत: कविता का विषय महत्त्वपूर्ण नहीं होता, वरन् उसका अभिव्यक्ति कौशल उसे महत्त्वपूर्ण बनाता है। छायावाद के सन्दर्भ में इसी बात को रेखांकित करते हुए डॉ. मिश्र लिखते हैं–''बड़े काव्य के लिए बड़े विषय की स्वीकृति अनिवार्य नहीं रह गयी। जीवन के सामान्य-से-सामान्य और छोटे पदार्थ तथा क्षण कविता के विषय बन सकते हैं। विषयों में स्वत: महान साहित्य रचने की क्षमता नहीं होती, क्षमता होती है साहित्यकार में, जो अपनी संवेदना और अनुभूति के स्पर्श से बाह्य विषयों को स्पन्दित कर कविता बना देता है।''[20]

जहाँ तक काव्य-रचना का प्रश्न है, 'अनुभूति' और 'संवेदना' उसके साथ जुड़ी हुई है। इसी को 'रस' की संज्ञा भी दी गयी है। हालाँकि उसके स्वरूप को लेकर समय-समय पर तमाम तरह के मत-मतान्तर सामने आते रहे हैं। छायावादी कविता भी उसी 'अनुभूति' तत्त्व से समन्वित है। उसकी नवीन अनुभूति की खोज करना, उसकी अन्त:प्रकृति को पहचानना और उसे

उद्घाटित करना ही स्वच्छन्दतावादी समीक्षा का मुख्य ध्येय था। इसी ध्येय को लेकर स्वच्छन्दतावादी समीक्षा ने छायावादी कविता की नवीनताओं की खोज करते हुए, उसके मूल में निहित 'अनुभूति' को पहचानने का प्रयास किया। यद्यपि ये अनुभूतियाँ परम्परा से हटकर नयी थीं, लेकिन स्वच्छन्दतावादी समीक्षकों ने उनका मूल्यांकन अनुभूतिवादी या रसवादी तत्त्वों के आधार पर ही किया, जो प्रकारान्तर से प्राचीन काव्यशास्त्रीय परम्परा का ही विकसित रूप कहा जा सकता है।[21]

नन्ददुलारे वाजपेयी का नाम स्वच्छन्दतावादी समीक्षकों में प्रमुखता से लिया जाता है। उन्होंने छायावादी काव्य का गहराई से अध्ययन करने के उपरान्त उसकी अन्तर्बाह्य प्रकृतियों का समुचित मूल्यांकन किया है। उन्होंने शुक्ल जी की उन मान्यताओं का दृढ़ता के साथ खण्डन किया, जिसमें छायावादी काव्य को पश्चिम या बंगला के काव्य का अनुकरण मात्र कहा गया था अथवा एक शैली विशेष के रूप में देखा गया। वाजपेयी जी ने छायावादी काव्य की पृष्ठभूमि तथा उसकी परिवेशगत स्थितियों का गम्भीर अध्ययन करने के उपरान्त यह निष्कर्ष निकाला कि छायावाद मध्ययुगीन भक्तिवादी, रीतिवादी तथा द्विवेदी युगीन उपयोगितावादी काव्य मनोवृत्ति के प्रतिक्रियास्वरूप स्वाभाविक रूप से पैदा हआ, जो स्थूल वास्तविकता के विरुद्ध स्वच्छन्द कल्पना, ऐन्द्रियता के विरुद्ध अतीन्द्रियता तथा भौतिकवादी दृष्टि के विरुद्ध अन्त:चेतना के मनोजगत् के रूप में प्रकट हुआ। यह शैली मात्र न होकर एक जीवन-दर्शन था तथा उसका अपना भावजगत् था। इस प्रकार उन्होंने छायावादी काव्य की उपलब्धियों तथा उसकी नवीन उद्भावनाओं का व्यापक परिप्रेक्ष्य में समुचित मूल्यांकन एवं विश्लेषण करते हुए छायावादी काव्य के महत्त्व को प्रतिपादित किया। उन्होंने छायावादी काव्य का मूल्यांकन करने लिए नये मानदण्ड स्थापित किये तथा छायावादी अनुभूति और अभिव्यक्ति कि विधान में अभेद सम्बन्ध निरूपित किया। इस तरह शुक्ल जी द्वारा उपेक्षित छायावाद हिन्दी साहित्य की अमूल्य निधि समझा जाने लगा।

हजारी प्रसाद द्विवेदी ने साहित्य के मूल्यांकन में सांस्कृतिक पक्ष को विशेष महत्त्व दिया। वे साहित्य को अनुभूति की अभिव्यक्ति तक ही सीमित नहीं करना चाहते हैं, वरन् उसे एक ठोस मानवीय सामाजिक आधार देने के पक्षधर रहे हैं। उनकी दृष्टि में साहित्य के माध्यम से मनुष्य ही व्यक्त होता है। मनुष्य एक सामाजिक प्राणी है तथा समाज के साथ ही उसका हित-अहित जुड़ा रहता है। प्रत्येक व्यक्ति शान्तिपूर्ण वातावरण एवं मानवतावादी समाज में

जीना चाहता है। यदि ऐसा आदर्श समाज साहित्य के माध्यम से भी निरूपित हो तो वह मानव सभ्यता के विकास में योगदान दे सकता है। छायावादी काव्य में प्राय: ऐसे ही कल्पनालोक की अभिव्यक्ति देखी जा सकती है जो समरसतापूर्ण एवं द्वन्द्वरहित है। यह समरसता आपसी सामंजस्य से ही आ सकती है। सामंजस्य में ही सौन्दर्य है। समाज में सबका अपना-अपना स्थान और महत्त्व है। यही द्विवेदी जी का समीक्षा-विषयक दृष्टिकोण रहा है।

द्विवेदी जी किसी तरह की अतिवादिता को स्वीकार नहीं करते। समीक्षा के क्षेत्र में भी वे सभी दृष्टियों का स्वागत करते हैं। वे वर्तमान को उसके अतीत से जोड़ते हुए, उसकी सांस्कृतिक परम्परा के उदात्त पक्ष को आगे बढ़ाने में विश्वास रखते हैं। कबीर और सूर पर लिखी गयी उनकी समीक्षाएँ इसका प्रमाण हैं। हिन्दी साहित्य के इतिहास-लेखन में भी उनके इसी दृष्टिकोण को देखा जा सकता है। उन्होंने साहित्य के मूल्यांकन की एक नयी दृष्टि दी तथा 'रसवाद' की अलौकिकता और सूक्ष्मता की दार्शनिक उलझनों के पचड़े में न पड़कर व्यावहारिक दृष्टिकोण अपनाया। द्विवेदी जी के समीक्षक व्यक्तित्व का सम्यक् मूल्यांकन करते हुए डॉ. रामदरश मिश्र ने लिखा है-"वे प्राचीन साहित्य के निष्णात पण्डित थे, वर्तमान की चेतना उनमें जागरूक थी। अत: प्राचीन की नवीन व्याख्या प्रस्तुत करने की उनमें अद्भुत शक्ति है। वे उच्च कोटि के सहृदय थे। उनमें पाण्डित्य और रस-ग्राह्यता का अद्भुत समन्वय था। सामंजस्यवाद का समर्थक होने के नाते वे किसी चीज़ के प्रति पूर्वाग्रही नहीं हो पाये। उनके व्यक्तित्व के ये सारे गुण उनकी व्यावहारिक समीक्षाओं में प्रतिफलित होते हुए दिखाई पड़ते हैं।"[22] इस तरह द्विवेदी जी साहित्य को मानव समाज के सापेक्ष उसकी समग्रता में मूल्यांकित एवं विश्लेषित करने के पक्षधर रहे हैं, जिसमें सब कुछ समाहित है-भूत, वर्तमान और भविष्य।

डॉ. नगेन्द्र का रसवादी आलोचकों में शुक्ल के बाद प्रमुख स्थान है। साहित्य के क्षेत्र में रस के सर्वव्यापी रूप को प्रतिष्ठापित करने में उन्होंने अपनी सारी शक्ति लगा दी। वे रस को सार्वभौम, सार्वकालिक और सार्वजनीन सिद्ध करने में कोई कसर नहीं छोड़ते। चाहे पश्चिम की मनोवैज्ञानिक अथवा मनोविश्लेषणवादी समीक्षा हो अथवा पूरब की रसवादी समीक्षा, सभी उनके रसवाद में समाहित हो जाते हैं। इस दृष्टि से उनकी 'रस-सिद्धान्त' नामक पुस्तक विशेष रूप से उल्लेखनीय है। उनकी दृष्टि में साहित्य का आदि और अन्त रस-भाव ही है। प्राचीन काव्य से लेकर आधुनिक काव्य और प्रगतिवादी कविता से लेकर समकालीन कविता तक उनकी रसवादी समीक्षा

की परिधि में समाहित है। उनकी दृष्टि में 'अनुभूति' काव्य का आधारभूत तत्त्व है, जिसके बिना काव्य-सृष्टि सम्भव नहीं है। अनुभूति सार्वकालिक और सर्वव्यापी है। अनुभूति का आधार 'भाव' तत्त्व है। काव्य-सृजन के लिए भाव के अरितक्ति बुद्धि और कल्पना की भी आवश्यकता पड़ती है, लेकिन वे इन सबमें भाव को ही आधार मानते हैं। 'मेरी साहित्यिक मान्यताएँ' में वे लिखते हैं-"भाव, कल्पना और बुद्धि में भाव को ही आधार मानता हूँ। अत: काव्य का आस्वाद मूलत: भाव का आस्वाद है-इन्द्रियगम्य प्रकृत भाव का नहीं, वरन् कल्पनागम्य शुद्ध अथवा निर्वैयक्तिक भाव का।" यह आस्वाद ही 'रस' है। उन्होंने अपने इस रसवाद की मनोविज्ञान के आधाार पर भी पुष्टि की है। 'रस' उनकी समीक्षा के केन्द्र में है, फिर चाहे वह 'नयी समीक्षा' हो अथवा बिम्बवाद का मूल्यांकन एवं विश्लेषण। 'रस-सिद्धान्त' नामक पुस्तक उनकी सैद्धान्तिक समीक्षा पर आधारित है, लेकिन उन्होंने व्यावहारिक समीक्षा सम्बन्धी कई पुस्तकें लिखी हैं, जिनमें 'रीतिकाल और देव', 'देव और उनकी कविता', 'सुमित्रानन्दन पन्त, 'साकेत : एक अध्ययन', 'आधुनिक हिन्दी नाटक', 'कामायनी के अध्ययन की समस्याएँ' आदि प्रमुख हैं।

6. छायावादी कवि-समीक्षक

छायावादी कवियों में जयशंकर प्रसाद, सुमित्रानन्दन पन्त, सूर्यकान्त त्रिपाठी निराला तथा महादेवी वर्मा का भी हिन्दी समीक्षा के क्षेत्र में अपने तरह का महत्त्वपूर्ण योगदान रहा है। यद्यपि ये सभी मूलत: कवि हैं, समीक्षक नहीं, परन्तु छायावादी कविता की मूल संवेदना तथा नवीन भावबोध से परिचित कराने के लिए उन्हें समीक्षा के क्षेत्र में भी उतरना पड़ा। छायावाद और छायावादी रहस्यवाद को लेकर जो अनेक तरह के वितण्डावाद उठ खड़े हुए थे तथा छायावादी भाषा-शिल्प को लेकर जो तमाम तरह की भ्रान्तियाँ फैली हुई थीं, उनका निराकरण करने की उन्होंने यथासम्भव कोशिश की।

जयशंकर प्रसाद बहुमुखी प्रतिभा के धनी कवि, कहानीकार, नाटककार और उपन्यासकार हैं। भारतीय इतिहास, धर्म, दर्शन तथा संस्कृति का उन्हें अच्छा ज्ञान था। छायावाद और रहस्यवाद पर जो विदेशी और नकली होने का आरोप लगाया जा रहा था, उसका प्रसाद ने पुरजोर खण्डन किया तथा उसे भारतीय धर्म-संस्कृति और दर्शन से जोड़ते हुए, उसी के नव-विकसित रूप में प्रतिष्ठित किया। छायावाद के स्वरूप को लेकर जो असमंजस की स्थिति थी, उसकी अन्त:प्रकृति और स्वरूप को स्पष्ट किया। भारतीय साहित्य

के आनन्दवाद और दुःखवाद को परस्पर संयोजित करते हुए भाववाद और बुद्धिवाद की अतिरेकी स्थितियों को स्पष्ट किया। उनकी दृष्टि में–"काव्य आत्मा की संकल्पनात्मक अनुभूति है जिसका सम्बन्ध विश्लेषण, विकल्प या विज्ञान से नहीं है। वह एक श्रेयमयी प्रेय रचनात्मक ज्ञानधारा है।" इसी का प्रतिरूप उनकी प्रसिद्ध काव्यकृति 'कामायनी' में देखा जा सकता है। यद्यपि एक समीक्षक के रूप में उनकी कोई विशेष पहचान नहीं बन पायी, परन्तु छायावादी काव्यधारा को समझने की दृष्टि अवश्य विकसित हुई।

सुमित्रानन्दन पन्त ने भी अपनी काव्यकृतियों की लम्बी भूमिकाओं में अपना कविता-विषयक दृष्टिकोण स्पष्ट करने का प्रयास किया है। उनके काव्य की विकास-यात्रा में जिस तरह से अनेक मोड़ दिखाई देते हैं, वे उनके बौद्धिक विकास के भी सूचक हैं। उन्होंने इस सत्य को स्वीकार किया कि कोई भी जागरूक रचनाकार युगीन परिस्थितियों एवं विचारधारा से प्रभावित हुए बिना नहीं रह सका। मार्क्सवाद, महात्मा गाँधी और महर्षि अरविन्द से प्रभावित एवं अनुप्राणित उनकी काव्यधारा इसका प्रत्यक्ष प्रमाण है। जिस भाव से उन्होंने छायावादी कविता का ज़ोर-शोर से शुभारम्भ किया और 'पल्लव' की भूमिका में भक्तिकाल और रीतिकाल के कवियों की तीखी आलोचना की, उसी भाव से छायावाद का अन्त भी कर दिया। वे व्यक्ति चेतना से समष्टि चेतना की ओर उन्मुख हुए तथा तत्कालीन सामाजिक एवं राजनीतिक क्रान्तियों से अपनी काव्यधारा को जोड़ा। उन्हें लगा कि साहित्य की सार्थकता समाज से जुड़ने में ही अन्तर्निहित है। जब तक समाज में आर्थिक समानता और भावात्मक समरसता नहीं आयेगी, तब तक सुखी समाज की कल्पना साकार नहीं हो सकती। फिर वे एक ऐसे अन्तःचेतनावादी दर्शन की ओर उन्मुख हुए, जहाँ उन्हें लगा कि सम्पूर्ण मानव जीवन भागवत जीवन बन सकता है और यह धरती भी स्वर्ग बन सकती है। वे अपनी रचनाओं में धरा-स्वर्ग का कथापट बुनने लगे। इस भावभूमि की कविताएँ लिखने से पूर्व उन्होंने अपने काव्य-संग्रहों की जो लम्बी-चौड़ी भूमिकाएँ लिखी हैं, वे उनके काव्य-विषयक दृष्टिकोण एवं काव्य की अन्तःप्रकृति को समझने की दृष्टि से बहुत महत्त्वपूर्ण हैं।

'पल्लव' की भूमिका यदि छायावाद को समझने की दृष्टि प्रदान करती है तो 'युगान्त', 'युगवाणी' और 'ग्राम्या' की भूमिकाएँ प्रगतिवादी काव्य को। इसी तरह 'स्वर्णकिरण', 'स्वर्णधूलि' और 'उत्तरा' की भूमिकाएँ भी उनके नवचेतनावादी दृष्टिकोण को समझने में सहायक सिद्ध होती हैं, जहाँ वे भूतवाद से ऊपर उठकर राग-चेतना के विकास द्वारा देवताओं के स्वर्गवाद को धरती

पर उतारने के लिए प्रयत्नशील रहते हैं। देवताओं में आपस में कभी द्वन्द्व नहीं दिखाई देता। इस तरह पन्त जी कार्ल मार्क्स के द्वन्द्ववाद से ऊपर उठकर महर्षि अरविन्द के धरा-स्वर्ग तथा भागवत जीवन की प्रतिष्ठापना में प्रयत्नरत हो जाते हैं। उनके समीक्षा-विषयक दृष्टिकोण को रेखांकित करते हुए डॉ. रामदरश मिश्र लिखते हैं–"वे धीरे-धीरे पूर्ण रूप से सामाजिक नैतिकता और मानव उत्थान के दायित्व से कवि-कर्म को जोड़ने लगे...पन्त जी स्वच्छन्दतावादी कवि-समीक्षक होने के नाते संवेदना को काव्य में प्रथम स्थान देते अवश्य हैं, किन्तु वे संवेदना को युगीन चेतना के सन्दर्भ में देखते रहे और उसका विश्लेषण भी इसी ढंग से करते रहे।"[23]

निराला का दृष्टिकोण इन कवि-समीक्षकों से थोड़ा भिन्न प्रकार का था। वे कृतियों की व्यावहारिक समीक्षा द्वारा उनके गुण-दोषों का आकलन एवं मूल्यांकन करते हैं। उनमें किसी रचना की अनुभूति एवं अभिव्यक्ति विधान की दृष्टि से सूक्ष्म विश्लेषण एवं विवेचन करने की अदभुत क्षमता है। 'पन्त और पल्लव' में उन्होंने पन्त की कविताओं का बड़ी निर्ममता से जो सूक्ष्म पर्यालोचन किया है, वह इसका प्रमाण है।

महादेवी वर्मा ने भी अन्य स्वच्छन्दतावादी कवि-समीक्षकों की तरह की छायावादी काव्य-दृष्टि को बेहतर ढंग से समझाने का प्रयास किया। वे काव्य-चेतना को सांस्कृतिक चेतना के विस्तृत फलक पर व्याख्यायित करती हैं तथा उसमें सत्यम्-शिवम्-सुन्दरम् की प्रतिच्छवि देखती हैं। महादेवी जी साहित्य को मानव-सापेक्ष रूप में देखती हैं तथा चिरंतन मानवीय मूल्यों को साहित्य के मूल्यों के रूप में प्रतिष्ठापित करना चाहती हैं। उनकी दृष्टि में जीवन की परिधि में ही साहित्य की सार्थकता अन्तर्निहित रहती है। व्यक्तियों के समूह के समाज बनता है और समाज के समूहों से राष्ट्र का निर्माण होता है। अतः व्यक्ति, समाज तथा साहित्य में अन्तरंग सम्बन्ध होता है। उनकी दृष्टि में इस सम्बन्ध को मानवीय सन्दर्भों में रूपायित करना ही साहित्य का धर्म है।

7. प्रगतिवादी युग (मार्क्सवादी समीक्षा/तृतीय उत्थान)

छायावाद के अन्त के साथ ही प्रगतिवाद का उदय होता है। यह उदय एकाएक नहीं होता, वरन् इसके पीछे विश्वपटल पर घटित हो रहीं वे तमाम सामाजिक एवं राजनीतिक परिस्थितियाँ थीं, जिन्होंने साम्राज्यवादी एवं पूँजीवादी व्यवस्था के विरुद्ध व्यवस्थित तरीक़े से विचारधारा के स्तर पर एकजुट होकर अपनी आवाज़ उठाने में सक्रिय भूमिका निभायी थी। युगीन परिस्थितियों में ऐसा

लग रहा था, जैसे छायावाद अपने समय और समाज से बिल्कुल कट-सा गया है। यह स्थिति केवल हिन्दी साहित्य जगत् में ही नहीं, विश्व के अन्य देशों के साहित्यकारों में भी देखी जा रही थी, जहाँ तमाम सामाजिक एवं राजनीतिक क्रान्तियों के द्वारा सामाजिक-आर्थिक विषमता को दूर करने के लिए संघर्ष छिड़ा हुआ था, दुनिया के मज़दूरों को एकजुट करने का आह्वान किया जा रहा था, वहीं उसकी अनुगूँज साहित्य में भी प्रतिध्वनित होने लगी थी। इसलिए युगीन सन्दर्भों से स्वयं को जोड़ते हुए समाज के दबे-कुचले एवं शोषित वर्ग की आवाज़ बुलन्द करने का बीड़ा छायावाद के अन्त से पहले ही निराला उठा चुके थे।

निराला का संघर्ष उन सामाजिक अन्धविश्वासों, जर्जर रूढ़ियों और परम्पराओं के विरुद्ध भी था, जो तार्किकता एवं बौद्धिकता की प्रतिगामी थीं। निराला ने जीवन के यथार्थ को पहचाना तथा युगजीवन के साथ जुड़ते हुए यथार्थवादी साहित्य-सृजन का सूत्रपात किया। युगानुरूप पन्त जी ने भी मार्क्सवादी विचारधारा से प्रभावित होकर छायावाद का अन्त कर दिया। अभी तक वे कल्पनालोक में ही विचरण कर रहे थे तथा स्वर्गिक जीवन के सपने बुनना ही कवि-कर्म समझ रहे थे। उससे अन्ततः मुक्त हो गये और मार्क्सवादी विचारधारा की ओर उन्मुख होकर प्रगतिवादी काव्य-रचना में प्रवृत्त हो गये।

सन् 1935 के प्रारम्भ से प्रगतिवादी काव्य-रचना का दौर एक साहित्यिक आन्दोलन के रूप में चला तथा सन् 1936 में छायावाद के अन्त की घोषणा के साथ ही इसका कारवाँ आगे बढ़ चला। प्रगतिवाद मार्क्सवादी विचारधारा का ही साहित्यिक अभियान था तथा यथार्थवाद की भावभूमि पर आधारित था, जो समाज में व्याप्त आर्थिक विषमता, जातिगत ऊँच-नीच, जर्जर-रूढ़ियों और सामन्तवादी सोच के विरुद्ध उठ खड़ा हुआ था। यहाँ यथार्थ का तात्पर्य नग्नता, फूहड़पन अथवा पतनशील सामाजिक विद्रपूताओं से नहीं है, वरन् उन बुनियादी सत्यों से है जो किसी भी समाज की गतिविधियों को संचालित और नियन्त्रित करते हैं। जो शोषक और शोषित का वर्गभेद पैदा कर एक आम आदमी से उसके सम्मानित जीवन जीने का हक़ छीन लेते हैं। यथार्थ के इसी स्वरूप को उद्घाटित करते हुए डॉ. रामदरश मिश्र लिखते हैं–"इस प्रकार का यथार्थ किसी युग के समाज के आधारभूत प्रश्नों, समस्याओं, संघर्षों, आकांक्षाओं, चिन्तन और अवधारणाओं को अपनी सीमा में समेटता है। प्रत्येक युग में शोषक और शोषित इन दो वर्गों का संघर्ष होता आया है। शोषित शक्तियाँ शोषक शक्तियों से संघर्ष कर उन्हें उठा फेंकने का प्रयत्न करती हैं।

सड़ी-गली शोषक मान्यताओं और जीवन-मूल्यों के स्थान पर नयी सामाजिक मान्यताओं और मूल्यों की प्रतिष्ठा करना चाहती हैं। यह संघर्ष व्यक्तिगत नहीं, सामूहिक होता है। ...इसलिए साहित्य वही महान है जो सामाजिक यथार्थ की शक्तियों से सम्बलित हो।''[24]

प्रगतिवादी समीक्षा इन्हीं मानदण्डों के आधार पर किसी भी युग के साहित्य का मूल्यांकन करती है। परम्परित रसवादी अथवा कलावादी साहित्य को प्रगतिवादी आलोचक अच्छी दृष्टि से नहीं देखते तथा उसे सामन्तवादी मनोवृत्ति का परिचायक मानकर समाजविरोधी, पूँजीवादी तथा साम्राज्यवादी व्यवस्था का पोषक मानते हैं। प्रगतिवादी साहित्य का सौन्दर्यबोध भी लोकजीवन के यथार्थबोध के सहज निरूपण में निहित होता है। प्रगतिवादी समीक्षा रीतिवादी साहित्य की धुर विरोधी है। छायावादी आत्माभिव्यक्ति व्यक्ति चेतना की उस आत्मवादी मनोवृत्ति की द्योतक है जो सामाजिकता से दूर आत्ममुक्ति की स्वार्थी मनोवृत्ति तथा व्यक्तिवादी मानसिकता को व्यक्त करती है। इसका अभिव्यक्ति विधान भी कृत्रिम, शब्दाडम्बरयुक्त, लाक्षणिक, कलात्मक एवं स्वाभाविकता से परे है। प्रगतिवादी समीक्षा इस सबके स्थान पर यथार्थपरक सहजता, स्वाभाविकता, सरलता, सादगीपूर्ण जनभाषा की पक्षधर रही है जो जनसामान्य से सीधे संवाद कर सके तथा सहज बोधगम्य एवं सम्प्रेषणीय हो। प्रगतिवादी समीक्षा के मूलभूत आधार को स्पष्ट करते हुए डॉ. रामदरश मिश्र लिखते हैं–''प्रगतिवादी समीक्षा ने साहित्य को सामाजिक क्रान्ति का हथियार अवश्य माना, किन्तु साहित्य की भावनात्मक या अनुभूत्यात्मक स्थिति को नकारा नहीं। साहित्य का लक्ष्य क्रान्ति करना तो है, किन्तु उसकी प्रक्रिया मानवीय अनुभवों की है। इन अनुभवों के बिना तो साहित्य की स्थिति की कल्पना ही नहीं की जा सकती है।''[25]

प्रगतिवादी साहित्य का सामाजिक अनुभूति और सामाजिक चिन्तन ही वह आधार है जो सामाजिक दृष्टि पर आधारित है और इसी आधार पर वह छायावादी काव्य से पृथक् भी है। प्रगतिवादी साहित्य को इसी सामाजिक दृष्टि से देखने-परखने वाले प्रगतिवादी समीक्षकों में–शिवदान सिंह चौहान, रामविलास शर्मा, प्रकाशचन्द्र गुप्त, अमृतराय, रांगेय राघव, नामवर सिंह आदि उल्लेखनीय हैं। **डॉ. शिवदान सिंह चौहान** प्रगतिवादी समीक्षक होते हुए भी साहित्य के सद्-असद् पक्ष का उद्घाटन करते हैं। वे किसी भी समीक्षा-पद्धति की अतिवादिता, संकीर्णता एवं हठवादिता को स्वीकार नहीं करते तथा उसकी एकांगिकता को उजागर करते हुए साहित्यिक मानदण्डों

को प्राथमिकता देते हैं। उन्होंने प्रगतिवादी समीक्षा की सीमाओं को भी इंगित किया है तथा साहित्य की अधिकांश विधाओं का सामाजिक दृष्टि से मूल्यांकन एवं विश्लेषण किया है।

डॉ. रामविलास शर्मा प्रगतिवादी आलोचक होने के साथ-साथ प्रगतिशील आन्दोलन से जुड़े रहे हैं। उन्होंने भाषा-साहित्य विषयक अनेक ग्रन्थों का प्रणयन किया है तथा अनेक नये-पुराने साहित्यकारों के साहित्य पर कई समीक्षात्मक पुस्तकें, लेख, निबन्धादि लिखे हैं, जो व्यावहारिक समीक्षा की दृष्टि से उल्लेखनीय हैं। वे किसी भी साहित्यिक कृति को केवल प्रगतिवादी चष्मे से ही नहीं देखते, वरन् तत्युगीन सामाजिक सन्दर्भों में उसका परीक्षण एवं मूल्यांकन करते हैं।

8. मनोविश्लेषणवादी समीक्षा (चतुर्थ उत्थान)

पश्चिमी साहित्य के निकट सम्पर्क में आने से जिस तरह हिन्दी साहित्य पर मार्क्सवादी विचारधारा का प्रभाव पड़ा, उसी तरह आधुनिक साहित्य में मनोविश्लेषणवादी विचारक फ्रायड, एडलर और युंग का प्रभाव भी पड़ा। मनोविश्लेषणवादी विचारधारा के अनुसार साहित्य-सृजन में चेतन मन के साथ-साथ अचेतन मन भी सक्रिय रहता है। साहित्य-निर्माण में सामाजिकता की अपेक्षा व्यक्ति चेतना प्रमुख होती है तथा प्रत्येक सृजन के पीछे 'काम' वृत्ति का भी हाथ रहता है जिसमें अवचेतन मन की दमित वासनाएँ सक्रिय रहती हैं। समाज द्वारा निर्मित जितनी भी पाप-पुण्य विषयक अवधारणाएँ हैं, वे सभी कल्पित, आरोपित, अस्वाभाविक एवं भ्रामक हैं। इसीलिए मनुष्य का सामाजिक जीवन तथा उसके नैतिक मूल्य व्यर्थ हैं, जो मानवीय सहज वृत्तियों का दमन करने वाले हैं। इन्हीं मनोविश्लेषणवादी विचारों को आधार बनाकर कई लेखकों ने रचनाएँ कीं और उनकी पुष्टि में समीक्षाएँ भी लिखीं। ऐसे समीक्षकों में इलाचन्द्र जोशी तथा अज्ञेय प्रमुख हैं। इलाचन्द्र जोशी जीवन के बाह्य पक्ष में मार्क्सवादी हैं तो अन्तर्मन के उद्घाटन में मनोविश्लेषणवादी। इस तरह वे यथार्थवाद और मनोविज्ञान को एक साथ लेकर चलते हैं। अज्ञेय फ्रायड की अपेक्षा एडलर की विचारधारा से अधिक प्रभावित जान पड़ते हैं जिसमें हीनता की अनुभूति और कला द्वारा उसकी क्षतिपूर्ति के सिद्धान्त की प्रतिध्वनि मिलती है। वे टी.एस. इलियट की 'कला की निर्वैयक्तिकता' के सिद्धान्त का भी समर्थन करते हैं। अज्ञेय अपने साहित्य में व्यष्टि चेतना तथा समश्टि चेतना दोनों को समान महत्त्व देते हैं। इस तरह उनकी समीक्षा अपेक्षाकृत अधिक व्यापक है।

9. स्वच्छन्द समीक्षा

किसी विचारधारा विशेष को आधार बनाये बिना स्वतन्त्र रूप से साहित्यिक कृतियों की समीक्षा करने वाले समीक्षकों में डॉ. देवराज, नलिनविलोचन शर्मा तथा प्रभाकर माचवे प्रमुख हैं। वे खुली दृष्टि, स्व-विवेक तथा स्वतन्त्र मानदण्डों के आधार पर रचनाओं का मूल्यांकन करने में विश्वास रखते हैं। उनकी दृष्टि में पूर्वाग्रहरहित होकर ही किसी कृति की व्यापक परिप्रेक्ष्य में तथा तत्कालीन सन्दर्भों में सम्यक् समीक्षा की जा सकती है। किसी वाद विशेष अथवा प्रवृत्ति विशेष के आधार पर रचना का मूल्यांकन करने से उसमें एकांगिकता, संकीर्णता अथवा अपूर्णता का ख़तरा बना रहता है। कोई भी विचारधारा अपने आपमें 'पूर्ण' नहीं होती। वह किसी दूसरी विचारधारा से टकराती है, जबकि हर विचारधारा में कमोबेश आंशिक सत्यता रहती है। यह बात किसी भी रचना की विषय-वस्तु और शिल्प-विधान दोनों पर लागू होती है।

स्वच्छन्द समीक्षक गुण-ग्राह्यता के आधार पर रचना का समग्र रूप में मूल्यांकन करता है, ताकि उसकी पृष्ठभूमि, अन्तःप्रकृति, सम्प्रेषणीयता एवं लोक स्वीकार्यता को पूर्णतया उद्घाटित किया जा सके। इस दृष्टि से डॉ. देवराज की समीक्षाएँ अपना विशेष महत्त्व रखती हैं। यद्यपि डॉ. देवराज पर शुक्ल जी का प्रभाव परिलक्षित होता है, परन्तु उन्होंने कई स्थानों पर शुक्ल जी के मत से असहमति भी व्यक्त की है। डॉ. देवराज विषय-वस्तु पर बल देते हुए कल्पना की अपेक्षा यथार्थ चित्रण को अधिक महत्त्वपूर्ण समझते हैं। वे शुक्ल जी की भाँति मुक्तक रचनाओं से प्रबन्धात्मक रचनाओं को श्रेष्ठ मानते हैं। वे किसी भी रचना के भीतर तक प्रविष्ट होकर उसकी मूल अन्तःप्रकृति को खोज लाते हैं। संस्कृति-विषयक उनके विचार व्यापक सामाजिक मानवीय धरातल पर आधृत हैं। इसीलिए छायावादी काव्य में उन्हें वह पूर्णता नहीं दिखाई देती है जो जीवन की समग्रता में खोजी जा सकती है।

10. समकालीन समीक्षा

समकालीन समीक्षा का तात्पर्य है जो वर्तमान में लिखी जा रही कृतियों की नयी दृष्टि से, नये सन्दर्भों में, नये मानदण्डों के आधार पर विश्लेषण एवं मूल्यांकन करती है। इस तरह की समीक्षाएँ नवलेखन के फलस्वरूप सामने आयी हैं। बदले हुए सन्दर्भों में नवलेखन का मूल्यांकन प्राचीन मानदण्डों अथवा पूर्ववर्ती मानदण्डों के आधार पर सम्भव नहीं है। इसके लिए नये प्रतिमानों की खोज ज़रूरी है, जो किसी कृति विशेष अथवा काव्यधारा विशेष का समग्र मूल्यांकन

करने में समर्थ हो। इस तरह की समीक्षा का यत्किंचिन्त सूत्रपात अज्ञेय तथा मुक्तिबोध की समीक्षाओं में देखा जा सकता है जिन्होंने न केवल प्राचीन काव्य-सिद्धान्तों की नयी व्याख्या का मार्ग प्रशस्त किया है, वरन् कुछ नये विचार-सूत्र एवं दिशा-निर्देश भी दिये हैं जो इस कार्य में सहायक हो सकते हैं। नवलेखन से सम्बद्ध समस्याओं पर वर्तमान में कई समीक्षक अपनी दृष्टि से विचार कर रहे हैं। इस सम्बन्ध में डॉ. रामदरश मिश्र लिखते हैं–"आज की समीक्षा में...स.ही. वात्सायन, देवराज, मुक्तिबोध, नामवर सिंह, धर्मवीर भारती, प्रभाकर माचवे, रघुवंश, रामस्वरूप चतुर्वेदी, लक्ष्मीकान्त वर्मा, जगदीश गुप्त, विजयदेव नारायण साही आदि हैं जो समय-समय पर अपने-अपने ढंग से नवलेखन सम्बन्धी प्रश्नों को समझने-समझाने का प्रयास कर रहे हैं। इनके अतिरिक्त ऐसे बहुत से समीक्षक हैं जो सिद्धान्त-स्थापन के फेर में न पड़कर कृतियों के नये मूल्यों और छवियों के उद्‌घाटन में व्यस्त हैं। इनमें अधिकांश सर्जक हैं यानी पेशेवेर समीक्षक नहीं।"[26]

इस प्रकार समकालीन समीक्षा के क्षेत्र में अभी तक कोई ऐसे प्रतिमान स्थापित नहीं हो पाये हैं जिनके आधार पर किसी कृति का समग्र एवं सम्यक् मूल्यांकन हो सके। पुराने एवं पश्चिमी समीक्षा के मानदण्डों को ही फिर से विकसित करने, नयी व्याख्या के साथ प्रस्तुत करने एवं अपनी ओर से कुछ नया जोड़ने का प्रयास यथावत् जारी है। वस्तुतः आज की समीक्षा एक तरह के संक्रमण के दौर से गुज़र रही है। वर्तमान परिस्थितियों में तथा भूमण्डलीकरण के इस दौर में जिस तरह से नये भावबोध, नवीन वैचारिकता एवं नये शिल्प वैशिष्ट्य के साथ रचनाएँ प्रकाश में आ रही हैं, उसमें प्रतिमानों की अस्थिरता, अस्वीकार्यता एवं विभ्रम की स्थिति अस्वाभाविक नहीं कही जा सकती। लेकिन हिन्दी की समीक्षा ने संस्कृत काव्यशास्त्र की केंचुल से बाहर निकलकर अपनी एक स्वतन्त्र पहचान बनायी है, इस वास्तविकता से इनकार नहीं किया जा सकता। जिस तरह अपनी जड़ों और परम्पराओं से कटकर व्यक्ति का कोई वजूद नहीं रह जाता, उसी प्रकार हिन्दी की समीक्षा भी संस्कृत काव्यशास्त्र की समृद्ध परम्परा से अविच्छिन्न रूप से आज भी जुड़ी हुई है, हालाँकि लम्बी विकास-यात्रा में उसके स्वरूप में काफ़ी बदलाव आ चुका है और उसमें आधुनिकता बोध का रंग देखा जा सकता है।

वर्तमान समीक्षा में भी भाव, अनुभूति, विचार, संवेदना, सम्प्रेषणीयता अथवा रूपक, प्रतीक, बिम्ब, मिथक आदि मानदण्डों के बिना किसी कृति की साहित्यिकता का स्वरूप निर्धारित नहीं हो सकता। विषयवस्तु, विचारधारा, भावबोध अथवा शिल्प-विधान कुछ भी हो सकता है, लेकिन कृति को

साहित्यिक कलेवर में ही आना पड़ेगा, अन्यथा आप उसे जो भी कह लें, साहित्य की कोटि में नहीं रख सकते। इस तथ्य को बदलते युग के साथ बदलते सन्दर्भों में हिन्दी की समीक्षा ने भली-भाँति समझा है और उसे युगीन सन्दर्भों में युगानुरूप विकसित एवं व्याख्यायित करने का प्रयास किया है। यही उसकी जीवनी-शक्ति है जो स्वयं को समय के साथ सम्बद्ध किये हुए है। इस प्रकार हिन्दी की समीक्षा के क्षेत्र में अभी भी नये सिरे से, नयी दृष्टि के साथ सोचने-विचारने और काम करने की आवश्यकता है।

सन्दर्भ

1. हिन्दी साहित्य का इतिहास–आचार्य रामचन्द्र शुक्ल, पृ. 161
2. वही, पृ.144
3. वही, पृ. 162
4. भारतीय समीक्षा–सं. डॉ. नगेन्द्र, उ.प्र. हिन्दी ग्रन्थ अकादमी, लखनऊ, सं. 1975, पृ. 79
5. वही, पृ. 80
6. वही, पृ. 81
7. वही, पृ. 82
8. हिन्दी साहित्य का इतिहास–आचार्य रामचन्द्र शुक्ल, पृ. 360
9. भारतीय समीक्षा–सं. डॉ. नगेन्द्र, पृ. 83
10. महावीर प्रसाद द्विवेदी और हिन्दी नवजागरण–डॉ. रामविलास शर्मा, पृ. 360
11. वही, पृ. 362
12. वही, पृ. 362
13. भारतीय समीक्षा–सं. डॉ. नगेन्द्र, पृ. 84
14. वही, पृ. 84
15. महावीर प्रसाद द्विवेदी और हिन्दी नवजागरण–डॉ. रामविलास शर्मा, पृ. 349
16. भारतीय समीक्षा–सं. डॉ. नगेन्द्र, पृ. 88-89
17. वही, पृ. 90
18. हिन्दी साहित्य का इतिहास–आचार्य रामचन्द्र शुक्ल, पृ. 382
19. भारतीय समीक्षा–सं. डॉ. नगेन्द्र, पृ. 93-94
20. वही, पृ. 96
21. वही, पृ. 97
22. वही, पृ. 100-101
23. वही, पृ. 105
24. वही, पृ. 108
25. वही, पृ. 110
26. वही, पृ. 118

आलोचना के नये आयाम

आलोचना का सम्बन्ध साहित्य के गुण-दोषों के विवेचन एवं विश्लेषण से है। पहले साहित्य सृजित होता है, उसके बाद साहित्यिक मूल्यों अथवा मानवीय मूल्यों के आधार पर उसकी परख होती है। साहित्य और आलोचना को भारतीय काव्यशास्त्र में क्रमशः लक्ष्य एवं लक्षण ग्रन्थ की संज्ञा से अभिहित किया गया है अर्थात् लक्ष्य ग्रन्थों के आधार पर ही लक्षण ग्रन्थों का निर्माण होता है। दोनों में आधार-आधेय सम्बन्ध है। किसी साहित्यिक कृति का मूल्यांकन साहित्यिक मूल्यों के आधार पर ही होना चाहिए। आलोचना की यही आदर्शपरक स्थिति हो सकती है। फिर इसी से जुड़ा एक और प्रश्न उठता है कि साहित्य क्यों और किसके लिए लिखा जाता है? उत्तर स्पष्ट है–सहृदय पाठकों के आनन्द लाभ के लिए। आजकल इसी आनन्द को मनोरंजन की संज्ञा दी जाती है। पुराने काव्यशास्त्रियों को मनोरंजन शब्द बहुत हल्का लगता था, जिसे हल्के-फुल्के बाज़ारू साहित्य से भी प्राप्त किया जा सकता है। इसलिए उन्होंने साहित्य को पढ़ने, नाटक के रूप में उसे देखने अथवा सुनने से उत्पन्न आस्वाद या अनुभूति के लिए आनन्द शब्द का प्रयोग किया है, जिसका सम्बन्ध सामान्यतया आत्मानन्द से है। संस्कृताचार्यों ने काव्यास्वाद के आनन्द की व्याख्या करते-करते उसे ब्रह्मानन्द के समकक्ष तक पहुँचा दिया। यहीं से काव्य का लौकिक आनन्द अलौकिकत्व को प्राप्त हो गया।

काव्यानन्द का ही दूसरा नाम 'रस' है। इस प्रकार आलोचना के प्रारम्भिक दौर में 'रस' ही काव्य का प्रमुख मूल्य या मानदण्ड बन गया अर्थात् जिस रचना को पढ़ने अथवा सुनने से आनन्द की प्राप्ति होती हो, वही साहित्यिक रचना मानी जा सकती है। इससे इतर यदि कोई कविता या कृति प्रकाश में आती है तो वह कोरा शब्दजाल या अनर्गल प्रलाप ही कहलाएगा। 'रस' नामक यह मूल्य एक प्रकार से किसी रचना को पढ़ने अथवा सुनने से उत्पन्न प्रभावात्मक प्रतिक्रिया पर आधारित था। इसका सम्बन्ध काव्य के भाव-पक्ष

अथवा आत्म-पक्ष से था। इसमें काव्य के बाह्य पक्ष को नज़रअन्दाज़ कर दिया गया यानी किसी रूपवती स्त्री के आन्तरिक गुणों को तो विशेष महत्त्व दिया गया, परन्तु उसके बाह्य रूप-सौन्दर्य को नकार दिया अथवा उसे उपेक्षा की दृष्टि से देखा गया।

काव्य के साहित्यिक मूल्यांकन में रसवादियों का यह एकांगी दृष्टिकोण बाह्य रूप-सौन्दर्य को विशेष महत्त्व देने वाले अलंकारवादियों को स्वीकार्य नहीं हुआ। अलंकारवादियों ने रसवादियों के प्रतिक्रियास्वरूप काव्य की बाहरी सजावट अलंकारादि को ही काव्यत्व का एकमात्र मापदण्ड घोषित कर दिया तथा रस की उपेक्षा कर डाली। यह रसवादियों के लिए 'जैसे को तैसा' उत्तर के समान था। यहीं से आलोचना के क्षेत्र में खेमेबाज़ी शुरू हो गयी। यह खेमेबाज़ी अपना वर्चस्व क़ायम करने को लेकर थी। इस दलबन्दी का एक लाभ यह हुआ कि दोनों पक्षों द्वारा रस, ध्वनि, अलंकारादि का सूक्ष्मातिसूक्ष्म विवेचन एवं विश्लेषण हुआ तथा सभी पक्षों ने अपने-अपने सिद्धान्तों की पुष्टिस्वरूप उदाहरण प्रस्तुत किये। इससे सैद्धान्तिक आलोचना के साथ-साथ व्यावहारिक आलोचना का मार्ग भी प्रशस्त हुआ। परन्तु आलोच्य कृति से कुछ उदाहरण दे देना कि इसमें अमुक रस या अमुक अलंकारादि हैं, पर्याप्त नहीं था।

काव्य की आलोचना के मापदण्ड के निर्धारण के लिए संस्कृत काव्यशास्त्र में छह काव्य-सम्प्रदायों का उदय हुआ जो प्रायः एक-दूसरे के प्रतिक्रियास्वरूप सामने आये। ये काव्य-सम्प्रदाय हैं–1. रस, 2. अलंकार, 3. रीति, 4. ध्वनि, 5. वक्रोक्ति, 6. औचित्य। इनमें रस और ध्वनि को आत्मवादी सिद्धान्त कहा गया। रस-सिद्धान्त तो रस को ही काव्य की आत्मा मानता है, जबकि ध्वनि-सिद्धान्त ध्वनि को काव्य की आत्मा (काव्यस्यात्मा ध्वनिः) मानता है। प्रश्न उठता है कि फिर रस और ध्वनि में मूलभूत अन्तर क्या है? आनन्दवर्धन निरूपित ध्वनि-सिद्धान्त में काव्यात्मारूप ध्वनि के तीन भेद किये गये हैं–1. रस ध्वनि, 2. वस्तु ध्वनि, 3. अलंकार। जब ये तीनों व्यंग्यार्थ प्राधान्य के आधार पर ध्वनित होकर काव्य में व्यक्त होंगे, तभी काव्यात्मारूप माने जायेंगे। यह शर्त भी इनके साथ जुड़ी हुई है। इस तरह आनन्दवर्धन ने व्यंजना पर विशेष बल दिया। उनका निर्विवाद रूप से मानना था कि रस तो व्यंग्य ही होता है। बाद में हिन्दी के आलोचकों में इस बात को लेकर बहस छिड़ गयी कि 'रसाभिव्यक्ति' अभिधा व्यापार से होती है या व्यंजना व्यापार से। यह केवल बालू से तेल निकालने वाला जैसा द्रविड़ प्राणायाम था, जिसका काव्य के आलोचना-पक्ष से कोई लेना-देना नहीं था।

आनन्दवर्धन का सबसे बड़ा योगदान यह है कि जो श्रेष्ठ मुक्तक साहित्य रस की परिधि में नहीं आ रहा था और इस कारण काव्यत्व के क्षेत्र से बाहर समझा जा रहा था, उसे उन्होंने यथोचित स्थान पर प्रतिष्ठित किया। रस-सिद्धान्त अपनी सैद्धान्तिक सीमाओं के कारण केवल प्रबन्धात्मक काव्य पर ही लागू हो सकता था। दूसरा, आनन्दवर्धन ने अलंकारों को भी यथोचित स्थान दिलाया क्योंकि काव्य में अलंकारों के महत्त्व को भी अस्वीकार नहीं किया जा सकता था। इस दृष्टि से आनन्दवर्धन को समन्वयवादी एवं व्यवहारवादी काव्यशास्त्री माना जा सकता है। चूँकि आनन्दवर्धन ने काव्य के अन्त:पक्ष अर्थात् प्रतीयमान अर्थ को विशेष महत्त्व दिया, इस कारण उन्हें भी आत्मवादी काव्यशास्त्री मान लिया गया, जबकि उन्होंने काव्य के बाह्य पक्ष को भी समान महत्त्व दिया। रस-ध्वनि आदि साध्य हैं तो साधन रूप शब्दार्थ का भी समान महत्त्व है। आनन्दवर्धन ने अपने काव्य-सिद्धान्त में रीति (संघटना), गुण तथा औचित्य को भी यथोचित स्थान दिया। इस प्रकार ध्वनि-सिद्धान्त एक सन्तुलित एवं व्यावहारिक काव्य-सिद्धान्त था, परन्तु बाद के आचार्यों ने उसे भेद-प्रभेद के जाल में ऐसा उलझा दिया कि भेद प्रधान हो गये और काव्यत्व का मूल्यांकन गौण।

कुन्तक ने अलंकार के एक भेद वक्रोक्ति को अपने गम्भीर विवेचन एवं विश्लेषण के द्वारा व्यापकता प्रदान करते हुए एक काव्य-सिद्धान्त के रूप में प्रतिष्ठापित कर दिया। परन्तु उसमें भी काव्य का आन्तरिक पक्ष गौण हो गया, हालाँकि काव्य-भाषा के विवेचन के रूप में आज भी वक्रोक्ति सिद्धान्त सर्वाधिक प्रासंगिक है। औचित्य सम्प्रदाय की एक काव्य-सिद्धान्त के रूप कभी भी स्वीकार्यता नहीं रही। रीति सम्प्रदाय भी काव्य-भाषा के एक अंग अथवा शैली के रूप में सिमटकर रह गया। इस प्रकार संस्कृत के उपर्युक्त छह काव्य-सम्प्रदायों में से रस तथा ध्वनि-सिद्धान्त को आत्मवादी तथा अलंकार, रीति एवं वक्रोक्ति-सिद्धान्त को देहवादी काव्य-सिद्धान्त के रूप में परिगणित किया गया। आत्मवादी और देहवादी का यह भेद काव्य शरीर की कल्पना पर आधारित है। संस्कृताचार्यों ने काव्यात्मा के स्वरूप को समझाने के लिए काव्य की तुलना मनुष्य से की है। जिस प्रकार जीवात्मा के बिना मानव जीवन की कल्पना नहीं की जा सकती अथवा आत्मा के बिना शरीर जड़ या मुर्दा होता है, वही स्थिति लगभग काव्य के सम्बन्ध में भी समझनी चाहिए। मानव जीवन में आत्मा या जीव तत्त्व अंगीरूप होने से प्रमुख होता है और शरीर अंगरूप होने से गौण समझा जाता है। काव्य के सन्दर्भ में भी यही सूत्र लागू होता है।

इसलिए सभी संस्कृताचार्यों ने अपने काव्य-सिद्धान्त को प्रमुखता देने के लिए उसे काव्य की आत्मा अथवा काव्य का प्राण तत्त्व कहा है, जैसे—काव्यस्यात्मा ध्वनि:, रीतिरात्मा काव्यस्य, वक्रोक्ति काव्य जीवितम् आदि। सामान्य-सी बात है कि एक काव्य शरीर में एकाधिक आत्माएँ नहीं हो सकतीं।

वस्तुत: ये सभी काव्य-सम्प्रदाय काव्य की आत्मा न होकर काव्य के अंग मात्र हैं। यदि इन्हें काव्यांग की संज्ञा दी जाये तो समीचीन होगा। इनमें यदि रस-भावादि का सम्बन्ध काव्य के आभ्यन्तर पक्ष से है तो अलंकार, रीति, वक्रोक्ति का उसके बाह्य पक्ष से। यद्यपि अन्तर्बाह्य का भेद सटीक नहीं जान पड़ता क्योंकि शब्दार्थ में अभेद सम्बन्ध होता है। उनमें द्वैतभाव नहीं होता, वरन् शब्दार्थ के माध्यम से काव्य का प्रतिपाद्य व्यक्त होता है। शरीर के अंगों की तरह ही काव्य में इन सभी काव्यांगों की उपस्थिति न्यूनाधिक मात्रा में अवश्य रहती है। अत: जिस प्रकार से शरीर के बिना प्राण की और प्राण के बिना शरीर की कल्पना नहीं की जा सकती, उसी प्रकार शब्द के बिना अर्थ की और अर्थ के बिना शब्द की कल्पना नहीं की जा सकती। इसीलिए काव्य की परिभाषा दी गयी है—'शब्दार्थौ सहितौ काव्यम्'। अथवा 'रमणीयार्थ: प्रतिपादक: शब्द: काव्यम्'। 'अर्थ' यानी भाव-विचार के कई रूप हो सकते हैं। उस 'काव्यार्थ' को व्यक्त करने वाला शब्द व्यापार अभिधामूलक, लक्षणामूलक, व्यंजनामूलक, वक्रतामूलक, चमत्कारमूलक अथवा कुछ भी हो सकता है।

आधुनिक युग में हिन्दी साहित्य के क्षेत्र में जब आलोचना का सूत्रपात हुआ तो संस्कृत के इन्हीं काव्य-सिद्धान्तों को आधार बनाकर काव्यकृतियों के मूल्यांकन का सिलसिला चल पड़ा। हिन्दी में आलोचना के प्रमुख स्तम्भ कहे जाने वाले आचार्य रामचन्द्र शुक्ल ने अपनी सारी ताक़त रस को काव्य का सार्वभौमिक एवं सार्वकालिक मापदण्ड सिद्ध करने में लगा दी। इसके लिए उन्होंने 'रस-मीमांसा' नामक ग्रन्थ तक लिख डाला। ऐसा लग रहा था, जैसे उन्होंने संस्कृत आचार्यों की तरह किसी नये काव्य-सिद्धान्त का प्रवर्तन किया हो। आचार्य भरतमुनि प्रवर्तित रस-सिद्धान्त की जुगाली की ऐसी होड़ मची कि डॉ. नगेन्द्र तथा उन सरीखे रसपन्थी अध्यापकों ने 'रस-सिद्धान्त' पर भारी-भरकम ग्रन्थ लिख डाले। रस की यशोगाथा के गुणगान में न केवल दर्जनों पुस्तकें लिखी गयीं, वरन् रस को आधार बनाकर ढेर सारे तथाकथित शोधग्रन्थ भी लिखे गये। ऐसा लगता था कि काव्य के मूल्यांकन के लिए रस ही आदि और अन्तिम सत्य है। इसके अतिरिक्त किसी अन्य तरीक़े से

काव्य का मूल्यांकन हो ही नहीं सकता। रस की व्याख्या को ही हिन्दी के स्वनामधन्य आलोचक इस तरह से प्रस्तुत कर रहे थे, जैसे उन्होंने ही 'रस' की खोज की हो। यह हिन्दी आलोचकों की मानसिक दरिद्रता, प्रतिभाहीनता, मौलिक चिन्तन की कमी एवं उनके गतानुगतिक होने का द्योतक था। हिन्दी में कई दशकों तक संस्कृत काव्यशास्त्र के सिद्धान्तों के आधार पर तथाकथित शोध अथवा आलोचना का सिलसिला चलता रहा। इस तरह का शोध विवेच्य कृति से उदाहरणस्वरूप लिए गये रस के उदाहरणों की उद्धरणी मात्र लगता था। भक्तिकाल और रीतिकाल के काव्य को लेकर इस तरह के शताधिक शोधग्रन्थ लिखे गये हैं।

आधुनिक युग में हिन्दी में जब पद्य के समानान्तर गद्य में भी प्रचुर मात्रा में साहित्य सृजन होने लगा तो आलोचना के क्षेत्र में भी कुछ बदलाव आने लगा। अब संस्कृत के काव्य-सिद्धान्तों को हिन्दी साहित्य की हर विधा के मूल्यांकन के लिए आवश्यक नहीं समझा जाने लगा। उनका स्थान कुछ पश्चिमी समीक्षा-पद्धतियों ने ले लिया। हिन्दी में जब मार्क्सवादी विचारधारा से प्रभावित होकर साहित्य लिखा जाने लगा तो आलोचना के क्षेत्र में भी मार्क्सवादी आलोचना का सूत्रपात हुआ। इसके साथ ही कथ्य एवं शिल्प के स्तर पर तमाम अन्य अनुशासनों को आधार बनाकर अलग-अलग विधाओं के साहित्य का मूल्यांकन एवं विश्लेषण होने लगा। विचारधारा के स्तर पर अस्तित्ववादी, प्रगतिवादी, प्रयोगवादी, मनोवैज्ञानिक, मनोविश्लेषणात्मक, आदर्श एवं यथार्थपरक, ऐतिहासिक, सामाजिक, सांस्कृतिक, तुलनात्मक, स्वच्छन्दतावादी आदि तथा अभिव्यंजना के स्तर पर काव्य-भाषा, बिम्ब विधान, प्रतीक विधान, मिथकीय, भाषिक, शैलीवैज्ञानिक, सौन्दर्यशास्त्रीय आदि को आलोचना का आधार बनाया गया। इस प्रकार आधुनिक हिन्दी आलोचना परम्परित काव्यशास्त्रीय आलोचना से धीरे-धीरे मुक्त होने लगी। लेकिन आधुनिक हिन्दी आलोचना का यह दौर दिशाहीन, पक्षपातपूर्ण एवं खेमेबाज़ी में बँटा हुआ है। एक काव्य-सिद्धान्त के समर्थकों द्वारा दूसरे काव्य सिद्धान्त को अमान्य सिद्ध करने के अपने तर्क और कारण होते हैं। चूँकि सभी सिद्धान्त काव्य की किसी-न-किसी विशेषता को उजागर करने में सहायक होते हैं, इस कारण काव्य के मूल्यांकन में उनकी उपादेयता को पूर्णतः नकारा नहीं जा सकता।

वैचारिक स्तर पर किसी रचना की विषय-वस्तु को लेकर मतभेद हो सकते हैं, हालाँकि रचनाकार के लिए विषय-चयन का कोई बन्धन नहीं होना चाहिए, लेकिन उसके साहित्यिक मानदण्डों में एक स्तर पर एकरूपता तो होनी

ही चाहिए, अन्यथा अराजकता की स्थिति पैदा हो जायेगी। यह सही है कि सबकी रुचि एक जैसी नहीं हो सकती। इसीलिए 'भिन्न रुचिर्लोक:' कहा गया है। लेकिन रुचि वैभिन्य के बावजूद एक स्थिति ऐसी होती है, जहाँ पर सबको एकमत होना पड़ता है। संस्कृत साहित्य से लेकर आधुनिक हिन्दी साहित्य की कुछ ऐसी कालजयी कृतियाँ हैं, जिनकी साहित्यिक श्रेष्ठता को लेकर लगभग सभी आलोचक एकमत हैं, उदाहरणार्थ–रामायण (महर्षि वाल्मीकि), महाभारत (महर्षि व्यास), अभिज्ञान शाकुन्तलम् (महाकवि कालिदास), उत्तररामचरितम् (भारवि), सूरसागर (सूरदास), रामचरितमानस (गोस्वामी तुलसीदास), उद्धवशतक (जगन्नाथदास रत्नाकर), साकेत (मैथिलीशरण गुप्त), कामायनी (जयशंकर प्रसाद), राम की शक्तिपूजा (सूर्यकान्त त्रिपाठी 'निराला'), परिवर्तन (सुमित्रानन्दन पन्त), गोदान (प्रेमचन्द), उर्वशी (रामधारी सिंह 'दिनकर'), अँधेरे में (मुक्तिबोध), मैला आँचल (फणीश्वरनाथ रेणु), गोपुली गफूरन (शैलेश मटियानी), राग दरबारी (श्रीलाल शुक्ल) आदि। ये रचनाएँ जीवन के अलग-अलग रंगों को विधागत सौन्दर्य के साथ प्रस्तुत करती हैं। ये इन्द्रधनुषीय रंगों वाली रचनाएँ केवल अपनी विषय-वस्तु के कारण नहीं, वरन् अनुभूति को प्रामाणिक रूप में प्रस्तुत करने वाले अभिव्यक्ति कौशल के कारण सहृय पाठकों एवं विद्वत्जनों को अपनी ओर आकर्षित करने में सफल रही हैं।

रामकथा को आधार बनाकर महर्षि वाल्मीकि से लेकर आज तक सैकड़ों रचनाएँ प्रकाश में आ चुकी हैं, परन्तु तुलसी के 'रामचरितमानस' ने अपनी बोधगम्यता, कथावाचकीय सरसता, श्रेष्ठ जीवन-मूल्यों की प्रतिष्ठा, काव्य-सौन्दर्य एवं मर्मस्पर्शी भावाभिव्यक्ति कौशल से जो लोकप्रियता लोकमानस में अर्जित की है, वह कोई दूसरी रचना नहीं कर पायी। आप तुलसी की वैचारिकता, सनातन धर्म की रूढ़िवादी सोच, उनकी स्त्री-विरोधी मानसिकता अथवा वर्णाश्रम व्यवस्था की पक्षधरता से असहमत हो सकते हैं, परन्तु 'रामचरितमानस' के माहात्म्य को नकार नहीं सकते। कोई भी घोर तुलसी-विरोधी आलोचक उनके कवित्व को चुनौती नहीं दे सकता। ऊपर जिन रचनाओं और उनके रचनाकारों का उल्लेख किया गया है, उनके साहित्यिक अवदान को सभी एक स्वर से स्वीकार करते हैं। अलग-अलग कालखण्डों की भिन्न-भिन्न भावभूमि पर आधारित विविध विधाओं की इन रचनाओं में कुछ तो ऐसी तात्त्विक समानता है, जो उन्हें साहित्य के एक प्लेटफार्म में खड़ा करती है। जिस प्रकार बाह्य रंग-रूपाकार में यत्किंचित भिन्नता होने पर भी तात्त्विक समानता के आधार पर दुनिया की मानव जाति को 'मनुष्य' के नाम

से जाना जाता है, वही स्थिति साहित्य के सम्बन्ध में भी लागू होती है। यही कारण है कि संस्कृताचार्यों ने 'काव्य शरीर' के रूपक के द्वारा साहित्य की तुलना मनुष्य से की है। जिस प्रकार मनुष्य अच्छा-बुरा होता है, वही स्थिति साहित्य के सन्दर्भ में भी लागू होती है।

संसार में अतीत से लेकर वर्तमान तक कई सन्त-महात्मा एवं महापुरुष पैदा हुए हैं। उनकी महानता पर कभी कोई प्रश्नचिह्न नहीं लगाया गया। महात्मा बुद्ध की महानता सम्पूर्ण विश्व में निर्विवाद रूप से स्वीकार्य है। इसी महानता ने उन्हें 'भगवान' का दर्जा दे दिया है। उन्होंने जिस करुणा, प्रेम, अहिंसा और मानवता का सन्देश दिया, उसका अस्तित्व उनसे पहले से विद्यमान था। महात्मा बुद्ध की महानता इस बात पर थी कि उन्होंने उन मानवीय उदात्त गुणों को जीया, अपने जीवन में व्यावहारिक रूप दिया और दूसरों को भी अपनाने के लिए प्रेरित किया। उन उच्च आदर्शों को उन्होंने जीवन की यथार्थ भूमि में उतारा। इसी प्रकार जब मानवीय संवेदनाओं को व्यष्टिगत धरातल पर अनुभूतिगम्य बनाकर शब्दार्थ के माध्यम से साहित्य की किसी भी विधा में प्रामाणिक रूप में अभिव्यक्त किया जाता है तो वह समष्टिगत अनुभूति का विषय बन जाता है। वही साहित्य है। अनुभूति के विषय को ही कथ्य तथा अभिव्यक्ति विधान को शिल्प के नाम से जाना जाता है।

किसी साहित्यिक कृति के मूल्यांकन के लिए आलोचना का मानदण्ड क्या होना चाहिए, यह प्रश्न साहित्य के उद्‌भव के साथ से ही जुड़ा हुआ है। साहित्य प्रायः सहृय पाठकों के लिए लिखा जाता है। उसकी कोई भी विधा हो सकती है—दृश्य-श्रव्य अथवा गद्य-पद्य। सहृय पाठक उसको पढ़ने अथवा देखने-सुनने के बाद अपनी प्रतिक्रिया देता है कि उसे वह कैसी लगी—श्रेष्ठ, मध्यम, साधारण अथवा बुरी। इसी आधार पर किसी भी साहित्यिक कृति को उत्तमोत्तम, उत्तम, मध्यम अथवा अधम श्रेणी में विभाजित किया गया। लेकिन एक आम पाठक प्रायः किसी रचना के अच्छे-बुरे होने का कोई तात्त्विक अथवा तार्किक कारण नहीं बता पाता। यह काम आलोचक करता है। इस रूप में उसकी भूमिका एक न्यायाधीश की होती है। न्यायाधीशों की तरह ही आलोचकों की भी कई श्रेणियाँ होती हैं, जैसे—ज़िला न्यायाधीश, उच्च न्यायालय का न्यायाधीश तथा उच्चतम (सर्वोच्च) न्यायालय का न्यायाधीश। उच्चतम न्यायालय के एकल न्यायाधीश के स्थान पर न्यायाधीशों या जूरी की पीठ बहुमत से जो फैसला देती है, वह सर्वमान्य होता है। इसी बात को किसी रचना के मूल्यांकन के सम्बन्ध में अन्तिम निर्णय देने के लिए भी

लागू किया जा सकता है कि सर्वोच्च आलोचकों की पीठ के बहुमत का जो निर्णय होगा, उसी को मान्य ठहराया जा सकता है।

यही कारण है कि साहित्य के क्षेत्र में ज्ञानपीठ, बुकर अथवा नोबेल पुरस्कार किसी रचना पर उसके प्रकाशन के बहुत वर्षों बाद मिलते हैं। इस बीच वह रचना कई पड़ावों से होकर गुज़र चुकी होती है तथा उस पर राष्ट्रीय अथवा अन्तरराष्ट्रीय पटल पर एक राय बन चुकी होती है। पाठकीय दृष्टि और आलोचकीय दृष्टि में यही मूलभूत अन्तर है। जहाँ आम पाठक किसी रचना विशेष को एक बार पढ़ने के बाद सन्तुष्ट अथवा असन्तुष्ट होकर उसे भूल जाता है, वहीं आलोचकों का वर्ग प्रत्येक कालखण्ड में किसी रचना विशेष को बार-बार आलोचना की भट्टी में तपाता-गलाता रहता है। यही कारण है कि आज पाँच सौ साल बाद भी कबीर, सूर, तुलसी, जायसी आदि आलोचना की भट्टी में निरन्तर तपते-गलते आ रहे हैं। श्रेष्ठ कवि-रूप में स्थापित होने बाद भी 'किन्तु', 'परन्तु' जैसी छिद्रान्वेषी शंकालु दृष्टि के मर्माघाती बाणों से आहत होते रहते हैं।

साहित्य समाज के पीछे चलता है और आलोचना साहित्य के पीछे। राजवंशीय राजतन्त्रीय शासन-व्यवस्था में साहित्य के आश्रयस्थल राजदरबार हुआ करते थे तो तब आभिजात्य वर्ग को आधार बनाकर आभिजात्य साहित्य लिखा गया, जिसकी अपनी सीमाएँ थीं। उसका सामाजिक सरोकारों से विशेष लेना-देना नहीं था। वह उच्च वर्ग के शिक्षित लोगों तक ही सीमित था। वह राजशाही का पोषक और समर्थक था। उसके समानान्तर प्रत्येक युग में लोकमानस द्वारा लोकजीवन पर आधारित अलिखित रूप में लोक-साहित्य रचा गया जो मौखिक परम्परा से पीढ़ी-दर-पीढ़ी हस्तान्तरित होता था तथा प्रत्येक पीढ़ी उसमें कुछ नया जोड़ती जाती थी। इस प्रक्रिया में बहुत कुछ पीछे भी छूटता चला जाता था। लोक-साहित्य में लोकतन्त्र बसता था, जबकि आभिजात्य साहित्य में राजतन्त्र। भारतीय साहित्य के प्राचीन महान ग्रन्थ रामायण-महाभारत और हिन्दी साहित्य के पृथ्वीराजरासो, रामचरितमानस भी उसी राजतन्त्रीय व्यवस्था के पोषक और पक्षधर हैं।

मध्यकाल में भारत जब मुग़लों का गुलाम था तो उस समय वैचारिक दृष्टि से दो तरह का साहित्य लिखा गया, पहला सनातन धर्म पर आधारित परम्परावादी अथवा पुरातनपन्थी, जिसके पुरोधा तुलसीदास थे, दूसरा मानवीय मूल्यों पर आधारित प्रगतिवादी साहित्य, जिसके प्रतिनिधि कबीर थे। यहाँ प्रगतिवाद का तात्पर्य मार्क्सवादी विचाधारा से न होकर, उस प्रगतिशील वैचारिक

दृष्टिकोण से है जो जर्जर रूढ़िवादिता, अन्धविश्वास, बाह्याडम्बर, ढोंग एवं निरर्थक बाह्याचार के विरुद्ध एक वैज्ञानिक सोच, तार्किकता तथा मानवता पर आधारित होता है। इस वैचारिक मतभेद का कारण तुलसी और कबीर की सामाजिक पृष्ठभूमि थी। तुलसी उच्च ब्राह्मण कुल में पैदा हुए थे तो कबीर के जन्म का ठीक-ठीक अता-पता भी नहीं था। कहते हैं उनको एक विधवा ब्राह्मणी ने जन्म दिया था और परवरिश एक दलित मुस्लिम जुलाहे दम्पत्ति द्वारा हुई थी। इस प्रकार वे हिन्दू-मुस्लिम सीमा के 'नो मैन्स लैण्ड' में खड़े थे, जहाँ से दोनों ओर देख सकते थे। यही कारण है कि जहाँ तुलसी जाति-वर्ण आधारित समाज-व्यवस्था के पक्षधर हैं, वहीं कबीर उसे ध्वस्त करना चाहते हैं और एक समतामूलक समाज व्यवस्था की वकालत करते हैं। इसीलिए कबीर ने राम-कृष्णादि किसी सगुण ईश्वर की उपासना न कर, निर्गुण ब्रह्म को अपना आराध्य बनाया, क्योंकि भगवान का यह सगुण रूप भी सनातन धर्म का एक अंग बन चुका था।

यही कारण है कि जब राजतन्त्रीय शासन-व्यवस्था के स्थान पर लोकतन्त्रीय शासन-व्यवस्था क़ायम हुई तो वैचारिक स्तर पर कबीर सर्वाधिक प्रासंगिक हो गये और आधुनिक युग में उनकी प्रशस्ति में दर्जनों ग्रन्थ लिखे गये। आचार्य रामचन्द्र शुक्ल ने तुलसी को साहित्य के क्षेत्र में एक मानक के रूप में स्थापित करने का प्रयास किया तो आचार्य हजारी प्रसाद द्विवेदी ने कबीर को उनके समतुल्य खड़ा कर दिया। जिस कबीर को शुक्ल जी ने रद्दी की टोकरी में डाल दिया था, उसे द्विवेदी जी ने वहाँ से उठाकर साहित्य के उच्चासन पर बिठा दिया। एक प्रतिष्ठित आलोचक जिस कवि को चर्चा के योग्य भी नहीं समझता, वहीं उन्हीं के समकक्ष का दूसरा प्रतिभासम्पन्न आलोचक यदि उसे महान कवियों की पंक्ति में स्थान दिलाता है तो इससे आलोचकों की निष्पक्ष आलोचना-दृष्टि तथा उनके आलोचना के प्रतिमानों पर भी प्रश्नचिह्न खड़ा होना स्वाभाविक है। आज हिन्दी साहित्य जगत् में कबीर सबसे अधिक चर्चित कवियों में गिने जाते हैं। वे सर्वाधिक प्रासंगिक, मानवतावादी, दूरद्रष्टा, युगस्रष्टा, युगान्तकारी तथा क्रान्तिकारी कवि माने जाते हैं। एक ही रचनाकार के बारे में आलोचकों का यह दृष्टिभेद आलोचना के बदलते मूल्यों पर आधारित है। इसमें पश्चिमी विचारधारा के प्रभाव की मुख्य भूमिका भी अन्तर्निहित है।

रचना अथवा रचनाकार एक है, आलोचक और आलोचना-दृष्टि भिन्न-भिन्न। ऐसे में किसी भी कृति के बारे में न्यायसंगत आलोचना की

अपेक्षा कैसे की जा सकती है? आलोचना के अलग-अलग रंग के चश्मों से किसी कवि अथवा कृति का समुचित मूल्यांकन नहीं हो सकता। किसी रचना का मूल्यांकन उसमें अन्तर्निहित गुण-दोष के आधार पर ही किया जा सकता है। आलोचना का आधार यह होना चाहिए कि रचनाकार ने कितनी प्रामाणिकता के साथ अपने प्रतिपाद्य अथवा विषय-वस्तु को प्रस्तुत किया है। किसी ज़माने में प्रबन्ध काव्य, नाटक, उपन्यासादि का नायक उदात्त गुणों से युक्त राजा-महाराजा, शूरवीर, दिव्य पुरुष अथवा असाधारण व्यक्ति हुआ करता था। प्रेमचन्द ने अपने उपन्यास 'गोदान' में एक ग़रीब किसान होरी को उसका नायक बनाकर इस मिथक को तोड़ दिया। जिस प्रामाणिकता के साथ उन्होंने होरी का चित्रण किया है, वह पाठक को यह विश्वास दिलाने में सक्षम है कि इस तरह का कोई पात्र हमारे आसपास ही मौजूद है।

निराला की 'राम की शक्तिपूजा', पन्त की 'परिवर्तन' और मुक्तिबोध की 'अँधेरे में' कविताएँ अलग-अलग भावभूमि पर रचित श्रेष्ठ रचनाएँ हैं। इस बात से कोई इनकार नहीं कर सकता। तीनों अपनी विषय-वस्तु के कारण श्रेष्ठ नहीं हैं। उनकी श्रेष्ठता का मुख्य आधार अपने विषय का प्रामाणिक रूप में प्रस्तुतीकरण है। 'राम की शक्तिपूजा' में राम का अन्तर्द्वन्द्व जिस सघनता और मार्मिकता से प्रस्तुत हुआ है, 'परिवर्तन' में उतना ही अधिक व्याख्यापरक फैलाव देखने को मिलता है। यह फैलाव काव्यात्मक दृष्टि से दोषपूर्ण होते हुए भी इसलिए नहीं अखरता, क्योंकि परिवर्तन सर्वव्यापी और सार्वकालिक है। उसके हर पहलू को रेखांकित करते हुए कवि ने एक दार्शनिक की तरह उसके सापेक्षिक महत्त्व को बड़ी प्रामाणिकता के साथ उजागर किया है। सूर के पुनरुक्तिपूर्ण बाललीला वर्णन की तरह पन्त के दृष्टान्तपूर्ण परिवर्तन का बहुआयामी चित्रण पाठक को बाँधे रखता है और कहीं भी उसकी प्रामाणिकता खण्डित नहीं होने पाती। यही काव्य का सत्य है।

'अँधेरे में' कविता में मुक्तिबोध ने आज़ाद भारत के अस्त-व्यस्त बीहड़ जीवन, भ्रष्ट तन्त्र और ऊबड़-खाबड़ यथार्थ का जिस प्रामाणिकता के साथ उसी की भाषा में 'आँखों देखा हाल' की तरह शब्दों के कैमरे से वीडियो तैयार किया है, वह भी बदलते भारत की नग्न वास्तकिता है। यह वास्तकिता छायावाद की कोमलकान्त पदावली से व्यंजित नहीं हो सकती थी। मूल प्रश्न यह है कि यदि रचनाकार अपने कथ्य को सत्य के रूप में प्रस्तुत करने में सक्षम है तो वह एक अच्छी रचना को जन्म दे सकता है। इसी मेधा के बल पर 'मेघनाद-वध' में मधुसूदन दत्त एक खलनायक को नायक के रूप में

प्रस्तुत करने में सक्षम हो पाता है तो 'उत्तररामचरितम्' में भारवि करुण रस को रसराज की श्रेणी में प्रतिष्ठित करने में और 'अभिज्ञान शाकुन्तलम्' में राजा दुष्यन्त पाठकों की सहानुभूति का पात्र बन जाता है।

एक प्रश्न यह उठता है कि साहित्य ज़िन्दा कैसे रहता है? पाठक के कारण, आलोचक के कारण अथवा अपने ही बलबूते पर? उत्तर है–तीनों के ही कारण। जिस रचना को सहृय पाठक पसन्द करते हैं, वह कभी काल कवलित नहीं हो सकती, क्योंकि पाठकों से उसे प्राणवायु मिलती है। किसी रचनाकार को स्थापित करने में आलोचकों की भी महत्त्वपूर्ण भूमिका होती है, जैसे–गुमनाम चल रहे भक्तिकाल के प्रेममार्गी भक्त कवि मलिक मोहम्मद जायसी को मुख्य धारा में लाने का श्रेय आचार्य रामचन्द्र शुक्ल को जाता है तो कबीर को एक नयी पहचान दिलाने का श्रेय आचार्य हजारी प्रसाद द्विवेदी को। हिन्दी के नये कवियों में मुक्तिबोध को स्थापित करने का श्रेय नामवर सिंह को जाता है तो पुष्पा मैत्रेय को एक कथाकार के रूप में स्थापित करने का श्रेय राजेन्द्र यादव को। ऐसे ही कई और उदाहरण दिये जा सकते हैं। लेकिन अधिकांश रचनाकार अपनी प्रतिभा के दम पर ही साहित्य में अपना विशेष स्थान बना लेते हैं।

इसी कड़ी में एक और प्रश्न उभरता है कि आलोचना है क्या? क्या उसका कोई बना-बनाया साँचा या फार्मूला है, जिसके आधार पर किसी रचना विशेष का मूल्यांकन करके बताया जा सके कि वह किस श्रेणी की रचना है। संस्कृत काव्यशास्त्र में इस तरह के साँचे या मापदण्ड बनाये गये थे, जिन्हें काव्य-सम्प्रदाय या काव्य-सिद्धान्त के नाम से जाना जाता है। ये काव्य-सम्प्रदाय हैं–रस, अलंकार, रीति, ध्वनि, वक्रोक्ति और औचित्य। इन काव्य-सम्प्रदायों के प्रवर्तक प्रत्येक आचार्य का दावा था कि उसके काव्य-सिद्धान्त के आधार पर किसी भी काव्यकृति का समग्र मूल्यांकन हो सकता है। इसके लिए उन्होंने अपने मत की पुष्टि में संस्कृत साहित्य से चुन-चुनकर उदाहरण भी प्रस्तुत किये। इन आचार्यों ने अपने-अपने काव्य-सिद्धान्तों को व्यापकता प्रदान करने के उद्देश्य से उनके इतने अधिक भेदोपभेद किये कि वे भेदों में ही उलझकर रह गये। भेद प्रधान हो गये और काव्य गौण। व्यावहारिक समीक्षा के क्षेत्र में ये काव्य-सम्प्रदाय अपने काव्य-सिद्धान्त के भेदों की पुष्टि के लिए किसी काव्यकृति से कुछ उदाहरणों को चुनकर उनकी व्याख्या तक ही सिमटकर रह गये। सैद्धान्तिक भेदोपभेदों के उदाहरण प्रधान हो गये और मूल प्रतिपाद्य, कथ्य अथवा काव्यसौन्दर्य गौण। किसी रचना के काव्यत्व एवं

उसके सौन्दर्य को समग्रता में उद्घाटित करने के बजाय सिद्धान्त विशेष के भेदोपभेदों की छुरी से उसकी शल्यक्रिया में ही उलझ कर रह गये। अन्त में सोदाहरण अपनी उपलब्धि बताते हुए कह दिया कि इस कविता में अमुक रस, अलंकार, रीति, ध्वनि, वक्रोक्ति, औचित्य तथा छन्द आदि है। इस ओर किसी ने ध्यान नहीं दिया कि इसमें कविता कहाँ है।

इसका दुष्परिणाम यह हुआ कि किसी रचना विशेष से रस, अलंकार, रीति, ध्वनि, वक्रोक्ति और औचित्य के कुछेक उदाहरणों को द्रविड़ प्राणायाम से ढूँढ़-ढूँढ़कर प्रस्तुत कर देना मात्र ही आलोचना माना जाने लगा। ये काव्य-सम्प्रदाय रचना विशेष के काव्य-सौन्दर्य के साहित्यिक मानदण्ड अवश्य थे, परन्तु कोई भी काव्यकृति इतने तक सीमित नहीं रहती, वरन् व्यापक सन्दर्भों में उसका मूल्यांकन करना पड़ता है, जिसमें बहुत सारी चीज़ें समाहित रहती हैं। उदाहरण के तौर पर, जयशंकर प्रसाद की सर्वश्रेष्ठ काव्यकृति 'कामायनी' को लिया जा सकता है, जिसमें हमें मानवीय भावनाओं की मनोवैज्ञानिक प्रस्तुति के साथ-साथ कई अन्य सन्दर्भ एवं घटनाक्रम देखने को मिलते हैं। इस काव्यकृति में जीवन की जटिलताएँ हैं, द्वन्द्व है, संघर्ष है, जीवन-दर्शन है और अन्त में समरसता का समभाव भी है। विषय-वस्तु के स्तर पर इसमें मनोविज्ञान भी है और शैवाद्वैत दर्शन भी। परन्तु इस कृति की सबसे बड़ी विशेषता है उसका रचना कौशल, भाषिक कलात्मकता, सरसता तथा उत्कृष्ट अभिव्यक्ति विधान। अतः इस कृति का समुचित मूल्यांकन एवं विश्लेषण किसी एक काव्य-सिद्धान्त के आधार पर नहीं, वरन् उसकी समग्रता में ही हो सकता है।

स्वाभाविक रूप से मन में जिज्ञासा उत्पन्न होती है कि प्रसाद ने कामायनी क्यों लिखी होगी और युगीन सन्दर्भों में उसकी क्या महत्ता हो सकती है? यदि भारतीय काव्य-सम्प्रदायों की दृष्टि से उसका मूल्यांकन किया जायेगा तो कुछ भी हाथ नहीं लगेगा। इन सभी काव्य-सम्प्रदायों के कुछेक उदाहरण उसमें अवश्य मिल जायेंगे, लेकिन कामायनी का व्यापक सन्दर्भों में समुचित मूल्यांकन एवं आकलन नहीं हो पायेगा। कामायनी पर चौथे दशक से लेकर आज तक कई शोधकार्य हुए हैं तथा दर्जनों स्वतन्त्र समीक्षात्मक पुस्तकें लिखी जा चुकी हैं, फिर भी लगता है कि कुछ अनकहा और अनछुआ रह गया है। यह प्रक्रिया आगे भी चलती रहेगी। उक्त काव्य-सम्प्रदाय केवल अपने-अपने हिस्से का काम कर सकते हैं। कुछ अति उत्साही रस-पिपासुओं ने रस को इतना खींच दिया कि समग्र अर्थ सरणियों का ही पर्याय मान लिया है। इस

प्रकार उनकी दृष्टि में शब्द का वाच्यार्थ, लक्ष्यार्थ, व्यंग्यार्थ आदि सब कुछ रस की परिधि में समा गया है, जिसकी कल्पना संस्कृत के रसवादी आचार्यों ने भी नहीं की थी। यह न केवल अतिव्याप्ति दोष है, वरन् व्यर्थ का वाग्जाल भी है। यही कारण है कि स्वातन्त्र्योत्तर हिन्दी काव्य में रस पूर्णतया अप्रासंगिक हो गया है। अन्य काव्य-सम्प्रदायों को भी अब बहुत कम लोग जानते हैं। अतः स्पष्ट है कि साहित्य पर आलोचना के मानदण्ड थोपे नहीं जा सकते, वरन् वे साहित्य के भीतर से ही खोजे जाने चाहिए।

कई बार यह प्रश्न उठाया जाता है कि क्या साहित्य के मूल्यांकन का कोई सार्वकालिक या सार्वभौमिक मानदण्ड हो सकता है, जो संसार की सभी भाषाओं के साहित्य पर लागू हो सके? क्या मनोवेगों को अधिकतम सन्तुष्ट करने वाला साहित्य ही श्रेष्ठ है? प्रायः श्रेष्ठता या अच्छा-बुरा सापेक्षिक होता है। लेकिन कुछ मूल संवेदनाएँ और मनोवेग प्रत्येक मानव प्राणी में समान रूप से पाये जाते हैं। इसीलिए संसार के लोग एक-दूसरे से भावात्मक स्तर पर जुड़ते हैं। इसका भारतीय रस-सिद्धान्त में सूक्ष्म एवं गहन विवेचन तथा विश्लेषण किया गया है। मनोविज्ञान एवं मनोविश्लेषण शास्त्र में भी इसका व्यापक सन्दर्भों में वैज्ञानिक अध्ययन एवं शोध हुआ है। किसी भी भाषा में जो रचना मानवीय संवेगों एवं संवेदनाओं पर केन्द्रित होगी, वह निश्चित रूप से मानव मात्र के आस्वादन का विषय बनेगी। लेकिन मनोवेग, इच्छाएँ, धारणाएँ, मनोवृत्ति आदि व्यक्ति के संस्कारों एवं देशकाल, वातावरण तथा परिवेश से भी संचालित होते हैं। अतः सहज मनोवेग एवं निर्मित अथवा प्रशिक्षित मनोभाव या विचार अलग-अलग पृष्ठभूमि के पाठकों एवं दर्शकों पर भिन्न-भिन्न तरह का प्रभाव डालेंगे। यदि किसी रचना में भारत-पाकिस्तान के युद्ध का वर्णन हो और उसमें भारत की विजय तथा पाकिस्तान की पराजय दर्शायी गयी हो तो एक भारतीय पाठक या दर्शक को वह आह्लादित करेगी, जबकि पाकिस्तानी पाठक या दर्शक को निराश करेगी।

यदि किसी रचना में विशुद्ध रूप से प्रेम कहानी दर्शायी गयी हो तो वह सभी के आस्वाद का विषय बनेगी, जैसे–'पाकिजा' तथा 'मुग़ले-आज़म' फ़िल्म। इन दोनों फ़िल्मों में भारत में मुग़ल शासनकाल की अलग-अलग पृष्ठभूमि पर आधारित दो प्रेम-कहानियों को दर्शाया गया है। इनका आस्वादन हिन्दू, मुसलमान, सिख, पारसी, ईसाई आदि सभी धर्मों, सभी क्षेत्रों एवं सभी देशों के लोग कर सकते हैं, क्योंकि ये फ़िल्में विशुद्ध रूप से मानवीय भावनाओं एवं मूल संवेदनाओं पर आधारित हैं। ये फ़िल्में भारतीय रस-सिद्धान्त की कसौटी पर

भी खरी उतरती हैं। उसके आधार पर इनका मूल्यांकन करना पूर्णतः उपयुक्त है। लेकिन इन फ़िल्मों में पिता-पुत्र के बीच की जो वैचारिक टकराहट या द्वन्द्व दर्शाया गया है, उसका मूल्यांकन तत्कालीन सामाजिक, सांस्कृतिक एवं राजनीतिक परिस्थितियों के सन्दर्भ में ही हो सकता है। यह वैचारिक द्वन्द्व नयी-पुरानी पीढ़ी की सोच तथा मानवीय संवेदनाओं एवं व्यावहारिक जीवन की जटिलताओं के कारण भी है।

अतः किसी भी रचना का मूल्यांकन उसमें वर्णित युगीन सन्दर्भों एवं मानवीय संवेदनाओं की प्रामाणिक अभिव्यक्ति के जटिल सम्बन्धों को दृष्टिपथ में रखकर ही किया जा सकता है। इसके लिए आलोचक को साहित्यिक एवं साहित्येतर सन्दर्भों के आलोक में रचना का मूल्यांकन करना चाहिए। कहने का तात्पर्य यह है कि साहित्य की प्रत्येक विधा के मूल्यांकन के सन्दर्भ में भारतीय काव्यशास्त्रीय मानकों को न तो पूर्णतया ख़ारिज किया जा सकता है और न उन्हें एकमात्र मापदण्ड माना जा सकता है। वस्तुतः वे प्रत्येक युग के साहित्य की समीक्षा के महत्त्वपूर्ण अंग हैं, लेकिन उसके लिए परम्परित शास्त्रीय शब्दावली के स्थान पर युगीन सन्दर्भों में अलग-अलग तरह की शब्दावली का प्रयोग होता रहा है। किसी भी रचना में रस, अंलकार, वक्रोक्ति, रीति, ध्वनि, औचित्य आदि की उपस्थिति से इनकार नहीं किया जा सकता। ये सभी साहित्यिक कृति की संरचना (संघटना) के अंगरूप में सन्निहित रहते हैं। इन अंगरूप साहित्यिक तत्त्वों को साहित्य के मूल्यांकन का एकमात्र आधार मानने की ज़िद के कारण ही सारी समस्या पैदा होती है। वस्तुतः किसी भी साहित्यिक कृति का मूल्यांकन उसकी समग्रता में करके ही उस पर कोई निर्णय दिया जा सकता है।

साहित्य के मूल्यांकन के सन्दर्भ में सत्यं, शिवं एवं सुन्दरम् को आलोचना का आधार बनाने की कोशिश भी अतीत में होती रही है। प्रश्न उठता है कि साहित्य का सत्यं, शिवं, सुन्दरम् क्या है? यदि शास्त्रीयता की रूढ़िवादिता को छोड़कर उनके मूल मन्तव्य या आशय को ग्रहण किया जाये तो ये तीनों भी साहित्यिक कृति में अंगभूत रूप में विद्यमान रहते हैं। 'सत्य' बड़ा व्यापक शब्द है। यह सर्वव्यापी है। यह लौकिक से अलौकिक तथा दैहिक से आध्यात्मिक लोक तक परिव्याप्त है। यह सूक्ष्म भी है और विराट भी, बिन्दु भी है और सिन्धु भी। संसार की सारी अच्छाई-बुराई, दृश्य एवं अदृश्य लोक, यथार्थ और आदर्श, भाव-जगत् एवं कल्पना-संसार आदि सब कुछ सत्य की परिधि में ही आता है। रचनाकार भी भू-लोक का ही प्राणी है। उसके द्वारा वर्णित सब

कुछ सत्य है। यह अलग बात है कि अपनी-अपनी रुचि के अनुसार किसी को वह अच्छा लग सकता है और किसी को बुरा। कहा जाता है कि सत्य कड़वा भी होता है और कड़वा कोई पसन्द नहीं करता। सत्य सापेक्ष और निरपेक्ष दोनों है। हर कोई अपनी-अपनी दृष्टि से उसकी व्याख्या करता है। कोई साहित्यिक कृति हो या कुछ और, सत्य वहाँ हर रूप में विद्यमान रहता है। रामायण की रामकथा हो या महाभारत की पाण्डव-कौरवगाथा, हनुमान का समुद्र-लंघन हो या श्रीकृष्ण का सुदर्शन चक्र, भौतिक रूप से असामान्य प्रतीत होते हुए भी काव्य सत्य के विविध रूप हैं।

काव्य में जहाँ तक 'शिवं' की प्रस्तुति या उपस्थिति का प्रश्न है, वह सापेक्षिक है। उसको देखने-खोजने की दृष्टि भिन्न-भिन्न है। श्रीकृष्ण के जन्म लेने में शिवत्व है तो कंस-कौरवों के पराभव एवं अन्त होने में भी शिवत्व है। लेकिन एक के शिवत्व में दूसरे का अशिवत्व भी अन्तर्निहित रहता है। रावण-परिवार के लिए रावण का अन्त 'शिव' रूप नहीं है, हालाँकि रावण शिव का बहुत बड़ा भक्त था। रावण के मरण में ही राम-परिवार एवं उनके भक्तों का 'शिवत्व' अन्तर्निहित है, जैसे रात्रि के अवसान में प्राणिमात्र के सुख का सूर्योदय। 'शिवत्व' के निर्धारण का आधार उच्चतर मानवीय मूल्यों एवं बहुसंख्यक वर्ग के हित-साधन के साथ जुड़ा हुआ है। भारत का स्वतन्त्रता संग्राम अंग्रेज़ी हुक्मरानों की दृष्टि में ग़ैरकानूनी एवं अपराधस्वरूप होते हुए भी भारतीयों के लिए कल्याणकारी था।

'शिवत्व' के कई रूप हैं। वह बहुआयामी, व्यक्ति सापेक्ष एवं समय सापेक्ष है। एक आदमी का भोजन दूसरे के लिए विष बन जाता है। शराबी के लिए शराब अमृत-तुल्य हो सकती है तो उसका सेवन न करने वाले के लिए विष-तुल्य। अतः काव्य में शिवत्व का निर्धारण भी उसकी समग्रता में ही अन्तर्निहित रहता है। काव्य में यह 'शिवत्व' कहीं प्रत्यक्ष रूप में दिखाई देता है तो कहीं अप्रत्यक्ष रूप में। अन्ततोगत्वा कहा जा सकता है कि समष्टिगत हित में जुड़ा हुआ कार्य 'शिव' रूप है तो समष्टि का अहित करके व्यष्टि का हितसाधक कार्य 'अशिव' रूप। अतः 'शिवत्व' का निर्धारण भी सापेक्षिक है, जैसे चुनावों में 'हार-जीत' का निर्धारण बहुमत के आधार पर होता है। काव्य में यह 'शिवत्व' जब उपदेशात्मक रूप में आता है तो काव्यत्व को हानि पहुँचाता है। तब वह काव्य नहीं, वरन् प्रवचन मात्र रह जाता है। वह तभी प्रभावकारी एवं मनोहारी लगता है, जब किसी रचना में समग्रता से व्यंजित होता है।

संसार में करोड़ों लोग हैं। सबकी अपनी-अपनी सोच और दृष्टि है। कई तरह के समाज हैं, समाज-व्यवस्थाएँ हैं। ऊँच-नीच, सभ्य-असभ्य, अमीर-ग़रीब, धर्म-अधर्म, क्या-क्या नहीं है इस दुर्गम एवं दुर्बोध संसार में? एकदम एक-दूसरे के उलट विचार एवं रीति-रिवाज हैं। सबके अपने-अपने तर्क हैं और अपने-अपने मार्ग। कई बार उद्देश्य एक होते हुए भी उसकी प्राप्ति के मार्ग भिन्न-भिन्न होते हैं। कोई परम्परावादी है तो कोई स्वच्छन्दतावादी। कोई जातिगत शुद्धतावादी है तो कोई मानवतावादी। कोई उग्रवादी विचारधारा वाला है तो कोई मध्यममार्गी। कोई चरमपन्थी है तो कोई नरमपन्थी। कोई दक्षिणमार्गी है तो कोई वाममार्गी। सबके अपने-अपने मार्ग हैं और उस मार्ग पर चलने के अपने-अपने तर्क। एक की दृष्टि में जो सही है, दूसरे की दृष्टि में वह ग़लत। कश्मीर के आतंकवादी भी अपने को सही ठहराते हैं। ऐसे में सही-ग़लत का फैसला मानवता और मानवीय मूल्यों के आधार पर ही हो सकता है।

सत्य, अहिंसा, करुणा और प्रेम को कभी भी अनुचित नहीं ठहराया जा सकता है, जबकि झूठ, हिंसा, निर्दयता और घृणा मानवीय मूल्य नहीं बन सकते। अहिंसा यदि कायरता पर आधारित न हो तो उसमें इतनी असीम शक्ति होती है कि असम्भव को भी सम्भव कर सकती है। गाँधी जी ने अहिंसा के बल पर ही पूरी दुनिया में राज करने वाले अंग्रेज़ों को भारत छोड़ने को मज़बूर कर दिया था। महात्मा बुद्ध का अहिंसा-सन्देश सारे संसार में मानवता की रक्षा का मूल-मन्त्र है। कुछ ऐसे मूलभूत मानवीय मूल्य हैं जो सार्वभौमिक, सार्वकालिक एवं सार्वजनीन हैं। उन्हीं के आधार पर उचित-अनुचित, सही-ग़लत एवं श्रेष्ठ-निम्न का निर्धारण किया जा सकता है। यही बात आलोचना के मानदण्डों पर भी लागू होती है।

नारी के सम्बन्ध में प्राचीनकाल से लेकर आज तक तरह-तरह की बातें होती रही हैं। साहित्य में नारी-सौन्दर्य का बहुविध चित्रण देखने को मिलता है। नारी-चरित्र को लेकर भी बहुत कुछ कहा गया है। एक नारी, हज़ार तरह की बातें। या यूँ कहें कि जितने मुँह, उतनी बातें। इसमें क्या सही है और क्या ग़लत, इसका निर्धारण भी कठिन है। एक ओर भारतीय नारी का शील-सौन्दर्य, सीता-सावित्री का उदात्त आदर्श चरित्र, दूसरी ओर पश्चिमी आधुनिक नारी की स्वच्छन्दता, यौन उन्मुक्तता, उच्छृंखलता एवं खुलापन। भारत में नारी के सम्बन्ध में यौन-शुचिता एवं पतिव्रता धर्म को सर्वाधिक महत्त्व दिया गया है। सर्वगुण सम्पन्न होने पर भी यदि नारी यौन-शुचिता का पालन नहीं करती

अथवा विवाह-पूर्व या विवाहेतर यौन सम्बन्ध बनाती है तो उसे अनादर एवं उपेक्षा की दृष्टि से देखा जाता है तथा कई तरह के अपशब्दों से अपमानित किया जाता है।

नारी की यौन-शुचिता बनाये रखने के लिए 'सती प्रथा' का प्रचलन था तथा उसे हमेशा गौरवान्वित किया जाता रहा है। सीता की अग्नि-परीक्षा भी उसी यौन-शुचिता का एक उदाहरण है। वस्तुतः नारी की यौन-शुचिता को ही उसके सच्चरित्र एवं दुश्चरित्र होने का आधार मान लिया गया। या यूँ कहें कि यौन-शुचिता के माध्यम से नारी को उसके शरीर तक ही सीमित कर दिया गया। पर्दा प्रथा ने उसे और भी बन्धनों में जकड़ दिया। उसकी आत्मा एवं भावना की अनदेखी की गयी। इसका निर्धारण पुरुषों ने किया। पुरुषों ने ही उसे वेश्या बनाया और फिर उसके वेश्या रूप को गालियों से नवाज़ा। 'सेक्स' ही उसका चरित्र बन गया। इसके विपरीत पश्चिम में उसे जीवन की एक प्राकृतिक जैविक आवश्यकता मानकर बन्धन-मुक्त रखा गया। इस प्रकार नारी को लेकर अलग-अलग धर्मों, सम्प्रदायों एवं समाजों में अलग-अलग तरह की धारणाएँ तथा मान्यताएँ प्रचलित हैं। इसी आधार पर साहित्य में भी नारी का चरित्र-चित्रण एवं मूल्यांकन होने लगा।

एक ओर नारी के शरीर को सात पर्दों से ढकने की कवायद रही है तो दूसरी ओर नग्नता की चरमसीमा भी आधुनिक युग में दिखाई देती है। इसे नारी के स्वातन्त्र्य के साथ जोड़ा जा रहा है। नग्नता बुरी नहीं, सहज है, प्राकृतिक है। सभी मानव प्राणी नग्न ही पैदा होते हैं, मानवेतर प्राणी नग्न ही रहते हैं। कभी आँखों को खटकते नहीं। मनुष्यों में भी नागा साधु नंगे ही रहते हैं, पर उनके प्रति निर्लिप्त भाव रहता है। लेकिन फ़िल्मों अथवा मनोरंजन के आधुनिक दृश्य माध्यमों में विशेष रूप से स्त्री-नग्नता को उद्दाम वासनामय या सेक्सी बनाने की होड़ लगी रहती है। जैसा अपने शयन-कक्ष में पति-पत्नी भी नहीं कर पाते होंगे, उससे कई गुना अधिक नग्नता, फूहड़ता एवं उच्छृंखलता की होड़ तथाकथित कला के बाज़ार में लगी हुई है। भारतीय साहित्य में चित्रित नारी-चरित्र का स्वरूप प्रायः भारतीय संस्कृति के अनुरूप है, परन्तु उसके अच्छे-बुरे सभी तरह के रूपों का वर्णन वहाँ मिलता है। आधुनिक परिवर्तित जीवन-मूल्यों के सन्दर्भ में उसमें युगानुरूप परिवर्तन देखने को मिलता है। साहित्य में नारी-चरित्र की समीक्षा भी सामाजिक, सांस्कृतिक एवं मनोवैज्ञानिक परिप्रेक्ष्य में की जानी चाहिए, तभी उसका सटीक एवं तार्किक मूल्यांकन हो सकेगा।

साहित्य जब किसी विचारधारा विशेष को आधार बनाकर लिखा जाता है तो उसमें वैचारिक टकराहट का होना स्वाभाविक है। हो सकता है आलोचक भी किसी विचारधारा विशेष को मानने वाला हो। परन्तु किसी भी कृति का साहित्यिक मूल्यांकन करते समय आलोचक को निष्पक्ष होना चाहिए। यदि वह अपनी विचाधारा के आलोक में उसका मूल्यांकन करेगा तो सम्बन्धित रचना तथा रचनाकार के साथ न्याय नहीं कर पायेगा। लेकिन प्रायः ऐसा हो नहीं पाता, जो दुर्भाग्यपूर्ण है। अपने-अपने साहित्यिक मानदण्डों को थोपने तथा दूसरों की साहित्यिक मान्यताओं को नकारने या ख़ारिज करने की परम्परा संस्कृताचार्यों से लेकर आज तक चली आ रही है। जैसा कि पहले भी कहा जा चुका है कि कोई भी काव्यशास्त्रीय सिद्धान्त स्वयं में पूर्ण नहीं होता। वह काव्य की कुछेक विशेषताओं को ही उजागर करने में सक्षम होता है। इसका दुष्परिणाम यह हुआ कि कई स्वनामधन्य आलोचकों ने अपने किसी प्रिय रचनाकार को चुन लिया और उसके साहित्य को महिमामण्डित करते हुए उसे ही साहित्य का मानक मान लिया। उदाहरणार्थ, आचार्य रामचन्द्र शुक्ल ने तुलसी को चुना और उनके काव्य का रस-सिद्धान्त के आलोक में मूल्यांकन करते हुए उसे सर्वगुण सम्पन्न माना।

शुक्ल जी का मानक संस्कृताचार्यों का रस-सिद्धान्त था, जो उधार का था। उनका अपना कोई नूतन काव्य-सिद्धान्त नहीं था। उसी रस-सिद्धान्त के डण्डे से वे सम्पूर्ण साहित्य को हाँकना चाहते थे। जो कवि या काव्य रस-सिद्धान्त की माप-तौल में खरा नहीं उतरता था, उसे ख़ारिज करते हुए भूत-प्रेत का साहित्य कहने में भी कोई संकोच नहीं करते थे। इसीलिए उनकी रसानुभूति की परिधि में न आ पाने के कारण आचार्य केशवदास को उन्होंने 'कठिन काव्य का प्रेत' तक कह डाला। कवि केशवदास पर लगे 'कठिन काव्य का प्रेत' के दाग़ को धोने के लिए कुछेक केशव-भक्तों ने मोटे-मोटे ग्रन्थ तक लिख डाले। केशवदास पर कही गयी शुक्ल जी की उक्ति का प्रचार-प्रसार इतना अधिक हुआ कि वह आज भी हिन्दी के विद्यार्थियों के लिए एक सूक्तिवाक्य बन गया है, जिससे केशवदास कभी मुक्त नहीं हो पाये। इसी तरह आचार्य हजारी प्रसाद द्विवेदी ने कबीर को अपना आदर्श कवि मान लिया और उनकी प्रशस्ति में 'कबीर' नामक ग्रन्थ लिख डाला।

ऐसे ही आधुनिक मार्क्सवादी आलोचक डॉ. नामवर सिंह ने अपनी विचारधारा के अनुरूप मुक्तिबोध को अपने आदर्श कवि के रूप में चुना और उनके साहित्य को सर्वगुण संपन्न मानते हुए, उन्हें ही मानक रूप में

स्थापित करने का प्रयास किया। इस प्रकार यदि हर आलोचक अपने पसन्दीदा रचनाकार को ही मानक मानकर साहित्य के मानदण्ड निर्धारित करेगा तो शेष साहित्यकारों और उनके साहित्य का क्या होगा? इसीलिए कुछ लोग मान बैठे हैं कि आलोचक ही साहित्यकार को उठाता और गिराता है। राजनीतिक प्रतिद्वन्द्विता के कारण भी आलोचना के क्षेत्र में खेमेबाज़ी देखने को मिलती है। इसका ज्वलन्त उदाहरण मार्क्सवादी आलोचकों में दिखाई देता है।

छायावाद का अन्त करने के बाद सुमित्रानन्दन पन्त मार्क्सवादी विचारधारा से प्रभावित होकर साहित्य-रचना करने लगे, जो प्रगतिवादी साहित्य कहलाता है। मार्क्सवादी विचाधारा से प्रभावित उनके तीन कविता संग्रह—युगान्त, युगवाणी तथा ग्राम्या प्रकाशित हुए तो मार्क्सवादी आलोचक डॉ. रामविलास शर्मा आदि ने उन्हें सिर-आँखों पर बिठा लिया। वे उनके इस नयी विचारधारा के काव्य की प्रशंसा करते नहीं थकते थे। ज्यों ही पन्त जी ने प्रगतिवादी काव्यधारा को तिलांजलि देकर नवचेतनावादी काव्य की सीढ़ी पर कदम रखा तो मार्क्सवादियों ने उन्हें गरियाना शुरू कर दिया। इस बीच पन्त जी आकाशवाणी में सलाहकार के रूप में भी काम करने लगे थे, जिसने मार्क्सवादियों को चिढ़ाने में आग में घी का काम किया। पन्त जी को उनके नवचेतनावादी काव्य के बहाने गरियाने वालों में डॉ. रामविलास शर्मा ही अग्रणी भूमिका निभा रहे थे। इस बीच वे 'निराला की साहित्य साधना' में भी जुट गये थे। इस कारण भी निराला की तुलना में पन्त को नीचा दिखाने का कोई अवसर नहीं छोड़ना चाहते थे। अब उनके आदर्श और मानक कवि निराला थे। उनकी दृष्टि में जो निराला जैसा नहीं लिख सकता था, वह निचले दर्जे का कवि था।

इस प्रकार हिन्दी आलोचकों ने अपने-अपने मानक कवि और काव्य चुन लिया। वीरगाथाकालीन चारण कवियों की तरह उन्होंने अपने पसन्दीदा रचनाकारों और उनके साहित्य का गुणगान करने में अपनी सारी शक्ति लगा दी। हद तो तब हो गयी, जब 'दूसरी परम्परा की खोज' में डॉ. नामवर सिंह ने अपने गुरु आचार्य हजारी प्रसाद द्विवेदी की प्रशंसा में सारे रिकॉर्ड तोड़ दिये। उनके साहित्य में उन्हें कहीं भी कोई खोट नज़र नहीं आया, जबकि दूसरों की धज्जियाँ उड़ाने में उन्हें महारथ हासिल है। एक ओर डॉ. नामवर सिंह साहित्य के मूल्यांकन के लिए साहित्यिक मानकों को अपनाने की बात करते हैं, दूसरी ओर निजी आस्था-श्रद्धा, रुचि-अरुचि, भक्तवत्सलता एवं सुविधा को ध्यान में रखकर किसी को साहित्य के शिखर पर बिठाकर पुरस्कारों से अभिसिंचित करते हैं तो किसी को ज़मीन पर पटकनी देकर चलते बनते हैं। यही कारण है कि

आज आलोचना और आलोचकों की विश्वसनीयता पर सवाल उठाये जा रहे हैं। कई वरिष्ठ साहित्यकार व्यक्तिगत बातचीत में आलोचकों द्वारा उनकी तथा उनके साहित्य की अनदेखी और उपेक्षा किये जाने की शिकायत करते रहे हैं। उनका कहना है कि जो साहित्यकार किसी गुट विशेष या खेमे से जुड़ा हुआ नहीं है, उसकी अच्छी रचनाओं की भी कोई चर्चा नहीं करता, जबकि कई नौसिखिए रचनाकार किसी सहेतु की कृपा विशेष से रातोरात चर्चा में आ जाते हैं। यह स्थिति निश्चित रूप से हिन्दी आलोचना के लिए चिन्ता का विषय है।

वैचारिक स्तर पर साहित्य की आलोचना के अलग-अलग मापदण्ड हैं। कोई वामपन्थी विचारधारा का है तो कोई दक्षिणपन्थी विचारधारा का। जो न वामपन्थी है और न दक्षिणपन्थी, उसे मध्यममार्गी कहा जा सकता है। जो हर पन्थ की कुछ सार्वभौम बातों को स्वीकार करता हुआ अपना मत निर्धारित करता है, उसे नीर-क्षीर विवेकी आलोचक कहा जा सकता है। वस्तुतः कोई भी विचारधारा अपने आपमें पूर्ण नहीं होती। हरेक विचारधारा में आंशिक सच्चाई होती है। पूर्व की जो काव्य-विषयक अवधारणाएँ हैं, वह देशकाल परिस्थिति के अनुरूप हैं। इसके साथ ही पश्चिमी समीक्षा के जो मापदण्ड हैं, वे भी अपने देशकाल परिस्थिति के अनुरूप ही हैं, क्योंकि साहित्य कोई हवा में नहीं बसता। वह अपने समाज, संस्कृति और परम्पराओं का प्रतिनिधित्व करता है। समाज से इतर साहित्य की कल्पना नहीं की जा सकती। इसलिए प्रत्येक जाति का साहित्य अपने समाज को भी रेखांकित और सम्बोधित करता है। साहित्य अन्ततः समाज के लिए ही लिखा जाता है। वही साहित्य का पाठकवर्ग है। इसलिए उसे अपने समाज की रुचियों, मान्यताओं, सांस्कृतिक परम्पराओं आदि को दृष्टिपथ में रखते हुए मनुष्य की चिरस्थायी भावनाओं को भी रूपायित करना पड़ता है, ताकि वह सम्पूर्ण मानव जाति को भावात्मक स्तर पर परस्पर जोड़ सके। इस तरह मानवीय भावनाओं एवं संवेदनाओं की सजीव अभिव्यक्ति कर उसे सहृय पाठकों तक सम्प्रेषित करने में सक्षम साहित्य ही सार्वभौमिक एवं सार्वकालिक साहित्य कहलाता है।

ध्वनि-सिद्धान्त : साहित्यिक आलोचना का पक्ष

ध्वनि-सिद्धान्त काव्य में शब्द और अर्थ के मध्य छिपे हुए सौन्दर्य को अभिव्यंजित करने के लिए शब्दार्थ के अन्तःसम्बन्ध का सूक्ष्मातिसूक्ष्म विश्लेषण प्रस्तुत करता है। सामान्य-सा सत्य यह है कि शब्द को उसके अर्थ से पृथक् नहीं किया जा सकता। काव्य में अर्थ-सौन्दर्य काव्य-भाषा की व्यंजकता पर निर्भर करता है। काव्य-भाषा का मुख्य प्रयोजन कथ्य को चारुत्वपूर्ण रूप में प्रस्तुत करना है। ध्वनि-सिद्धान्त में काव्य-भाषा की व्यंजकता तथा अर्थगत रहस्य के प्रकाशन का सांगोपांग विवेचन किया गया है। भाषा ही रचनाकार की मूल संवेदना को सम्प्रेषित करने का माध्यम है। अतः काव्य की रमणीयता शब्द और अर्थ के सह-सम्बन्ध पर निर्भर करती है। सन्दर्भ के अनुकूल भाषा-प्रयोग तथा विभाव-वैशिष्ट्य कथ्य को चारुत्वपूर्ण रूप में अभिव्यक्त करते हैं। इसी कारण कथन की विशिष्ट भंगिमा से घिसे-पिटे विषय भी सौन्दर्ययुक्त हो जाते हैं। ध्वनि-मत में वर्ण्य-विषय एवं उसको अभिव्यंजित करने वाले शब्दार्थ के महत्त्व पर विशेष बल दिया गया है। इसी को आनन्दवर्धन ने क्रमशः व्यंग्य एवं व्यंजक कहा है।

काव्य का केन्द्रीय तत्त्व : प्रतीयमान अर्थ

काव्य के वर्ण्य-विषय की कोई इयत्ता नहीं है। अतः उसके कोई निश्चित भेद नहीं किये जा सकते। ध्वनि-मत में उसके रस, वस्तु एवं अलंकार तीन भेद किये गये हैं। अलंकार काव्य के चारुत्व हेतु एवं कथन-शैली मात्र होने से काव्य का मूल प्रतिपाद्य या वर्ण्य-विषय नहीं हो सकते। रस का सम्बन्ध मनुष्य की संवेदना अर्थात् अनुभूति-पक्ष से है। मोटे तौर पर अनुभूति या संवेदना का सम्बन्ध हृदय से माना जाता है, जबकि विचार तथा कल्पना का सम्बन्ध बौद्धिक प्रतिभा से। वस्तुतः काव्यानुभूति में बुद्धि एवं कल्पना दोनों का सहयोग अपेक्षित है, साथ ही कल्पना तथा विचार-ग्रहण में सहृदयता का होना भी आवश्यक है। जिस काव्य में जीवन-जगत् के सत्यों की वैचारिक

अभिव्यक्ति रसात्मक रूप में रहती है, वह काव्य उतना ही चिरस्थायी एवं उत्कृष्ट कोटि का होता है। इस प्रकार विचार एवं तथ्यादि भी प्रतीयमान रूप में अभिव्यंजित होकर सौन्दर्ययुक्त हो जाते हैं।

आनन्दवर्धन ने प्रतीयमान अर्थ के सौन्दर्य की तुलना अंगनाओं के शरीर के लावण्य से की है (विभातिलावण्यमिवांगनासु)। परन्तु किसी युवती के रूप सौन्दर्य के वर्णन को न तो रसरूप कहा जा सकता है और न ही वस्तुरूप। सौन्दर्य हमेशा व्यंग्य रहता है। नारी-सौन्दर्य, पुरुष-सौन्दर्य, बाल-सौन्दर्य, प्रकृति-सौन्दर्य तथा नगरों की सजावट आदि के सौन्दर्य-वर्णन को न तो किसी रस-भेद के अन्तर्गत रखा जा सकता है और न केवल वस्तु-वर्णन मात्र कहा जा सकता है। स्थापत्य कला, मूर्तिकला, चित्रकला तथा नृत्यादि कलाओं से अभिव्यंजित सौन्दर्य अपना पृथक् अस्तित्व रखता है। काव्य में वर्णित नृत्यों, नृत्यांगनाओं तथा विभिन्न देशों की कला-संस्कृति का वर्णन सौन्दर्य के विविध रूपों की व्यंजना करता है। प्रकृति के नाना रूपात्मक दृश्यों का वर्णन प्रकृति के प्रत्येक क्रियाव्यापार को मूर्त रूप में प्रस्तुत कर सहृदय को आह्लादित करता है। यद्यपि रसादि एवं वस्तु-व्यंग्य में सौन्दर्य अथवा चमत्कार अवश्य रहता है, परन्तु सौन्दर्य केवल आकर्षण या चमत्कार मात्र नहीं है, अपितु उसकी पृथक् वस्तुगत सत्ता भी है। आकर्षण या चमत्कार उसके विशिष्ट गुण हैं। जिस प्रकार ईश्वर सर्वव्यापी होते हुए भी अपनी पृथक् सत्ता रखता है तथा वायु सर्वव्यापी होकर भी अपनी पृथक् सत्ता का परिचय देती है, उसी प्रकार सौन्दर्य का भी पृथक् अस्तित्व है। जिस प्रकार 'शृंगार' कहने से शृंगार रस की अनुभूति नहीं होती, उसी प्रकार अमुक वस्तु सुन्दर है या सौन्दर्ययुक्त है, कहने से भी उसका सौन्दर्य व्यंजित नहीं होता। उस सौन्दर्याभिव्यक्ति के लिए भी विभावादि की योजना आवश्यक होती है। 'नौका विहार' पन्त जी की उत्कृष्ट कविता है। उसकी निम्नांकित पंक्तियों में केवल गंगा का सौन्दर्य ही अभिव्यंजित हो रहा है, उसे किसी रस या वस्तु व्यंग्य के अन्तर्गत नहीं रखा जा सकता, जैसे–

> साड़ी की सिकुड़न-सी जिस पर, शशि की रेशमी विभा से भर,
> सिमटी है वर्तुल, मृदुल लहर!...
> सिकता की सस्मित सीपी पर मोती की ज्योत्स्ना रही विचर![1]

इस प्रकार प्रतीयमान अर्थ तीन प्रकार का माना जा सकता है– 1. रसभावादि, 2. वस्तु, तथा 3. सौन्दर्य। रसादि के अन्तर्गत सम्पूर्ण भाव-सम्पदा का वर्णन आ जाता है। वस्तु-व्यंग्य के अन्तर्गत किसी तथ्य, विचार या वस्तु

विशेष की व्यंजना होती है। सौन्दर्य के अन्तर्गत मानव सौन्दर्य, प्रकृति सौन्दर्य तथा कलागत सौन्दर्य अभिव्यंजित होता है। सौन्दर्यरूप प्रतीयमान अर्थ अलंकार रूप नहीं हैं। यद्यपि वामन ने 'सौन्दर्यमलंकारः' कहकर काव्य-सौन्दर्य और अलंकार को एक ही मान लिया है, परन्तु अलंकार सौन्दर्य न होकर, सौन्दर्य का व्यंजक उपादान या चारुत्वहेतु मात्र है।

उपर्युक्त त्रिविध प्रतीयमान अर्थ ही काव्यात्मा है, जो विभावादि के रूप वाच्यार्थ एवं लक्ष्यार्थ से व्यंजित होता है। आनन्दवर्धन ने केवल रसभावादि के सन्दर्भ में ही विभावादि के रूप में वाच्यार्थ को मान्यता दी है। उन्होंने वाच्यार्थ के रूप विभावादि को ही रसादि का व्यंजक माना है। वाच्यार्थ एवं लक्ष्यार्थ दोनों ही रसादि की व्यंजना करते हैं क्योंकि रसादि के व्यंजक विभावरूप वस्तु-वर्णन में वाच्य एवं लाक्षणिक दोनों प्रकार के अर्थों का सहयोग रहता है। आनन्दवर्धन ने वस्तु-व्यंग्य के व्यंजकों को केवल पद और वाक्य तक ही सीमित कर दिया है। संलक्ष्यक्रम वस्तु ध्वनि को उन्होंने प्रबन्ध प्रकाश्य माना, परन्तु परवर्ती आचार्यों ने उसका विरोध किया तथा प्रबन्ध को केवल रस का व्यंजक माना। आनन्दवर्धन के ध्वनि-निरूपण में सैद्धान्तिक विस्तार एवं खुले विचार-विमर्श के पर्याप्त अवसर विद्यमान हैं, जबकि परवर्ती आचार्यों ने उसे सैद्धान्तिक जटिलताओं में आबद्ध कर सीमित कर दिया है। भेदों के विस्तार में ही उन्होंने अपनी उदारता का परिचय दिया है, जिसने मूल सिद्धान्त को ही उलझाकर जटिल एवं अग्राह्य बना दिया है।

रसादि, वस्तु एवं सौन्दर्यरूप प्रतीयमान अर्थ विभावादि द्वारा काव्यात्मक भाषा में अभिव्यक्त होता है। अभिधा एवं लक्षणा के सहारे विभावादिकों का सामान्य बोध होता है। समर्थ काव्य-भाषा अथवा काव्यात्मक सामर्थ्य द्वारा उसमें चारुत्व की सृष्टि होती है। त्रिविध प्रतीयमान अर्थ के सम्प्रेषण की सफलता का रहस्य विभाव-निर्माण की सफलता में ही निहित रहता है। हिन्दी के आधुनिक रसवादी आचार्यों ने रस के सन्दर्भ में रसावयवों का पुनर्विवेचन करते हुए प्रतीयमान रसादि को भाव, मूल प्रतिपाद्य, उद्देश्य या केन्द्रीय तत्त्व आदि नामों से अभिहित किया है तथा विभाव को वाच्यरूप वस्तु अथवा आधार एवं परिवेश माना है। अनुभाव को शब्द या माध्यम माना गया है। डॉ. गणपतिचन्द्र गुप्त लिखते हैं–"स्थायी भाव शब्द में 'भाव' शब्द संकीर्णता का द्योतक है–क्योंकि यह केवल भावात्मक रचनाओं या भावप्रधान रचनाओं पर ही लागू होता है। अतः इसे 'स्थायी तत्त्व' या 'केन्द्रीय तत्त्व' कहना अधिक उचित होगा। जहाँ भावप्रधान रचनाओं में स्थायी तत्त्व या केन्द्रीय तत्त्व कोई स्थायी भावात्मक प्रवृत्ति या भावना विशेष होगी, वहाँ विचारप्रधान रचनाओं

में साहित्यकार का लक्ष्य विशेष या प्रतिपाद्य तत्त्व ही केन्द्रीय तत्त्व के रूप में स्वीकार्य होगा। इसी प्रकार कल्पनाप्रधान साहित्य में भी बिम्ब विशेष या रूप विशेष का प्रस्तुतीकरण ही उसका लक्ष्य होगा। अस्तु, इसका निर्णय रचना विशेष के अनुसार किया जा सकता है। विचारप्रधान एवं कल्पनाप्रधान साहित्य की दृष्टि से भी 'आलम्बन' को 'आधार' या 'हेतु' (आधारभूत हेतु) तथा 'उद्दीपन' को 'परिवेश' या 'सन्दर्भ' कहा जा सकता है। 'अनुभाव' के स्थान पर 'माध्यम' शब्द का प्रयोग परम्परागत अर्थ को सुरक्षित रखता हुआ भी उसे अपेक्षाकृत अधिक व्यापक एवं संगत रूप प्रदान करता है, क्योंकि 'माध्यम' का सम्बन्ध न केवल भावों की अभिव्यक्ति से है, अपितु विचारों के प्रस्तुतीकरण, कल्पनात्मक तत्त्वों की व्यंजना एवं विभिन्न वस्तुओं, पदार्थों व कलाकृतियों के रूप-विधान से भी है।"[2]

डॉ. गुप्त का 'केन्द्रीय तत्त्व' ही त्रिविध प्रतीयमान अर्थ है और आधारभूत हेतु, सन्दर्भ (परिवेश) तथा माध्यम ही व्यंजक शब्दार्थ है। व्यंजक के दो भेद हैं–शब्द तथा अर्थ। यह 'शब्द' ही आधुनिक शब्दावली में 'काव्य-भाषा' है जो काव्य का माध्यम है। पण्डितराज जगन्नाथ ने इस 'शब्द' को ही रमणीय अर्थ के प्रतिपादन का माध्यम माना है (रमणीयार्थः प्रतिपादकः शब्दः काव्यम्)। व्यंजक अर्थ वह विभावरूप वाच्यार्थ (लक्ष्यार्थ भी) है, जो प्रतीयमान रसादि, वस्तु तथा सौन्दर्य को भी व्यंजित करता है। व्यंजित भाव, वस्तु तथा सौन्दर्य अन्ततः शब्द पर ही निर्भर करता है। अतः शब्द या भाषा का निजी वैशिष्ट्य एवं महत्त्व है। काव्य में व्यंजक शब्द अभिधात्मक एवं लाक्षणिक दोनों प्रकार के होते हैं। मुक्तक अथवा प्रबन्धात्मक सभी प्रकार की रचनाओं में अभिधात्मक शब्द निहित रहते हैं। लक्षणामूला ध्वनि का कोई भी उदाहरण अभिधेय अर्थ की सहायता के बिना कोई अर्थ व्यंजित नहीं कर सकता। रसादि को भी केवल अभिधामूला ध्वनि के अन्तर्गत नहीं रखा जा सकता, क्योंकि लाक्षणिक शब्द भी रसादि के व्यंजक होते हैं। अतः ध्वनि के लक्षणामूल एवं अभिधामूल भेद निरर्थक हैं। काव्य में व्यंग्य एवं व्यंजक दो ही प्रमुख हैं। आनन्दवर्धन ने व्यंजक के आधार पर रसादि ध्वनि के जो भेद किये हैं, वे ही वस्तु एवं सौन्दर्यरूप व्यंग्यार्थ को भी ध्वनित करते हैं। अतः व्यंजक के आधार पर रसादि अथवा वस्तु आदि प्रतीयमानार्थ के भेदों में कोई अन्तर नहीं है। जो रसादि के व्यंजक हैं, वे ही वस्तु एवं सौन्दर्य व्यंग्य के भी व्यंजक होते हैं।

प्रतीयमान अर्थ के व्यंजक

आनन्दवर्धन ने व्यंजक मुख से असंलक्ष्यक्रम व्यंग्य ध्वनि के चार प्रमुख भेद किये हैं–1. वर्णपदादि, 2. वाक्य, 3. संघटना तथा 4. प्रबन्धाश्रित।[3] आचार्य मम्मट[4] ने आनन्दवर्धन के प्रथम भेद को तीन भेदों में विभक्त कर रसादि ध्वनि के व्यंजकता के आधार पर छह भेद कर दिये–1. पद प्रकाश्य, 2. पदैकदेश (पदांश) प्रकाश्य, 3. वर्ण प्रकाश्य, 4. वाक्य प्रकाश्य, 5. संघटना (रचना) प्रकाश्य तथा 6. प्रबन्ध प्रकाश्य। प्रबन्धगत भेद को प्रकरणगत एवं प्रबन्धगत दो भेदों में बाँटा जा सकता है। इस प्रकार व्यंजकता के आधार पर ध्वनि के सात भेद हो जाते हैं।

पद प्रकाश्य ध्वनि

काव्य विशेष को ध्वनि कहा गया है। विशिष्ट अर्थ प्रतीति के हेतुभूत शब्द समुदाय को काव्य कहते हैं। अतः पद ध्वनि या ध्वनि की पद प्रकाश्यता के औचित्य में शंका हो सकती है, परन्तु काव्य में ध्वनि व्यवहार व्यंजकत्व पर आश्रित होने से पद की व्यंजकता मानी जा सकती है। इसके अतिरिक्त जिस प्रकार (नायक-नायिकादि) शरीरधारियों में सौन्दर्य की प्रतीति अवयव संघटना विशेषरूप समुदाय में होने पर भी, अन्वय व्यतिरेक से मुखादि रूप अवयवों में मानी जाती है, उसी प्रकार व्यंजकत्व मुख से पदों में भी ध्वनि व्यवहार की व्यवस्था मानी जा सकती है।[5] जिस प्रकार शरीर के किसी एक ही अंग में, विशेष शोभाशाली एक ही आभूषण धारण करने से भी सुन्दर युवती सुशोभित होती है, उसी प्रकार एक पद मात्र से प्रतीत होने वाली ध्वनि से भी काव्य में चारुत्व आ जाता है।[6] यद्यपि रस प्रतीति मुख्य रूप से विभावादि से होती है, तब उसे पद प्रकाश्य ध्वनि कहते हैं।[7] सभी व्यंजक शब्द अभिवार्यतः रसात्मक नहीं होते, किन्तु रसात्मक होने के लिए शब्द का व्यंजक होना अनिवार्य है।[8]

यद्यपि रसादि की अभिव्यक्ति अर्थ विशेष द्वारा ही होती है, क्योंकि सभी प्रकार के अर्थ रसाभिव्यंजक नहीं होते और उन अर्थ विशेषों की व्यंजक शब्दों के बिना तो सत्ता ही सम्भव नहीं है। अतः विशिष्ट शब्दों की चारुता, उसकी व्यंजकता के कारण ही व्यवस्थित होती है। इसी कारण एक ही शब्द किसी रचना में व्यंजक होने के चारुत्वयुक्त होता है तो दूसरी रचना में चारुत्व का व्यंजक नहीं होता। शब्द विशेष में यह वैशिष्ट्य वाक्य में उसके विशिष्ट प्रयोग पर निर्भर करता है। व्यंजकत्व के आधार पर ही शब्दों के चारुत्व-विषयक

भेद किये जा सकते हैं, अन्यथा सभी शब्दों की समान रूप से वाचकता रहने पर किन्हीं विशेष शब्दों में चारुता-विषयक भेद नहीं किया जा सकता। इस प्रकार व्यंजकत्व के आधार पर ही शब्दों का चारुत्व निर्धारित होता है।[9] अत: काव्य में पदों की व्यंजकता असन्दिग्ध है।

कभी-कभी व्यंजकत्व की दृष्टि से प्रयुक्त पदों की पुनरुक्ति भी शोभाजनक होती है।[10] पुनरुक्तियों का सम्बन्ध भाषा के संवेगात्मक पक्ष से अधिक है। इनके साधारण-से-साधारण प्रयोगों में एक प्रकार का मानसिक परिवेश उभरता है, जैसे–'मैं खड़े-खड़े तुम्हारा काम करा दूँगा।' इस वाक्य में वक्ता अपने मूलभूत उद्‌देश्य को 'खड़े-खड़े' शब्द द्वारा व्यक्त करना चाहता है। सामान्य रूप से यहाँ शीघ्र काम करा देने की व्यंजना है, किन्तु मैं 'शीघ्र तुम्हारा काम करा दूँगा,' वाक्य इसका स्थानापन्न नहीं हो सकता। मूल वाक्य में एक ओर तो 'पर-आश्वासन' का भाव है और दूसरी ओर 'आत्म-परितोष' की व्यंजना भी है। ये अर्थच्छायाएँ शीघ्रता की व्यंजना के अतिरिक्त हैं।[11] प्रसंगानुसार इस पुनरुक्त शब्द के कई अर्थ हो सकते हैं। पद की भाँति वाक्य की पुनरुक्ति भी व्यंजक होती है।

कवि की कला का एक प्रधान अंग शब्दों का चुनाव है। उसकी सफलता इस बात पर निर्भर करती है कि वह अपने भावों एवं विचारों को भाषा में मूर्त करने के लिए अर्थ के अनुरूप उचित-से-उचित शब्दों को चुन सके। बहुधा एक ही अर्थ के द्योतक कई पर्यायवाची शब्द होते हैं। समान अर्थ होने पर भी उनके प्रयोग में यत्किंचित् विभिन्नता होती है। अत: अर्थ विशेष के लिए उनमें से किसी विशिष्ट शब्द को चुनना होता है। शब्द के अर्थ के पश्चात् कवि उसकी ध्वनि, उसमें व्याप्त संगीत का विचार करता है। पन्त जी 'पल्लव' के 'प्रवेश' में लिखते हैं–''भिन्न-भिन्न पर्यायवाची शब्द प्राय: संगीत-भेद के कारण एक ही पदार्थ के भिन्न-भिन्न स्वरूपों को प्रकट करते हैं। 'भ्रू' से क्रोध की वक्रता, 'भृकुटि' से कटाक्ष की चंचलता, 'भौंहों' से स्वाभाविक प्रसन्नता, ऋजुता का हृदय में अनुभव होता है।''[12] कहने का आशय यह है कि प्रत्येक शब्द निजी अर्थवैशिष्ट्य से संयुक्त होता है तथा उस अर्थवैशिष्ट्य को उसका पर्यायवाची शब्द व्यंजित नहीं कर सकता। भाषा के मनोविज्ञान के अनुसार कोई भी दो शब्द सर्वथा एक ही अर्थ को प्रकट नहीं करते, व्याकरण भी यही कहता है।[13]

वर्ण प्रकाश्य ध्वनि

वर्ण अनर्थक होने पर भी रसादि ध्वनि के व्यंजक होते हैं, जैसे रेफ के संयोग से युक्त श, ष और ढकार का अधिक प्रयोग श्रृंगार में रसापकर्षक होने से श्रृंगार रस में विरोधी होता है और जब ये ही वर्ण वीभत्सादि रसों में प्रयुक्त किये जाते हैं तो उस रस को दीप्त करते हैं। इस प्रकार वे वर्ण वहाँ रसापकर्षक न होकर वीभत्सादि रस के उपकारी ही होते हैं। अतः वे वर्ण रसहीन नहीं कहे जा सकते।[14] रसाभिव्यक्ति में विभावादि की प्रमुख कारणरूपता रहने पर भी वर्ण सहकारी रूप होते हैं। समर्थ रचनाकार स्वर और व्यंजनों का चयन इस प्रकार करता है कि वे शब्दों द्वारा यथेच्छ प्रभाव डालने में सक्षम होते हैं। शब्द-संगीत और शब्दार्थ की पारस्परिक मैत्री द्वारा भी कवि अपनी बात कह जाता है। शब्दों के अर्थ के अतिरिक्त, उनका संगीत भी कवि के भावों को व्यक्त करने में समर्थ होता है। 'पल्लव' के 'प्रवेश' में पन्त जी ने शब्दों की ध्वनि के अनुसार उनके रूप, रंग और आकार का सुन्दर विश्लेषण प्रस्तुत किया है। शब्दों की उच्चारण-ध्वनि में उनके रूप, रंग तथा आकार को पहचान पाना कवि के सूक्ष्म भावग्रहण करने की क्षमता पर निर्भर करता है। पन्त जी ने एयर, अनिल, प्रभंजन, पवन, समीर आदि के अलग-अलग रूप को निश्चित किया है। वे लिखते हैं—"अंग्रेज़ी के 'एयर' में एक प्रकार की ट्रान्सपेरेंसी मिलती है मानो इसके द्वारा दूसरी ओर की वस्तु दिखाई पड़ती है। 'अनिल' से एक प्रकार की कोमल शीतलता का अनुभव होता है, जैसे खस की टट्टी से छनकर आ रही हो, 'वायु' में निर्मलता तो है ही, लचीलापन भी है, यह शब्द रबर के फीते की तरह खिंचकर फिर अपने ही स्थान पर आ जाता है। 'प्रभंजन' विंड की तरह शब्द करता, बालू के कण और पत्तों को उड़ाता हुआ बहता है, 'श्वसन' की सनसनाहट छिप नहीं सकती, 'पवन' शब्द मुझे ऐसा लगता है जैसे हवा रुक गयी हो, 'प' और 'न' की दीवारों से घिर-सा जाता है, 'समीर' लहराता हुआ बहता है।"[15]

सामान्यतः ध्वनियों को निरर्थक माना जाता है, परन्तु ध्वनियाँ स्वयं निरर्थक होकर भी आपस में मिलकर भाषा की अर्थयुक्त इकाई शब्द को जन्म देती हैं। डॉ. भोलानाथ तिवारी ने ध्वनियों के प्रभावपरक अर्थ के महत्त्व को स्पष्ट करते हुए लिखा है—" 'पर्वत' और 'भूधर' समानार्थी हैं, किन्तु पहले शब्द में सभी ध्वनियाँ (प,र,व,त) अल्पप्राण हैं, जबकि दूसरे में दो (भ,ध) महाप्राण हैं तथा 'पर्वत' में दोनों स्वर ह्रस्व हैं, किन्तु 'भूधर' में पहला स्वर (ऊ) दीर्घ है। इसीलिए 'पर्वत' का प्रभावपरक अर्थ लघुता का है, जबकि

'भूधर' का प्रभावपरक अर्थ भारी-भरकमता का है।"[16] इसी प्रकार कुछ ध्वनियाँ कठोरता का तथा कुछ ध्वनियाँ कोमलता का प्रभाव डालती हैं। ये ही कठोर एवं कोमल ध्वनियाँ क्रमशः ओज एवं माधुर्य गुणों से सम्बद्ध की जाती हैं। इस प्रकार ध्वनियाँ भी प्रतीयमान अर्थ को व्यंजित करती हैं। शब्द की ध्वनि ही अर्थ को मूर्त कर देती है।

पदैकदेश (पदावयव) प्रकाश्य ध्वनि

पद (शब्द) में ही नहीं अपितु उसके छोटे-से-छोटे अंश में भी रसादि की व्यंजकता होती है। आनन्दवर्धन ने पदांश की व्यंजकता केवल रसादि के सन्दर्भ में ही मानी है, परन्तु पदांश की व्यंजकता वस्तु ध्वनि में भी होती है, पदांश या पदावयवों के अन्तर्गत प्रकृति, प्रत्यय, विभक्ति, वचन, कारक, लिंग, उपसर्ग, निपात, काल, समास, सर्वनाम आदि सभी में आनन्दवर्धन ने ध्वनि के चमत्कार की व्यंजना क्षमता मानी है।[17] उपर्युक्त पदावयवों की पद में संयुक्त होकर व्यंजकता से काव्य में चारुत्व की सृष्टि होती है। जहाँ ऐसे बहुत से पद एक साथ व्यंजक होते हैं, वहाँ काव्य में उत्कृष्ट सौन्दर्य की अभिव्यक्ति होती है।[18] आनन्दवर्धन ने निपातों की व्यंजकता को वैयाकरण सम्मत मानते हुए उनमें रस की व्यंजकता स्वीकार की है क्योंकि वैयाकरण सिद्धान्त में निपात अर्थ के द्योतक ही होते हैं, वाचक नहीं। उनको वाचक न मानकर केवल द्योतक मानने का कारण यह है कि उनका स्वतन्त्र प्रयोग नहीं होता। एकाधिक निपातों का भी रसाभिव्यक्ति के अनुरूप प्रयोग हो सकता है। इसी प्रकार एक पद में प्रयुक्त दो-तीन उपसर्ग भी रसाभिव्यंजक हो सकते हैं।[19]

वाक्य प्रकाश्य ध्वनि

वाक्यों का व्यंजनापूर्ण उचित प्रयोग भी रसावह होता है। आनन्दवर्धन ने वाक्यगत असंलक्ष्यक्रम व्यंग्य ध्वनि को शुद्ध एवं अलंकारमिश्रित दो प्रकार का माना है।[20] अर्थात् कहीं तो सम्पूर्ण वाक्य के सभी शब्दों से रसादि अभिव्यक्त होता है और कहीं रूपकादि अलंकारों द्वारा विभावादि के अलंकृत होने से रसादि अभिव्यक्त होते हैं। दो या दो से अधिक पदों की व्यंजकता को वाक्यगत ध्वनि कहना तर्कसंगत नहीं जान पड़ता। वस्तुतः विशिष्ट पद या पदों पर आश्रित व्यंग्य को पदगत ही कहा जा सकता है।[21] अलंकारयुक्त वाक्य से रसाभिव्यक्ति मानने पर यह स्वयंसिद्ध है कि अलंकार भी रसादि को व्यंजित करते हैं। इस प्रकार अलंकार एवं वस्तु रसादि के व्यंजक होते हैं। वाक्यगत

ध्वनि के अन्तर्गत सम्पूर्ण वाक्य-रचना को ग्रहण किया जा सकता है, न कि दो या दो से अधिक स्वतन्त्र व्यंजक पदों को।

भाषा की सहज इकाई वाक्य है। ध्वनियों से शब्द, शब्द से पद, पदों से पदबन्ध, पदबन्धों से उपवाक्य तथा उपवाक्यों से वाक्य बनते हैं। वाक्य एक उपवाक्य का भी हो सकता है और एक से अधिक उपवाक्यों का भी। ध्वनि भाषा की सबसे छोटी इकाई है। इस प्रकार भाषा बहुस्तरीय संरचना है और इसका प्रत्येक स्तर एक-दूसरे से अधिक्रमिक सम्बन्धों के आधार पर जुड़ा है। भाषा का प्रयोजन रचनाकार के मनोभावों या विचारों को व्यक्त करना है। विशिष्ट प्रसंगों में ये वाक्य मूल अर्थ से भिन्न अर्थ रखते हैं, जैसे–'मुझे बड़ी प्यास लग रही है,' (अर्थात् पानी पिलाइए)। वाक्य का एक सामाजिक या परिस्थिति विशेष सन्दर्भ भी होता है। सन्दर्भपरक दृष्टि से वाक्य दो प्रकार का होता है–व्याकरणात्मक वाक्य तथा प्रकरणात्मक वाक्य। सम्प्रेषण के स्तर पर केवल प्रकरणात्मक वाक्य ही वास्तविक वाक्य हैं क्योंकि वे सन्दर्भ या प्रकरण से जुड़े होते हैं। यह प्रकरणगत अर्थ अभिधार्थ एवं लक्ष्यार्थ से भिन्न, व्यंग्यार्थ होता है।

कविता की भाषा सन्दर्भमूलक होती है। जिस प्रकार रागात्मक अर्थों में मन के सभी स्तर–राग, बुद्धि और कल्पना, सभी संयुक्त रूप में सक्रिय रहते हैं, उसी प्रकार अर्थ-सम्प्रेषण में भाषा के सभी स्तर–अभिधा, लक्षणा और व्यंजना क्रियाशील रहते हैं। काव्यात्मक अर्थ और काव्य-भाषा की इसी संश्लिष्टता के कारण कविता का अनुवाद उन्हीं अर्थों में नहीं किया जा सकता, जिस प्रकार विज्ञान या इतिहास की पुस्तक का। काव्य-भाषा का मूल आधार भाव और भाषा का सामंजस्य है। भाव एवं भाषा के इसी सामंजस्य एवं संश्लिष्ट रूप को स्पष्ट करते हुए पन्त जी लिखते हैं–"जहाँ भाव और भाषा में मैत्री अथवा ऐक्य नहीं रहता, वहाँ स्वरों के पावस में केवल शब्दों के, 'वटु-समुदाय' ही दादुरों की तरह इधर-उधर कूदते, फुदकते तथा सामध्वनि करते सुनाई देते हैं।"[22] काव्य-भाषा की चित्रात्मकता भी प्रतीयमान अर्थ को व्यंजित करती है। काव्य-भाषा की चित्रात्मकता के सन्दर्भ में पन्त जी लिखते हैं–"कविता के लिए चित्र-भाषा की आवश्यकता पड़ती है, उसके शब्द सस्वर होने चाहिए, जो बोलते हों, सेव की तरह जिनके रस की मधुर लालिमा भीतर न समा सकने के कारण बाहर झलक पड़े, जो अपने भाव को अपनी ही ध्वनि में आँखों के सामने चित्रित कर सकें, जो झंकार में चित्र और चित्र में झंकार हों।"[23] इस प्रकार वाक्य सन्दर्भ विशेष अथवा बिम्ब-सृष्टि द्वारा भी व्यंग्यार्थ को व्यंजित करता है।

संघटना प्रकाश्य ध्वनि

संघटना को 'रचना' नाम से भी अभिहित किया गया है।[24] वामन-निरूपित रीति को ही आनन्दवर्धन ने संघटना नाम से निर्दिष्ट किया है। रीति की रसाभिव्यंजकता का निरूपण आनन्दवर्धन ने विस्तार से किया है। उन्होंने रीति में कुछ संशोधन किया है और उसे काव्य के एक अंग या रस व्यंजक के रूप में स्थान दिया है। रीति या संघटना की स्थिति केवल रसात्मक काव्य में ही सीमित न मानकर सम्पूर्ण काव्य-रचना में मानी जा सकती है।

वामन ने रीति को काव्य की आत्मा माना है।[25] उनकी दृष्टि में विशिष्ट पद-रचना का नाम रीति है।[26] 'विशिष्ट' का अर्थ गुणात्मकता है।[27] अर्थात् पद-रचना का वैशिष्ट्य उसकी गुणात्मकता पर निर्भर है। इस प्रकार गुणात्मक पद-रचना का नाम रीति है। वामन ने रीति के वैदर्भी, गौड़ी और पांचाली तीन भेद किये हैं।[28] ये नाम विदर्भादि देशों के नाम पर रखे गये हैं। इनमें से ओज, प्रसादादि समग्र गुणों से युक्त रचना को वैदर्भी रीति[29], ओज और कान्ति गुणों से युक्त रचना को गौड़ी[30] तथा माधुर्य और सौकुमार्य से युक्त रचना को पांचाली रीति कहते हैं।[31] संघटना तीन प्रकार की है–असमासा, मध्यम समासा और दीर्घसमासा।[32] इनमें असमासा सर्वथा समासरहित होती है, मध्यम समासा से पांचाली और दीर्घसमासा से गौड़ी का निरूपण करते हुए तीन ही प्रकार की संघटना या रीतियाँ मानी हैं।[33] आनन्दवर्धन ने संघटना को गुणों के आश्रित माना है। उन्होंने केवल तीन ही गुण माने हैं–1. माधुर्य, 2. ओज, तथा 3. प्रसाद। माधुर्यादि गुणों पर आश्रित होकर ही संघटना रसादि को अभिव्यक्त करती है।[34] गुण प्रधानीभूत रसादि के आश्रित रहते हैं। ये गुण शौर्यादि के समान होते हैं।[35] इस प्रकार संघटना अंगीभूत रसादि के आश्रित रहने वाले गुणों के आीश्रत रहती है।

आनन्दवर्धन ने संघटना के भेदक तत्त्व के रूप में गुण को नहीं, अपितु समास को स्वीकार किया है। संघटना के ये तीनों भेद भाषा की व्यवस्था पर निर्भर रहते हैं। संस्कृत व्याकरण में समासों का विग्रह अर्थ से नियन्त्रित है। दो या दो से अधिक पदों के योग, योग के अन्तर्गत होने वाले विभक्तिलोप तथा समस्त सामासिक पद का अन्तिम स्वरूप पदों के विशिष्ट संयोजन से व्यवस्थित होता है। आनन्दवर्धन ने औचित्य को संघटना-नियामक माना है। यह औचित्य तीन प्रकार का है–1. वक्तृ औचित्य, 2. वाच्य औचित्य तथा 3. विषय औचित्य।[36] संघटना में इस औचित्य की नियामकता के आधार पर

ही डॉ. कृष्ण कुमार शर्मा संघटना का सम्बन्ध शैली विज्ञान से भी निर्धारित करते हैं, जब आनन्दवर्धन औचित्य को संघटना-नियामक मानते हैं तो चयन की स्थिति स्वतःसिद्ध हो जाती है। अतः आनन्दवर्धन प्रतिपादित संघटना व्याकरणिक एककों का समुच्चय तो है ही, 'चयन' पर भी आधारित है।"[37] डॉ. नगेन्द्र के इस कथन से सहमति व्यक्त की जा सकती है कि 'वामन ने तो रीति की स्वतन्त्र तथा सर्वतन्त्र सत्ता मानी थी, अतएव उनके लिए रीति के नियमन तथा नियामक हेतुओं का प्रश्न ही नहीं उठता।

आनन्दवर्धन ने रस को रीति का प्रमुख नियामक हेतु माना है। रीति पूर्णतया रस के नियन्त्रण में रहती है। उसी के अधीन कुछ और भी हेतु हैं जो उपचार से रीति का नियमन करते हैं। रस के अतिरिक्त ये हेतु तीन हैं– 1. वक्तृ औचित्य, 2. वाच्य औचित्य तथा 3. विषय औचित्य।[38] आनन्दवर्धन ने ही सर्वप्रथम इस तथ्य का विवेचन किया है कि रीति का रस से घनिष्ठ सम्बन्ध रहता है। उन्होंने रसानुकूल संघटना के विधान का निरूपण किया है। गुणों के आश्रित होकर ही संघटना रसादि को व्यक्त करती है। असमासा रचना माधुर्य गुण से युक्त होती है। अतः माधुर्य गुणयुक्त श्रृंगारादि रसों में असमासा तथा ओज गुणयुक्त रौद्रादि रसों में ससमासा संघटना होनी चाहिए। यद्यपि इन नियमों के अपवाद भी पाये जाते हैं। श्रृंगारादि के वर्णन से युक्त ससमासा संघटना में माधुर्य गुण तथा वीर, रौद्रादि रसों से युक्त असमासा संघटना में ओज गुण विद्यमान रहता है। आनन्दवर्धन ने इस प्रकार की शंका उठायी है तथा वक्तृ, वाच्य एवं विषयगत औचित्य के अनुरूप संघटना के नियमन की व्यवस्था का विधान प्रस्तुत किया है। इस प्रकार संघटना गुण एवं औचित्य से सम्पृक्त होकर रसाभिव्यंजक होती है।

प्रकरण प्रकाश्य ध्वनि

यहाँ प्रकरण का तात्पर्य प्रबन्ध काव्य या आख्यायिका, कथा, नाटकादि गद्य रचना के किसी एक प्रसंग, अंश, खण्ड, सर्ग, अध्याय, अंक अथवा दृश्यादि से है, जिससे किसी रसभावादि अथवा वस्तु की व्यंजना होती है। प्रकरण की यह व्यंजकता प्रबन्ध-रचना के अन्तर्गत ही होती है। इसीलिए आनन्दवर्धन ने उसे प्रबन्ध की व्यंजकता के अन्तर्गत ही समाहित कर दिया है। परन्तु जिस प्रकार किसी काव्य में पद, वाक्य, संघटनादि की व्यंजकता का स्वतन्त्र अस्तित्व एवं महत्त्व है, उसी प्रकार प्रकरणगत रसादि की व्यंजकता का भी अलग अस्तित्व है। आनन्दवर्धन ने संलक्ष्यक्रम-व्यंग्य ध्वनि की प्रबन्ध व्यंजकता

के अन्तर्गत महाभारत के 'गृध्रगोमायु-संवाद' का जो उदाहरण दिया है, उसमें वस्तुतः प्रकरण की व्यंजकता का सौन्दर्य निहित है। प्रबन्ध की व्यंजकता अथवा प्रबन्ध प्रकाश्य ध्वनि केवल वहाँ मानी जा सकती है, जहाँ समूचा प्रबन्ध, उपन्यास, नाटकादि किसी अंगी रस, विचार या दार्शनिक मान्यता को प्रमुख रूप से व्यक्त करता है। रामचरितमानस का प्रबन्धगत व्यंग्य भक्ति रस है, जबकि उसके सुन्दरकाण्ड में वीर रस प्रधान व्यंग्य है और अयोध्याकाण्ड में भरत की भक्ति भावना प्रधान है।[39] अतः सम्पूर्ण प्रबन्धात्मक रचना से रसादि की अंगीरूप में व्यंजना हो सकती है, जबकि उसके किसी अंश या खण्ड विशेष से वस्तु व्यंजना। इसके अतिरिक्त प्रकरणगत व्यंग्य वस्तु एवं रसादि भी प्रबन्धगत व्यंग्य के व्यंजक हो सकते हैं। इसी को कुन्तक ने प्रकरण वक्रता का नाम दिया है।

प्रबन्ध प्रकाश्य ध्वनि

आनन्दवर्धन की दृष्टि में रस प्रबन्ध काव्य का प्राण तत्त्व है। सम्पूर्ण प्रबन्ध योजना रसानुकूल ही होनी चाहिए। उन्होंने प्रबन्धगत रसाभिव्यक्ति के पाँच हेतुओं का निर्देश किया है–

1. विभाव, स्थायी भाव, अनुभाव और संचारी भाव के औचित्य से सुन्दर, ऐतिहासिक अथवा कल्पित कथा-शरीर का निर्माण।[40]
2. ऐतिहासिक क्रम से प्राप्त होने पर भी रस की प्रतिकुल स्थिति को छोड़कर, बीच में अभीष्ट रस के अनुकूल नवीन कल्पना करके भी कथा का उन्नयन (संस्करण) करना।[41]
3. केवल शास्त्रीय विधान के परिपालन की इच्छा से नहीं, अपितु रसाभिव्यक्ति की दृष्टि से सन्धि और संध्यंगों की रचना।[42]
4. यथावसर रसों के उद्दीपन तथा प्रशमन की योजना और विश्रान्त होते हुए प्रधान रस का अनुसन्धान।[43]
5. अलंकारों के यथेष्ट प्रयोग की पूर्ण शक्ति होने पर भी रस के अनुरूप ही अलंकारों की योजना।[44]

प्रबन्ध काव्य की आधार-कथा चाहे ऐतिहासिक हो या काल्पनिक, उसकी रस-व्यंजकता के लिए आवश्यक है कि विभावादि का औचित्यपूर्ण संयोजन हो। प्रबन्ध में वर्णित घटना व्यापार एवं मानव स्वभाव का चित्रण स्वाभाविक एवं विश्वसनीय हो, तभी उसके अध्ययन में पाठक का मन रमता है। इसी कारण स्थायी भाव के औचित्य को आनन्दवर्धन ने मानव स्वभाव

(प्रकृति) का औचित्यपूर्ण निदर्शन माना है अर्थात् प्रबन्ध काव्य में विभिन्न पात्रों का चित्रण मानव स्वभाव के अनुकूल ही होना चाहिए। प्रत्येक मनुष्य स्वभाव से उत्तम, मध्यम, अधम अथवा दिव्य प्रकृति (स्वभाव) का होने के कारण भिन्न-भिन्न प्रकार का होता है। अतः पात्रों की क्षमता एवं स्वभाव का स्वाभाविक एवं मनोवैज्ञानिक चित्रण ही रसयुक्त हो सकता है। मनुष्य रूप राजा आदि के वर्णन में सप्त-समुद्र लंघन जैसे अलौकिक कार्यों द्वारा राजाओं के प्रभावातिशय का वर्णन चमत्कारिक होते हुए भी नीरस ही प्रतीत होता है।[45] अतः अनौचित्य ही नीरसता का कारण है। मनुष्य प्रकृति के आधार पर कल्पित कथाओं में भी दिव्य प्रकृति के औचित्य को नहीं जोड़ा जाना चाहिए, क्योंकि मनुष्य में दिव्य एवं अलौकिक गुणों का आरोपण अस्वाभाविक होने से आकर्षक एवं रसानुकूल नहीं हो सकता। प्रसिद्ध कथाओं (राजा सातवाहन आदि की कथा) में दिव्य प्रकृति सम्बन्धी पूर्व-वृत्तान्त भी एक सीमा तक ही रसानुकूल हो सकता है।

आनन्दवर्धन ने रसाभिव्यक्ति में औचित्य को अत्यधिक महत्त्व प्रदान किया है। विभावादि के औचित्य एवं मानव प्रकृति के औचित्य के साथ-साथ, आनन्दवर्धन का औचित्य-निरूपण सामाजिक एवं नैतिक मूल्यों पर भी आधारित है। उनका यह औचित्य-निरूपण भारतीय समाज की नैतिक मान्यताओं पर आधारित है। वे नैतिक मान्यताएँ सहृदय समाज के संस्कार के रूप में निहित रहती हैं। अतः समाज की मानसिकता के अनुरूप ही विषय का निरूपण किया जाना चाहिए। इसी कारण वे श्रृंगार रस के अन्तर्गत ग्राम्य सम्भोग आदि के चित्रण को नाटकादि के अभिनय एवं काव्य, दोनों में असभ्यतापूर्ण मानते हैं।[46] आचार्य आनन्दवर्धन नाना प्रकार की रसवती कथाओं में से केवल विभावादि के औचित्य से युक्त कथावस्तु को ही ग्राह्य मानते हैं, सभी को नहीं। कल्पित कथावस्तु को रसयुक्त बनाने के लिए विभावादि की औचित्यपूर्ण संयोजना अति आवश्यक है।[47]

आनन्दवर्धन ने रस को ही साध्य मानते हुए ऐतिहासिक कथाओं में रसानुकूल संशोधन करने अथवा उन्हें यथावत् ग्रहण करने का निर्देश दिया है। प्रसिद्ध कथाओं में थोड़ा भी हेर-फेर कभी-कभी रस-विरोधी हो जाता है क्योंकि लोकविश्रुत कथा एवं नाटकादि के प्रति जनमानस में विशेष संस्कार बन जाते हैं और वे घटनाएँ सद्यः आस्वाद-योग्य होती हैं। दूसरी ओर ऐतिहासिक रस-विरोधी परम्परित कथाओं में भी रसानुकूल नये कथा-प्रसंगों की सर्जना रसाभिव्यंजक हो जाती है, जैसे-'अभिज्ञानशाकुन्तलम्' में शाप-प्रसंग।[48]

आनन्दवर्धन ने सन्धि-सन्ध्यंगों की रचना का उद्देश्य कथा के विभिन्न अंगों एवं सभी प्रकरणों में सामंजस्य स्थापित करना माना है, ताकि वे रसाभिव्यक्ति में सहायक सिद्ध हो सकें। अतः सन्धि-सन्ध्यंगों की योजना केवल शास्त्रीय यान्त्रिक प्रक्रिया मात्र नहीं होनी चाहिए।[49] अतः प्रबन्ध का वस्तु-संयोजन एवं अन्तर्बाह्य समंजन ही रसाभिव्यंजक होता है।

सफल प्रबन्ध-काव्य में एक ही रस के अंगीरूप होने पर भी विविध रसों का वैचित्र्य रोचकता एवं जिज्ञासा उत्पन्न करता है। अतः बीच-बीच में यथावसर विभिन्न रसों के उद्दीपन एवं प्रशमन की व्यवस्था होनी चाहिए।[50] इसी प्रकार अलंकारों की योजना भी रसाभिव्यक्ति के लिए ही की जानी चाहिए।

उपर्युक्त विवेचन से स्पष्ट है कि आनन्दवर्धन प्रबन्ध में वस्तु-पक्ष, शिल्प-पक्ष एवं सहृदय तीनों को समान महत्त्व देते हुए, रसाभिव्यक्ति को प्रबन्ध के लिए अनिवार्य मानते हैं। काव्य से अन्ततः सहृदय ही रसानुभूति प्राप्त करता है। अतः सहृदय समाज की मानसिकता एवं संस्कारों के अनुरूप ही देशकाल एवं घटनाक्रम के औचित्यपूर्ण संयोजन तथा उत्कृष्ट रचना-शिल्प से प्रबन्ध रसमय हो जाता है।

सन्दर्भ और व्यंजकता

पद, वाक्य आदि सन्दर्भ विशेष में ही व्यंजक होते हैं। विविध सन्दर्भ भाषा की प्रयोग-क्षमता को कैसे परिवर्तित कर देते हैं, कैसे एक ही वाक्य वक्ता, श्रोता और परिवेश के कारण विविध अर्थी हो जाता है, शब्द और अर्थ की कैसी समायोजना से काव्य आकर्षक हो सकता है, सामान्य शब्द भी काव्य में प्रयुक्त होकर किस प्रकार विविध अर्थ-भंगिमाओं को व्यंजित करता है, कथन की कौन-सी भंगिमाओं से किस प्रकार काव्य चारुत्वपूर्ण हो जाता है, इसका सूक्ष्म विश्लेषण ध्वनि-सिद्धान्त में हुआ है। ध्वनि-सिद्धान्त शब्द और अर्थ के प्रत्येक स्तर की सूक्ष्म विवेचना प्रस्तुत करता है। ध्वनिमत में शब्द और अर्थ दोनों व्याख्येय इकाइयाँ होने से ध्वनि-मत की वस्तुनिष्ठता को द्योतित करती हैं।

सन्दर्भ की विशिष्टता के कारण ही बहुप्रचलित, चारुत्वहीन, अप्रचलित एवं क्षुद्र से क्षुद्र शब्द भी चमत्कार की सृष्टि कर सकते हैं। यदि कवि अपने सन्दर्भ के अनुरूप ऐसे शब्दों का प्रयोग करता है तो उनमें नूतन अर्थ-सौन्दर्य आ जाता है। यह शब्द-चयन एवं शब्द-प्रयोग विभिन्न सन्दर्भों की स्थिति पर निर्भर करता है। अतीत के अप्रचलित शब्द भी अपने युग की सांस्कृतिक एवं ऐतिहासिक स्थिति को पुनर्जीवित करके, तत्युगीन वातावरण का चित्र प्रस्तुत

कर, कथ्य की सम्प्रेषणीयता में सहायक होते हैं। इसी कारण काव्य-भाषा का एक पक्ष सांस्कृतिक सन्दर्भों से भी सम्बद्ध होता है। डॉ. हरिश्चन्द्र वर्मा ने काव्य-भाषा के इसी सांस्कृतिक सन्दर्भ को स्पष्ट करते हुए लिखा है–''कविता की भाषा सांस्कृतिक मूल्यों की भाषा होती है। किसी जाति या राष्ट्र के चिरंजीवी अर्थों, विचारों, संस्कारों, भावों और मूल्यों की जीवन्त परम्परा ही संस्कृति है। सांस्कृतिक अर्थ गूढ़ और व्यापक होते हैं, साथ ही उनको व्यक्त करने वाली भाषा भी अधिक व्यंजक होती है। किसी राष्ट्र के जीवन के सांस्कृतिक तत्त्व, उसके ऐतिहासिक, सामाजिक, पौराणिक, धार्मिक और दार्शनिक सन्दर्भों में अनुस्यूत रहते हैं। सांस्कृतिक मूल्यों के साथ घनिष्ठता के कारण ही कई सन्दर्भ, देवता, व्यक्ति, पशु-पक्षी, वृक्ष, नदी आदि विभिन्न सांस्कृतिक अर्थों या मूल्यों के प्रतीक बन जाते हैं। सरस्वती, गणेश, दधीचि, शिवि, हरिश्चन्द्र, बुद्ध, गाँधी, जटायु, चेतक, पीपल, वट, गंगा आदि विभिन्न सांस्कृतिक अर्थों और मूल्यों के प्रतीक बन गये हैं। काव्य-भाषा में ऐसे सांस्कृतिक प्रतीकों की व्यंजकता असीम होती है। कविता की भाषा पारिभाषिक या शास्त्रीय न होकर सन्दर्भमूलक होती है, किन्तु उसमें सांस्कृतिक सन्दर्भों, शब्दों और मूल्यों का प्राधान्य होता है, क्योंकि मूलतः कविता का क्षेत्र मानव जीवन और मानवमूल्य ही है।"[51] अतः शब्द एक ओर निजी विशिष्ट सन्दर्भगत अर्थ से युक्त होता है, जो किसी सांस्कृतिक या ऐतिहासिक अर्थ का द्योतक होता है तो दूसरी ओर कविता में विशेष सन्दर्भ में वह नयी अर्थवत्ता का व्यंजक होता है।

अलंकारों की व्यंजकता

आनन्दवर्धन त्रिविध प्रतीयमान अर्थ में रस को सर्वाधिक महत्त्व देते हैं। वे अनुप्रास तथा यमकादि शब्दालंकारों की अपेक्षा उपमा, रूपक तथा उत्प्रेक्षादि अर्थालंकारों को रसोपयोगी मानते हैं क्योंकि अनुप्रासादि अलंकारों में कवि का मुख्य प्रयास शब्द-योजना पर केन्द्रित रहता है। अतः रस गौण एवं अलंकार योजना प्रमुख हो जाती है, जबकि उपमा एवं रूपकादि अलंकारों का सहज प्रयोग ही रसावह होता है। आनन्दवर्धन की दृष्टि में अलंकारों का रसानुकूल अनायास प्रयोग ही रसाभिव्यक्ति में सहायक होने से रसोपयोगी होता है। इस प्रकार जो अलंकार पृथक् प्रयास के बिना ही निष्पन्न किया जाता है, वही रसाभिव्यंजक अथवा रस का अंग कहा जाता है।[52] ध्वनि के आत्मभूत शृंगारादि रसों के अभिव्यंजक तथा बाह्य आभूषणों के समान रूपकादि वाच्यालंकार प्रधानीभूत सभी रस-ध्वनियों के चारुत्व हेतु (अलंकार) होते हैं।[53] रसानुरूप

ही अलंकारों का ग्रहण एवं त्याग होना चाहिए। अलंकार प्रधान न होकर, अंगी रस के ही अंगरूप होने चाहिए।

समान आकार, गुण, क्रिया तथा समान प्रभाव वाले सन्दर्भों (व्यक्तियों और व्यापारों) के सम्पर्क से मन में समान प्रकार की अनुभूतियों का उदय होता है। मुरझाए हुए फूल, सन्ध्या के सूनेपन तथा उदास व्यक्ति के सूने चेहरे को देखकर लगभग एक जैसी ही अनुभूतियाँ होती हैं। किसी प्रस्तुत मूर्त आधार से उत्पन्न अनुभूति की तीव्रता निरूपित करने तथा उसे और अधिक तीव्रता प्रदान करने के लिए पुनः कुछ सदृश आधारों की योजना की आवश्यकता पड़ती है, जो मूल अनुभूति के समान या उससे भी तीव्र अनुभूति जगा सकें। ये अप्रस्तुत आधार ही उपमान हैं। इस प्रकार कविता की भाषा सादृश्यमूलक एवं उपमानात्मक भी होती है। कविता की भाषा में उपमेय और उपमान के रूप में दुहरे सन्दर्भ समन्वित रहते हैं। उपमान योजना में प्रस्तुत और अप्रस्तुत दो अनुभव क्षेत्रों या सन्दर्भों को आमने-सामने रखकर, प्रस्तुत अनुभव क्षेत्र पर अप्रस्तुत अनुभव क्षेत्र से, अनुभूति का प्रकाश विकीर्ण करके, मूल प्रभाव में वृद्धि की जाती है। ये दोनों अनुभव क्षेत्र, अनुभूति के रूप में एक-दूसरे में समा जाते हैं और वह साधर्म्यमूलक अप्रस्तुत योजना द्वारा मूल अनुभूति को पूर्णतः व्यंजित करता है।[54] संक्षेप में अप्रस्तुत विधान या अलंकार-योजना मूल अनुभूति को प्रभावपूर्ण रूप में व्यंजित करती है।

पन्त जी अलंकारों को भावाभिव्यक्ति के साधन मात्र मानते हैं। वे अलंकारों को अभिव्यक्ति का अभिन्न अंग मानते हुए, उनकी स्वतन्त्र सत्ता स्वीकार नहीं करते अलंकार केवल वाणी की सजावट के लिए नहीं, वे भाव की अभिव्यक्ति के विशेष द्वार हैं। वे भाषा की पुष्टि के लिए, राग की परिपूर्णता के लिए आवश्यक उपादान हैं। वे वाणी के ह्रास, अश्रु, स्वप्न, पुलक, हाव-भाव हैं।"[55] इस प्रकार पन्त जी अलंकारों की केवल अंगरूपता को स्वीकार करते हुए, उनकी व्यंजकता के समर्थक हैं। डॉ. नगेन्द्र भी अलंकारों के अलंकार्य रूप को अस्वीकार करते हुए उनके रस-पोषक अंगरूप के ही पक्षधर हैं। इसी प्रसंग में वे लिखते हैं–"अलंकार जहाँ अंग से अंगी हुए, वहीं अराजकता फैल जाती है। अलंकार वास्तव में भाषा का भावप्रेरित वक्र-प्रयोग है और ऐसे प्रयोगों को संख्या में बाँधना सम्भव नहीं है।"[56] इस प्रकार स्पष्ट है कि ध्वनिमत में अलंकारों को जो काव्यात्मा के रूप प्रतीयमान अर्थ के रूप में प्रतिष्ठित किया गया है, उसे स्वीकार नहीं किया जा सकता। संक्षेप में, भावों की चारुत्वपूर्ण अभिव्यक्ति ही अलंकारों का मुख्य प्रयोजन है।

छन्द, लय तथा संगीतादि की व्यंजकता

कविता में छन्द, तुक, संगीत, भावानुकूल वर्ण-विन्यास तथा अनुप्रासादि अलंकार अर्थबोध के अतिरिक्त उसे रमणीयता प्रदान करते हैं। लय अथवा छन्द कविता का अन्तर्वर्ती तत्त्व है, जो उसे गद्य से पृथक् करता है। छन्द भी भावों के उतार-चढ़ाव, कोमल-परुष आदि का व्यंजक होता है। कविता में लय तत्त्व समवेत रूप में शब्द और अर्थ के आश्रित होता है। कविता में शब्द और अर्थ परस्पर सम्पृक्त एवं अन्योन्याश्रित होकर अभिन्न रूप में भावाभिव्यक्ति में डूब जाते हैं। शब्द और अर्थ की इस लयात्मकता एवं तन्मयता के सम्बन्ध में पन्त जी लिखते हैं–"जिस प्रकार संगीत में भिन्न-भिन्न स्वर राग की लय में ऐसे मिल जाते हैं कि हम उन्हें पृथक् नहीं कर सकते, उसी प्रकार कविता में भी शब्दों के भिन्न-भिन्न कण एक होकर रस की धारा के स्वरूप में बहने लगते, उनकी लंगड़ाहट में गति आ जाती, हम केवल रस की धारा को ही देख पाते हैं, कणों का हमें अस्तित्व ही नहीं मिलता। कविता तथा छन्द के बीच बड़ा घनिष्ठ सम्बन्ध है, कविता हमारे प्राणों का संगीत है, छन्द हृत्कम्पन; कविता का स्वभाव ही छन्द में लयमान होना है। छन्द-बद्ध शब्द, चुम्बक के पार्श्ववर्ती लोहचूर्ण की तरह अपने चारों ओर एक आकर्षण-क्षेत्र (मैग्नेटिक फील्ड) तैयार कर लेते, उनमें एक प्रकार का सामंजस्य, एक रूप, एक विन्यास आ जाता, उनमें राग की विद्युत धारा बहने लगती, उनके स्पर्श में एक प्रभाव तथा शक्ति पैदा हो जाती है। कविता हमारे परिपूर्ण क्षणों की वाणी है। अपने उत्कृष्ट क्षणों में हमारा जीवन छन्द ही में बहने लगता; उसमें एक प्रकार की सम्पूर्णता, स्वैरैक्य तथा संयम आ जाता है। छन्द का भाषा के उच्चारण, उसके संगीत के साथ घनिष्ठ सम्बन्ध है।"[57]

पन्त जी ने छन्दों की रसाभिव्यंजकता का सूक्ष्म विश्लेषण करते हुए लिखा है–"भिन्न-भिन्न छन्दों की भिन्न-भिन्न गति होती है और तदनुसार वे रस विशेष की सृष्टि में भी सहायता देते हैं। हिन्दी के प्रचलित छन्दों में पीयूष वर्षण, रूपमाला, सखी और प्लवंगम छन्द करुण रस के लिए मुझे विशेष उपयुक्त लगते हैं।"[58] पन्त जी की दृष्टि में भावाभिव्यंजक पदों में तुक चारुत्व का उत्कर्षक होता है। मुक्त छन्द का आधार लय है। वह आन्तरिक ऐक्य तथा भाव-जगत् के साम्य पर अवलम्बित है। उसमें छन्द के चरण भावानुकूल ह्रस्व-दीर्घ हो सकते हैं। भावों का उद्वेलन ही मुक्त छन्द के प्रवाह का मूल स्रोत है। इस प्रकार लय तथा छन्द कविता का अनिवार्य तत्त्व है, जो उसे गद्य से पृथक् करता है। इसी कारण यदि कविता के शब्दों को अन्वित कर

गद्यात्मक रूप में, वाक्य में परिणत कर दिया जाये तो उसका सारा सौन्दर्य ही नष्ट हो जाता है। इस प्रकार कविता की भाषा लयात्मक होती है। लयात्मकता में गति, यति तथा तुक आदि की व्यवस्था एक निश्चित क्रम में होती है जो मूल अनुभूति एवं उसकी अभिव्यक्ति के स्वरूप का निर्धारण एवं नियमन करती है। अतः भावानुरूप छन्द, लय तथा नाद सौन्दर्य आदि भी रसादि के उत्कर्षक एवं प्रतीयमान अर्थ के व्यंजक होते हैं।

ध्वनि-सिद्धान्त में अन्य काव्य-मतों का समन्वय

आनन्दवर्धन ने व्यंजना की स्थापना करके काव्य-चिन्तन सम्बन्धी सभी मतों का यथोचित काव्यगत स्थान निर्धारित किया। उन्होंने काव्य-सौन्दर्य की विविधता के रहस्य को उद्घाटित करते हुए, शब्द-शक्तिकृत काव्य-चमत्कार का सूक्ष्म विश्लेषण प्रस्तुत किया है। ध्वनिमत में अभिव्यक्ति की व्याख्या को प्रमुख मानकर काव्य पर ही विशेष बल दिया गया है। ध्वनिमत काव्यालोचन को ही अपना लक्ष्य मानकर चलता है, कवि का व्यक्तित्व आदि उसके विवेच्य नहीं हैं।

इस कारण ध्वनि-सिद्धान्त की भी कुछ निजी सीमाएँ हैं। ध्वनिमत की सीमाओं का आकलन डॉ. बच्चूलाल अवस्थी ने इस प्रकार किया है–"जीवन-दर्शन सम्बन्धी असंख्य मान्यताओं को लेकर काव्य की व्याख्या का वह मार्ग नहीं है। काव्य से कोई जीवन-दर्शन भाववादी, अध्यात्मवादी, मार्क्सवादी आदि व्यक्त होता है तो उसे वस्तु-व्यंग्य मानकर ध्वनि-सिद्धान्त व्याख्या दे देगा। उसे तो काव्य को केन्द्र बनाकर चलना होता है। अतः शब्द-शक्ति (व्यंजना) से जो कुछ आता होगा, सब कहा जायेगा, पर उसके बाहर जाकर किसी दर्शन की व्याख्या करना उसका कार्य नहीं। इधर अरविन्द-दर्शन, मार्क्स-दर्शन, मनोविश्लेषण आदि के उदाहरण के रूप में बहुत से काव्य लिखे गये। ध्वनि-सिद्धान्त उसकी व्यंजनापरक व्याख्या भर कर सकता है, तत्त्वदर्शन की बात नहीं उठा सकता। समाजवादी, मनोवैज्ञानिक आदि समीक्षा-पद्धतियाँ काव्य की समीक्षा न करके, उसके आधारभूत दर्शन की समीक्षा करती हैं जो ध्वनिमत से उपेक्षणीय कहा जायेगा।"[59] आनन्दवर्धन ने काव्यालोचन को, काव्य के मूल प्रतिपाद्य (प्रतीयमान अर्थ) तथा मूल कथ्य को व्यंजित करने वाले शब्दार्थ (व्यंजक) के साहित्य को दो बिदुओं पर केन्द्रित किया। उन्होंने परम्परागत रस-सिद्धान्त को प्रतीयमान अर्थ (काव्यात्मा) के रूप में प्रतिष्ठित किया तो अलंकार, रीति तथा औचित्य का सम्बन्ध शब्दार्थ के साहित्य के बाह्य-विधान के रूप में स्थापित किया।

वस्तुतः संस्कृत काव्य-समीक्षा में जितने भी काव्य-सिद्धान्त हैं, उनके महत्त्व की उपेक्षा नहीं की जा सकती। लेकिन विभिन्न मतावलम्बी अपने मत को ही काव्य का मुख्य तत्त्व मानकर उसी पर ज़ोर देते रहे हैं, जिससे काव्य समीक्षा सम्बन्धी उनका दृष्टिकोण एकांगी एवं अपूर्ण ही रहा है। ध्वनि-सिद्धान्त में सभी मतों को काव्य में समुचित एवं यथोचित्त स्थान प्राप्त हो जाता है। प्रत्येक काव्य-सिद्धान्त का स्थान निर्धारित हो जाने से किसी भी कवि के काव्य का मूल्यांकन विस्तारपूर्वक सन्तुलित एवं पूर्ण रूप में किया जा सकता है। आनन्दवर्धन ने सभी मतवादों के भ्रम को दूर कर, काव्य-सम्बन्धी रचना-प्रक्रिया को खोजपूर्ण ढंग से, व्यंग्य या ध्वनि के रूप में परिभाषित किया। उन्होंने काव्यगत सौन्दर्य के विश्लेषण को उसके विशेष सन्दर्भ में उद्घाटित कर काव्य-चिन्तन के क्षेत्र में व्यावहारिक समीक्षा का मानदण्ड स्थापित किया। इसी प्रकार आनन्दवर्धन के विरोधी कटु आलोचक महिमभट्ट आदि भी 'ध्वनि' या 'व्यंजना' के अस्तित्व से असहमति व्यक्त करते हुए भी उनके गवेषणात्मक विश्लेषण को स्वीकार करते हैं। वास्तव में ध्वनि-सिद्धान्त ही एक ऐसा मिलन-बिन्दु है, जहाँ पर आकर सभी काव्य-सिद्धान्त समन्वित हो जाते हैं। ध्वनि-सिद्धान्त अन्य सभी काव्य-सिद्धान्तों को अपने मत के सहायक के रूप में स्वीकार करता है। ध्वनि के आविष्कार से सभी मतों का आपेक्षिक महत्त्व स्थिर हो गया है। इस प्रकार ध्वनि-सिद्धान्त ही काव्य-समीक्षा का सन्तुलित एवं पूर्ण मानदण्ड हो सकता है।

1. ध्वनिमत में अलंकार

भारतीय काव्य-समीक्षा में अलंकार, रीति तथा रस, ध्वनि-पूर्व काव्य-सिद्धान्त रहे हैं। अलंकार तथा रीति का सम्बन्ध काव्य-शरीर से तथा रस का सम्बन्ध काव्यात्मा के रूप में है। यद्यपि ध्वनि व्यंजना शक्ति पर आधारित काव्य-सिद्धान्त है, परन्तु उसका विस्तार वाच्यार्थ से व्यंग्यार्थ तक व्याप्त है। आनन्दवर्धन ने वाच्यार्थ एवं व्यंग्यार्थ की सत्ता मानी है। व्यंग्यार्थ वाच्यार्थ की नींव पर आधारित शानदार भवन है तथा वाच्यार्थ उपमादि अलंकारों के रूप में प्रसिद्ध है।[60] इस रूप में अलंकार ध्वनि की आधारशिला हैं तथा अलंकार त्रिविध प्रतीयमान अर्थ के व्यंजक भी हैं। स्वयं प्रधानीभूत रूप में व्यंग्य होने पर वह काव्यात्मा रूप भी हैं। इस प्रकार ध्वनिमत में अलंकारों की प्रतिष्ठा व्यंग्य एवं व्यंजक दोनों रूपों में है।

2. ध्वनिमत में रीति तथा गुण

वामन-निरूपित रीति ही ध्वनिमत में संघटना है। आनन्दवर्धन ने संघटना को रसादि का व्यंजक माना है। इस प्रकार ध्वनिमत में रीति की स्थिति काव्य-शरीर के अवयव के रूप में ही निर्धारित है। वामन के अनुसार विशिष्ट पद रचना रीति है तथा पद-रचना का वैशिष्ट्य उसकी गुणात्मकता है अर्थात् गुणात्मक पद-रचना का नाम ही रीति है। आनन्दवर्धन के मत में गुण अंगीभूत रसादि रूप अर्थ के आश्रित रहते हैं।[61] उनकी दृष्टि में गुण न संघटना रूप हैं और न संघटना में रहने वाले धर्म हैं, अपितु वे मुख्यतः रस के धर्म हैं। गुण रसाश्रित हैं तथा संघटना गुणाश्रित। आनन्दवर्धन ने गुण और संघटना (रीति) के परस्पर सम्बन्ध के विषय में तीन विकल्प प्रस्तुत किये हैं–1. गुण और संघटना अभिन्न हैं, 2. गुण संघटना पर आश्रित रहते हैं तथा 3. संघटना गुणों पर आश्रित रहती है। इसमें पहला मत वामन का है जो गुण और रीति अर्थात् संघटना में अभेद मानते हैं। उनकी दृष्टि में गुणात्मक पद-रचना रीति है (विशिष्ट पद-रचना रीतिः विशेषो गुणात्मना)। दूसरा मत उद्भट का है जो गुणों को संघटनाश्रित मानते हैं (संघटनाश्रया गुणाः)। तीसरा मत स्वयं आनन्दवर्धन का है, जो वामन एवं उद्भट के मतों के खण्डन के उपरान्त निर्धारित किया गया है। वामन के दस शब्दगुणों एवं दस अर्थगुणों के नाम एक ही हैं, केवल उनकी परिभाषा में अन्तर है। ये दस गुण इस प्रकार हैं–1. ओज, 2. प्रसाद, 3. श्लेष, 4. समता, 5. समाधि, 6. माधुर्य, 7. सौकुमार्य, 8. उदारता, 9. अर्थव्यक्ति तथा 10. कान्ति। आनन्दवर्धन ने वामन के इन दस गुणों का समाहार माधुर्य, ओज तथा प्रसाद इन तीनों ही गुणों में कर दिया। ध्वनिमत में गुण रसाश्रित हैं। शृंगार, रौद्रादि रस अपने व्यंजक शब्दार्थ रूप काव्य में ही रहते हैं। अतः माधुर्यादि गुण भी परम्परा से शब्दार्थ में ही प्रतिष्ठित माने जायेंगे।[62] ओज गुण शब्द और अर्थ दोनों में रहता है। कहीं शब्द ओज के अभिव्यंजक होते हैं तो कहीं अर्थ ओज का अभिव्यंजक होता है।[63] प्रसाद गुण सब रसों का साधारण धर्म है। प्रसाद का अर्थ शब्द और अर्थ की स्वच्छता है। वह सभी रचनाओं में समान रूप से रहता है।

आनन्दवर्धन ने गुणों से संघटना की भिन्नता को सिद्ध करते हुए संघटना के तीन नियामक हेतु निर्धारित किये हैं–1. वक्तृ औचित्य, 2. वाच्य औचित्य तथा 3. विषय औचित्य।

1. वक्तृ औचित्य : इसके अन्तर्गत वक्ता का औचित्य आता है। वक्ता भी दो प्रकार का हो सकता है–कवि तथा कविनिबद्ध पात्र। कविनिबद्ध वक्ता

(पात्र) भी रसभाव रहित तथा रसभाव समन्वित दो प्रकार का होता है। रस भी कथानायक अथवा प्रतिनायकनिष्ठ तथा कथानायक भी धीरोदात्त आदि भेद से भिन्न-भिन्न प्रकार के हो सकते हैं। इसी प्रकार अन्य पात्रों के भेद भी हो सकते हैं।[64] ध्वनिमत में निरूपित वक्तृ औचित्य को डॉ. नगेन्द्र वक्ता के स्वभाव और मन:स्थिति की व्याख्या मानते हैं। वक्ता के स्वभाव और मन:स्थिति के अनुकूल ही रीति (संघटना) का प्रयोग होना चाहिए।[65]

2. **वाच्य औचित्य** : वक्ता की तरह काव्य का वाच्यार्थ भी अनेक प्रकार का होता है। यह वाच्यार्थ अंगी रसादि के रूप अर्थ का अभिव्यंजक, अनभिनेयार्थ तथा पात्रों की प्रकृति पर आश्रित होने से नाना प्रकार का हो सकता है।[66] वाच्य से अभिप्राय विषय-वस्तु या वर्ण्य-विषय से है, जो निश्चय ही संघटना का नियामक है क्योंकि संघटना का प्रयोग नि:सन्देह वर्ण्य-विषय पर निर्भर रहता है। सुकुमार विषयों की वर्णन-शैली में मधुरता तथा परुष विषयों की शैली में पुरुषता स्वाभाविक है। वाचिक, कायिक आदि चेष्टादि रूप अभिनय भी वाच्यार्थ ही है, जो रसादि को व्यंजित करता है।

3. **विषय औचित्य** : संघटना का तीसरा नियामक हेतु विषय है। यहाँ विषय का तात्पर्य वर्ण्य-विषय या विषय-वस्तु से नहीं है, उसका उल्लेख वाच्यगत औचित्य के अन्तर्गत किया जा चुका है। आनन्दवर्धन के अनुसार यहाँ विषय का अभिप्राय काव्य-रूपों से है। उन्होंने संस्कृत, प्राकृत तथा अपभ्रंश में निबद्ध काव्य-रूपों के विभिन्न प्रभेदों का उल्लेख किया है। इन प्रभेदों में–मुक्तक, सन्दानितक (दो पद्यों का), विशेषक (तीन पद्यों का), कलापक (चार पद्यों का), कुलक (पाँच पद्यों का), पर्याबन्ध, परिकथा, खण्डकथा, सकलकथा, सर्गबन्ध (महाकाव्य), अभिनेयार्थ (रूपक-नाटकादि), आख्यायिका तथा कथा आदि मुख्य हैं। इनके आश्रय से भी संघटना वैशिष्ट्य हो जाता है।[67]

डॉ. नगेन्द्र ने उक्त भेदों की प्रासंगिकता पर विचार करते हुए लिखा है–"संस्कृत काव्यशास्त्र में बाह्यांगों के आधार पर वर्गीकरण करने की प्रवृत्ति कुछ अधिक बलवती रही है। उसमें प्राय: अनावश्यक भेद-विस्तार किया गया है। इसीलिए उसके अनेक काव्य-भेद आगे चलकर मान्य नहीं हुए। विशेषकर शैली मात्र पर आश्रित काव्य-रूप प्राय: सभी लुप्त हो चुके हैं। फिर भी आनन्दवर्धन के उपर्युक्त मन्तव्य से असहमत होने के लिए कोई अवकाश नहीं है। महाकाव्य और नाट्य-सदृश काव्यरूपों का प्रभाव तो रचना-रीति पर अत्यन्त प्रत्यक्ष ही रहता है, उनके अतिरिक्त अनेक सूक्ष्म भेदों का प्रभाव भी सहज ही लक्षित किया जा सकता है। उदाहरण के लिए, उपन्यास और कहानी,

मुक्तक और गीत के रूप-भेद से उनकी शैली में भी निश्चय ही भेद रहता है। उपर्युक्त विवेचन अत्यन्त सार्थक होने के अतिरिक्त सर्वथा आधुनिक भी है।''[68] इस विवेचन की सार्थकता इस रूप में भी है कि ध्वनि-सिद्धान्त केवल साहित्य के पद्य-रूप की व्याख्या एवं समीक्षा तक ही सीमित न होकर, उसके गद्य-रूप को भी अपनी परिधि में समाहित कर लेता है अर्थात् ध्वनि-सिद्धान्त सम्पूर्ण सृजनात्मक साहित्य (पद्य एवं गद्य) के मूल्यांकन एवं विश्लेषण में समर्थ काव्य-सिद्धान्त है। ध्वनिकार की दृष्टि ध्वनि-विवेचन में साहित्य के सभी पक्षों एवं रूपों पर केन्द्रित रही है।

आनन्दवर्धन ने अर्थ-वैशिष्ट्य की दृष्टि से काव्य के दो रूप माने हैं– 1. रस-प्रधान तथा 2. वर्णन-प्रधान। वे प्रबन्ध-काव्यों के रसादि प्रसंगों में रसानुरूप औचित्य का निर्वाह अनिवार्य मानते हैं क्योंकि अनौचित्य ही रसभंग का मुख्य कारण होता है। आख्यायिका और कथा आदि गद्य रचनाओं में भी त्रिविध औचित्य ही संघटना का नियामक होता है। परन्तु वे रसादि रहित इतिवृत्तात्मक प्रबन्ध काव्यों एवं गद्य रचनाओं में औचित्य के बन्धन पर विशेष बल नहीं देते।[69]

आनन्दवर्धन साहित्य में रस-निबन्धन को ही श्रेष्ठ मानते हैं। उक्त औचित्य पर आश्रित रचना (संघटना) पद्य एवं गद्य दोनों में समान रूप से शोभित होती है, हालाँकि विषयगत औचित्य की दृष्टि से उसमें किंचित् विभेद हो जाता है, परन्तु ऐसा हमेशा नहीं होता।[70] जैसे–आख्यायिका आदि गद्य-रचनाओं में भी करुण और वियोग शृंगार के वर्णन में दीर्घ समास वाली संघटना (रचना) शोभा नहीं देती। जबकि आख्यायिका में अधिकतर मध्य समासा और दीर्घ समासा संघटना ही होती है क्योंकि कठिन रचना से पद्य में सौन्दर्य आ जाता है। परन्तु कथा में गद्य की कठिन रचना का बाहुल्य होने पर भी रसबन्ध-सम्बन्धी औचित्य का पालन आवश्यक है।[71] इस प्रकार ध्वनिमत में पद्य एवं गद्य दोनों में रस-ध्वनि को प्रमुखता प्रदान की गयी है तथा अंगीरूप में रसाभिव्यक्ति की व्यंजकता में संघटना का महत्त्व असन्दिग्ध है।

इसी प्रसंग में आनन्दवर्धन ने 'वृत्ति' शब्द का प्रयोग भी किया है।[72] काव्यशास्त्र में वृत्ति शब्द का प्रयोग अनेक अर्थों में हुआ है, जैसे–शब्द-शक्तियों को भी वृत्ति कहा जाता है। भट्टोद्भट ने अनुप्रास प्रकारों–परुषा, उपनागरिका और ग्राम्या को भी वृत्ति कहा है। नाट्यशास्त्र में नाट्योपयोगी कैशिकी, आरभटी आदि चार वृत्तियों का उल्लेख है। आनन्दवर्धन ने रसानुकूल शब्द और अर्थ के औचित्यपूर्ण व्यवहार को ही वृत्ति कहा है। रसादि शब्द एवं अर्थ दोनों

प्रकार की वृत्तियों के आत्मा-रूप में स्थित है।[73] वामन की रीति में संघटना तथा वृत्ति दोनों समाहित हो जाते हैं। दूसरी ओर ध्वनि-सिद्धान्त के प्रवर्तन के बाद रीतियों एवं वृत्तियों का ध्वनि तत्त्व में ही अन्तर्भाव हो जाता है।[74] रीति का ध्वनि में इसी अन्तर्भाव के सन्दर्भ में समाहार हुआ है। रीति के बाह्य तत्त्वों वर्ण-योजना और समास का अन्तर्भाव वर्ण-ध्वनि और रस-ध्वनि में किया गया है। उधर दस गुणों का अन्तर्भाव तीन गुणों के भीतर करते हुए उनका असंलक्ष्यक्रम ध्वनि रस से अचल सम्बन्ध स्थापित किया गया है। गुण की स्थिति अचल है, संघटना की चल है। इस प्रकार ध्वनि-सिद्धान्त में रीति का स्थान गौण भी हो जाता है।[75] अतः काव्य-सौन्दर्य की दृष्टि से रीति मत का कोई पृथक् अस्तित्व नहीं रह जाता, अपितु वह रसादि का व्यंजक होकर ध्वनि में ही अन्तर्भुक्त हो जाती है।

3. ध्वनिमत में औचित्य

ध्वनि-पूर्व आचार्यों ने किसी-न-किसी रूप में काव्य के विभिन्न तत्त्वों के औचित्यपूर्ण संयोजन की आवश्यकता पर बल दिया है, परन्तु आचार्य आनन्दवर्धन ने सर्वप्रथम काव्यांगों के औचित्य की अनिवार्यता का पूर्णता के साथ विस्तारपूर्वक निर्देश किया। उन्होंने स्पष्ट कहा है कि अनौचित्य के अतिरिक्त रसभंग का और कोई कारण नहीं है।[76] वे शब्द-अर्थ, विषय आदि के रसानुकूल औचित्य को ही मुख्य कवि-कर्म मानते है।[77] उन्होंने वक्तृ, वाच्य एवं विषयगत औचित्य को संघटना का नियामक माना है।[78] औचित्यपूर्ण ढंग से विविध अलंकारों के रसानुरूप प्रयोग के विधान का उन्होंने विस्तृत विवेचन किया है। ध्वनिकार की दृष्टि में रस काव्य का प्राणतत्त्व है और रस-व्यवस्था का आधार औचित्य है। विभावादि का उचित विनियोग ही औचित्य है तथा विभावादि ही रसादि के व्यंजक हैं। अतः विभावादि की औचित्यपूर्ण योजना में कवि को पग-पग पर सावधान रहना पड़ता है। संक्षेप में, ध्वनिकार व्यंग्य एवं व्यंजक दोनों में औचित्य की स्थिति को अनिवार्य मानते हैं। उनकी यह औचित्य व्यवस्था सामाजिक मान्यताओं, सांस्कृतिक मूल्यों एवं परिवेश पर आधारित है। उन्होंने सहृदय को केन्द्र मानकर ही औचित्य-निर्वाह का निदर्शन किया है। इसी कारण वे सहृदय के संस्कारों एवं मनःस्थिति के अनुरूप जहाँ एक ओर रामायणादि की सद्यःआस्वाद्य प्रसिद्ध कथाओं में रस-विरोधी स्वेच्छापूर्ण प्रयोग का निषेध करते हैं, वहीं दूसरी ओर रस-विरोधी स्थितियों के परिहार एवं रसोचित स्थलों के निर्माण का भी निर्देश करते हैं।[79]

काव्य में औचित्य की आवश्यकता एवं महत्त्व से प्रभावित होकर आचार्य क्षेमेन्द्र ने औचित्य की प्रतिष्ठा एक काव्य-सिद्धान्त के रूप में करते हुए 'औचित्य विचार चर्चा' नामक ग्रन्थ लिखा। उनकी दृष्टि में उचित का भाव ही औचित्य है और जो वस्तु जिसके अनुरूप होती है, वह उचित कहलाती है। उन्होंने औचित्य को काव्य को जीवित (आत्मा) मानते हुए, उसे रस का भी प्राण माना है। क्षेमेन्द्र ने औचित्य के सत्ताईस भेद किये हैं–1. पद, 2. वाक्य, 3. प्रबन्धार्थ, 4. गुण, 5. अलंकार, 6. रस, 7. क्रिया, 8. कारक, 9. लिंग, 10. वचन, 11. विशेषण, 12. उपसर्ग, 13. निपात, 14. काल, 15. देश, 16. कुल, 17. व्रत, 18. तत्त्व, 19. सत्त्व, 20. अभिप्राय, 21. स्वभाव, 22. सार-संग्रह, 23. प्रतिभा, 24. अवस्था, 25. विचार, 26. नाम, 27. आशीर्वाद।

क्षेमेन्द्र द्वारा निर्देशित उपर्युक्त भेदों में से अधिकांश का ध्वनि-सिद्धान्त में वैज्ञानिकता के साथ सूक्ष्म विश्लेषण पहले ही हो चुका था। कुल, व्रत, स्वभाव, सत्त्व और अवस्था का औचित्य काव्य-नाट्य के पात्रों से सम्बन्ध रखता है, जिसका ध्वनिमत में निरूपित संघटना-नियामक वक्तृ एवं वाच्यगत औचित्य में समाहार हो जाता है। सार-संग्रह, विचार और तत्त्व को वस्तु-ध्वनि के अन्तर्गत समाहित किया जा सकता है। वस्तुतः ये सभी औचित्य व्यंग्य एवं व्यंजक के अन्तर्गत आते हैं, जिसका विवेचन ध्वनिमत में हुआ है। क्षेमेन्द्र ने भी ध्वनिमत का ही अनुसरण करते हुए औचित्य-व्यवस्था का निरूपण किया है। वैसे औचित्य का क्षेत्र इतना व्यापक है कि उसके भेदों की निश्चित गणना नहीं की जा सकती, क्योंकि औचित्य की आवश्यकता केवल काव्य में ही नहीं, अपितु लोक-व्यवहार में भी होती है। सम्भवतः क्षेमेन्द्र को दोषाभाव के रूप में औचित्य का विचार संगत एवं परिपूर्ण नहीं जान पड़ा, इसीलिए उन्होंने उसे स्वतन्त्र रूप से काव्य-प्रस्थान के रूप में प्रतिष्ठापित किया, हालाँकि उसे अन्य काव्य-सिद्धान्तों की भाँति एक समीक्षा-सिद्धान्त के रूप में मान्यता प्राप्त नहीं हो सकी।

4. ध्वनि और वक्रोक्ति

आनन्दवर्धन के परवर्ती आचार्य कुन्तक ने ध्वनिवाद के विरोध में वक्रोक्ति मत की स्थापना की। उन्होंने वक्रोक्ति को काव्य की आत्मा मानते हुए, वक्र कवि-व्यापारयुक्त शब्दार्थ को ही काव्य कहा। उनके अनुसार 'काव्य-मर्मज्ञों को आनन्द देने वाली सुन्दर (वक्र) कवि-व्यापारयुक्त रचना (बन्ध) में व्यवस्थित शब्द और अर्थ मिलकर (सहित रूप में) काव्य कहलाता है।[80] अर्थात् पृथक्

रूप में केवल शब्द या केवल अर्थ को काव्य नहीं कहा जा सकता, अपितु विलक्षण सौन्दर्य से मण्डित शब्दार्थ ही सहृदय आह्लादकारी होता है। अतः काव्य में शब्द और अर्थ का समान महत्त्व है। काव्य चारुत्व की सृष्टि में उचित अर्थ के लिए उचित शब्द का समान महत्त्व है। काव्य चारुत्व की सृष्टि उचित अर्थ के लिए उचित शब्द की खोज द्वारा ही सम्भव है। शब्द और अर्थ के पूर्ण सामंजस्य एवं विशिष्ट सहभाव से दोनों (शब्द तथा अर्थ) के चारुत्व में परस्पर स्पर्धाभाव की स्थिति शोभाजनक होती है। शब्द की विशिष्टता का तात्पर्य यही है कि अनेक पर्यायवाची शब्दों के रहते हुए भी, विवक्षित अर्थ का बोधक केवल एक ही विशिष्ट शब्द होता है तथा विशिष्ट अर्थ का आशय यह है कि पदार्थ के अनेक अर्थों में केवल उसी अर्थ को ग्रहण किया जाता है जो काव्य की प्रकृति के उपयुक्त रसपोषक एवं अपने स्वाभाविक सौन्दर्य से मण्डित हो। शब्दार्थ का यह वैशिष्ट्य कवि-कौशल एवं रचना-वैचित्र्य पर निर्भर करता है।

कुन्तक के अनुसार, शब्द और अर्थ दोनों ही अलंकार्य हैं और वक्रोक्ति उनका मूल अलंकार है। वे रस और स्वभाव को अलंकार्य मानते हैं। स्वाभावोक्ति को अलंकार नहीं माना जा सकता, क्योंकि कोई भी वस्तु स्वभावरहित नहीं हो सकती। उनके अनुसार प्रसिद्ध कथन प्रणाली से भिन्न वैचित्र्यपूर्ण वर्णन-शैली (विचित्र अभिधा) ही वक्रोक्ति कहलाती है। विदग्धता की भंगिमा से युक्त उक्ति (कथन प्रकार) ही वक्रोक्ति है।[81] उन्होंने शब्दार्थ के साहित्य की भाँति अलंकार और अलंकार्य में भी तात्त्विक अखण्डता प्रतिपादित की है अर्थात् कथ्य और कथन एक सम्पूर्ण अविच्छिन्न इकाई है। इस प्रकार अलंकार्य के दो भेद हैं–शब्द और अर्थ। अर्थ के भी रस और स्वभाव दो भेद हैं। अलंकार्य रूप शब्दार्थ का अलंकार 'वक्रोक्ति' है। उस वक्रोक्ति रूप अलंकार के भी अनुप्रासादि शब्दालंकार तथा उपमादि अर्थालंकार दो भेद किये जा सकते हैं। शब्द-अर्थ को अलंकृत करने वाले अलंकारों की जीवित (प्राण) वक्रोक्ति है। वक्र या विचित्र उक्ति के बिना अलंकार हो ही नहीं सकता। वक्रोक्ति-रूप अलंकार का सन्निवेश कवि के रचना-कौशल (वक्र कवि-व्यापार) द्वारा ही सम्भव है। कवि-कर्म कौशल का आधार कवि-प्रतिभा है। कवि-प्रतिभा द्वारा उद्भूत, सहृदयों के हृदय को आह्लादित करने वाला काव्य-तत्त्व 'शोभा', काव्य में अलौकिक चमत्कार उत्पन्न करने वाला गुण 'सौभाग्य' तथा शब्दार्थ का परस्पर-स्पर्धा-रूप उचित सामंजस्य ही 'औचित्य' है।[82] इस प्रकार कुन्तक शोभा, सौभाग्य और औचित्य को अलंकार्य को जीवित (प्राणतत्त्व) मानते हैं।

जिस प्रकार शरीर के बिना प्राणों का कोई अस्तित्व नहीं होता, उसी प्रकार वक्रोक्ति-रूप अलंकार के बिना भी अलंकार्य का कोई अस्तित्व सिद्ध नहीं होता। इस तरह अलंकार और अलंकार्य को अभिन्न मानते हुए भी कुन्तक ने दोनों का पृथक् रूप से सूक्ष्म विश्लेषण किया है।

कुन्तक ने काव्योक्ति की लघुतम इकाई वर्ण से लेकर उसके महत्तम रूप महाकाव्य तक वक्रता की व्याप्ति को सिद्ध करते हुए इसे षड्विध-वक्रता के अन्तर्गत व्याख्यायित किया है। इस प्रकार वक्रोक्ति के छह प्रमुख भेद किये गये हैं–1. वर्ण-विन्यास वक्रता, 2. पद-पूर्वार्ध वक्रता, 3. पद-पदार्ध वक्रता, 4. वाक्य वक्रता, 5. प्रकरण वक्रता, 6. प्रबन्ध वक्रता। इनमें पद-पूर्वार्ध वक्रता के मुख्य भेद इस प्रकार हैं–1. रूढ़ि वैचित्र्य वक्रता, 2. पर्याय वक्रता, 3. उपचार वक्रता, 4. विशेषण वक्रता, 5. संवृत्ति वक्रता, 6. वृत्ति वक्रता, 7. लिंग वैचित्र्य वक्रता तथा 8. क्रिया वैचित्र्य वक्रता, 9. संख्या वक्रता या वचन वक्रता, 10. पुरुष वक्रता, 11. उपग्रह वक्रता तथा 12. प्रत्यय वक्रता। इनके अतिरिक्त इस भेद के अन्तर्गत उन्होंने उपसर्ग वक्रता एवं निपात वक्रता का भी उल्लेख किया है।

शब्द और अर्थ की विविध वक्रताओं का प्रकाशन शब्द-शक्ति विवेचन द्वारा ही हो सकता है क्योंकि वैदग्ध्यपूर्ण उक्ति का माध्यम शब्दार्थ ही है। अर्थ वैविध्य एवं चारुत्वपूर्ण अर्थ सौन्दर्य का उद्घाटन व्यंजना शक्ति द्वारा ही सम्भव है, जिसकी कुन्तक ने उपेक्षा कर दी है। वक्रोक्ति के भेदों, उनके लक्षणों तथा उदाहरणों में ध्वनिमत की स्थापनाएँ ही प्रतिबिम्बित होती हैं, परन्तु उन्हें व्यंजना का नाम न देकर वक्रोक्ति नाम से लाया गया है, जो ध्वनि का ही नामान्तर प्रतीत होती हैं।[83] ध्वनि और वक्रोक्ति के इसी साम्य को डॉ. नगेन्द्र ने इंगित किया है–"काव्य के जिन सौन्दर्य-भेदों की आनन्दवर्धन ने ध्वनि द्वारा आत्मपरक व्याख्या की थी, उन सभी की कुन्तक ने वस्तुपरक विवेचना प्रस्तुत करने की चेष्टा की।"[84]

आचार्य महिमभट्ट ने तो वक्रोक्ति मत को ध्वनि-सिद्धान्त का ही पोषक बताया है। उनकी दृष्टि में ध्वनिमत में कही गयी बातें ही शब्द-भेद से वक्रोक्ति द्वारा कही गयी हैं, उनमें कोई तात्त्विक भेद नहीं है। वास्तव में कुन्तक ने ध्वनिमत की व्यंग्य एवं व्यंजक की व्यवस्था को ही संशोधित एवं व्यवस्थित कर सम्यक् रूप प्रदान करने का प्रयास किया, परन्तु उनकी वक्रता का स्वरूप-निर्धारण व्यंजना के बिना आधारविहीन है। विचित्र अभिधा प्रकारान्तर से व्यंजना ही है। ध्वनि के व्यंजक ही कुन्तक की षड्विध वक्रता है। कुन्तक

ने वक्रता का कोटि-निर्धारण न कर सबको एक ही प्रकार की वक्रता के अन्तर्गत समाहित कर दिया है, जबकि वक्रता की विविधता व्यावहारिक सत्य है। कुछ कमियों के बावजूद वक्रोक्ति मत में निरूपित काव्यांगों का सूक्ष्म विवेचन ध्वनिमत को ही विस्तार प्रदान करता है और ध्वनि में ही उसका समाहार हो जाता है।

5. ध्वनि और बिम्ब

आधुनिक पाश्चात्य समीक्षा-पद्धति में बिम्ब विधान पर पर्याप्त विचार हुआ है और उसे एक स्वतन्त्र काव्य-सिद्धान्त के रूप में मान्यता प्रदान की गयी है। हिन्दी समीक्षकों ने भी काव्य-बिम्ब पर स्वतन्त्र रूप से प्रकाश डाला है। डॉ. नगेन्द्र के अनुसार, "कल्पना की सहायता से शब्दार्थ द्वारा निर्मित ऐसे मानस-चित्र को बिम्ब कहते हैं, जिसमें भाव-तत्त्व का सम्मिश्रण हो।"[85] इस प्रकार बिम्ब एक शब्द-चित्र है, जिसमें मानवीय संवेदनाएँ (भाव तत्त्व) इन्द्रियग्राह्य रूप में अभिव्यंजित रहती हैं। बिम्ब का विषय चाहे मूर्त हो अथवा अमूर्त, कोई भाव हो अथवा वस्तु, परन्तु मूर्तता उसका अनिवार्य गुण है। बिम्ब के दो रूप हैं–पहला विभावादि रूप वस्तुचित्र को प्रस्तुत करना तथा दूसरा उसके माध्यम से अनुभूति या संवेदना का मानस-चित्र (मानस प्रत्यक्षीकरण) रूपायित करना। भाव भी बिम्बात्मक होते हैं। प्रथम प्रकार की बिम्ब-रचना वाच्य-रूप है तथा दूसरे प्रकार की बिम्ब-सृष्टि व्यंजक-रूप। व्यंजक-रूप बिम्ब-रचना केवल वाच्य-रूप ही नहीं होती, अपितु लक्ष्यार्थ में भी बिम्ब की स्थिति रहती है। जैसे–'कुंताः प्रविशन्ति' आदि लाक्षणिक वाक्यों में लक्षणा द्वारा तीक्ष्ण भालों को लिए हुए वीरों के घुसने का बिम्ब कल्पना द्वारा मानस-पटल पर उभर आता है। कवि लक्षणा की सहायता से हर्षादि भावों को भी मूर्त रूप प्रदान करता है।

अतः बिम्ब ध्वन्यार्थ की अभिव्यक्ति का साधन होने से प्रतीयमान अर्थ का व्यंजक है। वस्तु-ध्वनि के उदाहरण 'भ्रम धार्मिक...' में पुंश्चली नायिका के कथन के श्रवण से गोदावरी नदी के तटवर्ती कुंज में सिंह द्वारा कुत्ते को मारने का बिम्ब पहले मानस पटल पर उभरता है, तत्पश्चात् वहाँ गमन-निषेध रूप व्यंग्यार्थ की प्रतीति होती है। इस प्रकार बिम्ब-सिद्धान्त के अन्तर्गत जिस बिम्ब-विधान का विवेचन है, उसका ध्वनिमत में व्यंजना के अन्तर्गत निरूपण हुआ है। बिम्ब-सृष्टि एवं बिम्ब-ग्रहण के लिए जिस कल्पना-शक्ति की आवश्यकता होती है, वह ध्वनिमत में काव्य-प्रतिभा के रूप में निरूपित

है। बिम्बवादी काव्य में बिम्ब-रचना को ही मुख्य कवि-कर्म मानते हैं तथा ध्वनिवादी व्यंजना को। दोनों में केवल नाम का ही अन्तर है, परन्तु बिम्ब का क्षेत्र सीमित है और ध्वनि का विस्तृत। बिम्ब केवल साधन-रूप है तथा प्रतीयमान अर्थ साध्य है। इसके अतिरिक्त प्रत्येक कविता बिम्बयुक्त नहीं होती। बिम्बरहित कविता भी श्रेष्ठ होती है। नीतिपरक एवं विचार-प्रधान कविताएँ बिम्बरहित होकर भी महत्त्वपूर्ण होती हैं। अतः बिम्ब का अन्तर्भाव ध्वनिमत में ही हो जाता है।

6. ध्वनि और प्रतीक

प्रतीक का अंग्रेज़ी रूपान्तर 'सिम्बल' है। किसी वस्तु के लिए प्रयुक्त होने वाले सांकेतिक शब्द को भी प्रतीक कहते हैं, जैसे–'सफेद' को पवित्रता का प्रतीक माना जाता है। डॉ. नगेन्द्र ने प्रतीक को रूढ़ उपमान और अचल बिम्ब माना है।[86] व्यापक अर्थों में अभिव्यक्ति के समस्त साधन प्रतीक की परिधि में आ जाते हैं, परन्तु काव्य में प्रतीक वह शब्द है, जो अपने स्वरूप का बोध कराने के पश्चात् रूढ़ अथवा सादृश्यादि सम्बन्ध के आधार पर किसी अन्य भाव या वस्तु का बोध कराता है। प्रतीक और बिम्ब में घनिष्ठ सम्बन्ध है। प्रतीक बिम्ब को प्रतीतिगम्य बनाता है। वह बिम्ब-सृष्टि के कई साधनों में से एक है। जब कवि अपने मानसिक बिम्बों को अभिव्यक्ति देने में असमर्थ होता है तो वह प्रतीकों की भाषा प्रयुक्त करता है। प्रत्येक बिम्ब में प्रतीक हो, यह आवश्यक नहीं है, परन्तु प्रत्येक प्रतीक में एक बिम्ब होता है और वही बिम्ब जब किसी भाव का प्रतिनिधित्व करने लगता है तो प्रतीक बन जाता है। अतः प्रतीक विशिष्ट बिम्ब-विधायक पद है, सामान्य बिम्ब-बोधक पद को प्रतीक नहीं कहा जा सकता। बिम्ब की अपेक्षा प्रतीक में एक निश्चित भाव के लिए रूढ़ होने की प्रवृत्ति अधिक देखी जाती है। व्यंग्यार्थ के अभाव में बिम्ब की सृष्टि हो सकती है, परन्तु प्रतीक के लिए व्यंजकता अनिवार्य है। प्रतीक का यह स्वरूप ध्वनिमत में व्यंजक शब्दों के विविध रूपों के साथ विवेचित है।

निष्कर्ष रूप में कहा जा सकता है कि ध्वनि-सिद्धान्त के आधार पर सम्पूर्ण साहित्य (पद्य एवं गद्य) का समग्र मूल्यांकन एवं विश्लेषण किया जा सकता है। साहित्य रचनाकार की अनुभूति की भाषिक अभिव्यक्ति है। भाषा के सूत्र को पकड़कर उसमें निहित अर्थ-व्यंजनाओं का उद्घाटन एवं सूक्ष्मातिसूक्ष्म विश्लेषण किया जा सकता है। ध्वनि-सिद्धान्त भाषिक संरचना के वैशिष्ट्य

तथा भाषिक आधार पर उसकी लघुतम इकाई वर्ण से लेकर महाकाव्य तक व्याप्त अर्थ-चारुत्व के अन्वेषण का मार्ग प्रस्तुत करता है।

सन्दर्भ

1. गुंजन, पन्तग्रन्थावली भाग-1, पृ. 274-275
2. रस-सिद्धान्त का पुनर्विवेचन–डॉ. गणपति चन्द्र गुप्त, 370 से 373 तक
3. यस्त्वलक्ष्यक्रमव्यंग्यो ध्वनिवर्णपदादिषु।
   वाक्ये संघटनायां च स प्रबन्धेऽपि दीप्यते।। -ध्वन्यालोक, 3/2, पृ. 164
4. पदैकदेशरचना वर्णेष्वपि रसादयः। –काव्यप्रकाश, चतुर्थ उल्लास, पृ. 125
5. किञ्च काव्यानां शरीरिणामिव संस्थान विशेषावच्छिन्नसमुदायसाध्यापि चारुत्वप्रतीतिरन्वयव्यतिरेकाभ्यां भागेषु कल्प्यत इति पदानामपि व्यंजकत्वमुखेन व्यवस्थितो ध्वनिव्यवहारो न विरोधी। –ध्वन्यालोक, 3/1, वृत्ति, पृ. 163
6. विच्छित्तिशोभिनैकेन भूषणेनेव कामिनी।
   पदद्योत्येन सुकवेर्ध्वनि भाति भारती।। –ध्वन्यालोक, 3/1, वृत्ति परिकर श्लोक, पृ. 163
7. ध्वन्यालोक–आचार्य विश्वेश्वर, पृ. 165
8. रस-सिद्धान्त और सौन्दर्यशास्त्र–डॉ. निर्मला जैन, पृ. 338
9. अर्थविशेषाक्षेप्यत्वेऽपि रसादीनां तेषामर्थविशेषाणां व्यंजकशब्दा विनाभावित्वाद्... शब्द विशेषाणां चान्यत्र च चारुत्वं यद्विभागेनोपदर्शितं तदपि तेषांव्यञ्जकत्वेनै-वावस्थितमित्यवगन्तव्यम्। ...शब्दानां विशेष इति व्यञ्जकत्वाश्रय्येव तेषां मुख्यं चारुत्वम्।–ध्वन्यालोक, 3/16, वृत्ति, पृ. 210-211
10. पदपौनरुक्त्यं च व्यंजकत्वापेक्षयैव कदाचित् प्रयुज्यमानं शोभामावहति।–ध्वन्यालोक, 3/16, वृत्ति, पृ. 207
11. हिन्दी की पुनरुक्तियों की आर्थी संरचना-डॉ. कृष्णदत्त शर्मा (हिन्दी भाषा की आर्थी संरचना), सम्पादक–डॉ. भोलानाथ तिवारी, पृ. 30-31
12. पल्लव (प्रवेश), सुमित्रानन्दन पन्त, पृ. 29-30
13. कालजयी कृतियाँ–डॉ. नगेन्द्र, पृ. 89
14. तत्र वर्णानामनर्थकत्वाद्द्योतकत्वमसम्भवि इत्यांशक्येदमुच्यते।
    शषौ सरेफसंयोगौ ढकारश्चापि भूयसा।
    विरोधिनः स्युःश्रृंगारे तेन वर्णा रसच्युतः।।3।।
    त एव तु निवेश्यन्ते वीभत्सादौ रसे यदा।
    तदा तं दीपयन्त्येव ते न वर्णा रसच्युतः।।4।।–ध्वन्यालोक, 3/3-4, पृ. 164
15. पल्लव, (प्रवेश)–सुमित्रानन्दन पन्त, पृ. 30
16. हिन्दी भाषा की आर्थी संरचना–सम्पादक : डॉ. भोलानाथ तिवारी, पृ. 16
17. सुप्-तिङ्-वचन-सम्बन्धैस्तथा कारकशक्तिभिः।
    कृत-तद्धित-समासैश्च द्योत्योऽलक्ष्यक्रमः क्वचित्।।16।। –ध्वन्यालोक, 3/16, पृ. 198
    –च शब्दान्निपातोपसर्गकालादिभिःप्रयुक्तैरभिव्यज्यमानो दृश्यते।
    –ध्वन्यालोक, 3/16, वृत्ति, पृ. 199

18. यत्र हि व्यंग्यावभासिनः पदस्यैकस्यैव तावदाविर्भाविस्तत्रापि काव्ये कापि बन्धच्छाया किमुत यत्र तेषां बहूनां समवायः। –ध्वन्यालोक, 3/16, वृत्ति पृ. 200
19. निपातानां प्रसिद्धमपीह द्योतकत्वं रसापेक्षयोक्तमिति द्रष्टव्यम्। ...द्वित्राणां चोपसर्गाणामेकत्र पदे यः प्रयोगः सोऽपि रसव्यक्त्यनुगुणतयैव निर्दोषः। –ध्वन्यालोक, 3/16, वृत्ति, पृ. 204-205
20. वाक्यारूपश्चालक्ष्यक्रम व्यंग्यो ध्वनिः शुद्धोऽलंकारसंकीर्णश्चेति द्विधा मतः। –ध्वन्यालोक, 3/4, वृत्ति, पृ. 166
21. रसमीमांसा–आचार्य रामचन्द्र शुक्ल, पृ. 395
22. पल्लव (प्रवेश)–सुमित्रानन्दन पन्त, पृ. 31
23. वही, पृ. 30
24. पदैकदेशरचनावर्णेष्वपि रसादयः। –काव्यप्रकाश, चतुर्थ उल्लास, पृ. 125
25. 'रीतिरात्मा काव्यस्य'। –काव्यलंकार सूत्र, 1/2/6
26. विशिष्ट पद रचना रीतिः। –वही, 1/2/7
27. विशेषो गुणात्मा। –वही, 1/2/8
28. सा त्रिधा, वैदर्भी, गौडीया, पांचाली चेति। –वही, 1/2/9
29. समग्रगुणाः वैदर्भी। –काव्यालंकार सूत्र, 2/11
30. ओजः कान्तिमती गौडी। –वही, 2/12
31. माधुर्यसौकुमार्योपपन्ना पांचाली। –काव्यालंकार सूत्र, 2/13
32. असमासा समासेन मध्यमेन च भूषिता।
    तथा दीर्घसमासेति त्रिधा संघटनोदिता।। –ध्वन्यालोक, 3/5, पृ. 168
33. हिन्दी ध्वन्यालोक–आचार्य विश्वेश्वर, पृ. 168
34. गुणानामिश्रत्य तिष्ठन्ति माधुर्यादीन् व्यनक्ति सा रसान्। –ध्वन्यालोक, 3/6, पृ. 169
    –सा संघटना रसादीन् व्यनक्ति गुणानाश्रित्य तिष्ठन्तिति। –ध्वन्यालोक, वृत्ति, पृ. 170
35. तमर्थमवलम्बते येऽर्गिमनं ते गुणाः स्मृता। –ध्वन्यालोक, 2/6, पृ. 94
    –ये तमर्थं रसादिलक्षणमंगिनं सन्तमवलम्बन्ते ते गुणाः शौर्यादिवत्।
    –ध्वन्यालोक, 2/7 वृत्ति, पृ. 94
36. 'तन्नियमे हेतुरौचित्यं वक्तृवाच्ययोः।। –ध्वन्यालोक, 3/6, वृत्ति, पृ. 178
    –तत्र वक्ता कविः कविनिबद्धो वा। वाच्यं च ध्वन्यात्मरसांग रसाभासांग वा, अभिनेयार्थमनभिनेयार्थम् वा। –ध्वन्यालोक, 3/6, वृत्ति, पृ. 178
    –वक्तृवाच्यगतौचित्येसत्यपि विषयाश्रयमन्यदौचित्यं संघटना नियच्छति।–ध्वन्यालोक, 3/7 वृत्ति, पृ. 181
37. भारतीय काव्यशास्त्र : शैलीवैज्ञानिक सन्दृष्टि–डॉ. कृष्ण कुमार शर्मा, पृ. 53
38. भारतीय काव्यशास्त्र की भूमिका–डॉ. नगेन्द्र, पृ. 36
39. ध्वनि-सिद्धान्त तथा तुलनीय साहित्य-चिन्तन–डॉ. बच्चूलाल अवस्थी 'ज्ञान', पृ. 173
40. विभाव भावानुभाव संचार्यौचित्यचारुणः।
    विधिः कथाशरीरस्य वृत्तस्योत्प्रेक्षितस्य वा।।10।।

41. इतिवृत्तवशायातां त्यक्त्वाऽननुगुणां स्थितिम्।
अत्प्रेक्ष्यान्तराभीष्टरसोचितकथोन्नय:।।11।।
42. सन्धिसन्ध्यंगम्संघटनं रसाभिव्यक्त्यपेक्षया।
न तु केवलया शास्त्रस्थितिसम्पादनेच्छया।।12।।
43. उद्दीपन प्रशमने यथावसरमंतरा।
रसस्यारब्धविश्रान्तेरनुसन्धानमंगिन:।।13।।
44. अलंकृतीनां शक्तावप्यानुरूप्येण योजनम्।
प्रबन्धस्य रसादीनां व्यञ्जकत्वे निबन्धनम्।।14।।
—ध्वन्यालोक, 3/10 से 14 तक, पृ. 188
45. तत्र विभावौचित्यं तावद् प्रसिद्धम्। भावौचित्यं तु प्रकृत्यौचित्यात्। प्रकृतिर्हि उत्तम —मध्याधमभावेन दिव्यामानुषादि भावेन च विभेदिनी। तां यथायथमनुसृत्यासंकीर्ण: स्थायी भाव उपनिबध्यामान औचित्यभाग भवति। ...केवलमानुषस्य राजादेवर्णने सप्तार्णवलंघनादिलक्षणा व्यापारा उपनिबध्यमाना: सौष्ठवभृतोऽपि नीरसा एव नियमेन भवन्ति। तत्र त्वनौचित्यमेव हेतु:।
—ध्वन्यालोक, 3/14 वृत्ति, पृ. 189
46. भारतवर्षविषये यथोत्तमनायकेषु राजादिषुश्रृंगारोपनिबन्धस्था दिव्याश्रयोऽपि शोभते। ...यद्यभिन्नयस्यैवविषयस्यासभ्यता तत् काव्यस्यस्यैवं विषयस्य सा केन निवार्यते।
—ध्वन्यालोक, 3/14 वृत्ति, पृ. 192
47. ...इतिहासादिषु कथासु रसवतीषु विविधासु सतीष्वपि यत्तत्र विभावाद्यौचित्यवत् कथाशरीरं तदेव ग्राह्यं नेतरत्। वृत्तादपि च कथाशरीदुत्प्रेक्षिते विशेषत: प्रयत्नवता भवितव्यम्। —ध्वन्यालोक, 3/14 वृत्ति, पृ. 193
48. सन्ति सिद्धरसप्रख्या ये च रामायणादय:।
कथाश्रया न तैर्योज्या स्वेच्छा रसविरोधिनी।।
—तेषु हि कथाश्रयेषु तावत् स्वेच्छैव न योज्या। स्वेच्छापि यदि योज्या तद्रसविरोधिनी न योज्या। इतिवृत्तवशायातां कथञ्चिद्रसाननुगुणां स्थितिं त्यक्त्वा पुनरूत्प्रेक्ष्याप्यन्तराभीष्टरसोचितकथोन्नयो विधेय:। यथा कालिदास प्रबन्धेषु। —ध्वन्यालोक, 3/14 वृत्ति, पृ. 194
49. यत् सन्धीनां मुखप्रतिमुखगर्भावमर्शनिर्वहणाख्यानां तदांगानां चोपक्षेपादीनां घटनं रसाभिव्यक्त्यपेक्षया। न तु केवलं शास्त्रस्थितिसम्पादनेच्छया।
—ध्वन्यालोक, 3/14 वृत्ति, पृ. 195
50. प्रबन्धस्य रसव्यंजकत्वे निमित्तं यदुद्दीपनप्रशमनेयथावरमन्तरा रसस्य।
—ध्वन्यालोक, 3/14 वृत्ति, पृ. 195
51. साहित्य चिन्तन के नये आयाम—डॉ. हरिश्चन्द्र वर्मा, पृ. 30-31
52. रसाक्षिप्ततया तस्य बन्ध: शक्यक्रियो भवेत्।
अपृथग्यत्ननिर्वर्त्य: सोऽलंकारो ध्वनौ मत:।। —ध्वन्यालोक, 2/16 वृत्ति, पृ. 105
53. इदानीं ध्वन्यात्मभूतस्यश्रृंगारस्य व्यञ्जकोऽलंकारवर्ग आख्यायते-अलंकारो हि बाह्यालंकारसाम्यादंगिनश्चारुत्व हेतुरूच्यते। वाच्यालंकारवर्गश्चरूपकादिर्यावानुक्तो,

तदलक्ष्यक्रमव्यंग्यस्य ध्वनेरंगिनः सर्वस्यैव चारुत्वहेतु निष्पद्यते।
–ध्वन्यालोक, 2/17 वृत्ति, पृ. 108

54. साहित्य-चिन्तन के नये आयाम–डॉ. हरिश्चन्द्र वर्मा, पृ. 27
55. पल्लव (प्रवेश)–सुमित्रानन्दन पन्त, पृ. 32
56. कालजयी कृतियाँ–डॉ. नगेन्द्र, पृ. 90-91
57. पल्लव (प्रवेश)–सुमित्रानन्दन पन्त, पृ. 33-34
58. वही, पृ. 43
59. ध्वनि-सिद्धान्त तथा तुलनीय साहित्य चिन्तन–डॉ. बच्चूलाल अवस्थी 'ज्ञान', पृ. 501
60. तत्र वाच्यः प्रसिद्धो यः प्रकारैरुपमादिभिः। –ध्वन्यालोक, 1/3, पृ. 12
61. ये तमर्थ रसादिलक्षमंगिनं सन्तमवलम्बन्ते ते गुणाः शौर्यादिवत्।
–ध्वन्यालोक, 2/6, पृ. 94
62. श्रृंगार एव मधुरः परः प्रह्लादनो रसः।
तन्मयं काव्यमाश्रित्य माधुर्य प्रतितिष्ठति।। –ध्वन्यालोक 2/7, पृ. 95
63. रौद्रादयो रसा लक्ष्यन्ते काव्यवर्तिनः।
तद्व्यक्ति हेतू शब्दार्थावाश्रित्यौजो व्यवस्थितम्।। –ध्वन्यालोक 2/9, पृ. 98
64. तत्र वक्ता कविः कविनिबद्धो वा। कविनिबद्धश्चापि रसभाव-रहितो रसभाव समन्वितो वा। रसोऽपि कथा नायकाश्रुयस्तदविपक्षाश्रयो वा। कथानायकश्च धीरोदात्तादि भेद भिन्नः पूर्वस्तदनन्तरो वेति विकल्पाः। –ध्वन्यालोक 3/6, पृ. 178
65. भारतीय काव्यशास्त्र की भूमिका–डॉ. नगेन्द्र, पृ. 37
66. वाच्यं च ध्वन्यात्मरसांगं रसाभासांगं वा, अभिनेयार्थमनभिनेयार्थ वा, उत्तम प्रकृत्याश्रयं तदिराश्रयं वेति बहुप्रकारं। –ध्वन्यालोक, 3/6 वृत्ति, पृ. 178
67. वक्तृवाच्यगतौचित्ये सत्यपि विषयाश्रयमन्यदौचित्यं संघटना नियच्छति। यतः काव्यस्य प्रभेदा मुक्तकं संस्कृतप्राकृतापभ्रंश निबद्धम्-सन्तानितक-विशेषक-कलापक-कुलकानि, पर्याबन्धः, परिकथा, खण्ड-कथासकलकथे, सर्गबन्धो, अभिनेयार्थ, आख्यायिकाकथे इत्येवमादयः। तदाश्रयेणापि संघटना विशेषवती भवति।
–ध्वन्यालोक 3/7,वृत्ति, पृ.181-182
68. भारतीय काव्यशास्त्र की भूमिका–डॉ. नगेन्द्र, पृ. 37
69. एतद् यथौक्तमौचित्यमेव तस्या नियामकम्।
सर्वत्र गद्यबन्धेऽपि छन्दोनियमवर्जिते।।8।।
–तथाह्यत्रापि यदा कविःकविनिबद्धो वा वक्ता रसभावरहितस्तदा कामचारः।
रसभावसमन्विते तु वक्तरि पूर्वोक्तमेवानुसर्तव्यम् तत्रापि च विषयौचित्यमेव।
–ध्वन्यालोक 3/8, वृत्ति पृ.186
70. पद्यवद् गद्यबन्धेऽपि रसबन्धोक्तमौचित्यं सर्वत्र संश्रिता रचना भाति तत्तु विषयापेक्षं किंचिद् विशेषवद् भवति। न तु सर्वाकारम्। –ध्वन्यालोक 3/9, वृत्ति, पृ. 186-187
71. आख्यायिकायान्तु भूम्ना मध्यसमासादीर्घसमासे एवं संघटने, गद्यस्य विकटबन्धाश्रयेण

छायावत्वात्। कथायान्तु विकटबन्ध प्राचुर्येऽपि गद्यस्य रसबन्धोक्तमौचित्यनुसर्तव्यम्।
—ध्वन्यालोक 3/8, वृत्ति, पृ. 186

72. वृत्यौचित्यन्तु यथारसमनुसर्तव्यम्। —ध्वन्यालोक 3/7, वृत्ति, पृ. 184
73. रसाद्यनुगुणत्वेन व्यवहारोऽर्थशब्दयोः।
औचित्यवान् यस्ता एता वृत्तयो द्विविधाः स्थिताः।।33।।
—व्यवहारो हि वृत्तिरित्युच्यते। रसादयोहि द्वयोरपि तयोर्जीवभूताः। इतिवृत्तादि तु शरीरभूतमेव। —ध्वन्यालोक 3/33, वृत्ति, पृ. 244-245
74. ध्वन्यालोक 3/47-48, पृ. 330 से 333 तक
75. भारतीय काव्यशास्त्र की भूमिका—डॉ. नगेन्द्र, पृ. 132
76. अनौचित्यादृते नान्यद् रसभंगस्य कारणम्।
प्रसिद्धौचित्यबन्धस्तु रसस्योपनिषत् परा।। —ध्वन्यालोक 3/14, वृत्ति भाग पृ. 190
77. वाच्यानां वाचकानां च यदौचित्येन योजनम्।
रसादि विषयेणैतत् कर्म मुख्यं महाकवे।। —ध्वन्यालोक 3/32, पृ. 244
78. ध्वन्यालोक 3/6-9, पृ. 178 से 187 तक
79. ध्वन्यालोक 3/14, वृत्ति भाग, पृ. 189-196 तक।
80. शब्दार्थौं सहितौ वक्रकविव्यापारशालिनि।
बन्धे व्यवस्थितौ काव्यं तद्विदाह्लादकारिणि।। —वक्रोक्ति जीवित, 1/7
81. उभावेतावलंकारयौं तयोःपुनरलंकृति
वक्रोक्तिरेव वैदग्ध्य-भंगी-भणितिरूच्यते। —वक्रोक्ति जीवित, 1/10
—वक्रोक्तिः प्रसिद्धाभिधानव्यतिरेकिणी विचित्रैवाभिधा। कीदृशी वैदग्ध्यभंगीभणितिः वैदग्ध्यं विदग्धभावः, कविकर्म कौशलं, तस्य भंगी विच्छितिः, तया भणितिः। विचित्रैवाभिधा वक्रोक्तिरित्युच्यते।
—हिन्दी वक्रोक्ति जीवित, 1/10 की वृत्ति, पृ. 51
82. वक्रोक्ति जीवित, 1/53-56 तक।
83. ध्वनि-सिद्धान्त तथा तुलनीय साहित्य-चिन्तन—डॉ. बच्चूलाल अवस्थी 'ज्ञान', पृ. 293
84. भारतीय काव्यशास्त्र की भूमिका-डॉ. नगेन्द्र, पृ. 283
85. काव्य-बिम्ब—डॉ. नगेन्द्र, पृ. 5
86. काव्य बिम्ब—डॉ. नगेन्द्र, पृ. 8

क्या साहित्य समाज का दर्पण है?

साहित्य क्या है? इस पर विद्वानों द्वारा समय-समय पर विचार किया जाता रहा है। वस्तुतः साहित्य वाङ्मय का ही एक अंग है। वाङ्मय शब्द सरस्वती या वाणी के लिए प्रयुक्त होता है। प्राणिमात्र की वाणी जब आकार ग्रहण करती है, तो वाङ्मय के अन्तर्गत आती है। यह सीमित तब होती है, जब किसी भाषा के साथ इसे जोड़ दिया जाता है। शास्त्र और काव्य वाङ्मय की दो विधाएँ हैं। ('शास्त्रं काव्यंचेति वाङ्मय द्विधा'–राजशेखर)। शास्त्र के चौदह भेद हैं। काव्य या साहित्य का सम्बन्ध हृदय, मन, राग या भाव से है। इसको भाव का वाङ्मय भी कहते हैं। इसके अन्तर्गत कविता, नाटक, उपन्यास, कहानी, निबन्ध, स्मारक-साहित्य आदि साहित्यिक विधाएँ आती हैं। साहित्य सार्वकालिक, सार्वजनीन एवं सर्वाभौमिक विशेषताओं से युक्त होता है। सार्वभौमिक सत्य के अभाव में साहित्य मृतवत् है।

सम्पूर्ण चेतन जगत् की सांस्कृतिक चेतना एवं चेतना-बोध का ज्ञान साहित्य द्वारा होता है। आदिम अवस्था में मनुष्य को केवल भौतिक सुख की आवश्यकता थी। उसका जीवन मैथुन, सहवास आदि आदिम प्रवृत्तियों से युक्त था। बुद्धि-विकास के साथ-साथ मनुष्य और पशु में सभ्यता के विकास की रेखा खिंचनी शुरू हुई। यहीं से कला और साहित्य का विकास हुआ। कला के भी दो भेद हुए–उपयोगी कला एवं ललित कला। कला मानव-चेतना के श्रेष्ठतम संस्कारों का अभिव्यक्त रूप है। कला का सम्बन्ध केवल मानसिक अभिरुचियों से है, जिसमें मानसिक परितुष्टि होती है।

कला एवं साहित्य का प्रधान लक्ष्य आत्म-संस्कार एवं आत्म-विकास होता है, जो उपयोग एवं व्यवहार की दृष्टि से नगण्य होते हुए भी, अपना मूल्य एवं महत्त्व रखता है। एक भावपूर्ण कविता या राग, लालित्य, नृत्य या अभिनय, मूर्ति या स्तूप, सजे हुए पात्र, वस्त्र-भित्ति या चित्र को ही ले सकते हैं, जीवन की आवश्यकताएँ इनके अभाव में भी पूरी हो सकती हैं, परन्तु अपनी शारीरिक

एवं आत्मिक शक्ति के कारण मनुष्य जिस वैभव का अधिकारी हो सकता है, वह इसके अभाव में सम्भव नहीं है। साहित्य के द्वारा सभ्यता, धर्म, संस्कृति आदि दूसरी मानव-अभिव्यक्तियाँ भी परिष्कृत एवं समृद्ध हुई हैं। साहित्य ने इन्हें माधुर्य, लय, गति, सुकौमार्य एवं कमनीयता का वरदान देकर ग्राह्य एवं चिरंजीवी बनाया है।

संकुचित दृष्टि से अनुपयोगी होते हुए भी मानव-विकास के इतिहास में साहित्य का प्रमुख स्थान रहा है। साहित्य का जीवन से वही सम्बन्ध है, जो अंकुर का अपनी मिट्टी से। साहित्य में हम जिस गति और गाम्भीर्य, विकास एवं विस्तार, गन्ध एवं गौरव का अनुभव करते हैं, वे सब जीवन की ही दशा एवं दिशा, प्रगति एवं प्रवाह से निःसृत होते हैं। 'साहित्यकार का व्यक्तित्व जीवन की परिस्थितियों में पलता है', यदि इस कथन को स्वीकार कर लें तो हमें यह मानना होगा कि साहित्य का उत्कर्ष एवं अपकर्ष, वैभव एवं दीनता, जीवन की ही उन दशाओं से उत्पन्न होते हैं। इसी कारण कोई साहित्यकार प्रारम्भ में उत्कृष्ट रचनाएँ करता है, परन्तु बाद में चुक जाता है और पुनः उत्कर्ष एवं अपकर्ष उसकी रचनाओं में देखने को मिलता है। ये विभिन्न स्थितियाँ उसके जीवन की विभिन्न दशाओं, मनःस्थितियों, व्यक्तिगत, सामाजिक, पारिवारिक एवं राजनीतिक परिस्थितियों से प्रभावित होती हैं।

जिस समाज और जाति का जीवन संकुचित और अविकसित होता है, जिसमें न गम्भीरता होती है, न विशालता और न शालीनता, ऐसा समाज एवं जाति, साहित्य-सृष्टि के लिए पूर्णतः असमर्थ होता है। साहित्य का जीवन से अभिन्न सम्बन्ध है। अच्छे-बुरे साहित्य का प्रभाव जीवन पर प्रत्यक्ष एवं परोक्ष रूप से पड़ता है। साहित्य व्यक्ति एवं समाज को संस्कारवान एवं संवेदनशील बनाता है, बशर्ते कि वह सत् साहित्य हो। साहित्य समाज को परस्पर जोड़ने का काम करता है। महाकवि तुलसीदास के रामचरितमानस के पारायण एवं उसके नाट्य-रूपान्तर रामलीला के माध्यम से पूरा हिन्दू समाज भावात्मक रूप से परस्पर जुड़ता है।

जीवन के लिए मार्ग-निर्देश, अनागत का निर्माण एवं उसे आदर्शों और विचारों के प्रकाश से ज्योतिष्मान करना, नीरस को सरस बनाना, पीड़ा को आनन्द में परिवर्तित कर देना, विजय में उल्लास की अनुभूति जगाना एवं पराजय में आत्माभिमान भरना, पाप से निवृत्त करना एवं पुण्य में प्रवृत्त करना, उलझनों को सच्ची परिभाषा एवं मीमांसा द्वारा सुलझाना आदि सब कार्य शक्तिशाली साहित्य ही कर सकता है। इस शक्ति का स्रोत जीवन की चिरन्तन और मूल

प्रेरणा में निहित होता है, जो साहित्य में अविच्छिन्न रूप से व्याप्त रहता है। समसामयिक विषयों पर आधारित साहित्य किसी सीमित उद्देश्य के लिए ही लिखा जाता है, उसमें सार्वकालिक विशेषताओं का अभाव रहता है।

साहित्य के स्वरूप को लेकर काफ़ी मत-वैभिन्य रहा है। इसका कारण 'भिन्न रुचिर्लोक:' है। भारतीय काव्यशास्त्र में भरत एवं भामह से लेकर पण्डितराज जगन्नाथ तथा भारतेन्दु-गुलाबराय से लेकर डॉ. नगेन्द्र तक में, इस सम्बन्ध में मतैक्य नहीं है। परन्तु परिभाषाओं में परस्पर तात्त्विक अन्तर नहीं है। पाश्चात्य एवं भारतीय आचार्यों की साहित्य के स्वरूप के सन्दर्भ में परस्पर मत-भिन्नता होते हुए भी, आज तक किसी को कालिदास, सूर, तुलसी, पन्त, प्रसाद, निराला, वर्ड्सवर्थ, शैली, कीट्स आदि के कवि होने में सन्देह नहीं हुआ अर्थात् तमाम मतभेदों एवं असमानताओं के होते हुए भी कोई-न-कोई समानता अवश्य है, जिसने इस स्थिति को बनाये रखा है। रंग-रूप, रुचि-विचार, आकार-प्रकार में परस्पर भिन्न होते हुए भी, कभी किसी को मनुष्य के मनुष्य होने में सन्देह नहीं होता अर्थात् मूलरूप से उनमें कोई तात्त्विक अन्तर नहीं होता। यह व्यक्ति विशेष पर निर्भर करता है कि कौन किस कवि या लेखक को श्रेष्ठ मानता है।

साहित्य संस्कृति का अंग है। संस्कृति वास्तव में किसी देश या जाति का समग्र व्यक्तित्व है। एक व्यक्ति के व्यक्तित्व की चर्चा करें तो उसमें ऐसी कोई चीज़ नहीं, जो उससे भिन्न हो। उससे सम्बन्धित गुण उसके व्यक्तित्व को बनाते हैं। किसी भी देश या जाति से सम्बन्धित कोई भी विचारधारा, विशेषता या गुण-अवगुण संस्कृति से सम्बन्धित हैं। डॉ. धीरेन्द्र वर्मा ने संस्कृति के चार अंग माने हैं–1. धर्म और दर्शन, 2. साहित्य, 3. राजनीतिक परिस्थिति, 4. सामाजिक संगठन। वासुदेवशरण अग्रवाल मानते हैं कि "संस्कृति मनुष्य के भूत, वर्तमान और भावी जीवन का सर्वांगीर्ण चित्र है। हमारे जीवन का ढंग ही हमारी संस्कृति है।" संस्कृति हवा में नहीं रहती, उसका मूर्तिमान रूप हमारी परम्परा में प्रतिबिम्बित होता है। साहित्य स्वयं संस्कृति का अंग होने के कारण संस्कृति के अंगों से प्रभावित रहता है और संस्कृति के अन्य अंग भी साहित्य से प्रभावित होते हैं।

संस्कृति का प्रमुख अंग समाज है और यह कहा जाता रहा है कि वास्तव में समाज का ही साहित्य में चित्रण होता है। इसलिए यह उक्ति चल पड़ी है कि 'साहित्य समाज का दर्पण है।' वास्तव में यह उक्ति पूरी तरह सत्य नहीं है। 'दर्पण' का तात्पर्य तो यह है कि उसके सामने जैसा है, ठीक वैसा ही

प्रतिबिम्बित करना। साहित्य ऐसा दर्पण नहीं है। साहित्य एक सीमा तक समाज से प्रभावित होता है और समाज को भी प्रभावित करता है। समाज के अलावा साहित्य को प्रभावित करने वाली चीज़ें बहुत-सी होती हैं, जैसे–1. साहित्यिक रूढ़ियाँ तथा परम्पराएँ, 2. धार्मिक एवं दार्शनिक परम्पराएँ, 3. तत्कालीन सामाजिक एवं राजनीतिक परिस्थितियाँ, 4. लेखक का निजी व्यक्तित्व।

प्रत्येक युग में विभिन्न प्रकार की साहित्यिक धारायें प्रचलित होती हैं। एक युग के विभिन्न साहित्यकारों का साहित्य भिन्न-भिन्न प्रकार का होता है, जबकि दर्पण ज्यों-का-त्यों बताता है। कुछ विचारकों एवं आलोचकों ने साहित्य को समाज का प्रतिबिम्ब मानकर कई स्थानों पर इस तरह का उल्लेख किया है। आचार्य रामचन्द्र शुक्ल ने हिन्दी साहित्य के आदिकाल का नाम 'वीरगाथाकाल' इसीलिए रखा, जो कि तर्कसंगत नहीं है। तो क्या उस युग में सभी वीर ही थे, कायर कोई नहीं था? युद्ध तो हर युग में होता रहता है, तो क्या इसके अलावा उस समाज में और कुछ नहीं होता था? वीरगाथाकाल में युद्ध अधिक होते थे, यह भी कोई ऐतिहासिक तथ्य नहीं है। उस युग में सिद्ध-नाथ योगियों ने बहुत-सी भक्तिपूर्ण रचनायें की हैं। इसके अलावा रीतिकालीन काव्य-प्रवृत्तियों को द्योतित करने वाली विशेषतायें भी इस युग के काव्य में परिलक्षित होती हैं।

हिन्दी साहित्य के इतिहास पर एक विहंगम दृष्टि डालकर इस तथ्य का परीक्षण करना प्रासंगिक प्रतीत होता है कि विभिन्न युगों के हिन्दी साहित्य में क्या तत्युगीन समाज का प्रतिबिम्बात्मक चित्रण हुआ है? जहाँ तक वीरगाथाकाल के कवियों के काव्य में समाज के चित्रण का प्रश्न है, इन कवियों का समाज एवं उसकी समस्याओं तथा आवश्यकताओं से दूर का भी सम्बन्ध नहीं था। ये एक प्रकार से पेशेवर कवि थे, जो राजदरबार में ठाट-बाट से रहते थे। उनकी कविता का क्षेत्र राजा, राजदरबार, सामन्त एवं राजाओं के क्रियाकलाप तथा उनकी कार्यविधि तक ही सीमित था।

राजनीतिक स्थिति का चित्रण भी अतिशयोक्ति एवं ऊहात्मकता से युक्त होने के कारण आंशिक रूप से ही सत्य है। राजा कितना ही कायर एवं विलासी क्यों न हो, चारण कवि की दृष्टि में राजा का नाम सुनते ही दुश्मन के होश फ़ाख़्ता होने लगते हैं। चारण कवि को जीवन की वास्तविकताओं से कोई लेना-देना नहीं होता, चाहे वह राजा अथवा राजदरबार से ही क्यों न सम्बन्ध रखती हो। उसका एकमात्र उद्देश्य चाटुकारिता से अपने आश्रयदाता राजा को येन-केन प्रकार से खुश करना होता है, ताकि अभीप्सित लक्ष्य की प्राप्ति हो सके।

इतिहासकारों ने हिन्दी साहित्य के दूसरे युग का नाम 'भक्तिकाल' रखा और तर्क दिया कि मुसलमानों के अत्याचारों एवं उनके बलपूर्वक धर्म-प्रचार के कारण हिम्मतपस्त एवं असहाय हिन्दू जनता के पास ईश्वर की शरण में जाने के अलावा और कोई रास्ता नहीं था। इस कारण पूरे देश में भक्ति का स्रोत फूट पड़ा और लोग भक्त हो गये। दरअसल यह तर्क भी निराधार है। इतिहास इस बात का प्रमाण है कि उत्तर भारत में मुग़लों के आक्रमण से पूर्व ही दक्षिण भारत में वैष्णव भक्ति आन्दोलन चल रहा था तथा दक्षिण के रामानुजाचार्य, रामानन्द, बल्लभाचार्य, माधवाचार्य तथा पश्चिम बंगाल में चैतन्य महाप्रभु द्वारा इस वैष्णव भक्ति आन्दोलन का प्रचार उत्तर भारत में हुआ। यदि मुग़लों के अत्याचार से भक्ति आन्दोलन का जन्म हुआ होता तो इसे उत्तर भारत में पहले होना चाहिए था। ईसवी सन् से पूर्व ही भारत में भक्ति का प्राधान्य था। दसवीं शती के आस-पास रचित श्रीमद्‌भागवत्, ब्रह्मवैवर्त पुराण, विष्णु पुराण, गरुड़ पुराण एवं पद्‌म पुराण आदि में भक्ति का ही प्राधान्य है।

सूर की भक्ति-भावना का प्रादुर्भाव बल्लभाचार्य द्वारा श्रीमद्‌भागवत् पुराण के दशम स्कन्ध की अनुक्रमणिका सुनाकर ही हुआ और सूरसागर में उसी पुष्टि भक्ति (पोषणं तदनुग्रहः) का विस्तार है। अतः पन्द्रहवीं-सोलहवीं शती में भक्ति कहीं से उड़कर नहीं आयी। यह दूसरी बात है कि हिन्दी साहित्य में वह इसी काल में व्यक्त हुई। यह कहना भी इतिहाससम्मत नहीं है कि इस युग में भक्ति का जितना प्रचार-प्रसार हुआ, बाद के युगों में नहीं हुआ। उत्तर भारत में भक्ति का प्रचार-प्रसार एक स्वाभाविक प्रक्रिया के कारण हुआ। मुग़लों का आक्रमण नहीं भी होता, तो भी उत्तर भारत में भक्ति आन्दोलन चलना ही था।

इस युग में भक्ति एवं श्रृंगारपरक गीतों की ही रचना प्रमुख रूप से हुई। ये कवि व्यक्तिगत प्रेरणाओं से प्रेरित होकर लिख रहे थे। इसलिए उस युग की सामाजिक, आर्थिक एवं राजनीतिक स्थिति से इन कवियों का कोई सरोकार नहीं था। इसके साथ ही भक्ति युग के इन मूर्धन्य साहित्यकारों की रचनाओं से भी हम वंचित ही होते, यदि उन्हें अपनी पत्नियों की अपमानजनक फटकार सुनने को न मिलती। तुलसी की कहानी से सभी परिचित ही हैं। सूर के साथ भी लगभग ऐसी ही घटना घटी थी। तुलसी भक्त तो हो गये, परन्तु पत्नी की डाँट की भड़ास–'ढोल, गँवार, शूद्र, पशु, नारी। ये सब ताड़न के अधिकारी।।' अथवा 'अधम-अधम ते अति नारी।' 'नारी रूप विश्व माया प्रकट।' इन रूपों में समय-समय पर व्यक्त होती रही। इसके अलावा नारी के लिए कुछ कठोर

नियम भी बना दिये और नारी के लिए पुरुष के अधीन रहना अनिवार्य कर दिया। ऐसी ही कहानी राधाबल्लभीय एवं सखी-सम्प्रदाय की है, जो भक्तों के एक वर्ग विशेष के भक्तिभाव को ही प्रकट करता है, समाज का चित्रण नहीं करता। इसके अलावा उस युग में सभी भक्त थे–गृहस्थ नहीं थे, ऐसा कहना भी हास्यास्पद है।

वास्तव में देखा जाये तो वर्तमान युग में भक्तों की संख्या तब से अधिक होगी। तब से लेकर आज तक हज़ारों मन्दिरों का निर्माण हो चुका है, सैकड़ों धार्मिक मत-मतान्तर किसी न किसी वर्ग विशेष में फैले हैं। मन्दिरों के पुजारियों की संख्या अनगिनत है। इसका यह तात्पर्य नहीं कि हम आज के युग को 'भक्ति युग' कहने लगें। सोलहवीं-सत्रहवीं शती में तुलसी के रामचरितमानस की चार सौ प्रतियाँ रही होंगी, तो आज उसकी संख्या दस करोड़ से ऊपर पहुँच चुकी होगी। उत्तर भारत का शायद ही कोई ऐसा हिन्दू परिवार होगा, जहाँ तुलसी के रामचरितमानस की एक भी प्रति न हो। यही बात कबीर, सूर, जायसी एवं अन्य भक्त कवियों की रचनाओं के सन्दर्भ में भी लागू होती है। दूसरा, आज भी समाज के अधिकांश व्यक्ति सुबह-शाम ईश्वर की पूजा करते हैं। इसका अर्थ यह कदापि नहीं कि जीवन के अन्य महत्त्वपूर्ण कार्य वे न करते हों। अतः भक्ति साहित्य तत्कालीन समाज की एक सामान्य-सी विशेषता का आंशिक चित्रण करता है, पूरे समाज का प्रतिबिम्ब उसमें कहीं परिलक्षित नहीं होता।

रीतिकाल अन्य युगों की अपेक्षा साहित्यिक दृष्टि से अधिक समृद्ध है। इस युग के साहित्य में शृंगार-वर्णन एवं नायक-नायिका भेद की शास्त्रीय परम्परा की बहुलता है, परन्तु उनके शृंगार-वर्णन में भक्ति-भावना का निषेध नहीं है, हालाँकि कला-पक्ष की प्रधानता है। इस पर साहित्य के इतिहास-लेखकों ने इस युग को 'विलासिता' का फतवा दे दिया। ऐतिहासिक दृष्टि से यह कथन सत्य एवं तथ्य के बिल्कुल विपरीत है। सूर, तुलसी के समय सम्राट अकबर क्या कम विलासी था? उसका 'मीना बाज़ार' प्रसिद्ध है। तथाकथित भक्तिकाल में राजा-महाराजा विलासी नहीं थे और रीतिकाल में विलासी हो गये, ऐसा कोई ऐतिहासिक प्रमाण अभी तक नहीं मिलता। विलासिता क्या अंग्रेजी शासनकाल में कम थी? अंग्रेज़ शासकों का राजा-महाराजाओं की तरह भले ही कोई अन्तःपुर या रनिवास न रहा हो, परन्तु उनका व्यभिचार किसी विलासिता से कम न था।

विलासिता का अर्थ केवल अधिक औरतों को रखना ही तो नहीं है। आज

राजा-महाराजा के परिवर्तित रूप राष्ट्रपति, प्रधानमन्त्री, मुख्यमन्त्री, राज्यपाल अथवा सामन्तों एवं सूबेदारों के प्रतिरूप कैबिनेट के मन्त्री तथा उच्च अधिकारी क्या कम विलासी हैं, जो जनता का शोषण कर अपनी उभरी तोंद को थामकर भी प्रजातन्त्र की दुहाई दे रहे हैं? इस कारण जहाँ तक जनता के इस युग में विलासी हो जाने का प्रश्न है, ऐसा कोई प्रमाण नहीं मिलता। साथ ही ऐसा भी कोई उल्लेख नहीं मिलता कि वीरगाथाकाल में जनता वीर, भक्तिकाल में भक्त तथा रीतिकाल में विलासी थी। इसके विपरीत पाश्चात्य विद्वानों ने रीतिकाल की जनता के चरित्र की प्रशंसा ही की है। अतः न तो 'यथा राजा, तथा प्रजा' वाली कहावत ही किसी युग विशेष के सन्दर्भ में लागू होती है और न ही साहित्य अपने युग विशेष का दर्पण होता है।

आधुनिक युग में गद्य एवं पद्य साहित्य का समान रूप से विस्तार हुआ। भारतेन्दु युगीन साहित्य में एक ओर देशप्रेम, राष्ट्रीय जागरण, सांस्कृतिक पुनरुत्थान एवं नवजागरण की प्रधानता मिलती है, तो दूसरी ओर पद्य साहित्य में भक्तिकाल तथा रीतिकाल की भी प्रवृत्तियाँ दृष्टिगोचर होती हैं। इस युग के जासूसी उपन्यासों एवं ऐय्यारी में समाज का चित्रण नहीं है। प्रेमचन्द ने अपने उपन्यासों में तत्कालीन ग्रामीण समाज की कठिनाइयों को चित्रित करने का अवश्य प्रयास किया, परन्तु उनका आदर्शवादी दृष्टिकोण सदा साथ रहा। छायावादी कवियों की कविताओं में समाज का आंशिक चित्रण भी नहीं है। रोमांटिक प्रवृत्ति के कारण इन्हें पलायनवादी कहा जाने लगा। इसके बाद यथार्थ का दावा करने वाला प्रयोगवाद, प्रगतिवाद एवं नयी कविता का युग भी अपनी संकीर्ण वैचारिकता में आबद्ध होकर समाप्त हो गया। किस युग का कौन-सा साहित्य अपने युग की किन-किन प्रवृत्तियों से प्रभावित हुआ, यह शोध का विषय है। यह सही है कि साहित्य समाज के वर्ग विशेष को प्रभावित करता है और जितनी भी नयी विचारधारायें हैं, वे साहित्य के माध्यम से जनता तक पहुँचती हैं। फ्रांस एवं रूस की क्रान्ति का श्रेय साहित्य को ही जाता है। यह बात कवि के व्यक्तित्व पर निर्भर करती है कि वह अपने युग को किस सीमा तक प्रभावित कर सकता है। आचार्य नन्ददुलारे वाजपेयी ने लिखा है-''साहित्य में मनुष्य का जीवन ही नहीं, जीवन की वे कामनाएँ, जो अनन्त जीवन में पूरी नहीं हो सकतीं, निहित रहती हैं।'' रवीन्द्रनाथ ठाकुर, प्रेमचन्द, मैथिलीशरण गुप्त, शरतचन्द्र आदि ने न केवल अपने युग को प्रभावित किया, अपितु धर्म, दर्शन, सामाजिक परम्पराओं एवं सांस्कृतिक संस्थाओं को भी प्रभावित किया। यह ज़रूर है कि यह प्रभाव धीरे-धीरे पड़ता है।

उपर्युक्त विवेचन एवं विश्लेषण से यह निष्कर्ष निकलता है कि 'साहित्य समाज का दर्पण' नहीं है। समाज एवं सामाजिक स्थितियों से प्रभावित होने के कारण कुछ रचनाओं को समाज-सापेक्ष अवश्य कहा जा सकता है। साहित्य में एक ओर कवि या लेखक की निजी अनुभूतियों की प्रधानता होती है, तो दूसरी ओर युगीन चिन्तनधारा का भी उस पर प्रभाव अंकित रहता है, जैसे–प्रेमचन्द के कथा-साहित्य में गाँधीवाद, यशपाल के उपन्यासों में मार्क्सवाद, जैनेन्द्र एवं अज्ञेय के उपन्यासों में पश्चिमी मनोविज्ञान तथा प्रसाद के काव्य में शैवदर्शन की अभिव्यक्ति की प्रधानता है। वृन्दावनलाल वर्मा के उपन्यासों में ऐतिहासिक चित्रण की प्रधानता है, तो भगवतीचरण वर्मा के उपन्यासों में राजनीतिक परिदृश्य की प्रधानता। समकालीन साहित्य भी कई तरह के खेमों में बँटा हुआ है। उसमें निजता, गुटबन्दी, बिखराव एवं तात्कालिक प्रभावों की प्रधानता है। वह साहित्य किसी एक निश्चित धारा में प्रवाहित न होकर दिशाहीन-सा प्रतीत होता है।

सामाजिकता का दम्भ भरने वाले साहित्यकार भी सामाजिक सरोकारों के प्रति ईमानदारी से प्रतिबद्ध नहीं हैं। उनकी कथनी-करनी का भेद साहित्यिक ऊष्मा पैदा नहीं करता। वे साहित्य को जीते नहीं हैं, देखे हुए को शब्दों का आकार देते हैं। भोगा हुआ यथार्थ न होने के कारण उसमें अनुभूति की गहराई एवं जीवन्तता नहीं होती। शब्दों के ये जादूगर शब्दों का पुल ज़रूर बाँधते हैं, परन्तु शब्दों के पुल से ग़रीबी, भुखमरी एवं मूल्यहीनता की बाढ़ की विभीषिका से पार नहीं पाया जा सकता। जहाँ असली पुल बह जाते हैं, वहाँ शब्दों के नकली पुलों का फुस्स हो जाना भी स्वाभाविक ही है। यहाँ भी समाज को उसकी सम्पूर्णता में देखने, समझने-परखने एवं उसको जीवन्त रूप में अभिव्यक्त करने का ख़तरा किसी ने नहीं उठाया है। इसे प्रतिभा एवं प्रतिबद्धता का न होना भी कहा जा सकता है। अतः किसी भी युग के साहित्य में समसामयिक समाज की अन्तर्बाह्य प्रतिबिम्बात्मक अभिव्यक्ति का कोई प्रश्न ही नहीं उठता।

यह सही है कि आज का साहित्य अपने पूर्ववर्ती साहित्य की अपेक्षा व्यक्ति और समाज से अधिक जुड़ा है। वैज्ञानिक एवं औद्योगिक विकास, पश्चिमी सभ्यता-संस्कृति के प्रभाव तथा अन्य सामाजिक एवं आर्थिक परिवर्तनों के कारण आज जो मूल्यहीनता, अनास्था, कुण्ठा, आक्रोश एवं अनैतिकता का बोलबाला हो रहा है, साहित्य ने उसे पकड़ने की कोशिश की है। परन्तु अपने समाज को दर्पण की भाँति प्रतिबिम्बात्मक रूप में पकड़ पाना किसी भी

साहित्यकार के लिए सम्भव नहीं है, क्योंकि साहित्य इतिहास, समाजशास्त्र, राजनीतिविज्ञान, अर्थशास्त्र, मनोविज्ञान या मानवशास्त्र नहीं है। उसमें कवि की कल्पना, आत्माभिव्यक्ति, सौन्दर्यानुभूति एवं साहित्यिक आनन्द की प्रधानता भी रहती है। साहित्य-सृजन का मुख्य उद्देश्य ही आनन्दानुभूति एवं मनोरंजन करना है, समाज का चित्रण उसके लिए गौण है। यदि इस आनन्दानुभूति अथवा मनोरंजन में समाज की झलक दिखाई देती है तो यह साहित्यकार की समाजिक प्रतिबद्धता का द्योतक है, जैसा कि प्रेमचन्द की कुछ कृतियों में देखने को मिलता है।

अतः हिन्दी साहित्य की पूरी विकास-यात्रा इस बात का प्रमाण है कि उसमें कहीं भी समाज के अन्तर्बाह्य रूप का प्रतिबिम्बात्मक चित्रण नहीं हुआ है। अतः 'साहित्य समाज का दर्पण है', कथन समीचीन प्रतीत नहीं होता। किसी भी युग के साहित्य से इस तरह की अपेक्षा भी नहीं की जा सकती कि वह अपने समाज का यथातथ्य चित्रण प्रस्तुत करे। साहित्यकार के लिए समाज साधन है, साध्य नहीं। इस साधन का प्रयोग कौन रचनाकार किस रूप में करता है, यह उसकी अभिरुचि, उद्देश्य एवं रचनाधर्मिता पर निर्भर करता है, जिसके लिए वह स्वतन्त्र है।

अद्वैतवाद का पुनर्मूल्यांकन

अवैदिक अथवा नास्तिक धर्म के विरोध में वैदिक धर्म की रक्षा के लिए शंकराचार्य ने अद्वैत वेदान्त की स्थापना की। अलौकिक प्रतिभाशाली शंकराचार्य ने भारतीय दर्शन को एक नयी दिशा प्रदान की। शांकर अद्वैतवाद भारतीय दर्शन के क्षेत्र में 'केवलाद्वैत' के नाम से भी प्रसिद्ध है। ब्रह्मसूत्र, गीता तथा उपनिषद् पर इसी अद्वैत तत्त्व के प्रतिपादन के लिए उन्होंने अपना विद्वत्तापूर्ण भाष्य लिखा। शांकर अद्वैतवाद का मूल सिद्धान्त इस प्रकार है–

ब्रह्म सत्यं जगन्मिथ्या। जीवो ब्रह्मैव नाऽपरः।

1. ब्रह्म ही सत्य है। 2. जगत् मिथ्या है। 3. जीव ब्रह्म ही है। 4. जीव ब्रह्म से अभिन्न है।

शंकराचार्य के अनुसार ब्रह्म ही एकमात्र सत्ता है। ब्रह्म निर्विकार, निर्विशेष, स्वयंसिद्ध, चेतन और सर्वव्यापी है। उसकी सिद्धि के लिए किसी प्रमाण की आवश्यकता नहीं है। ब्रह्म जगत् की उत्पत्ति, स्थिति तथा लय का कारण है। उपासना भेद से उसके स्वरूप में औपाधिकता एवं अनेकरूपता है। सृष्टि का कर्ता होकर भी वह अकर्ता है एवं अविद्या तथा माया का अधिष्ठान होते हुए भी तज्जन्य विकारों से मुक्त है। परन्तु अज्ञान से मुग्ध जीव उसके वास्तविक स्वरूप को देख नहीं पाता।[1]

उपनिषदों में सगुण तथा निर्गुण दोनों प्रकार के ब्रह्म का प्रतिपादन है। शंकर की सम्मति में निर्गुण ब्रह्म ही उपनिषदों का प्रतिपाद्य एवं पारमार्थिक है। सगुण ब्रह्म तो जगत् के समान माया विशिष्ट होने से मायिक सत्ता को धारण करता है। शंकराचार्य के अनुसार पारमार्थिक तथा निरुपाधिक ब्रह्म माया सबलित हो जाने से 'ईश्वर' कहा जाता है। ईश्वर सर्वज्ञ, सर्वकर्ता, नियन्ता तथा सर्वशक्तिमान है। परमार्थतः ब्रह्म से भिन्न न होता हुआ भी जीव उपाधियों के कारण भिन्न-सा प्रतीत होता है।[2] शंकराचार्य के अनुसार ब्रह्म ही जगत् का निमित्त एवं उपादान कारण है। ब्रह्म 'सच्चिदानन्द' स्वरूप है। सत् से ब्रह्म के

अस्तित्व, चेतन से ब्रह्म की चेतन सत्ता और आनन्द से ब्रह्म की प्रेमरूपता का बोध होता है। उपासना के क्षेत्र में निर्विशेष, निराकार तथा चैतन्यस्वरूप ब्रह्म सविशेष और साकार हो जाता है।[3] ज्ञान के क्षेत्र में तो ब्रह्म निर्गुण, निराकार और निर्विशेष ही रहता है। सत्व, रज, तम गुणों से युक्त ब्रह्म सगुण ब्रह्म है और इन तीनों गुणों से रहित ब्रह्म निर्गुण कहलाता है।

जैसा कि पहले कहा जा चुका है कि माया विशिष्ट ब्रह्म ही 'ईश्वर' है और वही जगत् का निमित्त तथा उपादान कारण है। जिस प्रकार एक ही मकड़ी, जालरूप कार्य के प्रति स्वयं ही निमित्त एवं उपादान कारण है अथवा ऐन्द्रजालिक जिस प्रकार अपनी माया-शक्ति के द्वारा विचित्र सृष्टि के लिए निमित्त एवं उपादान कारण है, ठीक ऐसी ही स्थिति ब्रह्म की भी सृष्टि के सन्दर्भ में है। अतः ब्रह्म एक ऐन्द्रजालिक की ही तरह है। ब्रह्म और जगत् में समुद्र और उसकी लहरों की तरह अभेद होते हुए भी व्यावहारिक भेद है।[4]

माया परमेश्वर में आश्रित होने वाली महासुषुप्तिरूपिणी है, जिसमें अपने स्वरूप को न जानने वाले जीव शयन किया करते हैं। अग्नि की अपृथग्भूता दाहिका शक्ति के समान ही माया ब्रह्म की अपृथग्भूता शक्ति है। वह ब्रह्म मायावी है।[5] माया सद् तथा असद् दोनों तत्त्वों के रहित होने के कारण अनिर्वचनीय है। वह सत्व, रज तथा तम गुणों से युक्त होने के कारण त्रिगुणात्मक है, ज्ञान की विरोधी तथा भावरूप है।[6] शंकराचार्य के अनुसार माया इन्द्रजाल रूप है। जिस प्रकार मायावी अपने द्वारा प्रसारित माया से संस्पृष्ट नहीं होता, उसी प्रकार ब्रह्म भी 'संसार-माया' से स्पृष्ट नहीं होता। दूसरे शब्दों में, माया अविद्या अथवा अज्ञान है जो हमारी प्रकृति में ही निहित सत्य को हमसे छिपा देती है तथा हमें अहंकार और कर्तृत्व के बन्धन द्वारा संसार-चक्र में आबद्ध कर देती है, जिससे मुक्त होकर हम आत्मज्ञान प्राप्त कर सकते हैं, जो हमारे जीवन का परमनिःश्रेयस है।

मिथ्या ज्ञान के द्वारा ही अद्वैत ब्रह्म में द्वैत की अनुभूति होती है। अद्वैत ब्रह्म में द्वैत का ज्ञान 'उपाधि' कहलाता है। उपाधि अविद्यात्मक है। इस उपाधि के कारण ही भेद-बुद्धि का जन्म होता है।[7] देहादि उपाधियों से युक्त जीव सांसारिक तथा अपारमार्थिक-सा प्रतीत होने लगता है। जिस प्रकार रज्जु में सर्प की भ्रान्ति हो जाती है, परन्तु दीपक लाने पर रज्जु-ज्ञान होने पर सर्प-ज्ञान बाधित हो जाता है, उसी प्रकार अज्ञान के कारण ब्रह्म-रूप वस्तु में जगत्-रूप अवस्तु की जो भ्रान्ति है, ज्ञान के द्वारा उस अवस्तु का भ्रम दूर हो जाता है और जीव ब्रह्ममय हो जाता है।

शंकर के 'मायावाद' का यदि परीक्षण किया जाये तो वह तर्क की कसौटी पर खरा नहीं उतरता। यद्यपि शंकराचार्य ने 'अद्वैतवाद' को श्रुतिप्रतिपादित सिद्ध करने का प्रयास किया है, लेकिन जिन बातों की उद्भावना शंकराचार्य द्वारा की गयी है, वह श्रुतियों की कारिकाओं पर कल्पना का बलात् आरोपण प्रतीत होता है। उदाहरणार्थ, 'अथातो ब्रह्म जिज्ञासा'[8] सूत्र को लें, इसमें केवल ब्रह्म के विषय में जिज्ञासा को व्यक्त किया गया है, न कि ब्रह्म के स्वरूप का विश्लेषण किया गया है। भाष्य का तात्पर्य केवल अर्थ का स्पष्टीकरण है, न कि व्यक्तिगत सैद्धान्तिक आरोपण।

जहाँ तक शंकराचार्य के सिद्धान्त की सामाजिक देन का प्रश्न है, तत्कालीन धार्मिक तथा राजनैतिक पृष्ठभूमि में इसका जो कोई भी महत्त्व रहा हो, लेकिन इस 'मायावाद' ने एक प्रकार से भ्रष्टाचार, अन्याय, अनैतिकता एवं कुकृत्यों के लिए धर्म के उच्चासन से पूरी छूट दे दी थी। कारण स्पष्ट है, जब जीव स्वयं ब्रह्म ही है, उसका व्यक्त रूप भौतिक शरीर केवल माया के कारण औपाधिक है, तो ऐसी स्थिति में जीव के द्वारा किये गये सारे अच्छे कार्यों का श्रेय तथा बुरे कार्यों का दोष ब्रह्म पर ही जाता है। जब ब्रह्म से पृथक् जीव का कोई अस्तित्व है ही नहीं, तो हम जो कुछ ग़लत कार्य करते हैं, प्रकारान्तर से वह ब्रह्म की ही प्रेरणा है।

सैद्धान्तिक विवेचन के आधार पर भी 'मायावाद' में अनेक विसंगतियाँ दृष्टिगोचर होती हैं। शांकर मत में जीव का औपाधिक स्वरूप मायाजन्य है। ज्ञान के द्वारा माया के आवरण के हट जाने से जीव ब्रह्म हो जायेगा। यही 'अहं ब्रह्मोऽस्मि' की स्थिति है। मुक्ति व्यक्ति-साध्य प्रक्रिया है, जो ज्ञान द्वारा ही सम्भव है। चूँकि संसार में जीव असंख्य हैं, यदि सभी जीवों को ज्ञान प्राप्त हो जाये तो वे सभी ब्रह्म हो जायेंगे। अतः ब्रह्म भी शंकर के अनुसार असंख्य हुए। इसका शंकर के पास क्या उत्तार है? जगत्-भ्रान्ति (माया) के कारण रज्जु-सर्पवत् है। रज्जु में सर्प की भ्रान्ति चाहे मिथ्या ही क्यों न हो, दोनों का अस्तित्व तो मानना ही पड़ेगा। जब तक रज्जु में सर्प की भ्रान्ति रहेगी, तब तक तो सर्प का अस्तित्व रहेगा ही। शंका होती है कि यदि ब्रह्म ही औपाधिक रूप में जगत् एवं जीव के रूप में प्रकट होता है तो इन उपाधियों का जन्म कहाँ से हुआ?

यदि माया को ब्रह्म की शक्ति माना भी जाये तो भी शांकर मत की रक्षा के लिए माया के अस्तित्व को नकारना किसी भी तरह समीचीन प्रतीत नहीं होता। यदि सब कुछ मिथ्या अथवा माया ही है तो 'ज्ञान', जिसके द्वारा

माया का आवरण दूर किया जाता है, उसे भी माया ही समझना चहिए। अतः ज्ञान के मिथ्या होने से सत् ब्रह्म की प्राप्ति भ्रान्तिमूलक है। ब्रह्म के अतिरिक्त यदि सब कुछ मिथ्या है तो मिथ्या साधनों द्वारा सत् ब्रह्म की प्राप्ति शशक-शृंगवत्, आकाश-कुसुमवत् अथवा बन्धया-पुत्र के समान है। फिर प्रश्न उठता है कि वास्तव में जीव को यह ज्ञान कैसे हुआ कि एक ब्रह्म है, जो सत्य है, शेष सब मिथ्या है? जिस अज्ञान के कारण संसार की प्रतीति होती है, वह अज्ञान रहता कहाँ है? अज्ञान का आधार क्या है?

यदि ब्रह्म में अज्ञान के अस्तित्व को स्वीकारा जाये तो ब्रह्म के अद्वैत रूप की रक्षा नहीं हो पायेगी, क्योंकि तब ब्रह्म अज्ञानग्रस्त हो जायेगा। शंकराचार्य माया के द्वारा ब्रह्म के वास्तविक स्वरूप को छिपा देते हैं, किन्तु स्वयंप्रकाश ब्रह्म अज्ञान के द्वारा कैसे छिप सकता है, क्योंकि अन्धकार प्रकाश को नहीं छिपा सकता। शंकराचार्य अविद्या के स्वरूप को भी स्पष्ट नहीं कर पाये। इन झंझटों से बचने के लिए उन्होंने अविद्या को 'अनिर्वचनीय' कह दिया। तार्किक उलझनों से छुटकारा पाने के लिए वे कहते हैं कि "जिसे न सत् कहा जा सके, न असत्, वही अनिर्वचनीय है।"

अद्वैत वेदान्त अविद्या को 'भावरूपम् अज्ञानम्' कहता है अर्थात् यह भावात्मक है, इसका अस्तित्व है, इसे अस्तित्वहीन नहीं माना जा सकता। अतः इसका नाश भी सम्भव नहीं है। शांकरमत में ब्रह्म का ज्ञान अविद्या का नाश कर सकता है। लेकिन पूर्ण अभेद में ज्ञान का प्रश्न ही सारहीन है, क्योंकि ज्ञान में द्वैत की स्थिति रहती है–प्रमाता तथा प्रमेय अर्थात् ज्ञाता और ज्ञेय। अतः अद्वैतवाद में अविद्या के नाश की स्थिति विरोधाभासपूर्ण है।

सच्चिदानन्द ब्रह्म ही 'एकोहं बहुस्याम्' की भावना से प्रेरित होकर सृष्टि का निमित्त एवं उपादान कारण बनता है, तो भी निमित्त एवं उपादान के अस्तित्व बोध की 'शक्ति' को स्वीकारना ही पड़ेगा। निष्कर्ष यही निकलता है कि शंकराचार्य ने श्रुतियों का मनोनुकूल अर्थ करके, भ्रान्तिमूलक सृष्टि की रचना कर लोगों को भी भ्रान्ति में डाल दिया। अतः कहा जा सकता है कि शंकर ने अपने 'विवर्तवाद' द्वारा सामान्य जनता को भी 'विवर्त' के चक्कर में डाल दिया। यही कारण था कि शंकराचार्य के मायावी अद्वैतवाद के विरोध में कई मतवाद खेड़ हो गये और विद्वत्जनों द्वारा वे मान्य ठहराये गये।

सन्दर्भ

1. ब्रह्मसूत्र शांकर भाष्य, 1/1/2
2. ...व्यवहारावस्थायां तूक्तः श्रुतावपीश्वरादिव्यवहारः। –ब्र.सू.शां.भा., 2/1/14
3. ब्र.सू.शां.भा., 3/2/15
4. वही, 2/1/14
5. वही, 1/1/17, 2/1/9, 2/1/21, 2/1/28
6. सदसदभ्यामनिर्वचनीयं त्रिगुणात्मकं ज्ञानविरोधी भावरूपं यत्किंचिदिति। वेदान्तसार–सदानन्दयोगीन्द्र कृत, पृ. 73
7. भारतीय दर्शन–डॉ. उमेश मिश्र, पृ. 359
8. ब्रह्मसूत्र शांकर भाष्य, 1/1/1

भक्तिकालीन काव्य में आदर्श एवं यथार्थ

हिन्दी साहित्य के इतिहास को चार कालों में बाँटा गया है–आदिकाल, भक्तिकाल, रीतिकाल और आधुनिक काल। आदिकाल का मुख्यधारा का साहित्य दरबारी साहित्य रहा है, जो प्रायः चारण कवियों द्वारा अपने आश्रयदाता राजाओं को प्रसन्न करने के लिए लिखा गया। राजनीतिक दृष्टि से तब भारत पराधीन नहीं था। सभी गणराज्य स्वयं में स्वतन्त्र थे। मुख्य धारा से इतर साहित्य धार्मिक साहित्य है जो सिद्ध-नाथ पन्थियों तथा जैन मुनियों द्वारा अपने-अपने पन्थ के धार्मिक प्रचार के लिए लिखा गया। आदिकाल के काव्य का एक केन्द्र राजदरबार था तो दूसरा धार्मिक मठ-मन्दिर। विषय-वस्तु की दृष्टि से मुख्यधारा के साहित्य का वर्ण्य-विषय राजा-रजवाड़ों का अतिशयोक्तिपूर्ण प्रशस्तिगान, युद्ध-वर्णन, नायक-नायिकाओं का उद्दाम वासनामय प्रेम-निरूपण था। इस कारण मुख्यधारा के साहित्य में श्रृंगार, वीर, रौद्र, भयानक, वीभत्स, करुण आदि रसों का होना स्वाभाविक था।

तत्कालीन राजनीतिक स्थितियों की दृष्टि से भारत कई गणराज्यों में बँटा हुआ था। इन गणराज्यों के राजा प्रायः दो कारणों से परस्पर लड़ा करते थे। पहला, किसी सुन्दर राजकुमारी को जबरदस्ती प्राप्त करने के लिए, ('जाकी बिटिया सुन्दर देखी, ता पर जा धरे तरवार') दूसरा, अपने राज्य-विस्तार के लिए। इसीलिए तत्युगीन काव्य में श्रृंगार और वीर रस का प्राधान्य पाया जाता है। दूसरी धारा के सिद्ध-नाथ पन्थियों तथा जैन मुनियों के साहित्य में धार्मिक मत-मतान्तर का निरूपण हुआ है। काव्यत्व अथवा साहित्यिक मानदण्डों की दृष्टि से विचार करें तो इस युग का साहित्य अपनी सीमाओं में पूर्णतया खरा उतरता है। लेकिन इन दोनों धाराओं के साहित्य का फलक अथवा वर्ण्य-विषय सीमित, संकुचित एवं संकीर्णता से परिपूर्ण है। उसका सामाजिक सरोकारों अथवा सामान्य जनमानस से कोई वास्ता नहीं रहा है। यही इस युग के साहित्य की सीमा है। आदिकाल का साहित्य काव्य-सौन्दर्य तथा उत्कृष्ट काव्यात्मकता

से सम्पृक्त होने पर भी महान काव्य इसलिए बन नहीं सका, क्योंकि उसका वर्ण्य-विषय भाव एवं विचार की दृष्टि से उदात्त नहीं था, जबकि भक्तिकाल का वर्ण्य-विषय मानवीय संवेदनाओं की उदात्तता से सम्पृक्त तथा अलौकिक एवं दिव्य पुरुषों की जीवनगाथा पर केन्द्रित था।

भक्तिकाल का साहित्य विपरीत राजनीतिक परिस्थितियों में लिखा गया। तब भारत मुग़लों का पूर्णरूप से ग़ुलाम हो चुका था। आदिकाल में जो साहित्य राजदरबार के आश्रय में फल-फूल रहा था, उसने अब मन्दिरों में शरण ले ली थी। साहित्य का आश्रय-स्थल बदलने से प्रतिपाद्य का भाव-स्थल भी बदल गया। वर्ण्य-विषय के स्तर पर आराध्य राजा-रजवाड़ों का स्थान आराध्य भगवान अथवा उसके राम-कृष्ण आदि अवतारों ने ले लिया। सामान्यतया भगवान पर अमीर से लेकर ग़रीब तक सभी की आस्था होती है। प्रकारान्तर से भक्ति साहित्य आम और खास सभी के सरोकारों के साथ जुड़ गया, चाहे वह भगवान के सगुण रूप से सम्बन्ध रखता हो अथवा निर्गुण रूप से, क्योंकि तुलसी के शब्दों में 'सगुणहिं निर्गुणहिं नहिं कछु भेदा' था। साधन-मार्ग चाहे कोई हो, साध्य सबका एक ही था–भगवत्प्राप्ति, भगवत्कृपा अर्थात् भगवान का सान्निध्य। यही कारण था कि भक्तिकाल के साहित्य ने हर समुदाय के लोगों को सन्तुष्ट किया, चाहे वह सवर्ण हो या असवर्ण, ग़रीब हो या अमीर। वैचारिक दृष्टि से दक्षिणपन्थियों को तुलसी ने रिझाया तो वामपन्थियों को निर्गुणपन्थी भक्त कवियों ने। रसिक पाठकों को सूर की कृष्ण-लीला ने रिझाया तो प्रेम-पुजारियों को जायसी के पद्मावत की प्रेम की पीर ने।

सूर-साहित्य में माता-पिता का वात्सल्य, बच्चों का उन्मुक्त संसार, युवा हृदयों की संयत प्रेम-लीलाएँ, गोपी-कृष्ण के प्रेम-प्रसंगों के माध्यम से एक पूरा गोपजीवन, कृषि-संस्कृति, गोपालक संस्कृति का पूरा नज़ारा, जिसमें ग्वाले भी हैं, ग्वालिनें भी हैं, गोकुल-वृन्दावन जैसे गाँव भी हैं, तो मथुरा जैसे शहर भी, साथ ही गोपी-कृष्ण के माध्यम से गाँव-शहर का अद्भुत मिलन भी। पर गोपियों का प्रेम शहरी जीवन पर भारी पड़ता है। यहाँ उद्धव जैसे दार्शनिक भी हैं, जिनकी दार्शनिकता प्रेम की रस-गागरी में धुल जाती है। सर्वत्र प्रेम ही भारी पड़ता है। राजा कृष्ण को भी प्रेम के आगे हार माननी पड़ती है तो दार्शनिक उद्धव को भी। सर्वत्र प्रेम का ही साम्राज्य है। प्रेम है ही ऐसी चीज़ कि जिसके सामने सबको हार माननी पड़ती है, चाहे वह माँ यशोदा का प्रेम हो या फिर राधा या गोपियों का।

तुलसी के यहाँ आदर्श समाज-व्यवस्था, सामाजिक-कौटुम्बिक बन्धन,

आदर्श रामकथा, रामराज्य की कल्पना का भव्य स्वरूप, सब कुछ कायदे-कानून के अन्तर्गत। सूर के उन्मुक्त गोप-जीवन को तुलसी ने जैसे सामाजिक बन्धनों में बाँध दिया हो और सहारा लिया रामकथा का। तुलसी की रामकथा देखने-सुनने में तो अच्छी लगती है, परन्तु वह जीने की नहीं, केवल देखने भर की चीज़ रह गयी। इसके विपरीत सूर ने जीवन जीना सिखाया। सूर का जीवन-दर्शन अमर्यादित नहीं था। सामाजिक मर्यादाएँ व्यक्ति-निर्मित होने के कारण देश-काल-निबद्ध एवं कृत्रिम होती हैं। वे व्यक्ति को बन्धनों में बाँधना चाहती हैं, जबकि ईश्वर ने मनुष्य को बन्धन-मुक्त पैदा किया है। गोप-जीवन एक सीमा तक बन्धन-मुक्त जीवन है, जिसका सजीव चित्रण सूर ने किया है। वहाँ ग्राम्य जीवन का यथार्थ निरूपित है। रास-लीला लोकजीवन की वास्तविकता है।

सूर के यहाँ लोकजीवन के दर्शन होते हैं तो तुलसी के यहाँ शहरी जीवन के। स्वाभाविक भी है, क्योंकि तुलसी के वर्ण्य-विषय का सम्बन्ध राजपरिवार की रामकथा से है, रघुवंश की कुल-मर्यादा से है। वह बनावटी जीवन है। रीति-रस्म, कुल-मर्यादा में लिपटा 'शो-पीस' की तरह का जीवन है। राजपरिवार की रामकथा के वाचन के कारण तुलसी और वीरगाथाकालीन कवियों में बहुत सारी समानताएँ भी हैं, जैसे–तुलसी की श्रेष्ठ काव्य कृति 'रामचरितमानस' में रघुकुल के एक राजपरिवार की रामकथा का वर्णन है। इस दृष्टि से तुलसी भी दशरथ-पुत्र राजा राम के राजदरबार के कवि हैं। राम की विनती को चाटुकारिता नाम देना ठीक नहीं होगा, पर बात चाटुकारिता की ही थी। तुलसी की चाटुकारिता कल्पित भगवान के प्रति मोक्ष-प्राप्ति की थी, भगवत्कृपा की थी। वह भौतिक सुखों की नहीं, अपितु उससे कहीं ऊपर आध्यात्मिक सुखों की महत्त्वाकांक्षा थी। उद्देश्य कुछ बड़ा था। वीरगाथाकालीन कवियों की चाटुकारिता मात्र धन-पद की प्राप्ति के लिए थी। वे सिद्धान्तवादी नहीं, व्यावहारवादी थे। अपवादों को छोड़ दें तो हर युग में धन-पद के लाभ के लिए ही सब कुछ होता रहा है और वर्तमान में वह अपनी पराकाष्ठा को पहुँच चुका है। 'मोक्ष' में उनका विश्वास नहीं था, क्योंकि वह काल्पनिक और अतार्किक था। तुलसी के आराध्य राम अलौकिक पुरुष थे, जबकि वीरगाथाकालीन कवियों के आराध्य लौकिक राजा-रजवाड़े। हालाँकि राम का जीवन भी लौकिक ही था, परन्तु उन्हें अलौकिक शक्तियों से परिपूर्ण दर्शाया गया है।

सूर-तुलसी की भक्ति अन्ध-श्रद्धा भक्ति थी। तुलसी की दृष्टि परम्परावादी थी, धार्मिक एवं सांस्कृतिक परम्परावादी। वे वर्णाश्रम व्यवस्था, जातिप्रथा एवं

हिन्दू धर्म के बहुत बड़े पोषक थे। तत्कालीन समाज-व्यवस्था के अनुरूप ब्राह्मण परिवार में जन्म लेने के कारण अपना प्रभुत्व बनाये रखने के लिए यह स्वाभाविक भी था। यह भी संयोग ही है कि जिस युग में तुलसी रामकथा के बहाने जाति-वर्णाश्रम व्यवस्था का पोषण कर रहे थे, उसी युग में निर्गुणपन्थी दलित सन्त कवि जाति-वर्णाश्रम व्यवस्था का घोर विरोध भी कर रहे थे। सगुण-निर्गुणपन्थी दोनों भक्त कवि थे, मूल उद्देश्य भी एक ही था–ईश्वर-प्राप्ति अथवा मोक्ष-लाभ। तुलसी केवल सवर्ण हिन्दुओं का प्रतिनिधित्व कर रहे थे, जबकि निर्गुणपन्थी दलित सन्त कवि मानवता का। तुलसी उदात्त मानवतावादी नहीं थे, वे पुराणपन्थी, राजतन्त्र तथा जाति-वर्णाश्रम व्यवस्था के हिमायती थे।

तथाकथित 'रामराज्य' में व्यक्ति मशीन की तरह यन्त्रवत् परिचालित था। जैसे कोई फ़ौज का प्रशिक्षित सिपाही हो, बिल्कुल नपा-तुला यान्त्रिक जीवन, आज्ञाकारी पुत्र, पतिव्रता स्त्री, लक्ष्मण-भरत जैसा आदर्श भाई, हनुमान जैसा परम भक्त आदि-आदि। स्त्रियों का योनिपूत होना जीवन-मूल्यों की आधारशिला थी। इसीलिए रावण द्वारा हरण होने पर सीता को अग्नि-परीक्षा देनी पड़ी क्योंकि उसे अपने योनिपूत होने का प्रमाण देना था। सूर ने तुलसी की योनि-पूतता की अनिवार्यता को ख़ारिज कर दिया। वहाँ स्वच्छन्द प्रेम और उन्मुक्त यौन सम्बन्धों को वरीयता दी गयी।

सीता को राम वनगमन से पूर्व ही अग्निदेव को सौंप गये थे। रावण ने जिस सीता का हरण किया, वह तो नकली सीता थी। असली सीता तो अग्नि-परीक्षा के समय प्रकट हुई। यह रहस्य केवल राम-सीता ही जानते थे या फिर रामकथा-वाचक कवि। यह कहानी भी उसी योनि-पवित्रता को बनाये रखने के लिए गढ़ी गयी लगती है। बाकी तो सब नाटक था। राम का सीता की खोज में वन-वन भटकना, रोना-विलपना, सब ढोंग था क्योंकि वे लीला मात्र कर रहे थे यानी सब नाटक और उस नाटक के दर्शक श्रद्धालु जनता, जिसके मस्तिष्क में प्रश्न नहीं उठने दिये जाते अथवा धर्म या आस्था-श्रद्धा की ओट में पर्दे के पीछे धकेल दिये जाते हैं।

सीता को वन-गमन से पूर्व अग्निदेव को सौंपने के पीछे एक बहुत बड़ा कारण था। रामकथा के अनुसार राम जानते थे कि भविष्य में क्या होने वाला है? सीता-हरण होगा, जो रावण-वध का कारण होगा। सीता-हरण के पश्चात् रावण जैसा बलशाली क्रूर राक्षस सीता के साथ कैसा व्यवहार करेगा, यह कोई नहीं जानता था। वह एक पतिव्रता नारी का शील-भंग भी कर सकता है, इसकी आशंका बहुतों को रही होगी।

अग्नि-परीक्षा के बाद भी धोबी द्वारा उठाया गया प्रश्न कि रावण जैसे मर्यादाहीन नृशंस राजा के बन्दीगृह में सीता क्या अपने शील की रक्षा कर पायी होगी, कई लोगों के मन में रहा होगा। आशंका किसी के भी मन में उठ सकती थी। तथाकथित आदर्श राज्य में जिसका एक ही समाधान था–सीता का परित्याग। तुलसी ने अपने मानस में 'सीता-परित्याग' और 'शम्बूक-वध' जैसे प्रकरण को स्थान नहीं दिया, क्योंकि कहीं-न-कहीं राम के विराट व्यक्तित्व में ऐसे छिद्र थे जो उनकी विराटता, महानता और मानवता में शंका पैदा करते थे। वाल्मीकि इस मामले में ईमानदार थे, काव्य सत्य की रक्षा कर रहे थे। तुलसी ने वे अप्रिय प्रसंग छोड़ दिये, जिन प्रसंगों को वाल्मीकि ने 'रामायण' में यथावत् ले लिया। यह हर कवि की अपनी दृष्टि एवं सोच है। वह स्वतन्त्र है। उसके लिए कोई बाध्यता तो नहीं है, परन्तु रचना-धर्म की ईमानदारी और तटस्थता में एक छिद्र तो है ही, ठीक एक दरबारी की तरह, जो राजदरबार में अपने आश्रयदाता का गुणगान ही कर रहा होता है, उसके दोषों की ओर भय अथवा श्रद्धा के कारण उसकी दृष्टि नहीं जाती या ओझल रहती है। इस मामले में सूर अधिक साहसी हैं। वे सखावत् खुला व्यवहार करते हैं। चूँकि तुलसी की भक्ति 'दास्य' भाव की है और 'भक्ति' में आपको श्रद्धालु ही बने रहना पड़ता है, आलोचक नहीं।

'सीता की अग्नि-परीक्षा' तुलसी ने भी करवायी, वह ज़रूरी थी। इसलिए 'अग्नि-परीक्षा' के बाद तुलसी ने 'सीता-परित्याग' को उचित नहीं समझा। पर राम-सीता का चरित्र व्यावहारिक जीवन में न तब ग्राह्य था और न आज। वह ग्राह्य हो ही नहीं सकता, क्योंकि उसमें जीवन नहीं है। वे आदर्शों की कठपुतली मात्र हैं। रावण मारा जा चुका है और उसके बाद सीता की अग्नि-परीक्षा हो रही है। यह उसके साथ और भी अन्याय था, भले ही राम ने सीता की स्वीकार्यता के लिए ऐसा नाटक रचा हो, फिर भी वह धोबी जैसे साधारण व्यक्ति तक को सन्तुष्ट नहीं कर पाया तो औरों को क्या कर पाया होगा। किस-किसके घर जाकर लक्ष्मण सीता के प्रति लोगों की प्रतिक्रियाएँ छिपकर सुनते रहते। सीता विवश थी, परवश थी। उसकी अपनी इच्छाओं का कोई अर्थ नहीं था। एक क़ैदी के साथ महाबली रावण जैसा सलूक करना चाहता, कर सकता था। यह सीता के साथ ज़्यादती थी।

सीता के शरीर को उसकी आत्मा से अधिक महत्त्व दिया गया। तथाकथित शारीरिक पवित्रता को जीवन का, समाज का, धर्म का आदर्श स्थापित किया गया। सीता तन-मन से राम को चाहती होंगी, इसमें कोई सन्देह नहीं हो सकता,

परन्तु शरीर तो पराधीन था। सीता के अग्नि-परीक्षा में खरा उतरने पर रावण को एक नया जीवनदान मिल गया। वह तमाम अवगुणों के बावजूद महान चरित्रवान सिद्ध हो गया। रावण कुलीन ब्राह्मण था। उसने ब्राह्मणत्व को बचा लिया। कहते हैं वह विद्वान था। इसलिए अपने वंश के भविष्य का ख़याल भी उसे रहा होगा। उसने ब्राह्मण जाति पर कलंक नहीं लगने दिया। सीता के चरित्र की रक्षा करके उसने अपने चरित्रवान होने का भी सबूत दे दिया।

सूर ने हमेशा जीवन में मानवीय भावनाओं को तरजीह दी है। कृष्ण की प्रेमिका राधा परकीया है। दूसरे की ब्याहता स्त्री है। राधा का कृष्ण के प्रति प्रेम, सीता के राम के प्रति प्रेम से किसी भी दृष्टि से कम नहीं है। राधा-कृष्ण की युगलमूर्ति को सूर ने इस जीवन्तता के साथ प्रस्तुत किया कि जनता ने उसे श्रद्धा-भक्ति के साथ स्वीकार किया। भारत जैसे देश में जहाँ परस्त्री-प्रेम अथवा परस्त्री-गमन को अनैतिक और पाप समझा जाता हो, राधा-कृष्ण के प्रेम को सूर ने इस रूप में प्रस्तुत किया कि उनकी युगलमूर्ति जनता की आराध्य बन गयी। प्रेम की विजय हुई, सामाजिक बन्धनों की पराजय। सामाजिक परम्परा के अनुसार विवाह किसी से भी, किन्ही कारणों से हो सकता है, लेकिन पति से प्रेम भी हो, यह आवश्यक नहीं है। यह एक स्वाभाविक बात है। ऐसा होता आया है। पूरी दुनिया में बड़ी संख्या में ऐसा होता रहा है, होता रहेगा। इसे सूर ने बड़ी भव्यता से प्रस्तुत किया है।

राधा ही नहीं, गोपियों के प्रेम में भी परकीया भाव है। सूर ने केवल 'प्रेम' तत्त्व को महत्त्व दिया। वास्तव में सच्चा प्रेम ही जीने का और जीवन का आधार भी है। उस 'प्रेम' को पाने के लिए कितने प्रेमी पागल हो गये, कितनों ने जान दे दी, कितनों ने ज़माने के जुल्मो-सितम सहे। तमाम सामाजिक, धार्मिक बन्धनों या मजबूरियों के कारण कितने घुट-घुटकर जिए-मरे, कितने मन मसोसकर रह गये, परन्तु उस प्रेम-रस की बूँदों का पान करने के लिए हर कोई तरसता रहा है। जिसे उस अमृत-तुल्य प्रेम-रसपान का सौभाग्य मिला, वह धन्य-धन्य हो गया, चाहे वह आध्यात्मिक प्रेम की दीवानी मीरा हो, सावित्री हो या कोई और।

तुलसी मर्यादा का डण्डा लिए खड़े रहते हैं। लक्ष्मण-रेखा से बाहर जाने के ख़तरों से डराते रहते हैं, जबकि सूर प्रेम-रस का प्याला छककर पिलाते हैं। समाज के मुखिया अथवा व्यवस्था के तथाकथित ठेकेदार हर गाँव-गली में हर साल दशहरा के आसपास 'रामलीला' का आयोजन कर लोगों को 'रामराज्य' के आदर्शों की याद दिलाते रहते हैं, पर वहाँ भी अब राम की

लीला के अपेक्षा 'आइटम डान्स' की लीला दर्शकों को अधिक लुभाने-रिझाने लगी है। राम के आदर्श सबको मुँह जुबानी याद हैं, पर वे कहने-सुनने भर को रह गये हैं। जीवन की वास्तविकता से उनका कोई वास्ता नहीं रह गया है। तथाकथित रामभक्त 'रामरथ' पर आरूढ़ होकर अपनी राजनीतिक रोटियाँ ही सेंकते रहे हैं। न तो वे राम के आदर्शों को अपना सके और न ही जनता को उस रास्ते पर चला सके। रामलीला केवल रंगमंच के मनोरंजन की लीला तक सीमित रह गयी, जबकि कृष्णलीला घर-घर पहुँच गयी।

फिर भी भक्तियुगीन काव्य आत्मवादी काव्य है, ज्ञानवादी काव्य है, रसवादी काव्य है। उसने हृदय और मस्तिष्क दोनों को सन्तुष्ट किया है। जहाँ वैष्णव भक्त कवियों ने हृदय की मुक्तावस्था का रसपान कराया है, वहीं निर्गुण पन्थियों ने मस्तिष्क के तारों को झकझोरा है, ज्ञान का दीप जलाकर जीवन की वास्तविकताओं का बोध कराया है। अन्धश्रद्धा के अँधियारे में यथार्थ ज्ञान एवं दिव्यता की ज्योति जलायी है। अज्ञान एवं मानवीय संकीर्णताओं के कंटकाकीर्ण जाल को ज्ञान की छुरी से काटने का प्रयास किया है। वहाँ वास्तविक अर्थों में सत्यं, शिवं के दर्शन होते हैं। सत्यं-शिवं हमेशा सुन्दरम् नहीं होता, क्योंकि सच कड़वा और विद्रूप भी होता है। सन्त कवियों ने ढोंगियों के ढोंग की पोल खोलकर रख दी और ऐसी खरी-खोटी सुनाई है कि उन्हें मुँह छिपाने का रास्ता भी नहीं मिल पाया, जिससे सौन्दर्य-पिपासुओं का मज़ा किरकिरा हुआ है और आज तक भी किरकिरी की खटास बनी हुई है।

सौन्दर्य-पिपासु सत्य को झुठला तो नहीं सकते, परन्तु उससे आँख चुराते हैं या अनदेखी करते हैं। सत्य की उपेक्षा करके उसे हवा में उड़ाना चाहते हैं। पर सत्य हमेशा सत्य ही रहता है, वह शिवं भी होता है, इस कारण सुन्दरम् भी। इस सत्य से कौन इनकार कर सकता है कि सभी मानव प्राणी एक समान हैं। एक ही ईश्वर की सन्तान हैं। जाति-पाँति, ऊँच-नीच का भेद कृत्रिम एवं अमानवीय है। वह मानवीय मूल्यों के विपरीत है। सत्यम्, शिवम् एवं सुन्दरम् का एक साथ होना आदर्शपरक स्थिति है। वैष्णव कवियों के यहाँ समाज अपने समग्र रूप में नहीं दिखाई देता, वरन् खण्डित रूप में दिखाई देता है। वहाँ शिवं-सुन्दरम् की स्थिति देखी जा सकती है, जबकि रीतिकालीन कवियों के यहाँ केवल आंशिक रूप में सुन्दरम् के दर्शन होते हैं।

भारतीय धर्म-दर्शन में ईश्वर के दो रूप माने गये हैं—सगुण और निर्गुण। मध्ययुगीन भक्त कवि भी अपनी विचारधारा के अनुरूप सगुण और निर्गुण दो खेमों में बँट गये। सगुण भक्ति धारा भी अपने-अपने आराध्य के अनुसार दो

शाखाओं में बँट गयी–रामभक्ति शाखा और कृष्णभक्ति शाखा। रामभक्ति शाखा का प्रतिनिधित्व गोस्वामी तुलसीदास करते हैं तो कृष्णभक्ति शाखा का महाकवि सूरदास। तुलसी ने रामकथा को अपना वर्ण्य-विषय चुना तो वे एक प्रकार से त्रेता युग में चले गये और अपनी रामकथा के वाचन के माध्यम से तत्युगीन हिन्दू समाज को भी वहीं ले गये। यदि वे रामकथा के माध्यम से मुग़लकालीन भारत में रामराज्य का सपना देख रहे थे तो इसे एक दिवास्वप्न या आदर्श कल्पना के अलावा कुछ नहीं कहा जा सकता। इसका एक सकारात्मक पक्ष यह था कि उन्होंने हिम्मतपस्त हिन्दू समाज को अवतारवाद का पाठ पढ़ाकर उन्हें गुलामी के चलते जीवन जीने का ढाड़स बँधाया और ईश्वरीय कृपा के अपने आश्वासन से सुखद भविष्य के प्रति आश्वस्त किया। इसीलिए वे कहते हैं–'जब-जब होय धरम की हानी। बाढ़हिं असुर अधम अभिमानी।। तब-तब धरि प्रभु मनुज सरीरा। हरहिं सकल सज्जन पीरा।।'

तुलसी का यह विश्वासपूर्ण आश्वासन श्रीमद्‌भगवद्‌गीता में भगवान श्रीकृष्ण के उस कथन पर आधारित था, जब वे मोहग्रस्त अर्जुन को अपने वास्तविक स्वरूप से अवगत कराते हुए कहते हैं–'यदा-यदा हि धर्मस्य ग्लानिर्भवति भारत! अभ्युत्थानमधर्मस्य तदात्मानम् सृज्याम्यहम्।' चूँकि विष्णु का अवतार होने से राम और कृष्ण मूलतः एक ही थे, इसलिए द्वापर युग के कृष्ण के कथन को त्रेता युग के रामावतार के साथ जोड़ा गया। वैसे भी हिन्दू समाज में राम और कृष्ण के ईश्वरत्व को लेकर वैचारिक स्तर पर कोई मतभेद नहीं था। हिन्दू समाज को राम के ईश्वरीय रूप की स्वीकार्यता पहले से ही थी। तुलसी ने तमाम सजातीय विरोध के बावजूद जनभाषा अवधी में रामचरितमानस लिखकर उसकी व्यापकता में वृद्धि करते हुए उसे जन-जन तक पहुँचाया। इस दृष्टि से तुलसी का अपने समाज के लिए बहुत बड़ा योगदान रहा है। लेकिन इस महान काव्य में तत्युगीन देशकाल, वातावरण और समाज नदारद है। यही इस रचना की सीमा है। वैसे भी रामचरितमानस कालजयी काव्यकृति की अपेक्षा एक धार्मिक ग्रन्थ अधिक है। इस तरह रामचरितमानस आदर्शों का पुंज मात्र है, उसमें भू-जीवन का यथार्थ केवल खलनायकों के चरित्र में ही देखा जा सकता है।

सूर ने अपना वर्ण्य-विषय श्रीकृष्ण की लीलाओं को चुना। इस कारण 'सूरसागर' में मानवीय संवेदनाओं की मनोवैज्ञानिक प्रस्तुति देखी जा सकती है। मानवीय संवेदनाएँ जीवन का यथार्थ हैं। सूर ने उनका जितना सूक्ष्म और प्रामाणिक चित्रण किया है, वह स्वयं में बेजोड़ एवं अद्‌भुत है। चाहे वह

श्रीकृष्ण की बाललीलाओं का सजीव वर्णन हो अथवा कृष्ण-गोप-गोपियों का निश्छल प्रेम-वर्णन। इस दृष्टि से सूर की कविताओं में मानवीय संवेदनाओं का, विशेष रूप से वात्सल्य प्रेम एवं स्त्री-पुरुषों के रतिजन्य मनोभावों का यथार्थ चित्रण देखने को मिलता है। यद्यपि सूर कृष्णभक्त कवि थे परन्तु उनके कृष्ण-गोप-गोपियों के शृंगारिक प्रेम-वर्णन को आध्यात्मिक चश्मे से देखना मानसिक दिवालियेपन का ही द्योतक होगा। वस्तुतः वह यथार्थ प्रेम का सजीव वर्णन है जो शुद्ध रूप से भौतिक जीवन से सम्बन्धित है, न कि आध्यात्मिकता से। इसका सम्बन्ध मानव मात्र से है, चाहे वह अमीर हो या ग़रीब, कुलीन हो या अकुलीन, देशी हो अथवा विदेशी।

भक्ति साहित्य की दूसरी काव्यधारा है—निर्गुण भक्ति। वह भी ज्ञानाश्रयी एवं प्रेमाश्रयी दो शाखाओं में विभाजित है। ज्ञानाश्रयी शाखा का प्रतिनिधित्व सन्त कबीरदास करते हैं तो प्रेमाश्रयी शाखा का मलिक मुहम्मद जायसी। जातीय समाज-व्यवस्था की दृष्टि से कबीर तथा अन्य सन्त कवि प्रायः दलित वर्ग से सम्बन्ध रखते हैं। इस कारण उन्होंने दलित होने के सामाजिक दंश को प्रत्यक्षतः झेला है। उनके अन्तर्मन की पीड़ा उनका भोगा हुआ यथार्थ है। उस पीड़ा की सशक्त अभिव्यक्ति उनकी जाति-व्यवस्था के विरोध में देखी जा सकती है। इसीलिए वे कहते हैं—'जाति-पाँति पूछे नहिं कोई, हरि को भजे सो हरि का होई।' हरि की दृष्टि में सब समान हैं, न कोई ऊँच है और न कोई नीच, न कोई सवर्ण है और न कोई अछूत। उनकी दृष्टि में तमाम बाह्याडम्बर एवं लोकाचार मिथ्या एवं ढोंग हैं। कबीर तथा अन्य निर्गुणपन्थी भक्त कवि मानवतावादी हैं, ज्ञानमार्गी हैं, इसलिए हर बात को तर्क की कसौटी पर परखते हैं। वे ईश्वरीय परमसत्ता को तो मानते हैं, लेकिन मूर्तिपूजा के घोर विरोधी हैं। मूर्तिपूजा के विरोध के माध्यम से वे प्रकारान्तर से व्यक्ति-पूजा का भी विरोध करते हैं, जबकि सगुण भक्तिकाव्य मूर्तिपूजा के माध्यम से व्यक्ति-पूजा का मार्ग भी प्रशस्त करता है।

इस प्रकार कबीर तथा अन्य निर्गुणपन्थी भक्त कवियों का काव्य भक्तिरसपूर्ण होते हुए भी तत्कालीन सामाजिक, धार्मिक एवं जाति-वर्ण व्यवस्था का यथार्थपरक चित्रण प्रस्तुत करता है। इस काव्यधारा का उद्देश्य मानवता एवं मानवीय मूल्यों को प्रष्ठिापित करना है तो रोगग्रस्त समाज का असली चेहरा उजागर करना भी है। ऐसा नहीं है कि वैचारिक स्तर पर कबीर अथवा अन्य निर्गुणपन्थी भक्त कवियों ने कोई नयी बात कही हो। ये सब बातें भगवान बुद्ध पहले ही कह चुके थे। भगवान बुद्ध ने अपने जीवनकाल में न

केवल सत्य, अहिंसा, करुणा, प्रेम, भाईचारा और मानवता का सन्देश दिया, वरन् उसे सामाजिक जीवन में व्यावहारिक धरातल पर भी कार्यरूप में परिणत किया। भगवान बुद्ध अनीश्वरवादी थे, इसलिए वे स्वाभाविक रूप से मूर्तिपूजा के विरोधी थे। वे जाति-वर्ण व्यवस्था, छुआछूत, ऊँच-नीच आदि अमानवीय बातों को नहीं मानते थे। इस कारण मानवतावादी थे। वे अहिंसा एवं करुणा के अवतार थे। जीव-हत्या को घोर पाप मानते थे। यही बात जब कबीर भी कहते हैं–'बकरी पाती खात है, ताकी काढ़ी खाल। जो नर बकरी खात हैं, ताको कौन हवाल।।' तो प्रकारान्तर से वे बुद्ध की बातों को ही दोहरा रहे होते हैं। इस तरह निर्गुणपन्थी भक्त कवियों के काव्य का आदर्श 'मानवतावाद' है तथा वर्ण्य-विषय सामाजिक यथार्थ। यथार्थ की नींव पर ही आदर्श का भव्य महल खड़ा हो सकता है, अन्यथा हवा में खड़ा किया गया आदर्शों का भव्य महल हवा में ही डोलता रह जाता है, ज़मीन पर नहीं उतर पाता, जैसा कि हम रामकथा के सन्दर्भ में देखते आये हैं।

निर्गुण भक्ति धारा की एक दूसरी शाखा है–प्रेमाश्रयी शाखा। इस शाखा का प्रतिनिधित्व जायसी करते हैं। सूफ़ी विचारधारा के भक्त कवि जायसी 'प्रेम की पीर' के पुजारी हैं। उनका भी जीवन के सामाजिक सरोकारों से कोई लेना-देना नहीं है। वे भगवत्प्रेम में डूबे रहना चाहते हैं तथा दूसरों को भी उसी में डुबाये रखना चाहते हैं। ईश्वरीय प्रेम अन्तर्मन से अनुभव करने की चीज़ है। ऐसा तभी सम्भव है, जब जीवन में कहीं कोई द्वन्द्व, ऊहापोह या अशांति न हो। वे प्रेममार्गी भक्त कवि हैं। सूफ़ी मत के अनुरूप ईश्वरानुरागी जीवात्मा को प्रेमी तथा ईश्वर को प्रेमिका के रूप में चित्रित किया गया है। जिस प्रकार एक सच्चा समर्पित प्रेमी अपनी प्रेमिका को प्राप्त करने के लिए मार्ग में आने वाली सारी बाधाओं को पार करते हुए अपनी प्रेमिका को प्राप्त कर लेता है, वही स्थिति सूफ़ी भक्त कवि की भी होती है। यहाँ न कोई जीवन का यथार्थ है और न कोई सामाजिक आदर्श। केवल एकान्तिक भक्ति साधना मात्र है। राजा रत्नसेन और रानी पद्मावती की प्रेम-कहानी को समासोक्ति/अन्याक्ति के रूप में जिस तरह से जीवात्मा और परमात्मा के प्रतीक के रूप में चित्रित किया गया है, उसका सम्बन्ध ईश्वरीय अनुभूति के मानस साक्षात्कार से है।

यदि मध्यकालीन साहित्य का काव्य-सौन्दर्य अथवा काव्यत्व की दृष्टि से विचार करें तो सूर सर्वश्रेष्ठ कवि ठहरते हैं। उसके बाद तुलसी तथा रीतिकालीन कवियों का काव्य आता है। यदि समग्रता में विचार करें तो साहित्यिक सौन्दर्य एवं कलात्मकता दृष्टि से रीतिकालीन काव्य उत्कृष्ट कोटि

का है। परन्तु जिस प्रकार चारित्रिक गुणों के अभाव में एक अनुपम सुन्दरी भी असुन्दर लगने लगती है, लगभग वही स्थिति रीतिकालीन काव्य की भी रही है। अतः जीवन की तरह ही काव्य के वर्ण्य-विषय का भी उत्कृष्टता एवं मानवीय मूल्यों से सम्पृक्त होना आवश्यक होता है। रीतिकालीन काव्य अपनी तमाम कलाबाज़ी के बावजूद इसलिए श्रेष्ठता को प्राप्त नहीं कर पाया क्योंकि उसका वर्ण्य-विषय संकुचित एवं संकीर्ण था। उसमें न तो भक्त कवियों की तरह मन को रमाने वाली आध्यात्मिक भावभूमि थी और न ही मानवीय उच्च मनोभावों का निरूपण। भक्तिकाव्य में जिस तरह से आत्मिक सौन्दर्य एवं दैहिक सौन्दर्य का समन्वय देखने को मिलता है, वैसा रीतिकाल के मुख्यधारा के काव्य में परिलक्षित नहीं होता। यदि रीतिमुक्त कवियों को छोड़ दिया जाये तो वहाँ कमोबेश यही स्थिति देखने को मिलती है।

रीतिकालीन काव्य सुन्दरम् का पक्षधर होने के कारण केवल देहवादी काव्य है। सुन्दरता आन्तरिक और बाह्य दोनों होती है। सुन्दरता में पूर्णता तभी आती है, जब वह अन्तर्बाह्य में समान रूप से परिव्याप्त हो। आन्तरिक सुन्दरता के अभाव में बाह्य सुन्दरता निष्प्राण एवं क्षणिक होती है। वह स्थायी आह्लाद का विषय नहीं हो सकती। इसीलिए बाह्य सौन्दर्य की अपेक्षा आभ्यन्तर सौन्दर्य को अधिक महत्त्व दिया गया है। यदि कहीं आत्मिक और बाह्य सौन्दर्य का समन्वय होता है तो वहाँ सौन्दर्य की आदर्शपरक स्थिति बनती है। प्रसाद के शब्दों में इसे ही 'हृदय की अनुकृति बाह्य उदार' कहा गया है। छायावादी काव्य 'सुन्दरम्' का उत्कृष्ट उदाहरण है, जहाँ बाह्य एवं आत्मिक सौन्दर्य के एक साथ दर्शन होते हैं, परन्तु वहाँ जीवनगत सत्य का अभाव खटकता है। सौन्दर्य का भव्य महल यदि सत्य की आधारशिला पर खड़ा न हो तो वह वायवीय, काल्पनिक, आकाशकुसुमवत् एवं निष्प्राण लगने लगता है।

इस प्रकार हम देखते हैं कि भक्तिकालीन काव्य में आदर्श एवं यथार्थ अलग-अलग रूपों में दिखाई देता है। उसका समन्वित रूप किसी एक कवि के काव्य में नहीं दिखाई देता। यद्यपि किसी भी युग का साहित्य समाज-सापेक्ष होता है, चाहे वह उस युग के साहित्य में प्रत्यक्ष रूप से वर्णित हो अथवा अप्रत्यक्ष रूप से। परन्तु मध्ययुगीन काव्य जैसे अपने तत्युगीन समाज से पूरी तरह असम्पृक्त था। समग्र रूप में भक्तिकाव्य का मूल प्रतिपाद्य तो एक ही था—भगवत् भजन-कीर्तन अर्थात् ईश्वर की महिमा तथा उसकी लीलाओं के गुणगान द्वारा ईश्वरीय कृपा से आत्मोद्धार करना।

रीतिवाद और महावीर प्रसाद द्विवेदी

1. रीतिवाद

'रीति' का शाब्दिक अर्थ है–पद्धति, मार्ग, प्रणाली, पन्थ, लक्षण, शैली आदि। संस्कृत काव्यशास्त्र में रीति-सम्प्रदाय में 'रीति' को काव्य की आत्मा के रूप में स्वीकार किया गया है। रीति-सम्प्रदाय के प्रवर्तक आचार्य वामन ने 'रीति' की परिभाषा देते हुए लिखा है–'रीतिरात्मा काव्यस्य। विशिष्ट पद-रचना रीतिः। विशेषो गुणात्मना। काव्यशोभाया कर्तारो धर्मा गुणाः'। अर्थात् काव्य की आत्मा रीति है, विशिष्ट पद-रचना को रीति कहते हैं। यह विशिष्टता गुणों पर आधारित है तथा काव्य के शोभाविधायक धर्म गुण माने जाते हैं। रीति का सम्बन्ध पद-रचना से है, जो कि समास पर निर्भर है। अतः कुछ आचार्यों ने इसे समास सहित, अल्प समासयुक्त तथा दीर्घ समासयुक्त के रूप में भी देखा है। रीति के चार भेद माने गये हैं–1. वैदर्भी, 2. गौड़ी, 3. पांचाली और 4. लाटी। गुणों की संख्या बीस मानी गयी है–दस अर्थ-गुण और दस शब्द-गुण। इस प्रकार रीति की विवेचना–समास, गुण, अलंकार और वैचित्र्य आदि के आधार पर की गयी है।

हिन्दी साहित्य में 'रीति' शब्द का प्रयोग विशेष अर्थ में हुआ है। यहाँ पर रीति का तात्पर्य है–काव्य का लक्षण देते हुए या लक्षण को ध्यान में रखकर लिखा हुआ काव्य। डॉ. भगीरथ मिश्र के शब्दों में–"रीतिकाव्य वह काव्य है, जो अलंकार, रस, नायिका-भेद, गुण, ध्वनि, वक्रोक्ति आदि काव्य के सिद्धान्तों के आधार पर या इनको ध्यान में रखकर लिखा जाये।"[1] इसी को 'रीतिवाद' कहा गया है। हिन्दी साहित्य के रीतिकाल में इस तरह के साहित्य को लिखने की प्रवृत्ति प्रचलित हुई, जिसमें पहले लक्षण देकर फिर उसके अनुरूप अलंकार, रस, नायिका-भेद आदि के उदाहरण के रूप में ही रचना करने का आग्रह था।[2]

इस प्रकार रीतिवाद और रीतिकाव्य को एक-दूसरे का पर्याय माना जा सकता है। रीतिकाव्य में दो तरह की प्रवृत्ति दिखाई देती है–1. लक्षणयुक्त और 2. लक्षणरहित। लक्षणयुक्त ग्रन्थों में लक्षण और उदाहरण दोनों ही रहते हैं, जबकि लक्षणरहित ग्रन्थों में लक्षणों को ध्यान में रखकर उदाहरणरूप काव्य की रचना की जाती है। यद्यपि कुछ विद्वानों ने लक्षणयुक्त ग्रन्थों को 'रीतिशास्त्र' के अन्तर्गत रखा है, लेकिन सामान्यतः रीतिकाव्य के अन्तर्गत लक्षणयुक्त तथा लक्षणरहित दोनों प्रकार के ग्रन्थों का समावेश किया जाता है।

लक्षण ग्रन्थ अथवा लक्षणयुक्त ग्रन्थ लिखने वाले कवि और आचार्य थे, जबकि लक्षणरहित या लक्षय ग्रन्थ (काव्य) लिखने वाले केवल कवि। इसी आधार पर रीतिकाव्य लिखने वाले कवियों को दो वर्गों में बाँटा गया है–

1. रीतिबद्ध कवि–रीति-परम्परा में बँधकर जिन्होंने प्रमुख रूप से लक्षण ग्रन्थ लिखे और उन लक्षणों को अधिक स्पष्ट एवं पुष्ट करने के लिए उदाहरणस्वरूप अपनी कविताएँ भी प्रस्तुत कीं, वे रीतिबद्ध कवि कहलाए। इन कवियों में केशवदास, चिन्तामणि, मतिराम, देव, भिखारीदास, सोमनाथ, जसवन्त सिंह आदि आते हैं।

2. रीतिसिद्ध (रससिद्ध) कवि–जिन्होंने काव्य-सिद्धान्तों के लक्षण बताने वाले ग्रन्थ तो नहीं लिखे, लेकिन प्रत्यक्ष एवं परोक्ष रूप से रीति परम्परा की मान्यताओं का अपने काव्य में उपयोग किया और काव्य-रचना के समय उनका पूरा ध्यान इन लक्षणों पर था, वे रीतिसिद्ध (रससिद्ध) कवि कहे गये। बिहारी, सेनापति आदि इस प्रकार के कवि हैं।

रीतिकाल में कई ऐसे कवि भी थे, जिन्होंने न तो लक्षण ग्रन्थों की रचना की और न रीतिकालीन परम्पराओं का ही अपनी रचनाओं में निर्वाह किया। वे पूर्णतः स्वतन्त्र होकर विशुद्ध श्रृंगारपरक, आत्मानुभूतिकारक, विरक्तिपरक और प्रकृति-चित्रण की कविता लिख रहे थे। ऐसे मुक्त रचना करने वाले कवि रीतिमुक्त कवि कहलाए। इस तरह के कवियों में घनानन्द, आलम, ठाकुर, बोधा एवं द्विजदेव प्रमुख हैं। जिन कवि-आचार्यों ने लक्षणयुक्त ग्रन्थों की रचना की है, उन्होंने संस्कृताचार्यों के काव्य-लक्षणों को ही अपना आधार बनाया है। इस कारण उनके लक्षणों में मौलिकता का अभाव है, लेकिन उन्होंने उन लक्षणों के जो उदाहरण प्रस्तुत किये, वे उनके निजी हैं और उनमें मौलिकता देखी जा सकती है। वस्तुतः इन कवि-आचार्यों ने संस्कृताचार्यों की परम्परा का ही अनुसरण किया है क्योंकि संस्कृत के बाद प्राकृत और अपभ्रंश भाषा के काव्यों में इस तरह की परम्परा नहीं थी। रीतिकाव्य के लक्षणयुक्त ग्रन्थों की

अपेक्षा लक्षणरहित ग्रन्थों का मौलिकता एवं साहित्यिक उत्कृष्टता की दृष्टि से अधिक महत्त्व है। उनमें ब्रजभाषा का सुन्दर एवं काव्यात्मक रूप मिलता है।

यद्यपि रीतिकाव्य का रचनाकाल 'रीतिकाल' तक ही सीमित माना जाता है, परन्तु रीतिकाव्य की परम्परा रीतिकाल में ही समाप्त नहीं हुई, वरन् आधुनिक युग तक चलती रही। भारतेन्दु युग और द्विवेदी युग तक तो यह धारा चलती ही रही, आज भी इस परम्परा का काव्य चल रहा है।[3] भले ही रीतिकाव्य की धारा आधुनिक युग तक भी क्षीण रूप में चलती रही हो, लेकिन द्विवेदी युग में इस काव्य-परम्परा का जबरदस्त विरोध हुआ। इस विरोध के पुरोधा थे–महावीर प्रसाद द्विवेदी और विरोध का माध्यम बनी 'सरस्वती' पत्रिका।

भक्तिकाल के बाद हिन्दी साहित्य की विकास-यात्रा में जिस प्रकार से एकाएक बदलाव आया, उसके कई ऐतिहासिक, राजनीतिक, सामाजिक एवं सांस्कृतिक कारण भी रहे हैं। आदिकाल में जिस तरह से हिन्दी साहित्य को राजदरबारों का संरक्षण मिला और फिर उसने राजनीतिक पराभव के युग में देवालयों में शरण ली, उसी प्रकार भारतवर्ष में जब मुग़ल साम्राज्य पूर्णतः स्थापित हो गया और अपने राजनीतिक वैभव के शिखर पर जा पहुँचा तो फिर से साहित्य देवालयों से निकलकर राजदरबारों में जा पहुँचा तथा सामन्ती मनोवृत्ति के अनुरूप उसकी दशा और दिशा, दोनों में परिवर्तन आ गया। रीतिकाल का समय 1643 ई. से 1843 ई. तक माना जाता है। यह शाहजहाँ के शासनकाल के उत्तरार्ध का समय था। यह काल समृद्धि और विलासिता का युग था। नवाब, जागीरदार, मनसबदार, सामन्त सभी के जीवन का उद्‌देश्य भोग-विलासिता तक सीमित रह गया था।

इस प्रकार ऐहिक जीवन के सुख-भोग पर विशेष बल देने के कारण उसका स्वरूप तत्युगीन साहित्य में भी प्रतिबिम्बित हुआ। श्रृंगारिकता को और अधिक चटकदार और रसदार बनाने में ही कवियों ने अपनी सारी प्रतिभा लगा दी। हिन्दी साहित्य में दरबारी प्रवृत्ति अकबर के समय से ही प्रारम्भ हो गयी थी। अकबर ने ही सबसे पहले कई हिन्दी कवियों को अपने दरबार में आश्रय दिया। आगे चलकर अन्य राजाओं ने भी इस प्रवृत्ति का अनुसरण किया। राजपुताना तथा मध्य भारत की रियासतों ओरछा, नागपुर आदि में हिन्दी कवियों को राज्याश्रय प्राप्त हुआ, जहाँ राजनीतिक संरक्षण में रीतिकाव्य फला-फूला, वहीं इस युग में सामन्तवादी समाज-व्यवस्था के कारण भी उसको प्रश्रय मिलता रहा। कवियों ने अपने आश्रयदाताओं की रुचि के अनुसार ही काव्य-रचना करना परम कर्तव्य समझा।

2. रीतिवाद और महावीर प्रसाद द्विवेदी

आधुनिक हिन्दी साहित्य के विकास तथा खड़ी बोली हिन्दी को साहित्यिक मंच पर प्रतिष्ठापित करने के लिए रीतिवादी काव्य का विरोध आवश्यक था। दरबारी संस्कृति एवं रीतिवादी रूढ़ियों से मुक्ति पाकर ही हिन्दी साहित्य को एक नयी दिशा दी जा सकती थी। डॉ. रामविलास शर्मा की दृष्टि में पुराने दरबारी काव्य की मुख्यतः चार रूढ़ियाँ थीं–1. सरस कविता केवल ब्रजभाषा में ही लिखी जा सकती है और गद्य में जिस भाषा का प्रयोग होता है, वह स्वभावतः नीरस है। 2. श्रृंगार रस सभी रसों में श्रेष्ठ है और नायिका-भेद सम्बन्धी साहित्य में इसका पूर्ण विकास हुआ है। 3. समस्यापूर्ति को प्रतिभा के चमत्कार का आधार माना जाता था अर्थात् कवियों को पहले से कोई समस्या दी जाती थी और उस पर वे कवित्त अथवा सवैया बनाकर अपनी प्रतिभा का चमत्कार दिखाते थे। 4. रस और अलंकारों को ही काव्य-सौन्दर्य का आधार माना जाता था।[4]

महावीर प्रसाद द्विवेदी ने इन चारों रूढ़ियों के विरुद्ध कई मोर्चों पर एक साथ लड़ाई लड़ी। उन्हें पूरा विश्वास था कि वे अपनी इस लड़ाई में ब्रजभाषा को साहित्य के क्षेत्र में अपदस्थ कर कविता एवं गद्य के क्षेत्र में खड़ी बोली को पूर्णतया प्रतिष्ठित करने में सफल होंगे, जबकि उनके कई समकालीन आलोचक द्विविधाग्रस्त थे कि क्या कविता के क्षेत्र में खड़ी बोली ब्रजभाषा का स्थान ले पायेगी? हाँ, गद्य के लिए खड़ी बोली अपनायी जा सकती है। ऐसी विचारधारा रखने वालों में भारतेन्दु हरिश्चन्द्र, बालकृष्ण भट्ट तथा उनके अन्य समकालीन लेखक भी सम्मिलित थे। भट्ट जी जैसे खड़ी बोली हिन्दी के गद्य लेखकों की भी यह धारणा थी कि पद्य के लिए ब्रजभाषा ही खड़ी बोली की अपेक्षा अधिक उपयुक्त है।

इस प्रकार महावीर प्रसाद द्विवेदी न केवल रीतिवाद के विरोध में खड़े थे, वरन् उन्हें ब्रजभाषा के समर्थक लेखकों से भी दो-दो हाथ करने थे। हालाँकि द्विवेदी जी ने सदाशयता का परिचय देते हुए ब्रजभाषा में लिखी हुई कविताएँ और उसके समर्थन में लिखे गये लेख भी 'सरस्वती' में प्रकाशित किये। लेकिन ब्रजभाषा के विरुद्ध अपना संघर्ष भी जारी रखा। उन्होंने खड़ी बोली को साहित्य के मंच पर प्रतिष्ठित करने के लिए जी-जान से प्रयत्न किया। उनके इस रीतिवाद-विरोधी अभियान में कतिपय समकालीन लेखकों ने भी उनका साथ दिया। द्विवेदी जी ने 'सरस्वती' में बदरीनाथ भट्ट का 'खड़ी

बोली की कविता' शीर्षक से लेख छापा, जिसमें उन्होंने ब्रजभाषा काव्य की प्रशंसा भी की है, साथ ही यह भी लिखा कि–"खड़ी बोली का बन्द खुल गया है, उसका विकट प्रवाह अब रोका नहीं रुक सकता। अतएव जो सज्जन इस ओर से उदासीन हैं, उन्हें उचित है कि इस ओर भी अपनी कृपा-दृष्टि रखें।" भारतेन्दु हरिश्चन्द्र निज भाषा के महत्त्व को प्रतिपादित करते हुए पहले ही कह चुके थे–

निज भाषा उन्नति अहे, सब उन्नति को मूल।
बिन निज भाषा ज्ञान के मिटत न हिय को शूल ।।

द्विवेदी जी ने भी उसी अंक में सम्पादकीय में लिखा था–"क्या हमारी भाषा के कवि भी नायिका-भेद और समस्यापूर्ति को छोड़कर निजभाषा की वास्तविक उन्नति पर ध्यान देंगे?" मिश्र बन्धुओं ने भी कविता में समस्यापूर्ति की आलोचना करते हुए 'सरस्वती' में एक लेख में स्वच्छन्द काव्य की बात की थी। इस सम्बन्ध में डॉ. रामविलास शर्मा का कथन द्रष्टव्य है–"दासत्व बनाम स्वच्छन्दता। रीतिवाद बनाम छायावाद। मिश्रबन्धुओं की स्थापना उनकी अपनी व्यावहारिक आलोचना से आगे है और वह द्विवेदी युग की सामान्य काव्य-दृष्टि से आगे है। कविता के लिए स्वच्छन्दता आवश्यक है। रीतिवादी बन्धनों से उसका सहज प्रवाह रुक जाता है। यदि कवि को पहले से समस्या देना उसकी स्वच्छन्दता पर रोक लगाना है तो उससे यह कहना कि इस विषय पर लिखो, इस विषय पर न लिखो, उसी तरह उसकी स्वच्छन्दता पर रोक लगाना है। महावीर प्रसाद द्विवेदी कवियों को विषय बताकर उनसे कविताएँ लिखते थे। छायावादी कवियों का तर्क यह था कि कवि अपनी अनुभूतियों के प्रति सच्चा रहेगा, इसके अलावा वह कोई बन्धन स्वीकार न करेगा। नयी कविता लिखने वाले और उसके समर्थक यही तर्क दोहराते हैं, यद्यपि वे खुद को और दूसरों को समझाते यह हैं कि वे छायावाद के विरोधी हैं।"[5]

यद्यपि डॉ. शर्मा ने द्विवेदी जी की परस्पर अन्तर्विरोधी बातों की सीमा को रेखांकित किया है, परन्तु उन्होंने उनकी बातों का समर्थन करते हुए भी लिखा है–"महावीर प्रसाद द्विवेदी ने और उनसे पहले भारतेन्दु हरिश्चन्द्र ने नये विषयों पर लिखने का आह्वान करके कवियों का उपकार किया। साहित्यकारों की सामाजिक चेतना के विकास और परिष्कार के लिए यह कार्य आवश्यक था। अनुभव केवल व्यक्तिगत स्तर पर नहीं होता, सामाजिक स्तर पर भी होता है।...समस्यापूर्ति के बन्धन कवियों को चमत्कारवादी दायरे में बन्द कर देते थे। नवीन विषय सम्बन्धी निर्देश उन्हें इस दायरे से बाहर निकालते थे।

जहाँ स्वच्छन्दता है, वहाँ उसकी सीमा भी है, बन्धनहीन निरपेक्ष स्वच्छन्दता रूमानी कल्पना मात्र है।''[6]

डॉ. शर्मा ने अपनी पुस्तक 'महावीर प्रसाद द्विवेदी और हिन्दी नवजागरण' में द्विवेदी जी के रीतिवाद-विरोधी अभियान पर विस्तार से प्रकाश डाला है कि किस प्रकार उन्होंने 'सरस्वती' पत्रिका के माध्यम से अपने विभिन्न लेखों, सम्पादकीय टिप्पणियों तथा अन्य लेखकों के तद्विषयक लेखों के द्वारा रीतिवाद का घोर विरोध किया और एक ऐसी नवजागृति लेखकों में पैदा की, जिससे हिन्दी साहित्य में सामाजिक चेतना एवं राष्ट्रीयता का स्वर प्रमुखता से उभरने लगा। उन्होंने रीतिवाद का सम्बन्ध सीधे राजदरबारों से जोड़ा। संस्कृत साहित्य से चली आ रही नायिका-भेद की बहुत पुरानी परम्परा को, जो कि ब्रजभाषा काव्य में परिमाण की दृष्टि से काफ़ी विकसित हो चुकी थी, उसका यथासम्भव मूलोच्छेद किया।

द्विवेदी जी ने श्रृंगार रस की कोख में पलने वाली विलासितापूर्ण नायिका-भेद परम्परा को अपने व्यंग्य बाणों से छलनी करने में कोई कसर नहीं छोड़ी। नायिकाओं के भेदोपभेद के रूप में स्त्री को जिस तरह से ब्रजभाषा काव्य में भोग्या और विलासिता की वस्तु मात्र बना दिया था, उससे द्विवेदी जी काफ़ी खिन्न थे। यह सारा कुचक्र राजदरबारी संस्कृति और सामन्ती समाज-व्यवस्था को बनाये और बचाये रखने के लिए किया जा रहा था। श्रृंगार रस को 'रसराज' के आसन पर प्रतिष्ठित करने वाले रीतिवादियों ने श्रृंगार रस की आड़ में स्त्री का जो मादक रूप अपनी काव्य-रचनाओं में प्रस्तुत किया, वह समाज को पतनोन्मुखी बनाने वाला था। द्विवेदी जी ने इन श्रृंगारी कवियों पर कटाक्ष करते हुए लिखा है-''नायिकाएँ ही श्रृंगार रस की अवलम्बन हैं और श्रृंगार रस ही सब रसों का राजा है। राजा का जीवन ही जब इन नायिकाओं पर अवलम्बित है, तब कहिए क्या भाषा-साहित्य में इनकी इतनी प्रतिष्ठा न हो? इनकी कीर्ति का कीर्तन करके क्यों कविजन अपनी वाणी को सफल न करें? और इन्हीं की बदौलत नाना प्रकार के पुरस्कार पाकर क्यों न वे अपने को कृतकृत्य मानें।'' वस्तुतः रीतिवादी श्रृंगारी कवि राधा-कृष्ण की आड़ में अपनी ही कुत्सित मनोवृत्ति और काम-वासना का उद्दाम वर्णन कर रहे थे। उनके काव्य में राधा-कृष्ण के अलौकिक रूप ने एक साधारण अमर्यादित प्रेमी युगल का रूप ले लिया।

यह सही है कि श्रृंगारिकता जीवन का एक अभिन्न अंग है, परन्तु वही सब कुछ नहीं है। जिस भारतीय समाज में नारी-सम्मान और नारी-आदर्श की

बात की जाती रही है, उसी समाज का साहित्य नारी की अश्लील एवं घृणित तस्वीर प्रस्तुत करे, यह द्विवेदी जी को कतई मंजूर नहीं था। वे श्रृंगार रस के विरोधी नहीं थे, वरन् उसे मर्यादित करने के पक्षधर थे। श्रृंगार रस की अतिशयता, वासनापूर्ण फूहड़ता और भदेसपन उन्हें स्वीकार्य नहीं था। वे हिन्दी साहित्य में नवजागरण के पुरोधा और एक ऐसे मठाधीश थे जो सदियों से चली आ रही अमर्यादित श्रृंगारिकता पर शब्दों की चाबुक चलाने की सामर्थ्य रखते थे। वे एक तरह से साहित्यिक धर्मोपदेशक की भूमिका का भी निर्वाह कर रहे थे। वे पतनशील भारतीय समाज को युगानुरूप प्रगति की राह पर ले जाना चाहते थे। उन्हें पता था कि किसी भी समाज के नवनिर्माण में उस समाज के साहित्य की महत्त्वपूर्ण भूमिका हो सकती है। ऐसा अविवेकी साहित्य किस काम का, जो समाज को पतन की ओर ले जाये। उनकी चिन्ता स्वाभाविक, समीचीन एवं युगानुरूप भी। वे तर्कपूर्ण तरीक़े से अपनी बात को पाठकों के समक्ष रखते थे, जैसे परिवार का एक ज़िम्मेदार मुखिया उसके भले-बुरे के बारे में सोचता है। अति श्रृंगारिक रचनाओं को लक्ष्य करते हुए वे लिखते हैं–''अब देखिए, इस प्रकार की पुस्तकों में लिखा क्या रहता है। लिखा रहता है परकीया (परस्त्री) और वेश्याओं की चेष्टा और उनके घृणित कृत्यों के लक्षण और उदाहरण। परकीया के अन्तर्गत अविवाहित कन्याओं के पापाचार की कथा! पुरुष मात्र में पतिबुद्धि रखने वाली कुलटा स्त्रियों के निर्लज्ज और अनर्गल प्रलाप! और भी अनेक बातें रहती हैं। विरह-निवेदन करने अथवा परस्पर मेल करा देने के लिए दूत और दूतियों की योजना का वर्णन रहता है, वेश्याओं को बाज़ार में बिठलाकर, उनके द्वारा हज़ारों के हृदय हरण किये जाने की कथा रहती है...यही बातें विलक्षण उक्तियों के द्वारा इस प्रकार की पुस्तकों में विस्तारपूर्वक लिखी गयी हैं।''

निश्चित तौर पर इस तरह की रचनाएँ द्विवेदी जी की दृष्टि में घोर निन्दनीय थीं। हालाँकि इस तरह की परम्परा संस्कृत के अलंकारशास्त्र से चली आ रही थी। संस्कृत काव्यशास्त्र में अलंकारवादियों का काफ़ी वर्चस्व रहा है और उसकी एक सुदीर्घ परम्परा वहाँ देखने को मिलती है, जो हिन्दी के रीतिवादी काव्य में और भी फलती-फूलती दिखाई देती है। द्विवेदी जी साहित्य में विषयवस्तु को विशेष महत्त्व देते हैं, न कि चमत्कारिता को। वे काव्य में अलंकारों के सहज एवं स्वाभाविक प्रयोग के पक्षपाती हैं, न कि उन्हें बलात् ठूँसने के। द्विवेदी जी की दृष्टि में न तो लक्षण ग्रन्थों की कोई उपयोगिता थी और न उनके अनुरूप रचे गये लक्ष्य ग्रन्थों (काव्य ग्रन्थों) की। द्विवेदी जी

ऐसी काव्य-रचना के पक्षधर थे, जो यथार्थ जीवन के अनुरूप हो, पढ़ने में स्वाभाविक एवं सहज लगे तथा मन को निर्मल आनन्द से भर दे। रीतिवाद से विरोध उनका इसी धरातल पर था।

द्विवेदी जी के रीतिवाद-विरोधी अभियान में उनके समकालीन कुछ अन्य लेखक भी जुड़े, जिनमें मैथिलीशरण गुप्त का नाम प्रमुखता से लिया जा सकता है। गुप्त जी का रीतिवाद-विरोधी स्वर सर्वप्रथम जगन्नाथ प्रसाद भानु की पुस्तक 'काव्य प्रभाकर' की आलोचना में देखा जा सकता है, जो सन् 1912 के सरस्वती के अप्रैल और मई के अंकों में छपा था। दिसम्बर 1914 के सरस्वती अंक में उनका 'हिन्दी कविता किस ढंग की हो?' लेख प्रकाशित हुआ। यह भी रीतिवाद-विरोधी अभियान का ही अंग था। उक्त लेख के बारे में डॉ. रामविलास शर्मा लिखते हैं–"गुप्त जी यहाँ दो बातों पर ज़ोर देते हैं। एक तो यह कि रीतिवादी कविता का सामाजिक आधार अत्यन्त संकुचित है। नयी कविता को अपना सम्बन्ध सर्वसाधारण से जोड़ना है। दूसरी बात यह कि रीतिवादी काव्य का भाषा-सौन्दर्य निर्जीव किस्म का है। माधुर्य के साथ ओज भी होना चाहिए।"[7] मैथिलीशरण गुप्त को रीतिवादी काव्य की कृत्रिमता एवं बौद्धिकता के प्रति सबसे अधिक विरोध था।

भक्तिकालीन कवियों ने भी श्रृंगार रस का वर्णन किया है, लेकिन उस पर कभी किसी को एतराज़ नहीं हुआ, क्योंकि वह मानवीय मनोभावों एवं संवेदनाओं की सहज एवं स्वाभाविक अभिव्यक्ति है। रीतिकाल में वीर रस की भी कविताएँ लिखी गयीं, परन्तु उनमें भी आलंकारिता, कृत्रिमता एवं शब्दाडम्बर अधिक दिखाई देता है। उन कविताओं को पढ़कर चमत्कृत तो हुआ जा सकता है, लेकिन वे पाठक के हृदय में वीर रस का वास्तविक संचार करने में असमर्थ जान पड़ती हैं, क्योंकि वे रीतिवादी परम्परा के अनुरूप लिखी गयी हैं। वीर रस की रीतिवादी कविता पर अपनी प्रतिक्रिया व्यक्त करते हुए गुप्त जी लिखते हैं–"कितने ही कवियों ने अपने आश्रयदाताओं के विषय में वीर रस की कविता की हैं, पर वे प्रायः शब्दाडम्बर के पीछे ही पड़े रहे हैं। उनकी भाषा बनावटी है। कानों को कोचने वाली परुष शब्दावली उसमें अधिक दिखाई देती है, पर हृदय को उत्तेजित करने वाली सामग्री बहुत कम। वही बाह्याडम्बर, वही घटाटोप और वही कृत्रिमता।"[8]

गुप्त जी राष्ट्रीय विचारधारा के कवि एवं चिन्तक रहे हैं तथा खड़ी बोली हिन्दी के प्रबल समर्थक। उनकी दृष्टि में जो लोग खड़ी बोली हिन्दी को कविता के योग्य नहीं समझते, उन्हें राष्ट्रभाषाद्रोही ही समझा जाना चाहिए। इस

तरह द्विवेदी जी के अभियान को गुप्त जी ने और अधिक बल प्रदान किया। द्विवेदी जी का यह अभियान रीतिवादी कविता के प्रत्येक पक्ष को लेकर था। इसमें छन्द-विधान भी एक प्रमुख विषय था। रीतिवादी कवि छन्द-विधान को कविता के लिए अनिवार्य मानते थे, लेकिन उनके छन्दों की संख्या सीमित थी। द्विवेदी जी ने छन्द-विधान के सम्बन्ध में अपने मौलिक विचार प्रस्तुत किये। उनका स्पष्ट मत था कि कविता के लिए छन्द कोई अनिवार्यता नहीं है। छन्द-रहित कविता भी उत्कृष्ट हो सकती है और छन्द के यान्त्रिक ढाँचे में लिखी गयी कविता भी निकृष्ट। उनका मानना था कि "गद्य और पद्य दोनों में कविता हो सकती है।" छन्द महत्त्वपूर्ण नहीं है, विषय महत्त्वपूर्ण है। वे मुक्त छन्द की बात नहीं करते, वरन् छन्दमुक्त काव्य का भी समर्थन करते हैं। जो लोग पुराने ढर्रे के छन्दों पर ही काव्य-रचना करते आ रहे थे, उनसे वे नयी छन्द-रचना का भी आग्रह करते हैं। घिसे-पिटे ढाँचे में निरन्तर काव्य-रचना करने में वह आनन्द नहीं आता, जो उसके नये स्वरूप में आता है। इसलिए वे नवीन छन्दों के प्रयोग का आग्रह करते हुए कहते हैं–"हम समझते हैं कि दोहा, चौपायी, सोरठा, घनाक्षरी, छप्पय और सवैया आदि का प्रयोग हिन्दी में बहुत हो चुका। कवियों को चाहिए कि यदि वे लिख सकते हैं तो इनके अतिरिक्त और छन्द भी वे लिखा करें।"

उनकी दृष्टि में कविता में सरसता होनी चाहिए, वही मुख्य है तथा छन्द गौण। इसी तरह वे कविता में तुकबन्दी को भी महत्त्व नहीं देते, वरन् अतुकान्त कविता के पक्षधर हैं। संस्कृत में सारा कविता-साहित्य अतुकान्त रहा है और उत्कृष्ट कोटि का है। इस सन्दर्भ में वे संस्कृत का अनुकरण करने की सलाह देते हैं, क्योंकि तुकबन्दी के चक्कर में भाव-प्रवाह में बाधा उपस्थित होती है और कई बार शब्दों को तोड़-मरोड़कर प्रस्तुत करना पड़ता है या अनावश्यक शब्दों की भर्ती करनी पड़ती है। इस तरह वे 'अतुकान्त छन्द' के साथ-साथ 'मुक्त छन्द' की राह को अधिक प्रश्रय देते हैं। द्विवेदी जी के विचारों से काफ़ी हद तक मैथिलीशरण गुप्त भी सहमत थे।

इस प्रकार द्विवेदी जी ने न केवल तुकान्त कविता की परम्परागत रूढ़ि को तोड़ने पर ज़ोर दिया, वरन् छन्द के बन्धनों से मुक्ति का रास्ता भी प्रशस्त किया, जिसका प्रयोग हमें निराला की कविताओं में देखने को मिलता है, जिसमें भावों का स्वाभाविक प्रवाह, कल्पना की उन्मुक्त उड़ान और अर्थलय का सौन्दर्य दिखाई देता है। इस अभियान में द्विवेदी युग के ही एक अन्य लेखक बदरीनाथ भट्ट ने भी द्विवेदी जी का साथ दिया। मई 1914 के 'सरस्वती'

के अंक में उनका 'आधुनिक हिन्दी काव्य पर दोषारोपण' शीर्षक से एक लेख छपा था, जिसमें उनका रीति-विरोधी स्वर स्पष्ट रूप से सुनाई देता है। वे कहते हैं–"हमारी कविता समय के अनुरूप होनी चाहिए और हमारे छन्द हमारे भावों के अनुरूप। उनमें ओज होना चाहिए, स्फूर्ति होनी चाहिए, मुर्दापन नहीं...वे जातीय जागृति की द्योतक होनी चाहिए।"

वस्तुतः द्विवेदी जी का मुख्य आग्रह कविता की विषय-वस्तु को लेकर था। वे नये युग के अनुरूप नये प्रकार की विषय-वस्तु से समन्वित साहित्य रचना चाहते थे, जो अपने युग की अपेक्षा-आकांक्षा के अनुरूप हो। उनके ये विचार 1901 वाले 'कवि-कर्तव्य' लेख में देखे जा सकते हैं, जिसमें कविता के विषय के बारे में वे लिखते हैं–"कविता का विषय मनोरंजक और उपदेशजनक होना चाहिए। यमुना के किनारे केलि-कौतूहल का अद्‌भुत वर्णन बहुत हो चुका। न परकीयाओं पर प्रबन्ध लिखने की अब कोई आवश्यकता है और न ही स्वकीयाओं के 'गतागत' की पहेली बुझाने की। चींटी से लेकर हाथी-पर्यन्त पशु, भिक्षुक से लेकर राजा--पर्यन्त मनुष्य, बिन्दु से लेकर समुद्र-पर्यन्त जल, अनन्त आकाश, अनन्त पृथ्वी, अनन्त पर्वत, सभी पर कविता हो सकती है। फिर क्या कारण है कि इन विषयों को छोड़कर स्त्रियों की चेष्टाओं का वर्णन करना ही कोई-कोई कवि कविता की चरम सीमा समझते हैं? केवल अविचार और अन्ध परम्परा।"

द्विवेदी जी का स्पष्ट मत था कि केवल कविता लिखने से ही साहित्य का सर्वांगीण विकास नहीं हो सकता। रीतिकाल तक केवल कविता ही लिखी जा रही थी। स्पष्टतः युग की माँग के अनुरूप गद्य विधा की ओर भी लेखकों को प्रेरित एवं प्रोत्साहित करने का काम द्विवेदी जी ने किया। वे जानते थे कि केवल कविता के बल पर हिन्दी साहित्य अंग्रेज़ी साहित्य या विश्व की किसी भी भाषा के साहित्य के समक्ष टिक नहीं सकता। इसलिए उन्होंने 1903 में प्रकाशित अपने निबन्ध 'हिन्दी भाषा और उसका साहित्य' में गद्य-लेखन पर विशेष बल दिया। वे लिखते हैं–"कविता के पीछे पड़े रहे, पर गद्य के बिना अंग्रेज़ी का मुकाबला कैसे करोगे? फिर कविता में या तो नायिका-भेद या भक्ति। इसके आगे? छन्द, अलंकार, नायिका-भेद आदि पर भी अनेक ग्रन्थ इसी समय बने। भगवद्‌भक्तों ने अपने-अपने इष्ट देवता के गुणगान से गर्भित अनेक पुस्तकें लिखीं। बिहारीलाल ने अपने 700 दोहों में शृंगार रस की पराकाष्ठा कर दी, सूरदास ने अपने पदों में भक्ति की पराकाष्ठा कर दी और भूषण ने अपनी कविता में वीर रस की पराकाष्ठा कर दी। सूर, तुलसी,

बिहारी और केशव इस माध्यमिक साहित्य की आत्मा हैं और सहस्त्रावधि कवियों के होते हुए भी इनके बिना, यह साहित्य शरीर निर्जीव ही समझना चाहिए।'' द्विवेदी जी भक्तियुगीन साहित्य को 'माध्यमिक साहित्य' कहते हैं।

इस सबके पीछे द्विवेदी जी की मंशा यह थी कि नयी पीढ़ी के साहित्यकारों को पुराने घिसे-पिटे विषयों से इतर समाजोपयोगी एवं राष्ट्रीय मुद्दों से जुड़े विषयों पर साहित्य-रचना करनी चाहिए। उन्होंने साहित्य के क्षेत्र में तीन बातों पर विशेष बल दिया। पहला, साहित्यिक विषयों में व्यापकता एवं विविधता होनी चाहिए। दूसरा, अंग्रेज़ी साहित्य के समान ही पद्य एवं गद्य की सभी विधाओं में उत्तम कोटि का साहित्य रचा जाना चाहिए और तीसरा साहित्यकारों को विषय-वस्तु एवं उत्कृष्ट शिल्प-विधान को दृष्टिपथ में रखते हुए परिमाण की अपेक्षा गुणात्मकता पर अपना ध्यान केन्द्रित करना चाहिए। इसी दृष्टिकोण को वे अपने निबन्ध 'आधुनिक हिन्दी काव्य पर दोषारोपण' में स्पष्ट करते हुए लिखते हैं—''नया ज़माना आ गया। नयी बातें पैदा हो गयीं। ऐसी बातें, जिनको हमारे बाबाओं ने स्वप्न में भी न देखा था। नये भाव जाग्रत हुए, नये हौसले पैदा हो गये, नयी स्फूर्ति का उदय होने लगा, नया चमत्कार दिखाई देने लगा। अब तेली के बैल की तरह पुरानी लकीर पीटने से काम न चलेगा। अब कुछ करने का ज़माना है। अब कर्मवीरता की आवश्यकता है। देशभक्ति और आत्मत्याग की ज़रूरत है। अब सन्तोष से काम न चलेगा। अब तो लड़ने-झगड़ने और चंचलता का समय है, संजीदगी का नहीं।''

इस तरह द्विवेदी जी आधुनिक हिन्दी साहित्य के इस द्वितीय चरण में 'वैतालिक' की भूमिका का निर्वहन कर रहे थे। वे पद्य एवं गद्य के क्षेत्र में काव्यगत विषय-वस्तु की सामाजिक, सांस्कृतिक एवं राष्ट्रीय सन्दर्भों में उपयोगिता तथा सार्थकता पर ही बल नहीं दे रहे थे, वरन् उन नये साहित्यिक मूल्यों की ओर भी रचनाकारों का ध्यान आकृष्ट कर रहे थे, जो किसी भी रचना को उत्कृष्ट साहित्यिक स्वरूप प्रदान करते हैं। इस तरह रस, अलंकार, छन्द, नायिका-भेद, तुकबन्दी आदि से आगे नये-नये रूप-विधानों की सम्भावना तलाशने के लिए लेखकों को प्रेरित कर रहे थे। उनका स्पष्ट मत था कि किसी रचना की उत्कृष्टता एवं हीनता के लिए भाषा ज़िम्मेदार नहीं होती। यह लेखक की प्रतिभा पर निर्भर करता है कि वह श्रेष्ठ रचना करने में समर्थ है अथवा नहीं।

द्विवेदी जी प्रतिभा को साहित्यिक रचना का मुख्य कारक तत्त्व मानते थे। उनका मानना था कि प्रतिभाशाली रचनाकार पुरानी रीति-रूढ़ियों को

तोड़ते हुए, निर्जीव एवं अप्रासंगिक परम्पराओं के प्रति विद्रोह करते हुए नया मार्ग खोज निकालते हैं। वे लोगों के इस तर्क से सहमत नहीं थे कि कविता के लिए ब्रजभाषा और गद्य के लिए खड़ी बोली उपयुक्त है। जहाँ बालकृष्ण भट्ट जैसे आलोचक छोटी और भावपूर्ण कविता के पक्षधर थे, वहीं द्विवेदी जी कविता में सरसता को अधिक महत्त्व देते थे, चाहे कविता छोटी हो या लम्बी। उनकी दृष्टि में कविता में सरसता तभी आ सकती है, जब कवि का विषय के साथ तादात्म्य स्थापित हो। यह तादात्म्य ही प्रकारान्तर से वह रागात्मक सम्बन्ध है जिसका रसवादियों ने विस्तारपूर्वक गहन अध्ययन एवं निरूपण किया था।

सामन्तवादी युग में दरबारी कविता का लम्बे समय तक जो बोलबाला रहा, द्विवेदी जी उससे छुटकारा चाहते थे। उनका स्पष्ट अभिमत था कि नये युग के साथ नयी सोच भी विकसित होनी चाहिए। आधुनिक युग में भी वही पुरानी लकीर पीटने वाले लेखकों के प्रति वितृष्णा भाव रखते हुए वे कहते हैं–"वही तुक, वही छन्द, वही शब्द, वही उपमा, वही रूपक। इस पर भी लोग पुरानी लकीर को बार-बार पीटते जाते हैं। कवित्त, सवैये, घनाक्षरी, दोहे, सोरठे लिखने से बाज नहीं आते। नख-शिख, नायिका-भेद, अलंकारशास्त्र पर पुस्तकों पर पुस्तकें लिखते चले जाते हैं। अपनी व्यर्थ बनावटी बातों से देवी-देवताओं तक को बदनाम करने से नहीं सकुचते। फल यह हुआ कि कविता की असलियत काफ़ूर हो गयी।"

रीतिवादी कवियों ने राधा-कृष्ण के कल्पित प्रेम-प्रसंगों की घोर शृंगारिक उक्तियों के औचित्य के विषय में कहा था कि "आगे के कवि रीझि हैं तो कविताई, न तो राधा-कन्हाई सुमिरन को बहानो है।" द्विवेदी जी का देवी-देवताओं को बदनाम करने के सम्बन्ध में कथन इसी बहानेबाज़ी के प्रति है। रूढ़िवादी अप्रस्तुत विधान, उपमानादि को नकारते हुए बाद में अज्ञेय ने भी यह घोषणा कर डाली थी–"ये उपमान मैले हो गये हैं, जैसे बासन अधिक घिसने से मुलम्मा छूट जाता है।" लगता है अज्ञेय भी द्विवेदी जी की बातों को ही दोहरा रहे थे।

द्विवेदी जी का साहित्य के प्रति दृष्टिकोण काफ़ी व्यापक एवं प्रगतिशील रहा है। वे हिन्दी साहित्य को विश्वसाहित्य के मंच पर प्रतिष्ठित देखना चाहते थे। इसीलिए भारतीय एवं भारतीयेतर भाषाओं में जो भी उत्कृष्ट कोटि का साहित्य लिखा जाता था, उसकी खूबियों से वे हिन्दी पाठकों एवं लेखकों को परिचित कराते थे, ताकि उन्हें यह पता चल सके कि देश-विदेश की अन्य

भाषाओं में किस तरह का साहित्य लिखा जा रहा है। इसी उद्देश्य से उन्होंने जुलाई एवं अगस्त 1903 के 'सरस्वती' के अंकों में माइकेल मधुसूदन दत्त पर लम्बा लेख लिखा था। उन्हीं की प्रेरणा से मैथिलीशरण गुप्त ने मधुसूदन दत्त के 'मेघनाद-वध' तथा अन्य रचनाओं का अनुवाद किया था। इसी तरह द्विवेदी जी ने रूसी कथाकार लुई तोल्स्तोय के व्यक्तित्व एवं कृतित्व पर 'सरस्वती' में समय-समय पर लम्बे लेख लिखे। वे तोल्स्तोय को किसानों का मसीहा मानते थे। इस तरह द्विवेदी जी का हिन्दी आलोचना के क्षेत्र में ऐतिहासिक एवं महत्त्वपूर्ण योगदान रहा है। हिन्दी समीक्षा की लम्बी विकास-यात्रा में महावीर प्रसाद द्विवेदी का योगदान एक ऐसे प्रकाश स्तम्भ की तरह है जो पूर्ववर्ती और परवर्ती समीक्षा-पथ को आलोकित करता रहेगा।

सन्दर्भ

1. हिन्दी साहित्य कोश, भाग-1 (पारिभाषिक शब्दावली), -प्र. सं. धीरेन्द्र वर्मा तथा अन्य, ज्ञानमण्डल लिमिटेड, वाराणसी, द्वि.सं., संवत् 2020, पृ. 723
2. वही, पृ. 723
3. वही, पृ. 723
4. महावीर प्रसाद द्विवेदी और हिन्दी नवजागरण-डॉ. रामविलास शर्मा, पृ. 292-293
5. वही, पृ. 295
6. वही, पृ. 295
7. वही, पृ. 307
8. वही, पृ. 308

छायावाद : विवाद और संवाद

1. छायावाद की पृष्ठभूमि

हिन्दी साहित्य के इतिहास को चार कालखण्डों में बाँटा गया है–1. आदिकाल, 2. भक्तिकाल, 3. रीतिकाल तथा 4. आधुनिक काल। सामान्यतः रीतिकाल के अन्त (सन् 1843) से आधुनिक काल का प्रारम्भ मानने की परम्परा रही है। साहित्य के क्षेत्र में आधुनिक विचारधारा का प्रवेश भारतेन्दु हरिश्चन्द्र के रचनाकाल (सन् 1868) से माना जाता है। आधुनिक काल के प्रवर्तक भारतेन्दु हरिश्चन्द्र का जन्म सन् 1850 में हुआ। कुछ विद्वान सन् 1857 की क्रान्ति से उत्पन्न नवीन सामाजिक-राजनीतिक चेतना के प्रादुर्भाव से आधुनिक काल का प्रारम्भ मानते हैं।

सन् 1757 में प्लासी का युद्ध तथा सन् 1764 में बक्सर के युद्ध में अंग्रेज़ों ने विजय प्राप्त कर ली तो यहीं से भारत की भावी राजनीतिक दिशा तय हो गयी। भारतीय इतिहास के आधुनिक काल का प्रारम्भ यहीं से माना जाता है। सन् 1764 तक बंगाल और बिहार में अंग्रेज़ों का पूरा अधिकार हो गया था। धीरे-धीरे भारतवर्ष में अंग्रेज़ों का प्रभाव बढ़ने लगा। अंग्रेज़ी राज्य के प्रसार तथा अंग्रेज़ों की नीतियों एवं विचारधारा ने साहित्य को काफ़ी प्रभावित किया।

अंग्रेज़ों द्वारा सन् 1800 में कलकता में फोर्ट विलियम कॉलेज की स्थापना की गयी। इस कॉलेज में ज्ञान-विज्ञान के विभिन्न विषयों की पढ़ाई के अतिरिक्त भारतीय साहित्य के अध्ययन-अध्यापन की व्यवस्था की गयी, जिसमें पाठ्य-पुस्तकों का सम्पादन, लेखन, प्रकाशन आदि होता था। हिन्दी और उर्दू में भी पुस्तकें लिखी जाने लगीं। इस कॉलेज के अध्यापक जॉन गिलक्राइस्ट को हिन्दी और उर्दू का अच्छा ज्ञान था। उन्होंने हिन्दी गद्य लिखने के लिए चार मुंशियों की नियुक्ति की–1. मुंशी सदासुखलाल 'नियाज़' (सन्

1746-1824) जिन्होंने सुखसागर नामक गद्य रचना की, 2. मुंशी इंशाअल्ला खाँ (मृत्यु 1810) जिन्होंने 'रानी केतकी की कहानी' की रचना की, 3. लल्लूलाल जी (सन् 1763-1825) जिन्होंने प्रेमसागर लिखा तथा 4. सदल मिश्र जिन्होंने नासिकेतोपाख्यान नामक गद्य की रचना की।

इस युग में गद्य का पर्याप्त प्रचार-प्रसार हुआ। इस कारण यह 'गद्य-युग' भी कहलाया। वस्तुतः गद्य की विकास-यात्रा का प्रारम्भ फोर्ट विलियम कॉलेज से हुआ। इस युग के साहित्य में वैज्ञानिक दृष्टिकोण, बौद्धिकता, पुनर्जागरण, नवीनता, प्रगतिशीलता आदि का प्राधान्य रहा। सामाजिक सुधार, परिष्कार, राष्ट्रीयता, सांस्कृतिक बोध, नवचेतना, नवजागरण आदि की प्रधानता के कारण इसे आधुनिक युग की संज्ञा दी गयी। यही आधुनिकता की प्रवृत्ति इसे रीतिकाल से पृथक् करती है। ब्रजभाषा और अवधी का स्थान जनभाषा खड़ी बोली ने ले लिया। अतः सन् 1868 के आस-पास से ही इस युग की शुरुआत मानी जा सकती है।

आधुनिक युग में हिन्दी साहित्य की दो प्रमुख विधाओं-गद्य एवं पद्य में समानान्तर रूप से प्रचुर मात्रा में साहित्य-सृजन होने लगा। इससे पूर्व आदिकाल से लेकर रीतिकाल तक केवल पद्य में ही साहित्य-सृजन हो रहा था। इस युग में गद्य ने प्रमुख रूप से गति पकड़ी। विचित्र संयोग यह है कि भारतेन्दु युग से ही खड़ी बोली गद्य एवं पद्य साहित्य का प्रारम्भ हुआ। साहित्य में पद्य की रचना तो होती रही, लेकिन विभिन्न कारणों से गद्य को लोकप्रियता मिलती गयी। यद्यपि इससे पूर्व भी विचारों के आदान-प्रदान एवं आपसी बातचीत में गद्य का ही प्रयोग होता था, परन्तु साहित्य में गद्य का स्थान नहीं के बराबर था। आधुनिक काल में विभिन्न विधाओं में गद्य में साहित्य-सृजन होने लगा।

वस्तुतः पूरे विश्व में साहित्य के क्षेत्र में पद्य का ही प्रमुख स्थान रहा है, क्योंकि पद्य छन्दबद्ध होता था और उसमें गेयता का गुण होने से याद करने में आसानी होती थी। उसे याद करके ही पीढ़ी-दर-पीढ़ी हस्तान्तरित कर सुरक्षित रखा जाता था। मुद्रण की सुविधाएँ कम होने या न होने के कारण भी गद्य को प्रोत्साहन नहीं मिला। भावों की अभिव्यक्ति के लिए तो पद्य-रचना उपयुक्त थी परन्तु सिद्धान्त-निरूपण एवं वैचारिक चिन्तन की अभिव्यक्ति में कठिनाई होती थी। यद्यपि संस्कृत साहित्य में बाणभट्ट ने कादम्बरी तथा विष्णु शर्मा ने पंचतन्त्र और हितोपदेश गद्य में लिखे थे।

हिन्दी साहित्य में खड़ी बोली से पूर्व ब्रजभाषा में गद्य का लिखित रूप मिलता है। भक्तिकाल में बल्लभाचार्य के पुत्र गोसाई विट्ठलनाथ जी ने

ब्रजभाषा में 'श्रृंगार रस मण्डन' नामक एक गद्य-रचना की थी। इसके बाद 17वीं शताब्दी में ब्रजभाषा में गद्य की दो रचनाएँ प्रकाश में आयीं–1. चौरासी वैष्णवन की वार्ता' तथा 'दो सौ वैष्णवन की वार्ता'। इनकी रचना भक्ति के प्रचार के उद्देश्य से की गयी थी। संवत् 1660 में नाभादास जी ने 'अष्टयाम' की रचना की। इस ब्रजभाषा गद्य-रचना में राम की दिनचर्या का वर्णन है। इसके अलावा कुछेक पुस्तकें ब्रजभाषा में गद्य के रूप में प्रकाश में आयीं, परन्तु इसके आगे ब्रजभाषा में गद्य का विकास नहीं हो पाया। ब्रजभाषा काव्य के लिए उपयुक्त थी, जबकि गद्य का स्थान खड़ी बोली ने ले लिया।

खड़ी बोली दिल्ली और उसके आसपास की भाषा थी। जनसम्पर्क के लिए इस भाषा का प्रयोग बढ़ने लगा। मुसलमानों के आगमन से खड़ी बोली का विस्तार हुआ। मुसलमान बाहर से आये थे। यहाँ की जनता से सम्पर्क के लिए उन्होंने खड़ी बोली को माध्यम बनाया। मुग़लों की मातृभाषा फ़ारसी थी। धीरे-धीरे फ़ारसी मिश्रित खड़ी बोली की नयी शैली का जन्म हुआ। इस नयी शैली को कई नामों से पुकारा गया, जैसे–हिन्दी, हिन्दवी, रेख़्ता, हिन्दई आदि। बाद में यही मिश्रित शैली 'उर्दू' के नाम से जानी गयी। 14वीं शताब्दी में इस भाषा में पद्य-रचना होने लगी थी। अमीर खुसरो की पहेलियों में शुद्ध खड़ी बोली का रूप देखा जा सकता है।

एक थाल मोती से भरा, सबके ऊपर औंधा धरा।
चारों ओर वह थाली फिरे, मोती उससे एक न गिरे।

अमीर खुसरो से पहले अपभ्रंश काव्य की रचनाओं में भी खड़ी बोली का उदाहरण मिल जाता है–

भल्ला हुआ जु मारिया, बहिणी! म्हारा कंतु।

कबीर के दोहों में भी खड़ी बोली का मिश्रित रूप देखा जा सकता है-

कबीर कहता जाता हूँ, सुनता है सब कोई।
राम कहे भला हो गया, हहितर भला न होई।

आधुनिक युग में खड़ी बोली ही पद्य एवं गद्य का माध्यम बन गयी। खड़ी बोली में प्रचुर मात्रा में पद्य एवं गद्य में साहित्य लिखा जाने लगा। भारतेन्दु युग में रीतिकालीन श्रृंगारिक प्रवृत्तियों के विरोध में आधुनिक काव्य-प्रवृत्तियों से युक्त काव्य लिखा जा रहा था। कविता ब्रजभाषा में लिखी जा रही थी, जबकि गद्य की भाषा खड़ी बोली थी। आचार्य महावीर प्रसाद द्विवेदी ने 'सरस्वती' के माध्यम से दृढ़तापूर्वक स्थापित किया कि गद्य और पद्य की भाषा एक ही होनी चाहिए और इसके लिए खड़ी बोली ही सर्वथा उपयुक्त

है। इस प्रकार द्विवेदी युग से गद्य और पद्य की भाषा खड़ी बोली हो गयी। द्विवेदी युग विषय एवं भाषा की दृष्टि से सुधारवादी युग था। भारतेन्दु युग में जिन प्रवृत्तियों के अंकुर फूटे थे, द्विवेदी युग में उनका विकास हुआ।

विकास-क्रम की दृष्टि से हिन्दी पद्य-साहित्य को अग्रांकित कालखण्डों में विभाजित किया गया है–1. भारतेन्दु युग, 2. महावीर प्रसाद द्विवेदी युग, 3. छायावाद युग, 4. छायावादोत्तर युग, 5. प्रगतिवाद, 6. प्रयोगवाद, 7. नयी कविता, 8. समकालीन कविता, 9. साठोत्तरी कविता। गद्य साहित्य के अन्तर्गत जिन विधाओं में साहित्य लिखा गया, वे इस प्रकार हैं–1. नाटक, 2. कहानी, 3. उपन्यास, 4. निबन्ध, 5. आलोचना, 6. स्मारक साहित्य । इन सभी विधाओं में साहित्य सृजन भारतेन्दु युग से ही प्रारम्भ हुआ। गद्य साहित्य की विभिन्न विधाओं का विकास-क्रम इस प्रकार है–(क) नाटक–1. प्रसाद पूर्व हिन्दी नाटक (भारतेन्दु युग एवं द्विवेदी युग), 2. प्रसाद युग, 3. प्रसादोत्तर युग (स्वतन्त्रता-पूर्व), (4) स्वातन्त्र्योत्तर युग। (ख) कहानी–1. पूर्व प्रेमचन्द युग, 2. प्रेमचन्द-प्रसाद युग, 3 उत्तर प्रेमचन्द युग, 4. स्वातन्त्र्योत्तर हिन्दी कहानी। (ग) उपन्यास–1. पूर्व प्रेमचन्द युग, 2. प्रेमचन्द युग, 3. उत्तर प्रेमचन्द युग, 4. स्वातन्त्र्योत्तर युग। (घ) निबन्ध–1. शुक्ल पूर्व युग, 2. शुक्ल युग, 3. शुक्लोत्तर युग। (ङ) आलोचना–1. शुक्ल-पूर्व युग (भारतेन्द-पूर्व, भारतेन्दु युग तथा द्विवेदी युग), 2. शुक्ल युग, 3. शुक्लोत्तर युग (स्वच्छन्दतावादी, मार्क्सवादी, मनोविश्लेषणात्मक, नयी समीक्षा)। (च) स्मारक साहित्य–1. संस्मरण, 2. रेखाचित्र, 3. जीवनी, 4. आत्मकथा, 5. यात्रा साहित्य, 6. रिपोर्ताज आदि।

द्विवेदी युग में राष्ट्रीय भावना पहले से अधिक प्रबल हुई तथा रीतिवादी काव्य-परम्परा को पूर्णतः अस्वीकृत कर दिया गया। रूढ़िवाद के प्रति विरोध की यह अभिव्यक्ति थी। द्विवेदी युग में सामाजिक उत्थान, आत्मगौरव, सुधारवादी दृष्टिकोण, गाँधी जी की विचारधारा का प्रभाव तथा लोकहित की भावना प्रमुख स्वर था। इस कारण द्विवेदी युगीन काव्य में इतिवृत्तात्मकता तथा उपदेशात्मकता की प्रधानता पायी जाती है। भाषा छन्दयुक्त होने पर भी गद्यात्मक रही। द्विवेदी युगीन इतिवृत्तात्मकता, वस्तुवादी तथा नैतिकतावादी दृष्टि के विपरीत काव्य में एक स्वच्छन्दतावादी प्रवृत्ति का उदय होने लगा, जिसके लक्षण मुकुटधर पाण्डे, श्रीधर पाठक, रामनरेश त्रिपाठी, मैथिलीशरण गुप्त, सियारामशरण गुप्त आदि साहित्यकारों की कविताओं में दिखाई देने लगे।

2. छायावाद का प्रारम्भ

छायावाद आधुनिक हिन्दी काव्य की सबसे महत्त्वपूर्ण प्रवृत्ति है जिसने हिन्दी को जयशंकर प्रसाद, सूर्यकान्त त्रिपाठी निराला, सुमित्रानन्दन पन्त और महादेवी वर्मा जैसे महान रचनाकार दिये। छायावाद राष्ट्रीय स्वाधीनता आन्दोलन के उस दौर की काव्य-प्रवृत्ति है, जब हमारे देश में राष्ट्रीय स्वाधीनता का आन्दोलन जनता की आकांक्षाओं का आन्दोलन बन रहा था और मध्यवर्ग में एक मानवतावादी, स्वच्छन्दतावादी तथा राष्ट्रवादी दृष्टिकोण उभर रहा था।

छायावाद का आरम्भ ठीक-ठीक कब हुआ, यह बताना कठिन है। कोई इसका आरम्भ निराला की कविता 'जुही की कली' (सन् 1916) के प्रकाशन से मानता है तो कोई पन्त के काव्य संग्रह 'वीणा' (सन् 1918) से। 'वीणा' पन्त का पहला प्रकाशित काव्य संग्रह है। मुकुटधर पाण्डे की कविता 'कुररी के प्रति' से भी कुछ लोग छायावाद का प्रारम्भ मानते हैं। सन् 1915-16 के आस-पास प्रसाद, निराला, पन्त आदि की कविताएँ प्रकाश में आने लगी थीं तथा पत्र-पत्रिकाओं में उनकी चर्चा होने लगी थी। इन कविताओं ने लोगों का ध्यान अपनी ओर आकृष्ट किया। इस प्रकार इन नयी तरह की कविताओं के लिए सन् 1920 तक 'छायावाद' शब्द स्वीकृत हो चुका था।

छायावाद के प्रारम्भ के सम्बन्ध में भी विद्वानों में मत-वैभिन्य है। आचार्य रामचन्द्र शुक्ल छायावाद का प्रारम्भ सन् 1905 से मानते हुए लिखते हैं-"हिन्दी कविता की नयी धारा (छायावाद) का प्रवर्तक मैथिलीशरण गुप्त और मुकुटधर पाण्डे को समझना चाहिए।" आचार्य शुक्ल के मत का खण्डन करते हुए इलाचन्द्र जोशी उसका प्रारम्भ जयशंकर प्रसाद से मानते हैं-"छायावाद की उत्पत्ति और विकास के सम्बन्ध में आचार्य रामचन्द्र शुक्ल का वक्तव्य एकदम भ्रामक, निर्मूल और मनगढ़न्त है। प्रसाद जी अविवादास्पद रूप से हिन्दी के सर्वप्रथम छायावादी कवि ठहरते हैं। सन् 1913-14 के आसपास 'इन्दु' में प्रतिमास उनकी जिस ढंग की कविताएँ निकलती थीं (जो बाद में 'कानन कुसुम' के नाम से पुस्तकाकार रूप में प्रकाशित हुईं), वे निश्चित रूप से तत्कालीन हिन्दी काव्य-क्षेत्र में युग-विवर्तन की सूचक थीं।"

विनयमोहन शर्मा और प्रभाकर माचवे का आग्रह था कि "छायावाद का प्रारम्भ ई. सन् 1913-14 से अवश्य हुआ, परन्तु छायावाद के प्रारम्भकर्ता जयशंकर प्रसाद न होकर माखनलाल चतुर्वेदी हैं।" नन्ददुलारे वाजपेयी छायावाद के प्रारम्भकर्ता का श्रेय सुमित्रानन्दन पन्त को देते हैं। उनकी दृष्टि में साहित्यिक

दृष्टि से छायावादी काव्य-शैली का वास्तविक अभ्युदय सुमित्रानन्दन पन्त की 'उच्छ्‌वास' (सन् 1920) नामक काव्य-पुस्तिका के साथ माना जा सकता है। इस प्रकार छायावाद के प्रारम्भ का समय सन् 1913-14 से सन् 1920 के बीच उलझा हुआ है। सबके अपने-अपने तर्क और आग्रह हैं। सभी में आंशिक सच्चाई है। अतः निर्विवाद रूप से यह कहना मुश्किल है कि अमुक कृति अथवा अमुक रचनाकार से ही छायावाद का प्रारम्भ हुआ। लेकिन हिन्दी काव्यधारा में छायावाद का प्रारम्भ एक महत्त्वपूर्ण घटना थी, जिसने अपनी अल्प कालावधि में हिन्दी साहित्य को समृद्ध करने में अहम् योगदान दिया।

3. छायावाद का नामकरण

'छायावाद' नाम कैसे प्रचलित हुआ, इस सम्बन्ध में विद्वानों में मतभेद है। जबलपुर से प्रकाशित पत्रिका 'श्री शारदा' में मुकुटधर पाण्डे के 'हिन्दी में छायावाद' नाम से चार निबन्धों की लेखमाला प्रकाशित हुई, जिसमें पहली बार छायावाद के बारे में विधिवत् विचार किया गया। सन् 1921 में 'सरस्वती' पत्रिका में सुशील कुमार का 'हिन्दी का छायावाद' शीर्षक से एक संवादात्मक निबन्ध छपा। मुकुटधर पाण्डे ने अपनी लेखमाला के दूसरे निबन्ध 'छायावाद क्या है' में इस प्रश्न पर विचार करते हुए लिखा है–"अंग्रेज़ी या किसी पाश्चात्य साहित्य अथवा बंग साहित्य की वर्तमान स्थिति की कुछ भी जानकारी रखने वाले सुनते ही समझ जायेंगे कि यह शब्द मिस्टिसिज़्म के लिए आया है।" सुशील कुमार के अनुसार, "ये कविताएँ टैगोर स्कूल की चित्रकला के समान अस्पष्ट होने के कारण छायावादी कही जाने लगीं।" आचार्य रामचन्द्र शुक्ल के मतानुसार, "पुराने ईसाई सन्तों के छायाभास तथा यूरोपीय काव्य क्षेत्र में प्रवर्तित आध्यात्मिक प्रतीकवाद के अनुकरण पर रची जाने के कारण बंगाल में ऐसी कविताएँ छायावाद कही जाने लगी थीं।" अतः हिन्दी में भी इस तरह की कविताओं का नाम 'छायावाद' चल पड़ा।

इसके विरोध में आचार्य हजारी प्रसाद द्विवेदी ने कहा कि "बंगला में छायावाद नाम कभी चला ही नहीं।" उनके अनुसार–"छायावाद शब्द केवल चल पड़ने के ज़ोर से ही स्वीकारणीय हो सका है, नहीं तो इस श्रेणी की कविता की प्रकृति को प्रकट करने में यह शब्द एकदम असमर्थ है। बहुत दिनों तक इस काव्य का उपहास किया गया है और बाद में भी इसे या तो चित्रभाषा शैली या प्रतीक-पद्धति के रूप में माना गया या फिर रहस्यवाद के अर्थ में।" इस प्रकार उस युग की नयी तरह की कविताओं के लिए

'छायावाद' नाम सोच-विचार कर नहीं रखा गया। शायद उपहास उड़ाने के लिए यह नामकरण किया गया। परन्तु जब एक बार यह नाम प्रचलित हो गया तो इसे स्वीकार कर लिया गया।

4. छायावादी काव्य

छायावाद नाम स्वीकृत होने के बाद भी यह समस्या बनी रही कि इसका अभिप्राय क्या है। सन् 1927 के मई मास के 'सरस्वती' अंक में महावीर प्रसाद द्विवेदी ने 'सुकवि किंकर' उपनाम से एक लेख लिखा था जिसमें उन्होंने रवीन्द्रनाथ टैगोर की कविताओं को रहस्यवादी (मिस्टिक) माना था और हिन्दी में प्रचलित छायावाद पर छींटाकशी करते हुए लिखा–"छायावाद से लोगों का क्या मतलब है, कुछ समझ में नहीं आता। शायद उनका मतलब हो कि किसी कविता के भावों की छाया यदि कहीं अन्यत्र जाकर पड़े तो उसे छायावादी कविता कहना चाहिए।" इससे स्पष्ट है कि महावीर प्रसाद द्विवेदी छायावाद को बंगला की रहस्यवादी कविताओं का अनुकरण या छायानुवाद मानते थे। इस तरह प्रारम्भ में कई विद्वानों की दृष्टि में रहस्यवाद और छायावाद एक ही था। बाद में छायावाद को स्वच्छन्दतावाद तथा रहस्यवाद को मिस्टिसिज्म का द्योतक माना जाने लगा।

आचार्य शुक्ल ने छायावाद के दो अर्थ किये हैं–एक, रहस्यवाद के अर्थ में और दूसरा, काव्य-शैली के अर्थ में। वे छायावाद को स्वच्छन्दतावाद से भिन्न मानते हैं तथा रहस्यवाद को छायावाद का पर्यायवाची या उसी में अन्तर्भुक्त। उनकी दृष्टि में प्रस्तुत के स्थान पर उसकी व्यंजना करने वाली छाया के रूप में अप्रस्तुत कथन छायावाद है। इस शैली के भीतर किसी वस्तु या विषय का वर्णन किया जा सकता है। हजारी प्रसाद द्विवेदी ने छायावाद में मानवतावादी दृष्टि की प्रधानता स्वीकार की है। उनकी दृष्टि में छायावादी कविता बाह्य ऐन्द्रियबोध तथा चेतन मन की सीमाओं को पार कर अचेतन के रहस्यलोक में पहुँचती है और जाने-अनजाने उसका मर्मोद्घाटन करती है।

जयशंकर प्रसाद ने 'छायावाद' की परिभाषा देते हुए लिखा है–"जब वेदना के आधार पर स्वानुभूतिमयी अभिव्यक्ति होने लगी, तब हिन्दी में उसे छायावाद नाम से अभिहित किया गया। रीतिकालीन प्रचलित परम्परा से जिसमें बाह्य वर्णन की प्रधानता थी, इस ढंग की कविता में भिन्न प्रकार के भावों की नये ढंग से अभिव्यक्ति हुई। ये नवीन भाव आन्तरिक स्पर्श से पुलकित थे।... उनके लिए नवीन शैली, नया पद-विन्यास आवश्यक था।"

प्रसाद की दृष्टि में 'छायावाद' विदेशी काव्य-प्रवृत्ति का अनुकरण न होकर भारतीय काव्य-परम्परा के अनुरूप ही है। वे लिखते हैं–"छाया भारतीय दृष्टि से अनुभूति और अभिव्यक्ति की भंगिमा पर अधिक निर्भर करती है। ध्वन्यात्मकता, लाक्षणिकता, सौन्दर्यमय प्रतीक विधान तथा उपचार-वक्रता के साथ स्वानुभूति की विवृति छायावाद की विशेषताएँ हैं। अपने भीतर से मोती के पानी की तरह आंतरस्पर्श करके भाव-समर्पण करने वाली अभिव्यक्ति की छाया कान्तिमयी होती है।"

नन्ददुलारे वाजपेयी ने छायावादी काव्य की विशेषताओं को रेखांकित करते हुए लिखा है–"नयी छायावादी काव्यधारा का भी एक आध्यात्मिक पक्ष है, किन्तु उसकी प्रमुख प्रेरणा धार्मिक न होकर मानवीय और सांस्कृतिक है। उसे हम बीसवीं शताब्दी की मानवीय प्रगति की प्रतिक्रिया भी कह सकते हैं। उसकी एक नवीन और स्वतन्त्र काव्य-शैली बन चुकी है। आधुनिक परिवर्तनशील समाज-व्यवस्था और विचार-जगत् में छायावाद भारतीय आध्यात्मिकता की नवीन परिस्थिति के अनुरूप स्थापना करता है...छायावादी काव्य प्राकृतिक सौन्दर्य और सामयिक जीवन-परिस्थितियों से ही मुख्यत: अनुप्राणित है। छायावाद मानव जीवन-सौन्दर्य और प्रकृति को आत्मा का अभिन्न स्वरूप मानता है। नवीन काव्य (छायावाद) में समस्त मानव अनुभूतियों की व्यापकता पूरा स्थान पा सकी।" नन्ददुलारे वाजपेयी के उक्त कथन में छायावाद की अधिकांश विशेषताएँ समाहित हैं।

डॉ. रामविलास शर्मा तथा डॉ. नामवर सिंह आदि आलोचकों ने छायावाद को राष्ट्रीय आन्दोलन तथा पूँजीवाद के विकास के साथ जोड़ा है, जबकि डॉ. नगेन्द्र की दृष्टि में "छायावाद स्थूल के प्रति सूक्ष्म का विद्रोह है।" पश्चिम के स्वच्छन्दतावादी कवियों, टैगोर के काव्य और निराला आदि छायावादी कवियों के काव्य की समानता पर विचार करते हुए डॉ. रामविलास शर्मा ने कहा है– "शैली, ठाकुर और निराला के युगों की परिस्थितियों में एक बात समान रूप से विद्यमान है और वह है पूँजीवाद का प्रारम्भिक विकास।" डॉ. नामवर सिंह ने छायावाद को राष्ट्रीय जागरण से जोड़ते हुए लिखा है–"छायावाद उस राष्ट्रीय जागरण की काव्यात्मक अभिव्यक्ति है जो एक ओर पुरानी रूढ़ियों से मुक्ति चाहता था और दूसरी ओर विदेशी पराधीनता से। इस जागरण में जिस तरह क्रमश: विकास होता गया, इसकी काव्यात्मक अभिव्यक्ति भी विकसित होती गयी और इसके फलस्वरूप 'छायावाद' संज्ञा का भी अर्थ-विस्तार होता गया।"

शम्भुनाथ सिंह के अनुसार, "छायावाद आधुनिक हिन्दी कविता की उस

धारा का नाम है जो सन् 1918 के आसपास द्विवेदी युगीन नीरस, उपदेशात्मक, इतिवृत्तात्मक और स्थूल आदर्शवादी काव्यधारा के बीच से प्रमुखत: रीतिकालीन काव्य-प्रवृत्तियों के विरुद्ध विद्रोह के रूप में प्रवाहित हुई है। यह नयी काव्यधारा अंग्रेज़ी के रोमाण्टिक कवियों तथा बंगला के कवि रवीन्द्रनाथ ठाकुर की काव्यधारा के ढंग की या उससे प्रभावित थी। ...छायावाद रहस्यवाद, अध्यात्मवाद, स्वच्छन्दतावाद, मानवतावाद, राष्ट्रीयता और सूक्ष्म सौन्दर्यबोध आदि विविध प्रवृत्तियों का समग्र रूप है अर्थात् वह उस जागरण काल की प्रबुद्ध आत्मा की काव्यात्मक अभिव्यक्ति है।'' शम्भुनाथ सिंह की दृष्टि में पश्चिमी स्वच्छन्दतावाद की कई विशेषताएँ छायावादी काव्य में पायी जाती हैं, जैसे–1. आत्मानुभूति की अभिव्यक्ति, 2. कल्पना की अतिशयता, 3. सौन्दर्य के प्रति अतिशय आकर्षण, 4. विस्मय की भावना, 5. सर्वचेतनावाद (एक ही सूक्ष्म चेतना का समस्त विश्व में दर्शन), 6. सामाजिक, धार्मिक, राजनीतिक और साहित्यिक बन्धनों तथा रूढ़ियों से विद्रोह, 7. उन्मुक्त प्रेम की प्रवृत्ति (लौकिक अथवा आध्यात्मिक)।

छायावाद के सम्बन्ध में विभिन्न विद्वानों के मतों के आलोक में कहा जा सकता है कि छायावादी काव्य में कई कारणों से जो अन्य प्रवृत्तियाँ मिलती हैं, वे इस प्रकार हैं–1. भारतीय दार्शनिक और आध्यात्मिक चिन्तन की विविध परम्पराओं की अभिव्यक्ति, 2. आधुनिक युगीन भारतीय सांस्कृतिक नवजागरण के अग्रदूतों, जैसे–विवेकानन्द और रामतीर्थ की अद्वैतमूलक भक्ति साधना, गाँधीवादी मानवतावाद, रवीन्द्रनाथ ठाकुर का विश्वमानवतावाद आदि की काव्यात्मक अभिव्यक्ति, 3. राष्ट्रीयता की भावना और विदेशी शासन के विरुद्ध विद्रोह।

इस प्रकार छायावादी काव्य न केवल भावभूमि एवं वैचारिक स्तर पर अपने पूर्ववर्ती काव्य से भिन्न था, वरन् अभिव्यंजना की दृष्टि से भी भाषा एवं शिल्प के स्तर पर नयी सम्भावनाओं को लेकर आया था। जो खड़ी बोली हिन्दी केवल गद्य के लिए ही उपयुक्त मानी जा रही थी, उस मिथक को तोड़ते हुए छायावाद ने उसे काव्य के लिए भी सर्वाधिक उपयुक्त भाषा बना दिया। भक्तिकाल और रीतिकाल के काव्य में अपने काव्यत्व के कारण ब्रजभाषा का जो एकछत्र राज्य था, उसका स्थान खड़ी बोली हिन्दी ने ले लिया। इसका श्रेय छायावादी काव्य को जाता है। भारतेन्दु युग में काव्य के माध्यम के रूप में खड़ी बोली हिन्दी को लेकर जो भ्रान्तियाँ थीं, उसे छायावाद ने निर्मूल सिद्ध कर दिया।

वाचिक साहित्य का भविष्य

जब आधुनिक विज्ञान का प्रादुर्भाव भी नहीं हुआ था, तब भारत एक समृद्ध एवं खुशहाल देश के रूप में जाना जाता था, जिसे कभी-कभी 'सोने की चिड़िया' अथवा 'रामराज्य' शब्द से भी व्याख्यायित किया जाता है। सभ्यता के विकास की दृष्टि से देखें तो प्राचीनकाल में भारत विश्व-सिरमौर रहा है। किसी भी सुसंस्कृत एवं सभ्य समाज का आकलन उसकी सांस्कृतिक विरासत से ही किया जा सकता है। 'संस्कृति' जीवन जीने का एक ढंग अथवा कला है। यह कला जितनी सुरुचिपूर्ण होगी, जीवन उतना ही रसमय होगा। इसीलिए भारतीय संस्कृति में 'रसमय' जीवन अर्थात् जीवन में आनन्द को सर्वोच्च प्राथमिकता दी गयी है। इसका सम्बन्ध विशेष रूप से आत्मिक आनन्द से है। भौतिक आनन्द को गौण माना गया है। आत्मिक आनन्द का सम्बन्ध भावात्मक सन्तुष्टि से है जो तन-मन को सुकून प्रदान करता है। मानव जीवन के विकास-क्रम में आदिम मानव से जब सभ्य मानव का विकास हुआ तो उसका प्रारम्भिक स्वरूप हमें भारत की आरण्यक-संस्कृति में दिखाई देता है। वहीं से गुरुकुल की परम्परा का विकास हुआ और हमारे आदि गुरुओं ने अपने ध्यान, तप, चिन्तन-मनन से जो ज्ञानामृत प्राप्त किया, उसे मौखिक रूप से अपने शिष्यों में वितरित किया। यही ज्ञान की मौखिकी का प्रथम सोपान था।

आरण्यक-संस्कृति के समानान्तर कृषि-संस्कृति का विकास हुआ। सुव्यवस्थित रूप से जीवनयापन के लिए कृषि एवं पशुपालन आवश्यक था तो बेहतर जीवन जीने के लिए ऋषियों का ज्ञानामृत। दोनों एक-दूसरे के पूरक थे। यह परम्परा सदियों तक चलती रही। इसी विकास-क्रम में वेदों की रचना हुई और श्रुति परम्परा से वे पीढ़ी-दर-पीढ़ी हस्तान्तरित होते रहे। ज्ञान की यह मौखिकी परम्परा लोकव्यवहार से भी जुड़ी हुई थी। एक ओर ऋषियों का गुरु-गम्भीर एवं अनुभवजनित ज्ञान हमें आत्मिक विकास का बोध कराते हुए आध्यात्मिक ऊँचाइयों की ओर ले जा रहा था तो दूसरी ओर लोकजीवन का

व्यावहारिक ज्ञान लोकमानस को एक सभ्य, सुसंस्कृत एवं सुखी जीवनयापन करने का मार्ग प्रशस्त कर रहा था। इस प्रकार ऋषि-ज्ञान एवं लोक-ज्ञान की दोनों धाराएँ समानान्तर रूप से भारतीय समाज के अपरिहार्य अंग थे।

'लोक'-ज्ञान किसी व्यक्ति विशेष तक सीमित नहीं होता, उसमें पूरे लोक-समुदाय की भागीदारी रहती है, जो उनके जीवनानुभवों से जन्म लेता है। लोक-ज्ञान बहुआयामी होता है। इसमें जीवन-जगत् और समाज के सभी पहलू अन्तर्निहित रहते हैं। जीवन जीने के लिए बहुत सारी चीज़ों की आवश्यकता पड़ती है। प्राणी जीवन भी दो तरह का होता है–1. पशु-जीवन और 2. सभ्य एवं सुसंस्कृत मानव-जीवन। पशु-जीवन और सभ्य मानव-जीवन के अन्तर को स्पष्ट करते हुए कहा गया है–'साहित्य, संगीत, कलाविहीनः साक्षात् पशुः पुच्छविषाणहीनः'। लोक के सन्दर्भ में इसे क्रमशः लोकसाहित्य, लोकसंगीत और लोककला कहा जा सकता है। लोकजीवन गाँवों में बसता है। वही उसका मूलाधार है। ग्रामीण जीवन से ही शहरी जीवन का विकास हुआ है। ग्रामीण जीवन में जहाँ एक ओर कई तरह की कमियाँ या अभाव हैं, वहीं शहरी जीवन सुख-सुविधासम्पन्न होते हुए भी कई तरह की विकृतियों से विद्रूप होता जा रहा है।

किसी भी क्षेत्र विशेष में दो तरह के समाज देखने को मिलते हैं– 1. ग्रामीण समाज तथा 2. शहरी समाज। शहरी समाज कोई आसमान से ज़मीन पर नहीं उतरता, वरन् सम्पन्न ग्रामीण लोग ही शहरों में जाकर बस जाते हैं। वहाँ बेहतर जीवन जीने की सारी भौतिक सुख-सुविधाएँ उपलब्ध होती हैं। वहाँ आधुनिकता की चकाचौंध है, रोज़गार तथा मनोरंजन के साधन हैं। शहरों में ग्रामीण जीवन का-सा शारीरिक कष्ट नहीं है। वहाँ साफ़-सुथरा जीवन जीने के कई विकल्प मौजूद हैं। इसके विपरीत ग्रामीण जीवन मेहनतकशों का जीवन है जो अपनी ज़मीन से जुड़ा है, जिसमें माटी की सौंधी सुगन्ध है तो उसी में सना तन-मन भी है। उसे अपनी माटी से बेहद प्यार है। वह उसी में खेलता-कूदता और सुकुन से जीता है। उसे ही अपने सिर-माथे पर लगाता है। उसी माटी में लहलहाती फसल से वह आनन्द-विभोर हो उठता है। प्रकृति ही उसकी संगी-साथी है। प्रकृति की गोद में ही वह पलता-बढ़ता है। यहाँ किसी तरह का कोई बनावटीपन, कृत्रिमता या दिखावा नहीं है। सब कुछ प्राकृतिक, सहज, सरल एवं अनगढ़ है। यही लोकजीवन की पहचान है। यहीं लोकसाहित्य का सृजन भी होता है जो पीढ़ियों से लोकमानस को आनन्द-विभोर करता आया है। यहीं लोकसंगीत की सुरीली मधुर तान भी

सुनाई देती है जो तन-मन को आह्लादित करती है। यहीं लोककला के अनूठे परिदृश्य एवं कला की बारीकियाँ भी दिखाई देती हैं जो किसी भी शहरी को चमत्कृत कर सकती हैं।

प्रश्न यह है कि लोकज्ञान की मौखिकी परम्परा की जो अमूल्य धरोहर हमें अपने पुरखों से विरासत में मिली है, उसकी भावी पीढ़ी के लिए क्या उपयोगिता हो सकती है। वर्तमान में उसकी क्या स्थिति है तथा कैसे उसे बचाया जा सकता है। किस प्रकार उसे अगली पीढ़ी को हस्तान्तरित किया जा सकता है। मैं उत्तराखण्ड राज्य के सन्दर्भ में इन बिन्दुओं पर विचार-मन्थन करते हुए वाचिक साहित्य के भविष्य के पर प्रकाश डालना चाहता हूँ। उत्तराखण्ड एक नवगठित पर्वतीय राज्य है जो कुमाऊँ-गढ़वाल की पहाड़ियों से लेकर मैदानी क्षेत्र तक फैला हुआ है। यहाँ की दो प्रमुख लोकभाषाएँ हैं– 1. कुमाऊँनी तथा 2. गढ़वाली। यहाँ के चार धाम–1. केदारनाथ, 2. बद्रीनाथ, 3. गंगोत्री तथा 4. यमुनोत्री विश्वप्रसिद्ध हैं। ऊँची-ऊँची हिमाच्छादित चोटियाँ विशेष आकर्षण का केन्द्र हैं। यहाँ का लोकजीवन इन्हीं पहाड़ियों तथा नदी-घाटियों में बसता है।

उत्तराखण्ड के मैदानी क्षेत्रों में हरिद्वार प्रमुख तीर्थस्थल है, जहाँ कुम्भ का मेला लगता है। इसे धर्मनगरी के नाम से भी जाना जाता है। प्रशासनिक दृष्टि से उत्तराखण्ड दो मण्डलों में विभक्त है–1. कुमाऊँ मण्डल, 2. गढ़वाल मण्डल। पूरा उत्तराखण्ड तेरह जनपदों में बँटा हुआ है। कुमाऊँ मण्डल के अन्तर्गत छह जनपद आते हैं–1. अल्मोड़ा, 2. नैनीताल, 3. पिथौरागढ़, 4. बागेश्वर, 5. चम्पावत तथा 6. उधमसिंहनगर। गढ़वाल मण्डल के अन्तर्गत सात जनपद आते हैं– 1. पौड़ी, 2. चमोली, 3. रुद्रप्रयाग, 4. उत्तरकाशी, 5. टिहरी गढ़वाल, 6. देहरादून तथा 7. हरिद्वार। ये ही उत्तराखण्ड के प्रमुख शहर भी हैं। इनके अतिरिक्त शहरों के रूप में जिन अन्य कस्बों का विकास हुआ है, उनमें नैनीताल जनपद का हल्द्वानी शहर लिया जा सकता है। देहरादून और हरिद्वार को छोड़कर शेष शहरों का विकास ग्रामीण एवं कस्बाई क्षेत्रों से ही हुआ है। इस कारण उनमें अधिकांश ऐसे लोग निवास करते हैं जो ग्रामीण क्षेत्रों से आये हैं तथा जिनका अपने क्षेत्र की लोकभाषा और लोकसंस्कृति से जुड़ाव बना हुआ है।

लोकसंस्कृति को परिष्कृत रूप में प्रस्तुत करने में इन शहरों का महत्त्वपूर्ण योगदान रहा है। इन शहरों में लोकसंस्कृति तथा लोककला के विविध केन्द्र स्थापित हैं जो वर्ष भर में तरह-तरह की गतिविधियाँ एवं विभिन्न सांस्कृतिक क्रियाकलाप करते रहते हैं। इसके अतिरिक्त अल्मोड़ा, पिथौरागढ़ आदि

आकाशवाणी केन्द्रों से भी लोकसाहित्य, लोकसंस्कृति एवं लोकसंगीत के विभिन्न कार्यक्रम आयोजित एवं सम्पादित किये जाते हैं। उनका निर्धारित समय में प्रसारण किया जाता है। उत्तराखण्ड के शहरों एवं कस्बों में विभिन्न अवसरों पर आयोजित होने वाले अनेकानेक सांस्कृतिक कार्यक्रमों में यहाँ की लोकसंस्कृति की झलक देखी जा सकती है। कुमाऊँनी, गढ़वाली तथा जनजातीय बोली/भाषा में प्रस्तुत किये जाने वाले कार्यक्रमों में यहाँ के लोकगीत, लोकसंगीत एवं लोकनाट्य का विशुद्ध रूप अपनी रसप्रवाहिनी अदभुत छटा से सभी का मन मोह लेता है।

उत्तराखण्ड का वाचिक साहित्य अत्यधिक समृद्ध है। यहाँ के वाचिक साहित्य में अतीत से लेकर वर्तमान तक के विविध सन्दर्भ देखे जा सकते हैं। यह वाचिक साहित्य सदियों से मौखिक परम्परा से पीढ़ी-दर-पीढ़ी प्रवाहमान है। वर्तमान में छपाई की सुविधा, आर्थिक संसाधनों की उपलब्धता तथा सरकारी अनुदान के कारण उत्तराखण्ड का अधिकांश वाचिक साहित्य पुस्तकाकार रूप में प्रकाशित हो चुका है तथा काफ़ी कुछ आकाशवाणी के विभिन्न केन्द्रों, विभिन्न साहित्यिक संस्थाओं एवं व्यक्तिगत रूप से लोगों द्वारा कैसिट, सी. डी. आदि में रिकॉर्ड किया जा चुका है। इसके बावजूद वाचिक साहित्य का काफ़ी हिस्सा ग्रामीण क्षेत्रों के लोकमानस में श्रुति-परम्परा से विद्यमान है। पुराने लोकगायकों के अवसान के साथ ही उसका अधिकांश हिस्सा विलुप्त हो चुका है। कई नये लोकगायक उभर तो रहे हैं, परन्तु उनमें वह मौलिकता और हुनर नहीं है जो पिछली पीढ़ी के लोकगायकों में था। वाचिक साहित्य की एक महत्त्वपूर्ण विधा है—लोकगाथा। लोकगाथाएँ प्रायः वही हैं जो परम्परा से चली आ रही हैं। इनमें कुछ स्थानीय वीरों (भड़ों) की गाथाएँ हैं तो कुछ पौराणिक एवं धार्मिक लोकगाथाएँ। प्रेमगाथाएँ प्रायः वही हैं जो बहुप्रचलित रही हैं। इनमें कोई इज़ाफ़ा नहीं हो रहा है। वस्तुतः लोकगाथाओं का विकास कई दशक पहले ही अवरुद्ध हो चुका है।

लोकगाथाओं की तरह की लोककथाएँ भी परम्परागत ही हैं। वे भी धीरे-धीरे सिमटती जा रही हैं। लोककथाएँ हितोपदेश और पंचतन्त्र की कहानियों की तरह उपदेशमूलक एवं शिक्षाप्रद हुआ करती हैं। दादा-दादी अथवा नाना-नानी बच्चों को उनके मनोरंजन के लिए लोककथाएँ सुनाया करती थीं। वही बच्चों के मनोरंजन का एकमात्र साधन थीं। अब गाँवों में भी मनोरंजन के तमाम अन्य साधन दूरदर्शन, कॉमिक्स वग़ैरह पहुँच गये हैं। इस कारण उनका प्रचलन भी लगभग बन्द हो गया है। जो लोककथाएँ लोकसाहित्य की पुस्तकों में संकलित

हैं अथवा पुस्तकाकार रूप में प्रकाशित हैं, वही प्रचलन में हैं। श्रुति-परम्परा से मौखिक रूप में प्रचलित लोककथाएँ समाप्ति के कगार पर हैं।

उत्तराखण्ड में वाचिक साहित्य के अन्तर्गत लोकभाषाओं में लोकगीतों की संख्या में वृद्धि हुई है। इसके दो प्रमुख कारण हैं–1. आकाशवाणी से लोकगीतों का प्रसारण तथा 2. लोकगीतों के कैसिट, सी.डी. आदि की प्रचुर मात्रा में बिक्री। आजकल शादी-बारात के अवसरों पर, टैक्सियों में, मेले आदि में लोकगीतों की धूम मची रहती है। वर्तमान में जिस तरह के लोकगीतों का प्रचलन हो रहा है, उनमें न केवल हिन्दी गानों की धुनों की नकल हो रही है, वरन् एक तरह का अनमेल एवं भदेस मिश्रण भी दिखाई दे रहा है। इस प्रकार वर्तमान में उत्तराखण्ड में दो प्रकार के लोकगीत सुनाई दे रहे हैं–एक तो वे लोकगीत हैं जो ग्रामीण क्षेत्रों में शादी-बारात, उत्सव-पर्व, मेलों आदि में ग्रामीणों द्वारा सामूहिक रूप से अपनी विशुद्ध लोकभाषा में गाये जाते हैं अथवा पशुचारकों, ग्वाल-बालों, घसियारिनों आदि के द्वारा जंगल में एकल रूप में लम्बी तान में गाये जाते हैं, जैसे–न्योली लोकगीत। इसी तरह मेलों में लोकगायकों द्वारा गाये जाने वाले बैर (तर्कप्रधान लोकगीत), भगनौल, झोड़ा, चाँचरी, छपेली आदि को भी लिया जा सकता है।

दूसरे वे लोकगीत हैं जिन्हें आजकल के नये लोकगायक बना रहे हैं। उनमें हिन्दी फ़िल्मों और आधुनिक टेक्नोलॉजी का व्यापक प्रभाव देखा जा सकता है। लेकिन इनमें वह गम्भीरता, भावात्मक सरसता तथा मार्मिकता नहीं दिखाई देती, जो पुराने और परम्परागत लोकगीतों में दिखाई देती है। वर्षा ऋतु में खरीफ की फसल की सामूहिक गुड़ाई में लगने वाले 'हुड़की बौल' (प्रबन्धात्मक कृषि-गीत) का प्रचलन भी धीरे-धीरे कम हो रहा है। इस तरह के लोकगीत परम्परागत रूप में चले आ रहे हैं। 'हुड़की बौल' में जहाँ एक ओर मज़दूरों से गोड़ाई करायी जाती है, वहीं गाँव की कुछ स्त्रियाँ 'पल्ट' के रूप में काम करने आती हैं। पहाड़ में 'वल्ट-पल्ट' की परम्परा काफ़ी प्राचीन है। इसमें एक दिन किसी एक के यहाँ, तो दूसरे दिन दूसरे के यहाँ मिल-जुलकर सामूहिक रूप से कार्य किया जाता है, ताकि कोई अपने को अकेला महसूस न करे। कोई भारी-भरकम सामान (इमारती लकड़ी, पाथर आदि) लाने अथवा बिरादरी में शादी-ब्याह आदि में मदद करने में भी इसी तरह की परम्परा का निर्वाह किया जाता है।

लोकसाहित्य लोकज्ञान परम्परा की एक शाखा मात्र है, जिसका विकास वर्तमान में लगभग अवरुद्ध हो चुका है, क्योंकि वर्तमान तर्कशीलता के

मापदण्ड पर वह खरा नहीं उतरता। लोकगाथा और लोककथाओं में तमाम इस तरह की बातें अनुस्यूत रहती हैं, जिनका जागतिक यथार्थ और तार्किकता से कोई लेना-देना नहीं होता। वे प्रायः चमत्कारप्रधान और मनोरंजनपरक होती हैं। इनमें हिन्दी के प्रारम्भिक उपन्यास चन्द्रकान्ता या चन्द्रकान्ता सन्तति की तरह कपोल कल्पना, ऐय्यारी, फेण्टेसी और असम्भव बातें देखने को मिलती हैं जो तर्क की कसौटी पर खरी नहीं उतरतीं। तार्किकता तथा वैज्ञानिक सोच के इस युग में इस तरह की लोकगाथाएँ तथा लोककथाएँ नयी पीढ़ी को प्रभावित नहीं कर पातीं। वर्तमान में दूर-दराज के गाँवों में भी शिक्षा का काफ़ी प्रचार-प्रसार हो चुका है, इस कारण भी लोकसाहित्य के प्रति नयी पीढ़ी का रुझान कम हो रहा है।

गाँवों में एक बात आज भी विशेष रूप से दिखाई देती है, वह है- लोकदेवताओं के प्रति नयी पीढ़ी में आस्था एवं विश्वास। गाँवों में आज भी हर मर्ज़ की दवा किसी लोकदेवता को नचाना तथा उसका दिव्य आशीर्वाद प्राप्त करना है। हाल के वर्षों में उत्तराखण्ड में देवी-देवताओं के मन्दिरों की संख्या में काफ़ी वृद्धि हुई है। किसी पर्व विशेष में इन मन्दिरों में उमड़ने वाली भीड़ से इस बात का अनुमान लगाया जा सकता है कि स्थानीय देवी-देवताओं के प्रति लोगों के मन में कितनी अपार श्रद्धा और विश्वास है। इनमें पुरानी पीढ़ी के लोगों के अलावा युवा पीढ़ी की भी अच्छी खासी भीड़ देखी जा सकती है। यद्यपि इसके कई मनोवैज्ञानिक कारण भी हैं। पूजा-पाठादि में मन्दिरों में चढ़ावा भी प्रचुर मात्रा में आ रहा है। यह स्थिति कमोबेश गाँवों की अपेक्षा शहरों में अधिक दिखाई देती है। एक आश्चर्यनजक बात यह देखने को मिलती है कि तथाकथित आधुनिक शिक्षा भी भारतीय जनमानस में देवी-देवताओं के प्रति आस्था, श्रद्धा एवं विश्वास को डिगा नहीं पायी है। उसका आचरण भले ही धर्मानुकूल हो अथवा न हो, परन्तु देवी-देवताओं की शक्ति पर उसका अटूट विश्वास परिलक्षित होता है। देशभर के मन्दिरों में लगने वाली अपार भीड़ भी इसका प्रत्यक्ष प्रमाण है।

भारतवर्ष के अन्य प्रान्तों की भाँति ही उत्तराखण्ड में भी लोकसंगीत की एक सुदृढ़ एवं समृद्ध परम्परा रही है। यहाँ की लोकभाषाओं-कुमाऊँनी तथा गढ़वाली में बनने वाली फ़िल्मों के लोकसंगीत में उसकी बानगी देखी जा सकती है। इस लोकसंगीत को बचाना, उसे परिष्कृत एवं विकसित करना एक बहुत बड़ी चुनौती है। यह लोकसंगीत आज भी ग्रामीण अंचलों में बहुविध रूप में बिखरा पड़ा है। समय रहते इसे बटोरने और सहेजने की आवश्यकता

है, अन्यथा हम अपनी अनमोल विरासत से हाथ धो बैठेंगे। वस्तुतः मुम्बई के हिन्दी फ़िल्मकारों का ध्यान अभी इस ओर कम गया है। यद्यपि स्थानीय भाषाओं की गीत-संगीत की प्रतियोगिताओं में यहाँ का लोकसंगीत काफ़ी सराहा जाता है, परन्तु उस ओर नयी पीढ़ी का ध्यान उतना नहीं गया है, जितना अपेक्षित है। वस्तुतः हिन्दी फ़िल्मों के मायाजाल ने नयी पीढ़ी को इतना ग्रस रखा है कि उसके पास अपनी इस अनमोल धरोहर की ओर ध्यान देने का समय ही नहीं है और न उसकी पर्याप्त जानकारी है।

लोकसंगीत से ही जुड़ी हुई एक अन्य विधा है–लोकनृत्य। उत्तराखण्ड में लोकनृत्य के कई आयाम देखे जा सकते हैं। देवनृत्य (डाँगर नृत्य) को छोड़ दें, तो यहाँ लोकनृत्य एवं लोकनाट्य की कई शैलियाँ प्रचलित हैं। कुछ विलुप्त हो चुकी हैं। लेकिन आज भी सम्पूर्ण उत्तराखण्ड का एक महत्त्वपूर्ण लोकनृत्य है–छोलिया नृत्य। यह लोकनृत्य राष्ट्रीय स्तर के आयोजनों में भी समय-समय पर प्रदर्शित होता रहा है। उत्तराखण्ड में शादी-बारात में 'छोलिया नृत्य' ही आकर्षण का मुख्य केन्द्र होता है, जिसमें युद्ध-शैली के दर्शन होते हैं। देव-यात्राओं अथवा किसी नेता या मन्त्री के आगमन पर स्वागत में भी इसी 'छोलिया नृत्य' की धूम मची रहती है। इसके अतिरिक्त कई तरह के एकल एवं सामूहिक लोकनृत्य उत्तराखण्ड में प्रचलित हैं झुमैलो, चौफुला, घरत्यिमो, कण्डाली, ठुसका, ढूरिंग आदि प्रसिद्ध हैं।

लोकवाद्यों के बिना लोकनृत्य की कल्पना नहीं की जा सकती। उत्तराखण्ड का प्रमुख लोकवाद्य है–ढोल। नामकरण संस्कार, शादी-बारात से लेकर देवनृत्य (मन्दिरों में बैसी, छहमासी में होने वाला डाँगर नृत्य) तथा किसी स्वागत समारोह तक में ढोल-दमामा प्रमुख वाद्ययन्त्र के रूप में प्रयुक्त होते हैं। बारात में ढोल-दमामा के साथ नगाड़ा, रणसिंगा, तुरही, भेरी, मजीरा, मशकबीन आदि वाद्ययन्त्रों का प्रमुख रूप से प्रयोग होता है। इनके अतिरिक्त 'हुड़का' एक अन्य प्रमुख वाद्ययन्त्र है जो जागर लगाने (देवनृत्य), लोकगीतों के गायन एवं लोकनृत्य में प्रमुख रूप से प्रयुक्त होता है। हुड़की बौल में हुड़का या हुडुक एकमात्र वाद्ययन्त्र के रूप में प्रयुक्त होता है। इसके अतिरिक्त उत्तराखण्ड में डमरू, मुरज, घाँट (घड़ियाल), नेवर, घुँघरू, खड़ताल, चिमटा, खंजड़ी, बाँसुरी, बिणाई, एकतारा, दोतारा आदि अनेक वाद्ययन्त्र प्रचलित हैं जो यहाँ की समृद्ध लोकसंगीत एवं लोकनृत्य परम्परा के द्योतक हैं।

उत्तराखण्ड की लोकज्ञान परम्परा में यहाँ की लोककलाओं का भी महत्त्वपूर्ण स्थान है। यहाँ की लोककलाओं में मूर्तिकला, धातुकला, (स्थापत्यकला),

काष्ठकला, चित्रकला, हस्तकला, शिल्पकला तथा कताई-बुनाई, पुतला-निर्माण, डिकर (मिट्टी से निर्मित देवी-देवताओं की छोटी-छोटी मूर्तियाँ) आदि प्रमुख हैं। मूर्तिकला के अन्तर्गत बैजनाथ (बागेश्वर) के शिवालय मन्दिर में स्थापित शिव-परिवार की सजीव एवं भव्य प्रतिमा इसका ज्वलन्त उदाहरण है। यहाँ के तमाम प्राचीन एवं ऐतिहासिक मन्दिरों में पौराणिक देवी-देवताओं तथा स्थानीय लोकदेवताओं की मूर्तियाँ इस बात का प्रमाण हैं कि उत्तराखण्ड में मूर्तिकला काफ़ी विकसित अवस्था में रही है। धातुकला के अन्तर्गत धातुओं से निर्मित वस्तुएँ एवं भाणे-बर्तन आदि आते हैं। स्वर्णकारों द्वारा निर्मित सोना-चाँदी के कलात्मक आभूषण तथा ताम्रकारों द्वारा निर्मित ताँबा, पीतल आदि के भाणे-बर्तनों की बनावट एवं उनमें अंकित नक़्क़ाशी के नमूने यहाँ की उत्कृष्ट धातुकला के प्रमाण हैं।

उत्तराखण्ड के भव्य मन्दिर समूह, देवालय, राजप्रासाद, किले (गढ़), भवन, नौले, वीरखम्भे (बिरखम) आदि वास्तुकला के उत्कृष्ट उदाहरण हैं। काष्ठकला के उत्कृष्ट नमूने मकानों के खोली वाले दरवाज़ों (दुमंजिले मकान का मुख्य प्रवेश द्वार), झरोखों, छज्जों, गवाक्षों, दरवाज़ों के स्तम्भों, फाटकों, काष्ठ-स्तम्भों, मकानों की छत के नीचे की लकड़ियों-बल्लियों के अग्रभाग, मन्दिरों की छत के शीर्ष भाग (छत्र), भवनों के शोभा-कक्ष की उल्टी छत, काष्ठ-भाण्डों (ठेकी, डोंकल, मथानी, फरुवा, नाली, माणा) तथा कई अन्य प्रकार के काष्ठ-उपकरणों आदि में देखे जा सकते हैं। इन कलाओं के जानकार बढ़ई (चुन्यारा), मिस्त्री, शिल्पी आदि अब धीरे-धीरे विलुप्त होते जा रहे हैं।

अल्मोड़ा उत्तराखण्ड का प्राचीन ऐतिहासिक एवं सांस्कृतिक नगर है। यहाँ के लगभग एक किलोमीटर लम्बे मुख्य बाज़ार के दोनों ओर के प्राचीन भवनों के अग्रभाग के झरोखों, दरवाज़ों, मुंडेरों आदि में उकेरी गयी बारीक नक़्क़ाशी, बेल-बूटे, चित्र आदि उत्कृष्ट काष्ठकला के प्रत्यक्ष प्रमाण हैं। मैंने कई बार देशी-विदेशी पर्यटकों, सौन्दर्य-प्रेमियों, कला के क्षेत्र में काम कर रहे कलाकारों, चित्रकारों एवं शोधार्थियों को इन काष्ठकलाओं की वीडियोग्राफ़ी एवं फोटोग्राफ़ी करते हुए प्रत्यक्षतः देखा है। ये भवन पूरी तरह पत्थर, मिट्टी के गारे तथा इमारती लकड़ी से निर्मित हैं। अब इस तरह के भवनों का निर्माण नहीं हो रहा है। उनका स्थान ईंट, सीमेंट, रेत, बजरी तथा लोहे ने ले लिया है। काष्ठ-भाण्डों का स्थान स्टील तथा एल्यूमिनियम के बर्तनों ले लिया है।

चित्रकला के क्षेत्र में भी उत्तराखण्ड की अपनी अलग पहचान है। यहाँ की ऐपण (अल्पना) कला तथा रंगोली (रंगवाली) पिछौड़ा का प्रचलन अभी

भी यथावत् विद्यमान है। 'ऐपण' का सम्बन्ध मुख्यतः लोकाचार एवं धार्मिक अनुष्ठान से जुड़ा है। रंगवाली पिछौड़ा नयी दुल्हन तथा सधवा स्त्रियों के सौभाग्य का प्रतीक माना जाता है। सधवा स्त्रियों द्वारा विवाहादि मांगलिक अवसरों पर रंगवाली पिछौड़ा धारण करने की परम्परा आज भी उत्तराखण्ड में यथावत् है। इसके अलावा बारबूँद, ज्योंति पट्टा (जीव मातृका), दशहरा पत्र (दशार) आदि चित्रकला के नमूने भी यहाँ प्रचलन में हैं।

उत्तराखण्ड में हस्तकला न केवल कलात्मक दृष्टि से, अपितु रोज़गार की दृष्टि से भी विशेष महत्त्वपूर्ण है। हस्तकला के अन्तर्गत हाथ से निर्मित वे तमाम वस्तुएँ आती हैं, जिनका उपयोग रोज़मर्रा के जीवन में होता है। उत्तराखण्ड की हस्तकला रोज़गार का भी एक साधन रही है। हस्तकला के अन्तर्गत बाँस तथा रिंगाले से निर्मित टोकरियाँ, सूप, कोरङ (बाँस की खपच्चियों से निर्मित अनाज भण्डारण के कोठले), मोथे की चटाई, भाँग, भेकुल, रामबाँस आदि के रेशों से निर्मित रस्सियाँ, बोरे, थैले, चटाइयाँ आदि विविध प्रकार की दैनिक उपयोग की वस्तुएँ आती हैं। उत्तराखण्ड के सीमान्त भूभाग में शौका (भोटिया) जनजाति के लोगों द्वारा बड़ी मात्रा में भेड़-पालन किया जाता है। भेड़ों की ऊन से यहाँ के ग्रामीण स्त्री-पुरुषों द्वारा तमाम तरह के ऊनी वस्त्र, कम्बल, कालीन (दन), चुटुक, थुलमा, शॉल, पशमीना आदि बनाये जाते हैं जो उनकी आजीविका के प्रमुख साधन रहे हैं। यद्यपि वर्तमान में इन पर उनकी आर्थिक निर्भरता अब कम हो गयी है। शौकाओं द्वारा निर्मित रंग-बिरंगे कलात्मक दन-चुटुक की विश्वभर में बड़ी माँग है। शौका जनजाति में लघु एवं कुटीर उद्योग के रूप में ऊनी वस्त्र-निर्माण तथा हस्तशिल्प काफ़ी विकसित अवस्था में रहा है। अब यह उद्योग कई कारणों से धीरे-धीरे सिमटता जा रहा है।

उत्तराखण्ड न केवल लोकसाहित्य, लोकसंगीत एवं लोककला की दृष्टि से समृद्ध एवं विकसित रहा है, वरन् लोक ज्ञान-विज्ञान की दृष्टि से भी काफ़ी उन्नत अवस्था में रहा है। लोकवार्ता साहित्य की अन्य महत्त्वपूर्ण विधाएँ हैं– कहावतें एवं मुहावरे। कहावतें लोकव्यवहार ज्ञान के नीतिशास्त्र कहे जाते हैं। उत्तराखण्ड में लगभग दस हज़ार से भी अधिक कहावतें प्रचलित हैं, जिनमें ज्ञान का अगाध भण्डार समाहित है। प्रस्तुत पंक्तियों के लेखक ने पच्चीस वर्षों के कठिन परिश्रम से लगभग साढ़े सात हज़ार कहावतों का 'कुमाऊँनी-हिन्दी कहावत कोश' (2012) उत्तराखण्ड सरकार के संस्कृति विभाग के आर्थिक सहयोग से प्रकाशित कराया है। कुछ मुहावरे और पहेलियाँ (आण्) भी

प्रकाशित हुए हैं। मुहावरे जहाँ भाषिक सौन्दर्य एवं चमत्कारिकता की दृष्टि से महत्त्वपूर्ण हैं, वही पहेलियों में बौद्धिक व्यायाम के दर्शन होते हैं। उत्तराखण्ड की लोकभाषाओं में मुहावरों एवं पहेलियों की भरमार है, जिन्हें समेटने एवं संकलित करने की आवश्यकता है।

लोकविज्ञान की दृष्टि से देखें तो उत्तराखण्ड में कई क्षेत्रों में तकनीक एवं प्रौद्योगिकी अपनी उन्नत अवस्था में रही है। इसका ज्वलन्त उदाहरण है– घट/घराट (पनचक्की)। सम्पूर्ण उत्तराखण्ड में नदियों के किनारे हज़ारों की संख्या में पनचक्कियाँ स्थित थीं। अनाज पीसने का काम इन्हीं पनचक्कियों में होता था। यद्यपि कभी-कभार घरों में स्थित चक्की (हैंड मिल) से भी अनाज पीसने का काम लिया जाता था, जिसे स्थानीय भाषा में 'चाख्' या 'जातर' कहा जाता है। दाल दलने का काम आज भी 'मुसदलि' (छोटी चक्की) से लिया जाता है। जब से गाँव-गाँव में आटा पीसने की मशीनें पहुँची हैं तथा दुकानों में पिसा हुआ आटा मिलने लगा है, तब से पनचक्कियों की संख्या में दिन-प्रतिदिन कमी होती जा रही है। अधिकांश पनचक्कियाँ (घराट) बन्द हो चुकी हैं तथा शेष बन्द होने के कगार पर हैं। पनचक्की में पिसे हुए आटे की रोटियाँ मशीन में पिसे हुए आटे की रोटियों की अपेक्षा अधिक स्वादिष्ट होती हैं।

प्राचीन समय में उत्तराखण्ड में लोहा तथा ताँबे की कई खानें थीं। स्थानीय भट्टियों में ही लोहा और ताँबे को गलाकर उनसे दैनिक उपयोग की तमाम वस्तुएँ, भाणे-बर्तन तथा शोभा की वस्तुएँ बनायी जाती थीं। वे सभी खानें और भट्टियाँ बहुत पहले बन्द हो चुकी हैं। अब बाहर से लोहा, ताँबा, पीतल आदि आता है तथा स्थानीय लोहार और ताम्रकार उनसे विभिन्न प्रकार के भाणे-बर्तन आदि बनाते हैं। कृषि सम्बन्धी उपकरणों में हल, जुआ, हलानी, दन्याला, हत्था आदि स्थानीय बढ़ई (चुन्यारा) बनाते हैं तो लोहे के कृषि उपकरणों में कुदाल, दराती, कुल्हाड़ा, बसूला आदि स्थानीय लोहार बनाते हैं। आज भी उत्तराखण्ड में बिना लोहार और बढ़ई के कृषि-कार्य सम्पन्न नहीं हो सकता।

आजकल कुछ कृषि-उपकरण मैदानी क्षेत्रों के कल-कारख़ानों से भी बनकर आ रहे हैं, जिससे स्थानीय स्तर पर उनके निर्माण में कमी आ रही है। अतीत में कृषि और पशुपालन उत्तराखण्ड के लोगों की जीविका के प्रमुख साधन रहे हैं, परन्तु आज़ादी के बाद से यहाँ के लोगों के मैदानी क्षेत्रों में नौकरी पर चले जाने तथा भारी संख्या में पलायन से यहाँ की अर्थव्यवस्था अब कृषि एवं पशुपालन पर आधारित न होकर धनादेश की अर्थव्यवस्था

(मनीऑर्डर इकोनॉमी) पर आधारित हो गयी है। पहाड़ के किसी परिवार का सदस्य यदि कहीं नौकरी में नहीं है तो उसका घर चलाना मुश्किल हो जाता है। यही कारण है कि अन्य क्षेत्रों की अपेक्षा पहाड़ के अधिकतर नौजवान भारतीय सेना, पुलिस विभाग तथा अन्य सरकारी-ग़ैरसरकारी क्षेत्रों में कार्यरत पाये जाते हैं।

लोकज्ञान की मौखिकी परम्परा की दृष्टि से उत्तराखण्ड में वैद्यक ज्ञान पूर्ण विकसित अवस्था में था। जब पहाड़ में कहीं कोई औषधालय या चिकित्सक नहीं होता था, तब यहाँ के वैद्य ही हर तरह के शारीरिक रोगों का विभिन्न जड़ी-बूटियों के अपने औषधीय ज्ञान से लोगों का उपचार करते थे। उस सारे औषधीय ज्ञान की चर्चा के लिए यहाँ अवसर नहीं है, परन्तु यहाँ का वैद्यक व्यवसाय काफ़ी उन्नत अवस्था में था। पुराने वैद्य टूटी हुई हड्डी को भी जोड़ने में सक्षम थे। 'द्यर लग' नामक एक लता के लेप से टूटी हुई हड्डी भी जुड़ जाती है। 'सज्यून' नामक पौधे का रस (चोप) किसी कटे हुए स्थान से बहते रक्तस्राव को तुरन्त बन्द कर देता है। वह 'ऐण्टीसैप्टिक' का काम करता है। ऐसी अनेक जड़ी-बूटियाँ उत्तराखण्ड में पायी जाती हैं।

स्थानीय जड़ी-बूटी पर आधारित ऐसी तमाम जीवनरक्षक दवाएँ यहाँ के वैद्यों ने खोज निकाली थीं, जिनका प्रचलन वर्तमान में बन्द हो गया है। आज भी उच्च हिमालयी क्षेत्र में पायी जाने वाली शक्तिवर्धक 'कीड़ा जड़ी' का जिस तरह से अनियन्त्रित दोहन हो रहा है, उसकी चर्चा समाचार-पत्रों में होती रहती है। इस 'कीड़ा जड़ी' की अन्तरराष्ट्रीय बाज़ार में माँग बढ़ती जा रही है। खेद का विषय है कि स्थानीय जड़ी-बूटियों पर आधारित कोई भी उद्योग उत्तराखण्ड सरकार स्थापित नहीं कर पायी है। विद्वानों का मानना है कि संस्कृत के कई ग्रन्थों एवं कुछेक पुराणों की रचना भी उत्तराखण्ड की धरती में ही हुई है। ज्ञान-विज्ञान की ऐसी तमाम बातें हैं जो उत्तराखण्ड की धरती से सम्बन्ध रखती हैं। यहाँ उन सबकी चर्चा करना सम्भव नहीं है।

उपर्युक्त विवेचन से स्पष्ट है कि वर्तमान में लोकज्ञान का प्रभाव धीरे-धीरे सिमटता जा रहा है। आधुनिक विकास की चकाचौंध में हम अपनी जड़ों से कटते जा रहे हैं। जब से वैश्वीकरण का दौर चला है, तब से स्थिति और भी भयावह होती जा रही है। अपनी जड़ों से जुड़कर ही सुनियोजित एवं समन्वित विकास हो सकता है, अन्यथा कटी-पतंग की-सी स्थिति हो जायेगी। पहाड़ के गाँवों में जो सामाजिक एवं आर्थिक बदलाव हो रहे हैं, उससे हमारी सांस्कृतिक विरासत का स्वरूप बदल रहा है। आर्थिक विकास होना चाहिए,

परन्तु वह ग्रामीण क्षेत्रों की आवश्यकता पर आधारित होना चाहिए, ताकि ग्रामीण युवाओं को रोज़गार की तलाश में पलायन न करना पड़े। पूरे देश में 'विकास का मॉडल' समान नहीं हो सकता। उसमें क्षेत्रीय विशेषताओं एवं आवश्यकताओं को भी ध्यान में रखा जाना चाहिए। यदि रोज़गार के साधन ग्रामीण क्षेत्रों में ही उपलब्ध हो जायेंगे तो काफ़ी हद तक पलायन को रोका जा सकता है। कृषि एवं पशुपालन पर आधारित उद्योग-धन्धे यदि गाँवों में ही स्थापित किये जायें तो न केवल बेरोज़गारी की समस्या से निपटा जा सकता है, अपितु स्थानीय लोकभाषा एवं लोकसंस्कृति का भी संरक्षण हो सकेगा।

अपनी लोकविरासत एवं लोकसंस्कृति को बचाये रखने के लिए आवश्यक है कि शिक्षण संस्थानों में प्राथमिक पाठशाला से ही लोकभाषा, लोकसंस्कृति एवं लोकसाहित्य-विषयक सामग्री पाठ्यक्रम में अनिवार्यतः सम्मिलित की जानी चाहिए। बच्चों को अपनी लोकभाषा में वार्तालाप करने के लिए प्रेरित किया जाना चाहिए। इस तरह हमारी नयी पीढ़ी जहाँ प्राथमिक स्तर से ही अपने परिवार, गाँव-घर, भाषा-संस्कृति एवं समाज से जुड़ी रहेगी, वहीं प्रदेश, राष्ट्र और विश्व के साथ भी अपनी प्रतिभा, शिक्षा, ज्ञान और पुरुषार्थ के बल पर जुड़ सकेगी। उसे न तो अपनी पहचान के संकट से जूझना पड़ेगा और न पलायन का दंश झेलना पड़ेगा। वह अपने गाँव, क्षेत्र और प्रदेश पर गर्व का अनुभव करेगा। ऐसा तभी सम्भव है, जब उसकी जड़ें अपनी मातृभूमि से जुड़ी होंगी।

वर्तमान में राष्ट्रीय एवं अन्तरराष्ट्रीय स्तर पर जिस तरह के बदलाव हो रहे हैं, उसे कोई नहीं रोक सकता क्योंकि सभी उसी व्यवस्था के अंग हैं, परन्तु उसकी दिशा अवश्य बदली जा सकती है। इसके लिए मौलिक दृष्टिकोण एवं सन्तुलित सोच की आवश्यकता है। हमारे राजनेताओं एवं शासक-प्रशासकों में दूरदृष्टि और इच्छाशक्ति हो तो लोगों को अपनी जड़ों और परम्पराओं से जोड़े रखना कोई असम्भव कार्य नहीं है। आज उत्तराखण्ड के अंग्रेज़ी माध्यम के कई पब्लिक स्कूलों में विद्यार्थियों को हिन्दी में बोलने की मनाही है। यहाँ तक कि राह चलते भी कोई विद्यार्थी आपस में हिन्दी में बात करते हुए देखा जाता है तो उसे स्कूल-प्रशासन द्वारा दण्डित किया जाता है। यह बात चौंकाने वाली लग सकती है, परन्तु वास्तविकता यही है। जिस तथाकथित पब्लिक स्कूल में हिन्दी में बोलने की सख़्त मनाही हो, वहाँ किसी विद्यार्थी द्वारा अपनी बोली/भाषा में बोलने की कल्पना तक नहीं की जा सकती। ऐसी स्थिति में उस बालक के मन में अपनी लोकभाषा, लोकसंस्कृति एवं लोकसाहित्य के

प्रति हीनभावना का होना स्वाभाविक है। पब्लिक स्कूलों के बच्चे जब अंग्रेज़ी में वार्तालाप करते हैं तो हिन्दी माध्यम के स्कूलों में पढ़ने वाले बच्चे हीनता का अनुभव करते हैं। इसी मानसिकता के चलते समाज में भी अंग्रेज़ी बोलना श्रेष्ठता और गर्व का विषय माना जाता है। जिस देश में इस तरह से अंग्रेज़ी भाषा-संस्कृति को बढ़ावा दिया जा रहा हो, वहाँ लोकभाषाओं को बचाना न केवल एक चुनौतीपूर्ण कार्य है, वरन् चिन्ता का विषय भी है। इस विषय पर गम्भीरता से विचार करने तथा सार्थक प्रयास करने की आवश्यकता है, ताकि स्थानीय एवं राष्ट्रीय स्तर पर भी भारतीयता एवं भारतीय सांस्कृतिक मूल्यों को बचाया जा सके।

हमें भी अपनी परम्पराओं, मान्यताओं, धारणाओं और लोकाचार की कर्मकाण्डी पद्धतियों पर समयानुकूल पुनर्विचार करने की आवश्यकता है। हमें इस बात को समझना होगा कि 'न हर पुरानी चीज़ अच्छी होती है, और न हर नयी चीज़ बुरी।' वर्तमान परिप्रेक्ष्य में जातिप्रथा, अस्पृश्यता, वर्णाश्रम व्यवस्था, तमाम रूढ़ियाँ एवं अन्धविश्वास निरर्थक एवं अप्रासंगिक हो चुके हैं। इस कारण अपनी परम्पराओं में भी युगानुरूप बदलाव लाने की आवश्यकता है। किसी ज़माने में विदेश-यात्रा निषिद्ध मानी जाती थी। आज वह गर्व का विषय मानी जाती है। अन्तर्जातीय विवाह, विधवा विवाह आदि सामाजिक अपराध माने जाते थे। आज यही बातें आदर्शरूप मानी जाने लगी हैं। गाँवों में विधवा विवाह को सामाजिक मान्यता मिल चुकी है, परन्तु अन्तर्जातीय विवाह अभी भी उनके गले से नीचे नहीं उतर पा रहा है। इस कारण लड़ाई-झगड़े एवं हत्याएँ हो रही हैं।

किसी ज़माने में सतीप्रथा को गौरवान्वित किया जाता था, आज वह बन्द हो चुकी है। ऐसी तमाम परम्पराएँ हैं, जो अमानवीय रही हैं। अतः उनके पुनर्मूल्यांकन की आवश्यकता है। उनसे चिपके रहना पिछड़ेपन का द्योतक होगा। हमें यह सोचना होगा कि हम इक्कीसवीं सदी में रह रहे हैं, न कि सोलहवीं सदी में। हमारी मान्यताओं एवं परम्पराओं का आधार मानवीय होना चाहिए। इस संसार में 'मानवता' ही सर्वोपरि है। किसी के आस्था-विश्वास को चोट पहुँचाए बिना 'जियो और जीने दो' के आदर्श को यदि व्यवहार में ला सकें तो यही हमारे सामाजिक जीवन की सबसे बड़ी उपलब्धि होगी। अतः परम्पराओं का युगानुरूप आकलन तथा मूल्यांकन होना चाहिए, तभी वे जीवनोपयोगी बन सकते हैं।

यह बड़े दुःख का विषय है कि हमने 'विकास' को केवल आर्थिक

विकास तक ही सीमित कर दिया। विकास का तात्पर्य सर्वांगीर्ण विकास होना चाहिए। सन्तुलित एवं समग्र विकास ही सुखी समाज की कल्पना को साकार कर सकता है। वास्तविक सुख की अनुभूति आत्मिक सुख में ही हो सकती है। यदि मनुष्य का पेट भरा हो, उसे सारी भौतिक सुख-सुविधा के साधन उपलब्ध हों, परन्तु मन-आत्मा अशान्त हों तो वह कभी भी सुख का अनुभव नहीं कर सकता। अतः आत्मिक एवं शारीरिक आवश्यकाओं की पूर्ति से ही मानव जीवन सुखी रह सकता है। दोनों का समान महत्त्व है। दोनों अन्योन्याश्रित एवं एक ही सिक्के के दो पहलू हैं। शरीर के लिए रोटी, कपड़ा और मकान की आवश्यकता है तो आत्मिक सुख के लिए भावात्मक सन्तुष्टि की। भावात्मक सन्तोष सांस्कृतिक परिवेश में ही मिल सकता है, जिसके अन्तर्गत धर्म, अध्यात्म, मानवता, दया, करुणा, प्रेम आदि वे तमाम बातें आती हैं, जिनसे हमारी आत्मा को सुकून मिलता है। इनके बिना जीवन अधूरा है।

हमारी सांस्कृतिक परम्परा एवं विविधता हमें जीवन जीना सिखाती है। रोटी, कपड़ा और आवास की आवश्यकता पूरी होने पर केवल पशुवत् जीवन जीना ही मनुष्य जीवन का उद्देश्य नहीं है। यदि जीवन में कोई हास-परिहास, हर्षोल्लास, विविध सांस्कृतिक क्रियाकलाप वगै़रह नहीं होंगे तो उसमें एकरसता आ जायेगी और जीवन बोझिल लगने लगेगा। अक्सर एकाकीपन तथा नीरसता से मनुष्य कुंठाग्रस्त हो जाता है और जीने की इच्छा समाप्त हो जाती है। ऐसी स्थिति में मनुष्य कई बार अपना मानसिक सन्तुलन खो बैठता है तथा हताशा एवं निराशा में आत्महत्या तक कर डालता है। इसीलिए मनुष्य को परिवार और समाज की आवश्यकता होती है, ताकि उसे एकाकीपन का अहसास न हो।

सांस्कृतिक क्रियाकलाप जीवन को रसमय बनाते हैं। हमारे पर्व-त्योहार, उत्सव, मेले, विविध संस्कार, धार्मिक अनुष्ठान, तीर्थयात्राएँ, साहसिक यात्राएँ आदि उसी के अंग हैं। भारतीय सांस्कृतिक परम्परा का यदि अवलोकन किया जाये तो पूरे वर्ष में शायद ही कोई ऐसा महीना होगा, जिसमें कोई पर्व या उत्सव न आता हो। होली, दीपावली, दशहरा, नवरात्रि, तीज-त्योहार, शादी-ब्याह का धूम-धड़ाका, जन्मोत्सव, स्थानीय त्योहार (हरेला, घुघुतिया, घीसंक्रान्ति), मेले (नन्दादेवी मेला, स्याल्दे बिखौती मेला, देवीधूरा का असाढ़ी मेला, उत्तरायणी मेला, थल मेला, चैती मेला, पूर्णागिरि मेला, दुनागिरि मेला, कुम्भ मेला, तारकेश्वर मेला, वारुणी मेला, नाग मेला आदि), रामनवमी, शिवरात्रि, श्रीकृष्ण जन्माष्टमी, नवरात्रियों में स्थानीय मन्दिरों में लगने वाली

बैसी-छहमासी, नन्दाराज जात्रा, राष्ट्रीय पर्व (स्वतन्त्रता दिवस, गणतन्त्र दिवस, गाँधी जयन्ती, बुद्ध जयन्ती, गुरुनानक जयन्ती) आदि अनेक ऐसे पर्व-त्योहार, धार्मिक-सांस्कृतिक क्रियाकलाप एवं विविध कार्यक्रम वर्ष भर चलते रहते हैं की पता ही नहीं चलता कि पूरा साल कब गुज़र गया। एक कार्यक्रम पूरा हुआ नहीं कि दूसरे की तैयारी शुरू हो जाती है। इस प्रकार लोकमानस निरन्तर सांस्कृतिक क्रियाकलापों में व्यस्त रहता है।

इसके साथ ही कृषि एवं पशुपालन का कार्य भी वर्षभर निरन्तर चलता रहता है। दैनन्दिन जीवन के इतने सारे काम होते हैं कि लोगों को कभी फुर्सत ही नहीं मिल पाती। खरीफ की फसल की कटाई-मड़ाई तथा रबी की फसल की बुआई के बाद उत्तराखण्ड के लोगों को शरद ऋतु में जो थोड़ा-बहुत समय मिल पाता है, उसमें समूचे उत्तराखण्ड के प्रत्येक गाँव-शहर में रामलीला-मंचन की धूम मची रहती है। तीन महीने पहले से ही रामलीला की तालीम शुरू हो जाती है। इस प्रकार मनुष्य के लिए रोटी, कपड़ा, मकानादि के साथ-साथ तमाम तरह के सांस्कृतिक क्रियाकलाप भी आवश्यक हैं। हमारी सांस्कृतिक विरासत की खासियत यह कि वह समाज के लोगों को आपस में जोड़े रखती है क्योंकि ये सांस्कृतिक कार्यक्रम सामूहिक रूप से ही सम्पन्न हो पाते हैं। इस तरह समाज में एक खुशनुमा एवं पारस्परिक सहयोग का वातावरण बना रहता है।

एक खुशहाल सामाजिक जीवन के लिए आर्थिक विकास का होना आवश्यक है। परन्तु यह विकास यदि क्षेत्र विशेष की भौगोलिक परिस्थितियों और परम्पराओं को दृष्टिपथ में रखते हुए किया जाये तो समाज में असन्तुलन की स्थिति उत्पन्न नहीं होगी। आज गाँवों और शहरों के बीच जिस तरह का शैक्षिक एवं आर्थिक असन्तुलन दिखाई देता है, उसका प्रमुख कारण यह है कि ग्राम-बहुल भारत में आज़ादी के बाद से ही गाँवों के समुचित एवं सन्तुलित विकास पर ध्यान नहीं दिया गया, जिसके कारण गाँव आर्थिक एवं शैक्षिक दृष्टि से पिछड़ते चले गये और शहरों की ओर पलायन बढ़ता गया। आज स्थिति यह हो गयी है कि भारतवर्ष के लगभग सभी शहरों में जनसंख्या का दबाव बढ़ता जा रहा है। देश के चार महानगरों–दिल्ली, मुम्बई, कलकत्ता और चेन्नई इसके प्रत्यक्ष उदाहरण हैं। प्रदेश की राजधानी वाले शहरों की भी लगभग यही स्थिति है। भविष्य में यह स्थिति और भी भयावह रूप ले सकती है। प्रारम्भ से ही यदि गाँवों के समग्र विकास पर बल दिया गया होता तो जनसंख्या का फैलाव समानुपातिक दृष्टि से लगभग सन्तुलित अवस्था में

होता। चूँकि हमारी सामाजिक एवं सांस्कृतिक परम्परा को विकास के केन्द्र में नहीं रखा गया, इस कारण औद्योगिक विकास के साथ सामाजिक सन्तुलन स्थापित नहीं हो पाया। आज भी लगभग यही स्थिति बनी हुई है। हमने पश्चिमी देशों का अन्धानुकरण किया, जिसके कारण तथाकथित आर्थिक विकास हमारे देश की भौगोलिक, सामाजिक एवं सांस्कृतिक परिथितियों के साथ तालमेल नहीं बिठा पाया। हमारे देश की सरकार तथा नीति-निर्धारकों को इस दिशा में गम्भीरता से सोचना चाहिए कि किस तरह देश के आर्थिक एवं औद्योगिक विकास को समाज के साथ जोड़ा जाये, ताकि उसमें आम आदमी की भागीदारी भी सुनिश्चित हो सके।

इस बात में कोई सन्देह नहीं कि यदि हम अपनी परम्पराओं के साथ विकास की अवधारणा को नहीं जोड़ेंगे तो उसके फलस्वरूप जिस तरह के समाज का निर्माण होगा, वह निश्चित रूप से दिशाहीन एवं विकृत होगा। आज हमारे बहुविध दूरदर्शन के चैनलों के ग़ैरज़िम्मेदाराना व्यवहार के कारण जिस तरह की विकृत मानसिकता वाले 'सास-बहू और साज़िशनुमा' धारावाहिक परोसे जा रहे हैं, वे निश्चित रूप से न केवल हमारी भावी पीढ़ी को पथभ्रष्ट करने में लगे हुए हैं, वरन् एक विकृत पारिवारिक एवं सामाजिक वातावरण भी पैदा कर रहे हैं। सकारात्मक सोच रखने वाले संस्कारी पारिवारिक जन भी इन 'इडियट बॉक्सों' के फूहड़पन, नकारात्मक सोच, भदेसपन एवं मूर्खताभरे धारावाहिकों को देखने के लिए विवश हैं। कोमल मन-मस्तिष्क वाले अबोध बच्चे उन्हीं को जीवन की वास्तविकता और आदर्श समझकर तदनुरूप आचरण करने लगे हैं। इसके दूरगामी परिणाम बहुत ख़तरनाक हो सकते हैं। लेकिन तब तक हमारी नयी पीढ़ी जीवन के उस मुकाम तक पहुँच चुकी होगी, जहाँ से लौटना मुमकिन नहीं हो पायेगा। ऐसा लगता है कि इन टी.वी. चैनलों के माध्यम से किसी बड़ी अन्तरराष्ट्रीय साज़िश को अन्जाम दिया जा रहा है, जिस ओर किसी का ध्यान नहीं जा रहा है और सभी उनके नंग-धड़ंग अश्लील नाच-गाना देखने-सुनने में मस्त-मस्त दिखाई दे रहे हैं। पर्दे के पीछे की इन साज़िशों के रहस्य और उनके असली मक़सद को जानने-समझने की आवश्यकता है।

जिस तरह से चीन अपने सस्ते माल से भारत की अर्थव्यवस्था को चौपट करने में लगा हुआ है, उसी प्रकार ये टी.वी. चैनल भी हमारे सांस्कृतिक स्वरूप को समूल उखाड़ फेंकने अथवा उसे विकृत करने के गोरखधन्धे में पूरी तत्परता से लगे हुए हैं। वर्तमान में हम सांस्कृतिक संकट के दौर से गुज़र

रहे हैं, जो अभी शहरों तक ही सीमित है। लेकिन शिक्षा के प्रचार-प्रसार, स्मार्टफोन के फैलते जाल तथा इण्टरनेट के बढ़ते प्रभाव से जिस दिन यह गाँवों तक भी अपने पाँव पसार लेगा, उस दिन भारतीय संस्कृति इतिहास की वस्तु और अतीत की धरोहर मात्र रह जायेगी। 'पॉर्न मूवी' अथवा अश्लील वीडियो जिस तरह से हर स्मार्टफोन में इण्टरनेट के माध्यम से उपलब्ध हैं, वह निश्चित रूप से हमारी नयी पीढ़ी को मानसिक विकृति की ओर ले जा रही है और पुनः उस आदिवासी मनोवृत्ति का शिकार बना रही है जिसकी केंचुल को हम अभी तक पूरी तरह उतार भी नहीं पाये हैं।

आधुनिक युग विज्ञान का युग है। विज्ञान तर्क पर विश्वास करता है। परन्तु नयी पीढ़ी न तो पूरी तरह वैज्ञानिक सोच रखती है और न व्यक्तिगत जीवन में तार्किक प्रतीत होती है। तथाकथित वैज्ञानिक तथा विज्ञान के विद्यार्थी भी स्वयं के जीवन में परम्परावादी ही अधिक दिखाई देते हैं। मैं विज्ञान के कई ऐसे प्राध्यापकों, वैज्ञानिकों एवं विज्ञान के विद्यार्थियों को जानता हूँ जो विज्ञान के अच्छे जानकार हैं तथा अपने विषय (गणित, भौतिकी, रसायन, टेक्नोलॉजी आदि) का गहरा ज्ञान भी रखते हैं, परन्तु उनकी सोच वैज्ञानिक और तार्किक नहीं है। उनमें से अधिकांश बृहस्पति और मंगल का व्रत रखते हैं तथा प्रत्येक मंगलवार को हनुमान जी के मन्दिर में प्रसाद चढ़ाने जाते हैं। वे लोकविश्वास, कर्मकाण्ड तथा लोकाचार में विश्वास रखते हैं, अपने घरों तथा मन्दिरों में आये दिन धार्मिक अनुष्ठान तथा पूजा-पाठादि कराते रहते हैं। इसका प्रमुख कारण उनके पैतृक तथा सामाजिक संस्कार हैं। पैदा होते ही माँ अपने बच्चे को घर के किसी कोने में स्थित मन्दिर में माथा टेकना, वार्षिक कैलेण्डर में चित्रित देवी-देवता को शीश नवाना, नैमित्तिक पूजा के बाद आरती लेना आदि सिखाती है। ऐसा लगभग सभी हिन्दू परिवारों में होता है। मन्दिर में भगवान के दर्शन करना, भजन-कीर्तन, पूजा-पाठ, दान-दक्षिणा, चढ़ावा, मनौती माँगना आदि रोज़मर्रा की बातें हैं। यदि किसी बच्चे का जन्म मुस्लिम परिवार में हुआ हो तो उसे इस्लामिक धर्म-संस्कृति के अनुरूप आचरण करना सिखाया जाता है और यदि किसी अन्य धर्म-संस्कृति को मानने वाले परिवार में हुआ हो तो तदनुरूप आचरण करना सिखाया जाता है। यह एक सामान्य प्रक्रिया है।

तथाकथित वामपन्थी विचारधारा वाले या नास्तिक प्रवृत्ति के लोगों को छोड़ दिया जाये तो किसी धर्म-संस्कृति विशेष से सम्बन्ध रखने वाला पढ़ा-लिखा व्यक्ति भी अपने पारिवारिक एवं सामाजिक संस्कारों से मुक्त नहीं हो पाता, चाहे

वह वैज्ञानिकता अथवा तार्किकता पर कितना ही विद्वत्तापूर्ण गम्भीर भाषण क्यों न दे दे। मेरा मानना है कि तार्किकता अथवा बौद्धिकता से हमारी परम्पराओं को उतना ख़तरा नहीं है, जितना पश्चिमी देशों के चकाचौंधभरे विलासितापूर्ण यौनमुक्त समाज के अन्धानुकरण से। आज नैतिकता, ईमानदारी और भारतीय उच्चादर्शों वाले जीवन-मूल्यों पर जो जितना ही विद्वत्तापूर्ण भाषण देता हुआ दिखाई देता है, वह निजी जीवन में उसके ठीक विपरीत आचरण करता हुआ पाया जाता है। तमाम आश्रमबाज, तथाकथित धर्माधिकारी, महन्त-मठाधीश एवं बाबा-बापू इसके प्रत्यक्ष उदाहरण हैं, जिनमें से कई सलाखों के पीछे जेल की हवा खा रहे हैं। दूसरों को चरित्रवान बनने की शिक्षा-दीक्षा देने वालों का कितना चारित्रिक पतन हो चुका है, यह किसी से छिपा नहीं है। यदि वास्तव में हम निजी जीवन में सांस्कृतिक जीवन-मूल्यों और आदर्शों की परम्परा का निर्वाह करते हैं तो कोई तार्किकता उन्हें परास्त या पदच्युत नहीं कर सकती।

भारतीय सांस्कृतिक मूल्यों के प्रति आस्था, बड़ों और बुज़ुर्गों का सम्मान, अतिथियों का आदर, ग़रीबों की सेवा, देवी-देवताओं के प्रति आस्था-श्रद्धा, गुरुओं और स्त्रियों का सम्मान आदि हमारी परम्परा रही है। इसमें तार्किकता अथवा बौद्धिकता कैसे बाधक बन सकती है? भारतीय संस्कृति में माँ, बहन, पत्नी और प्रेमिका केवल स्त्री मात्र नहीं हैं। वे हमारी अलग-अलग भावनाओं की प्रतीक हैं। उन्हें केवल स्त्री मानकर हम एक ही तुला में नहीं तौल सकते। अन्य किसी विचारधारा में ऐसा होता हो, परन्तु भारतीय सांस्कृतिक परम्परा में ऐसा कतई सम्भव नहीं है। यदि कोई नारी के इन सभी रूपों को केवल स्त्री मात्र समझकर आचरण करता है तो उसे विकृत मानसिकता वाला माना जाता है। व्यक्ति की मानसिक संरचना के निर्माण में भी परम्पराएँ अपनी अहम भूमिका निभाती हैं। अतः न तो हम अपनी स्वस्थ परम्पराओं से मुक्त हो सकते हैं और न उनसे मुक्त होने में हमारा कोई कल्याण ही है। परम्पराओं में समयानुरूप परिष्कार एवं परिमार्जन आवश्यक है, तभी वे प्रासंगिक बने रह सकते हैं। रूढ़िवादिता मानसिक खोखलेपन की द्योतक होती है।

वस्तुतः हमारी परम्पराओं में आधुनिक चकाचौंध के कारण जो बदलाव देखे जा रहे हैं, वे किसी सोची-समझी दिशा की ओर न जाकर, विश्रृंखलित रूप में टकुड़ों-टुकड़ों में दिखाई दे रहे हैं। यह बदलाव युवा पीढ़ी में अधिक देखने को मिल रहा है। इसमें भी टी.वी. चैनलों, सिनेमा तथा सर्वसुलभ इण्टरनेट का प्रभाव अधिक परिलक्षित होता है। सहशिक्षा के कारण स्त्री-पुरुष के बीच की दूरी कम हो रही है। शिक्षारत युवक-युवतियों का खुलेआम मिलना-जुलना,

दोस्ती, अभिवादन के रूप में हाथ मिलाना, गले मिलना आदि सामान्य-सी बातें हो गयी हैं। उनमें एक खुलापन आ गया है जो प्रायः सभी बड़े महानगरों एवं शहरों के युवक-युवतियों के आचरण में देखने को मिलता है। लड़कियों द्वारा पुरुष-मित्र बनाना, स्वेच्छा से जीवनसाथी का चयन करना, माता-पिता की इच्छा के विरुद्ध अन्तरजातीय विवाह करना, लड़कों के साथ रेस्तराँ या सुनसान जगहों में घूमना-फिरना, विवाह-पूर्व शारीरिक सम्बन्ध बनाना धीरे-धीरे आम बात होती जा रही है। आज तक हमारे समाज में युवक-युवतियों के बीच इस तरह के खुलेपन की छूट नहीं थी। उत्तराखण्ड जैसे नवसृजित राज्य में, जहाँ धार्मिकता का अधिक बोलबाला है और जिसे 'देवभूमि' कहा जाता है, वहाँ भी इस तरह के सामाजिक परिवर्तन आम जीवन का हिस्सा बनते जा रहे हैं। इसके कारण कई तरह की पारिवारिक एवं सामाजिक समस्याएँ पैदा हो रही हैं। यह स्थिति शहरों तथा कस्बों में अधिक है। गाँवों से जो बच्चे शहरों में पढ़ने आ रहे हैं, वे भी इस तरह के बदलाव का शिकार हो रहे हैं। आज की स्थिति में इसे रोक पाना बड़ा कठिन है क्योंकि इण्टरनेट ने सब कुछ सर्वसुलभ बना दिया है। अब सारी चीज़ें बेपर्दा हो चुकी हैं। पर्दे के भीतर का छिपा रहस्य नग्न हो चुका है।

इस दृष्टि से हमारा समाज धीरे-धीरे यूरोप और अमेरिका बनता जा रहा है। लेकिन वहाँ के नागरिकों में एक तरह की नैतिक ईमानदारी और राष्ट्रीय चरित्र (नेशनल कैरेक्टर) भी पाया जाता है। वे अपने आचरण और काम के प्रति ईमानदार तथा वफ़ादार होते हैं। हमारे समाज में इसकी बहुत बड़ी कमी है। हम प्रायः दोगला जीवन जीते हैं। बाहर कुछ और तथा भीतर कुछ और। ढोंग (हिपोक्रेसी) हमारे चरित्र की सबसे बड़ी खासियत अथवा बीमारी है। पूरी दुनिया में जिस तरह की हवा बह रही है, उसमें युवक-युवतियों के सम्बन्धों में खुलापन होना स्वाभाविक है। लेकिन हमें भावी पीढ़ी को अपनी उन महान परम्पराओं से अवगत कराना है, जिनके कारण पूरी दुनिया में भारत की अपनी अलग पहचान और मान-सम्मान है। भारतीय परम्परा है—भाईचारे की परम्परा, वसुधैवकुटुम्बकम् की परम्परा, 'मातृ-पितृदेवो भव, अतिथिदेवो भव' की परम्परा, देशभक्ति की परम्परा, त्याग-तपस्या और बलिदान की परम्परा आदि। उत्तराखण्ड की देवभूमि ऋषि-मुनियों की तपोसाधना की भूमि है। यहाँ देवी-देवताओं का अधिवास माना जाता है। यह गंगा-युमना की पवित्र भूमि है। भारत का शीश हिमालय इसका मुकुट है, सद्यप्रातः सूर्य की किरणें जिसका अभिवादन करती हैं। हमें अपने प्रदेश के भौगोलिक, ऐतिहासिक,

धार्मिक, आध्यात्मिक एवं सांस्कृतिक गौरवगाथा की परम्परा से भी युवा पीढ़ी को अवगत कराना तथा उन्हें संस्कारित करना है।

प्रश्न है कि हम अपनी श्रेष्ठ एवं लोकोपयोगी परम्पराओं से नयी पीढ़ी को कैसे अवगत कराएँ? कैसे उनमें उच्च संस्कार भरे जायें कि वे एक आदर्श नागरिक बन सकें। यह कार्य कठिन अवश्य है, परन्तु असम्भव नहीं। जिस तरह से अंग्रेज़ों ने अपनी शिक्षा-प्रणाली के माध्यम से पूरे भारतवर्ष को अंग्रेज़ीमय बना दिया तथा भारतीय भाषाओं को पिछड़ा समझकर हाशिए पर धकेल दिया, उसका दुष्परिणाम यह हुआ कि भारत के लोग ही देश के बहुसंख्यक लोगों द्वारा बोली जाने वाली तथा संवैधानिक राजभाषा हिन्दी से घृणा करने लगे और उनके विरोध के कारण ही उसे संवैधानिक रूप से राष्ट्रभाषा का दर्जा नहीं मिल पाया। अंग्रेज़ी उनकी लाड़ली हो गयी तथा मातृभाषाएँ हाशिए पर चली गयीं। उसी तरह से स्वतन्त्र भारत के राजनेता, शासक-प्रशासक तथा नीति-निर्धारक चाहे तो भारत का पुरातन गौरव फिर से लौटा सकते हैं तथा नयी पीढ़ी को उस रास्ते पर आसानी से ले जा सकते हैं। इसके लिए एक राष्ट्रीय शिक्षा नीति की आवश्यकता है जो मैकॉले की परम्परागत शिक्षा-नीति को पलटकर, भारतीय शिक्षा नीति का ख़ाका तैयार कर, उसे पूरे भारतवर्ष में अमलीजामा पहना सके। इसके लिए शिक्षा के ढाँचे में मूलभूत परिवर्तन की आवश्यकता है। यह परिवर्तन प्राथमिक शिक्षा के पाठ्यक्रम में बदलाव से प्रारम्भ होना चाहिए। प्राथमिक स्तर से ही बच्चों को त्रिभाषा-सूत्र के अन्तर्गत हिन्दी, अंग्रेज़ी तथा लोकभाषा एवं तद्विषयक व्याकरण और साहित्य का परिचय कराया जाना चाहिए। नैतिक शिक्षा को प्राथमिक स्तर से ही अनिवार्य विषय बनाया जाये, जिसमें भारतीय परम्परा, संस्कृति, लोकपरम्परा, लोकसंस्कृति आदि का सामान्य परिचय निहित हो।

अंग्रेज़ी मानसिकता के मकड़जाल से शिक्षा-व्यवस्था को पूरी तरह मुक्त करके ही राजभाषा, राज्यभाषा, लोकभाषा एवं लोकसंस्कृति को प्रश्रय दिया जा सकता है। अंग्रेज़ी एक अन्तरराष्ट्रीय भाषा है, इस बात से इनकार नहीं किया जा सकता। उसके ज्ञान से भी बच्चों को वंचित नहीं किया जा सकता। परन्तु अंग्रेज़ी की श्रेष्ठता तथा हिन्दी एवं प्रान्तीय भाषाओं व लोकभाषाओं की हीनताग्रन्थि से नयी पीढ़ी को मुक्त करना भी अत्यावश्यक है। इसके लिए अंग्रेज़ी मानसिकता वाले राजनेताओं तथा अधिकारियों (ब्यूरोक्रेट्स) को शिक्षा के प्रारूप निर्माण (ड्राफ्टिंग) से दूर रखा जाना चाहिए। प्रत्येक प्रान्त में जहाँ-जहाँ, जो-जो लोकभाषाएँ प्रचलन में हैं, उन्हें विद्यालयों में प्राथमिक स्तर

से ही यदि पाठ्यक्रम में सम्मिलित किया जाये तो लोकभाषा, लोकसंस्कृति, लोकसाहित्य एवं लोकपरम्परा का संरक्षण एवं संवर्धन स्वमेव हो जायेगा।

भाषा में ही संस्कृति का अधिवास होता है तथा संस्कृति और साहित्य में परम्परा का। ये सभी परस्पर एक-दूसरे से अंगांगिभाव से जुड़े रहते हैं। काम कठिन अवश्य है, परन्तु असम्भव नहीं। सबसे बड़ी बात यह है कि सरकारी स्कूलों के पाठ्यक्रम तथा अंग्रेज़ी माध्यम के पब्लिक स्कूलों के पाठ्यक्रम में राष्ट्रीय स्तर पर एकरूपता होनी चाहिए, ताकि पब्लिक स्कूल का पढ़ा विद्यार्थी स्वयं को श्रेष्ठ और सरकारी स्कूल का पढ़ा छात्र स्वयं को हेय न समझने पाये। तभी दोनों तरह की संस्थाओं के विद्यार्थियों में बराबरी का भाव उत्पन्न हो सकता है। इस प्रकार समान शिक्षा-व्यवस्था से पूरे देश में ऊँच-नीच का भेदभाव तो मिटेगा ही, साथ ही राष्ट्रीय स्वाभिमान एवं आत्मगौरव का भी अहसास होगा। इसी से हमारी लोकभाषाएँ जीवित रह सकती हैं तथा उनमें अन्तर्निहित ज्ञान की मौखिकी का लोक और उसका भविष्य सुरक्षित रह सकता है।

हिन्दी भाषा का वैश्विक परिदृश्य

हिन्दी भाषा की जब हम बात करते हैं तो यह सामान्यत: दो अर्थों में प्रयुक्त होती है। पहला खड़ी बोली हिन्दी और दूसरा जनपदीय हिन्दी, जिसका विकास अपभ्रंश से माना जाता है। खड़ी बोली हिन्दी उसी की एक उपबोली रही है जो आज भारत संघ की राजभाषा है। प्रत्येक समाज की अपनी भाषा होती है। भाषा के माध्यम से ही वह समाज-समग्रता में अभिव्यक्त हो सकता है। समाज, संस्कृति और भाषा परस्पर अन्योन्याश्रित हैं। प्रत्येक समाज का सामाजिक और सांस्कृतिक जीवन उसकी भाषा में गुँथा होता है। हिन्दी का विकास संस्कृत, प्राकृत और अपभ्रंश से हुआ है।

हिन्दी भारत की राजभाषा एवं सम्पर्क भाषा होने के साथ-साथ अघोषित राष्ट्रभाषा भी है। भारत के संविधान में जिस हिन्दी को भारत संघ की राजभाषा घोषित किया गया है, वह खड़ी बोली हिन्दी है। संविधान में जिन प्रान्तीय एवं अन्य भाषाओं को शामिल किया गया है, वे इस प्रकार हैं–1. असमिया, 2. बंगला, 3. गुजराती, 4. हिन्दी, 5. कन्नड़, 6. कश्मीरी, 7. मलयालम, 8. मराठी, 9. उड़िया, 10. पंजाबी, 11. संस्कृत, 12. सिन्धी, 13. तमिल, 14. तेलुगु, 15. उर्दू, 16. नेपाली, 17. कोंकणी, 18. मणिपुरी, 19. मैथिली, 20. संथाली, 21. बोडो, 22. डोगरी। भारत कई राज्यों का संघ (यूनियन ऑफ स्टेट्स) है। संविधान के अनुच्छेद 343 (1) के अनुसार संघ की राजभाषा (ऑफिसियल लैंग्वेज) हिन्दी तथा लिपि देवनागरी है। संविधान के अनुच्छेद 351 में हिन्दी भाषा के विकास के लिए कुछ निर्देश भी दिये गये है–"संघ का यह कर्तव्य होगा कि हिन्दी भाषा का प्रसार बढ़ाए, उसका विकास करे, जिससे वह भारत की सामासिक संस्कृति के सभी तत्त्वों की अभिव्यक्ति का माध्यम बन सके।"[1]

इसमें हिन्दी के विकास एवं समृद्धि के लिए संस्कृत तथा अन्य भाषाओं से शब्द ग्रहण करने के भी निर्देश दिये गये हैं। संविधान के अनुच्छेद 343 (2) में यह भी प्रावधान किया गया है कि "संविधान लागू होने से पन्द्रह वर्ष

की अवधि तक संघ के उन सभी शासकीय प्रयोजनों के लिए अंग्रेज़ी भाषा का प्रयोग किया जाता रहेगा, जिनके लिए उसका ऐसे प्रारम्भ से ठीक पहले प्रयोग किया जाता रहा था।'' साथ ही संघ के शासकीय प्रयोजनों के लिए प्रयुक्त होने वाले अंकों का रूप अन्तर्राष्ट्रीय रूप होगा। ऐसा अनुमान लगाया गया कि इस अवधि के दौरान हिन्दी भाषा शासन, विधायिका, कार्यपालिका तथा न्यायपालिका के कार्यों को निष्पादित करने में सक्षम हो जायेगी। ऐसा न हो पाने की स्थिति में संविधान के अनुच्छेद 343 (3) में संसद को यह भी अधिकार दिया गया कि पन्द्रह वर्ष की अवधि समाप्त होने के पश्चात् भी वह चाहे तो अंग्रेज़ी भाषा के प्रयोग को यथावत् रखने की विधि द्वारा कोई उपबन्ध कर सकेगी।[2] परन्तु आज हिन्दी भाषा राजकीय एवं शासकीय कार्यों को निष्पादित करने में पूर्णतः सक्षम हो चुकी है। वर्तमान में हिन्दी भाषा का तात्पर्य 'मानक हिन्दी' से है। यद्यपि मानक हिन्दी का मूलाधार खड़ी बोली है, परन्तु खड़ी बोली ही हिन्दी नहीं है। वस्तुतः हिन्दी कोई एक भाषा न होकर कई भाषाओं एवं बोलियों का समूह है।

हिन्दी भाषा का क्षेत्र बहुत व्यापक है। उत्तर प्रदेश, बिहार, मध्य प्रदेश, राजस्थान, हिमाचल प्रदेश, हरियाणा, दिल्ली, चण्डीगढ़ आदि सभी हिन्दी भाषी प्रदेश हैं। ऐतिहासिक दृष्टि से इस हिन्दी प्रदेश में पाँच प्राकृत थीं– 1. अपभ्रंश, 2. शौरसेनी, 3. अर्धमागधी, 4. मागधी, 5. खस। इन्हीं पाँच प्राकृतों की विभाषाओं का समूह हिन्दी कहलाता है। अप्रभंश से राजस्थानी हिन्दी, शौरसेनी से पश्चिमी हिन्दी, अर्धमागधी से पूर्वी हिन्दी, मागधी से बिहारी हिन्दी और खस से पहाड़ी हिन्दी का विकास हुआ है। ये हिन्दी की उपभाषाएँ हैं, इसलिए इनके साथ 'हिन्दी' शब्द जोड़ा गया है। इन्हें उपभाषाएँ इसलिए कहा गया है क्योंकि इनके अन्तर्गत प्रत्येक की बोलियाँ और उपबोलियाँ हैं और उन सभी में साहित्य उपलब्ध है। इस तरह ऐतिहासिक एवं सांस्कृतिक दृष्टि से हिन्दी भाषी क्षेत्रों के अन्तर्गत ही उपुर्यक्त उपभाषाएँ एवं बोलियाँ समाहित हैं। भाषिक दृष्टि से उर्दू भी अलग भाषा नहीं है, वरन् हिन्दी भाषी क्षेत्र की खड़ी बोली पर आधारित फ़ारसी लिपि में लिखी जाने वाली एक शैली है, जिसमें अरबी-फ़ारसी के शब्दों की बहुलता रहती है।

वर्तमान में हिन्दी की स्थिति काफ़ी सन्तोषजनक एवं उत्साहवर्धक है। सभी क्षेत्रों में हिन्दी ने प्रगति की है, जिसका स्वरूप संक्षिप्त रूप में इस प्रकार है–

1. सम्पूर्ण भारत में सम्पर्क भाषा के रूप में व्यावहारिक दृष्टि से मानक हिन्दी का प्रसार सर्वाधिक है। हिन्दीतर भाषी राज्यों में भी द्वितीय भाषा के

रूप में अन्य किसी भाषा की अपेक्षा हिन्दी का प्रयोग ही सर्वाधिक देखने को मिलता है, जो हिन्दी के सार्वदेशिक व्यवहार का प्रमाण है।

2. हिन्दी राजकाज के कार्यों को पूर्णतया निष्पादित करने में सक्षम है। पिछले कुछ वर्षों से केन्द्र सरकार, राज्य सरकार तथा प्रकाशकों के सम्मिलित प्रयासों से कामकाजी हिन्दी से सम्बन्धित सैकड़ों पुस्तकें प्रकाशित हो चुकी हैं। अनुवाद एवं टंकण-प्रशिक्षण के क्षेत्र में भी काफ़ी काम हो चुका है।

3. साहित्यिक दृष्टि से भी हिन्दी समृद्ध है। उसका साहित्य भण्डार अपार है, जिसमें निरन्तर वृद्धि हो रही है। हिन्दी की श्रेष्ठ पुस्तकों का विदेशी भाषाओं में भी अनुवाद हो चुका है।

4. हिन्दी में ज्ञान-विज्ञान तथा प्रशासन सम्बन्धी पारिभाषिक शब्दावली का निर्माण इतनी प्रचुर मात्रा में हो चुका है कि वह सब प्रकार से सक्षम एवं वैज्ञानिक भाषा बन चुकी है तथा हर तरह की आवश्यकताओं को पूरा करने में समर्थ है। अब तक हिन्दी में ज्ञान-विज्ञान के सैकड़ों ग्रन्थ प्रकाशित हो चुके हैं तथा कई प्रकाशनाधीन हैं। वैज्ञानिक तथा तकनीकी शब्दावली आयोग के प्रयासों से नौ लाख से अधिक तकनीकी शब्दावली का निर्माण एवं प्रकाशन हो चुका है। इस तरह हिन्दी में तकनीकी शब्दावली की भी कोई कमी नहीं है।

5. कुछ लोग राजनीतिक कारणों से हिन्दी का विरोध करते रहे हैं कि हिन्दी के प्रचार-प्रसार से प्रान्तीय भाषाओं का विकास अवरुद्ध हो जायेगा। इस कारण अंग्रेज़ी भाषा को यथावत् बनाये रखना चाहिए। प्रश्न यह है कि यदि अंग्रेज़ी भाषा प्रान्तीय भाषाओं की प्रगति में बाधक नहीं है तो हिन्दी कैसे हो सकती है?

6. हमारी अधिकतम भारतीय भाषाओं का उद्गम एक ही संस्कृति और एक ही पृष्ठभूमि से हुआ है। अत: कोई कारण नहीं कि हिन्दी के अध्ययन-अध्यापन से भारतीय भाषाओं की समृद्धि अथवा विकास में कोई बाधा उत्पन्न हो। हिन्दी का किसी प्रान्तीय भाषा से कोई विरोध नहीं है।

7. आज़ादी के आन्दोलनों में हिन्दी ने राष्ट्रीय स्वरूप प्राप्त कर लिया था। इस कारण वह देश की सम्पर्क भाषा एवं राष्ट्रभाषा के रूप में स्वयं ही प्रचारित-प्रसारित हुई है।

कुछ लोग राजनीतिक कारणों से भाषा का प्रश्न उठाकर निजी स्वार्थ सिद्ध करना चाहते हैं तथा अंग्रेज़ों की 'फूट डालो और राज करो' की नीति अपनाकर वैमनस्य फैलाना चाहते हैं। उनकी इस नीति को देखकर बाइबिल

में वर्णित बेबल (बेबीलोन) की मीनार की कथा की ओर ध्यान जाता है, जो इस प्रकार है–"आदम के बेटों ने आसमान तक पहुँचने के लिए एक बहुत बड़ा मीनार बनाना चाहा। ईश्वर ने देखा कि ये लोग स्वर्ग तक पहुँचकर मेरी बराबरी करने लगेंगे। उन लोगों की एक भाषा थी और वे मिलकर काम करते ऊपर चढ़ते चले जा रहे थे। ईश्वर ने उन्हें भिन्न-भिन्न भाषाएँ देकर तितर-बितर कर दिया। भाषा की विभिन्नता के कारण अब वे एक-दूसरे की बात नहीं समझ सकते थे। वे आपस में लड़ने लगे। इसी झगड़े में मीनार टूट-फूट गया।"[3]

ठीक इसी तरह भारत में भी भाषायी विवाद खड़ा करके देश को कमज़ोर करने की साज़िश समय-समय पर होती रही है, ताकि भाषायी विभेद के कारण देश की राजनीतिक एकता भी उक्त मीनार की तरह टूट जाये, परन्तु इस तरह की साज़िशों को कामयाब नहीं होने देना है।

आज हिन्दी भाषा का प्रयोग कई सन्दर्भों में हो रहा है। भौगोलिक सन्दर्भों में उसका प्रयोग हिन्दी भाषी प्रदेशों में बोली जाने वाली 17-18 बोलियों के समूह के सन्दर्भ में हो रहा है तो साहित्यिक सन्दर्भ में इसका प्रयोग ब्रज भाषा, अवधी, मैथिली, खड़ी बोली तथा थोड़ा-बहुत राजस्थानी के सन्दर्भ में हो रहा है। राजनीतिक सन्दर्भों में हिन्दी का प्रयोग राजभाषा एवं राष्ट्रभाषा के सन्दर्भ में हो रहा है तो व्यावहारिक दृष्टि से उसका प्रयोग सम्पर्क भाषा के रूप में हो रहा है, जो भारत की सामासिक संस्कृति की युगों से संवाहक रही है तथा भारत की सामाजिक एवं सांस्कृतिक एकता की प्रतीक है। विश्व में भारत की पहचान भी हिन्दी भाषी राष्ट्र के रूप में ही है।[4]

भाषा प्रत्येक देश के समाज एवं उसकी संस्कृति की पहचान होती है। वहाँ के दर्शन, चिन्तन, शोध, बहुज्ञता, ज्ञान-विज्ञान, पारस्परिक सम्पर्क एवं अनेकता में एकता स्थापित करने की कड़ी के रूप में भाषा को देखा जाता है। वर्तमान में हिन्दी ही एकमात्र ऐसी भाषा है जो हमें समस्त विश्व के विकास-कार्यों से जोड़ सकती है। हिन्दी भारतीय संस्कृति की संवाहिका है। भारतीय संस्कृति की पहचान के रूप में हिन्दी किस तरह से अपनी अहम भूमिका का निर्वहन कर सकती है, उसका विवेचन आगे किया जा रहा है।

प्रथम विश्व हिन्दी सम्मेलन नागपुर (महाराष्ट्र) में आयोजित हुआ था तथा इसके आयोजन में अहिन्दी भाषी श्री अनन्त गोपाल शेवड़े की महत्त्वपूर्ण भूमिका रही, जो इस प्रथम विश्व हिन्दी सम्मेलन के महासचिव थे। शेवडे जी की मातृभाषा हिन्दी नहीं, बल्कि मराठी थी। वे हिन्दी और अंग्रेज़ी के

सशक्त लेखक थे। प्रथम विश्व हिन्दी सम्मेलन के आयोजन की कमान उन्होंने ही सँभाली थी। आज़ादी से पहले भी अहिन्दी भाषी नेताओं ने हिन्दी को अखिल भारतीय भाषा या राजभाषा का स्वरूप प्रदान करने में अहम भूमिका निभायी थी और आज़ादी के बाद भी।[5] प्रथम विश्व हिन्दी सम्मेलन ने हिन्दी भाषा को राष्ट्र की सांस्कृतिक धरोहर और सांस्कृतिक मूल्यों से जोड़ने का प्रयास किया।

विश्व हिन्दी सम्मेलन की सबसे बड़ी उपलब्धि यह होती है कि इसके द्वारा विश्वभर के भारतीय मूल के लोगों को पुनः सांस्कृतिक रूप से जुड़ने का अवसर प्राप्त होता है। प्रथम विश्व हिन्दी सम्मेलन में मॉरिशस, फिजी, सुरिनाम, त्रिनिडाड आदि भारतवंशी देशों से बड़ी संख्या में प्रतिनिधियों ने भाग लिया और उन्होंने स्पष्ट विचार व्यक्त किये कि भारत से उनका सम्बन्ध हिन्दी के कारण है। उन्होंने अपनी सांस्कृतिक परम्पराओं और विशिष्टताओं को हिन्दी के माध्यम से सुरक्षित रखा है।''[6] निर्विवाद रूप से कहा जा सकता है कि हिन्दी भारत के विदेशों के साथ सांस्कृतिक सम्बन्धों का एक अत्यन्त प्रभावी एवं उपयोगी माध्यम है। 10 जनवरी से 13 जनवरी 1975 को नागपुर में चार दिन का अभूतपूर्व प्रथम विश्व हिन्दी सम्मेलन हुआ था तथा मॉरिशस के प्रधानमन्त्री सर शिवसागर रामगुलाम के विशेष अनुरोध पर 28 से 30 अगस्त 1976 को द्वितीय विश्व हिन्दी सम्मेलन मॉरिशस में आयोजित हुआ। इससे हिन्दी का अन्तर्राष्ट्रीय स्वरूप भली-भाँति प्रकट हुआ।

प्रथम विश्व हिन्दी सम्मेलन के उद्घाटन समारोह की अध्यक्षता करते हुए अपने अध्यक्षीय भाषण में मॉरिशस के प्रधानमन्त्री सर शिवसागर रामगुलाम ने कहा था–''हम मॉरिशस वाले हिन्दी की महानता को भली प्रकार पहचानते हैं। यही एक भाषा है जिसे लेकर पिछले 150 वर्षों में हमने अपने बाप-दादा की परम्परा को ज़िन्दा रखा है। आप जानते हैं कि लगभग 150 वर्ष पहले हमारे बाप-दादा भारत से मज़दूरों के रूप में मॉरिशस आये थे। आज इन्हीं मज़दूरों की मेहनत से हमारा देश एक प्रगतिशील देश बना है। हमारे देश में भारत के वंशजों के अलावा और कई लोग भी बसने आये। हम सभी ने मिलकर एक मिली-जुली सभ्यता और एक मिले-जुले समाज की रचना की है। हमारे छोटे से देश में फ्रेंच, इंग्लिश, उर्दू, तेलुगु, चीनी, तमिल, मराठी और गुजराती भाषाएँ बोली जाती हैं। लेकिन हिन्दी सबसे अधिक लोग समझते-बोलते हैं।''[7] वैश्विक पटल पर हिन्दी की स्थिति को रेखांकित करते हुए उन्होंने कहा–''हिन्दी भारत की राष्ट्रभाषा तो है लेकिन हमारे लिए इस

बात का अधिक महत्त्व है कि यह भाषा एक अन्तर्राष्ट्रीय भाषा है। ...आज मॉरिशस में हिन्दी न केवल हायर सेकेण्डरी में पढ़ायी जाती है, बल्कि अनेक लेखक, कवि और पत्रकार हिन्दी में रचनाएँ करते हैं।''[8]

डॉ. मलिक मोहम्मद के अनुसार–''देश की सामासिक संस्कृति की उचित अभिव्यक्ति में हिन्दी के सिवा कोई दूसरी भारतीय भाषा समर्थ नहीं है। हिन्दी पूरे भारत की सांस्कृतिक एकता और साहित्यिक माध्यम की सशक्त कड़ी के रूप में विकसित हुई है।''[9] वस्तुतः किसी भी भाषा के माध्यम से एक समस्त संस्कृति व समाज दृष्टिगोचर होता है।

हिन्दी के राष्ट्रीय महत्त्व को प्रतिपादित करते हुए भारत के भू.पू. उपराष्ट्रपति श्री बी.डी. जत्ती ने प्रथम विश्व हिन्दी सम्मेलन के समापन भाषण में कहा था–''हिन्दी को राष्ट्रभाषा का गौरव प्राप्त हुआ है। वह इस कारण से नहीं कि यह देश की बहुसंख्या की भाषा थी, बल्कि इसलिए भी कि हमारे देश की भाषाओं की जननी संस्कृत के यह अधिक समीप है और हमारी पुरातन परम्पराओं की अभिव्यक्ति तथा आधुनिक आवश्यकताओं को पूरा करने में सक्षम है।''[10] ...''भाषा का सम्बन्ध उसके शब्दों के भण्डार, अभिव्यक्ति से भी अधिक उस राष्ट्र की सांस्कृतिक परम्पराओं, उसके जीवन-मूल्यों तथा उसके विकास के इतिहास पर अवलम्बित रहता है। आज हम कह सकते हैं कि हिन्दी एक ऐसी सशक्त भाषा बन चुकी है जिसमें हमारे जनमानस की सामूहिक चेतना को व्यक्त करने की सामर्थ्य है। यह सामर्थ्य उसे प्रदान किया सर्व-संग्राहकता की भावना ने।''[11] 4 अक्टूबर 1978 को जब भारत के तत्कालीन विदेश मन्त्री अटल बिहारी वाजपेयी ने संयुक्त राष्ट्र संघ की महासभा में पहली बार हिन्दी में अपना भाषण दिया तो पूर्व के दो विश्व हिन्दी सम्मेलनों के राष्ट्रसंघ में हिन्दी को शामिल किये जाने सम्बन्धी प्रस्ताव को बल मिला।

डॉ. गोपाल शर्मा ने 'आधुनिक युग और हिन्दी' नामक अपने लेख में लिखा है–''आधुनिक शब्द आज के युग में अनेक प्रसंगों में प्रयुक्त होता है। समाज का आधुनिकीकरण, भाषा का आधुनिकीकरण, उद्योग का आधुनिकीकरण इत्यादि। ...इसका अर्थ है नवीन का मौलिक धारा से समन्वय। भारत की संस्कृति की मूल धारा में इसी तरह का समन्वित विकास निरन्तर होता आया है और बढ़ता ही जा रहा है। ...घरों में विद्युतचालित वस्तुओं का प्रयोग, खेत-खलिहानों में पम्प, ट्रेक्टर, रासायनिक खाद आदि के प्रयोग इस बात के द्योतक हैं कि परम्परागत भारतीय जीवन और संस्कृति ने बहुत कुछ आत्मसात्

किया है। भाषा में भी इस समन्वय के स्पष्ट दर्शन हो जाते हैं। भारत के प्रजातन्त्र बनने और देश में विज्ञान और टेक्नोलॉजी अपनाने के बाद एक और सांस्कृतिक स्तर उभरा है, उसमें धर्म और जाति का स्थान राजनीतिक शब्दों ने ले लिया है, जैसे–अल्पमत, समुदाय, दलबदलू, भ्रष्टाचार, अनुसूचित जातियाँ, आरक्षित मतक्षेत्र, पिछड़े लोग आदि।''[12]

यह भाषायी परिवर्तन जीवन के सभी क्षेत्रों में देखा सकता है, जहाँ-जहाँ विकास की गति आगे बढ़ रही है, जैसे–आर्थिक वर्ग, विज्ञान एवं तकनीकी क्षेत्र, व्यापार एवं रोज़मर्रा के जीवन से जुड़े मसले आदि। जीवन-मूल्यों के बदलाव एवं सामाजिक परिवर्तनों के कारण सांस्कृतिक एवं नैतिक दृष्टिकोण में भी बदलाव देखा जा सकता है। इस कारण हमारी पुरानी धार्मिक एवं सामाजिक मान्यताएँ गौण होती जा रही हैं। इस सबके कारण नये भावबोध एवं बदलते जीवन-मूल्यों के साथ शब्दावली भी बदल रही है, जो एक ऐसी नव-संस्कृति को जन्म दे रही है, जिसे हम आधुनिक संस्कृति कह सकते हैं, जो पुरानी सांस्कृतिक विरासत से जुड़े रहने पर भी नये कलेवर में प्रकट हो रही है। जो चीज़ें पहले समाज में मान्य नहीं थीं या अपसंस्कृति मानी जाती थीं, वे आज सामाजिक जीवन का अनिवार्य अंग बन चुकी हैं, जिसके लिए एक नयी सांस्कृतिक शब्दावली भी सामने आ रही है, जैसे–तलाक, गर्भपात, सन्तति निरोध, परिवार नियोजन, सुधारगृह, नारी-निकेतन, यौन अपराध, सामूहिक बलात्कार, कामकाजी महिलाएँ, दलित-विमर्श, स्त्री-विमर्श, मॉडल, यौन स्वातन्त्र्य, सैरोगेट मदर, पहनावा आदि।

दरअसल इस तरह का भाषायी परिवर्तन हर युग में, हर समाज में होता आया है, उसकी गति कम-ज़्यादा हो सकती है। जब भी किसी युग विशेष में सामाजिक, सांस्कृतिक, धार्मिक, राजनीतिक, आर्थिक एवं जीवन-मूल्य विषयक परिवर्तन होते हैं, तब-तब तदनुरूप भाषा में भी व्यापक स्तर पर मौलिक परिवर्तन होते रहते हैं। आज विज्ञान और तकनीक का युग है, जिसने पूरे विश्व को बड़े पैमाने पर प्रभावित किया है तो तदनुरूप भाषा और संस्कृति में बड़े बदलाव देखे जा रहे हैं। इसीलिए हिन्दी तथा उसकी प्रान्तीय भाषाओं में भी सामाजिक एवं सांस्कृतिक क्रान्ति की अन्तर्धारा उसकी भाषा के माध्यम से प्रवाहित हो रही है। चूँकि भाषा, समाज, संस्कृति परस्पर अन्योन्याश्रित है। इस कारण इनमें समवेत परिवर्तन होता है।

सन्दर्भ

1. भारत का संविधान, पृ. 98
2. वही, पृ. 96
3. उत्तरांचल : भाषा एवं साहित्य का सन्दर्भ, (2003)–डॉ. शेरसिंह बिष्ट, पृ. 14
4. वही, पृ. 18
5. विश्व हिन्दी की यात्रा–लल्लन प्रसाद व्यास, वाणी प्रकाशन, दिल्ली, पृ. 11
6. वही, पृ. 14
7. वही, पृ. 37
8. वही, पृ. 38-39
9. वही, पृ. 73
10. वही, पृ. 95
11. वही, पृ. 97
12. वही, पृ. 167

भारतीय संस्कृति की व्यापकता एवं भारतीयता

1. संस्कृति

'संस्कृति' शब्द का मूल अर्थ है–परिष्कृत करना। आज हिन्दी में यह 'कल्चर' शब्द का पर्याय हो गया है। व्यापक अर्थ में संस्कृति शब्द का प्रयोग 'समस्त सीखे हुए व्यवहार' के अर्थ में होता है, जो सामाजिक परम्परा से प्राप्त होता है। संकीर्ण अर्थ में संस्कृति शब्द का प्रयोग उन सद्‌गुणों के सन्दर्भ में होता है, जो मनुष्य के व्यक्तित्व को परिष्कृत करते हैं।'

डॉ. देवराज ने संस्कृति के विविध पक्षों पर प्रकाश डालते हुए लिखा है–''संस्कृति का अर्थ चिन्तन तथा कलात्मक सृजन की वे क्रियाएँ समझनी चाहिए, जो मानव-व्यक्तित्व और जीवन के लिए साक्षात् उपयोगी न होते हुए भी उसे समृद्ध बनाने वाली हैं। इस दृष्टि से हम विभिन्न शास्त्रों, दर्शन आदि में होने वाले चिन्तन, साहित्य, चित्रांकन आदि कलाओं एवं परहितसाधन आदि नैतिक आदर्शों तथा व्यापारों को संस्कृति की संज्ञा देंगे। मोक्ष, धर्म अथवा पूर्णत्व की खोज भी संस्कृति का अंग मानी जायेगी। थोड़े शब्दों में और व्यापक अर्थ में किसी देश की संस्कृति से हम मानव-जीवन तथा व्यक्तित्व के उन रूपों को समझ सकते हैं, जिन्हें देश विशेष में महत्त्वपूर्ण अर्थात् मूल्यों का अधिष्ठान समझा जाता है। उदाहरण के लिए, भारतीय संस्कृति में 'मातृत्व' और 'स्थित प्रज्ञता' की स्थितियों को महत्त्वपूर्ण समझा जाता है। ये स्थितियाँ भारतीय संस्कृति का अंग हैं।''[1]

2. भारतीय संस्कृति

भारतीय संस्कृति के लम्बे इतिहास में उस पर अनेक तरह के प्रभाव पड़ते रहे हैं और उनमें न्यूनाधिक परिवर्तन होता रहा है। डॉ. देवराज के शब्दों में– ''भारतवर्ष अनेक जातियों, धर्मों तथा संस्कृतियों का संगमस्थल बनता रहा है। स्वयं हिन्दू धर्म के प्राचीन रूप, कालिदास के समय के क्लासिकल रूप

तथा बाद के पौराणिक रूप में काफ़ी अन्तर है। इसके अतिरिक्त इस देश में समय-समय पर विभिन्न प्रदेशों में बौद्ध, इस्लाम, ईसाई धर्म आदि का प्रभाव भी पड़ता रहा है। यही बात भारतीय शासन-व्यवस्था, सामाजिक संगठन, दर्शन, साहित्य, कला आदि पर भी लागू है।''[2]

इसके बावजूद भारतीय संस्कृति की कुछ ऐसी मूलभूत विशेषताएँ हैं जो उसे पूरे विश्व में एक विशिष्ट पहचान दिलाती हैं। उसकी सबसे बड़ी विशेषता हैं—समन्वय भावना। भारतीय संस्कृति की विशेषताओं को रेखांकित करते हुए डॉ. देवराज आगे लिखते हैं—''भारतवर्ष अनेक देवी-देवताओं का देश रहा है, जहाँ धार्मिक पूजा एवं उपासना के अनेक रूप साथ-साथ प्रचलित रहे हैं। स्वयं हिन्दू धर्म के अन्तर्गत अनेक दार्शनिक सिद्धान्त, अनेक उपास्य देवता एवं मोक्ष या निर्वाण की प्राप्ति के लिए अनेक मार्ग (जैसे—ज्ञानमार्ग, योगमार्ग, भक्तिमार्ग और कर्ममार्ग) स्वीकृत किये गये हैं। सामान्यतः हिन्दू मस्तिष्क इन विविध सिद्धान्तों तथा मार्गों के प्रति सहिष्णु रहा है। यह सहिष्णुता एवं समन्वय भावना हिन्दू संस्कृति अथवा भारतीय संस्कृति की एक प्रमुख विशेषता है। भारतीय संस्कृति की दूसरी विशेषता उसके दर्शनों के इस मन्तव्य में प्रतिफलित है कि जीवन का लक्ष्य (मोक्ष या निर्वाण) इस व्यावहारिक जीवन और जगत् का अतिक्रमण करने वाली स्थिति है। इस जीवन और जगत् के मूल्य चरम नहीं हैं। इसके साथ ही भारतीय संस्कृति यह मानती है कि अच्छे-बुरे कर्मों का फल अवश्य मिलता है और इस जीवन में समुचित प्रत्यत्न करके हम परम पुरुषार्थ अर्थात् मोक्ष को प्राप्त कर सकते हैं।''[3]

भारतीय चिन्तन में 'मोक्ष' का बहुत बड़ा महत्त्व है। मोक्ष को आत्मा का चरम गन्तव्य माना गया है। इसके विपरीत यूरोपीय एवं अमरीकी दर्शन में बाह्य अर्थात् भौतिक जगत् की व्याख्या तथा ज्ञान पर अधिक बल दिया गया है। वहाँ विज्ञान की ओर अधिक अभिरुचि रही है। पाश्चात्य दार्शनिक विश्व को ईश्वर या परब्रह्म की अभिव्यक्ति तो मानते हैं, परन्तु उसे मायिक नहीं मानते, जबकि भारतीय धर्म-दर्शन में उसे मायिक मानने पर अधिक बल दिया गया है। भारत में आध्यात्मिक पक्ष पर बल दिया गया है तथा पाश्चात्य धर्म-संस्कृति में भौतिक पक्ष पर।

संस्कृति के व्यापक स्वरूप को डॉ. मंगलदेव शास्त्री ने इन शब्दों में रेखांकित किया है—''किसी देश या समाज के विभिन्न जीवन-व्यापारों में या सामाजिक सम्बन्धों में मानवता की दृष्टि से प्रेरणा प्रदान करने वाले उन-उन आदर्शों की समष्टि को ही संस्कृति समझना चाहिए। समस्त सामाजिक जीवन

की समाप्ति संस्कृति में ही होती है। विभिन्न सभ्यताओं का उत्कर्ष तथा अपकर्ष संस्कृति के द्वारा ही नापा जाता है। इसलिए संस्कृति के आधार पर ही विभिन्न धर्मों और सम्प्रदायों आचारों का समन्वय किया जा सकता है।''[4]

लक्ष्मीकान्त सरस की दृष्टि में–''पूरे विश्व में भारत ही एक ऐसा देश है जो पूर्णरूप से धर्म-अनुशासित है और जो देश पूर्णरूप से धर्म-अनुशासित होता है, उसकी परम्पराएँ और मानव-कल्याण की भावनाएँ सांस्कृतिक आधार को बल प्रदान करती हैं। पुरानी परम्पराएँ एवं उससे सम्बद्ध उसका परिवेश सांस्कृतिक माध्यम का परिवेश होता है।[5] ...भारत वैदिक काल से ही दो भागों में विभाजित रहा है। पहला भाग, जिसमें आर्य संस्कृति, शिल्प, कला और सभ्यता उन्नति के शिखर पर थी, उसे उत्तरापथ के नाम से जाना जाता था। दूसरा भाग था दक्षिणापथ, जिसमें द्राविड़ जाति का अपना अलग अस्तित्व था। आर्यों की तरह ही द्राविड़ संस्कृति का भी फैलाव विस्तृत था। प्रारम्भ में ही यदि उत्तरापथ और दक्षिणापथ की संस्कृतियों का एक-दूसरे से निकट सम्पर्क स्थापित हो गया होता तो सम्भव था कि भारतीय कला और सभ्यता का विकास विश्व के सामने एक अतुलनीय उदाहरण प्रस्तुत करता। ...कालान्तर में सांस्कृतिक धरातल पर दक्षिण और उत्तर कई दृष्टियों से एक-दूसरे के पूरक रहे हैं। दक्षिण के आचार्यों ने जिन सम्प्रदायों की नींव डाली, उनका विकास उत्तर में हुआ। धार्मिक स्तर पर धर्म-योग से सम्बन्धित योजनाएँ उत्तर में बनीं, पर वे पूर्ण रूप से सफल दक्षिण में हुईं। वर्ण-व्यवस्था का सूत्रपात उत्तर ने किया, लेकिन उसका संवर्द्धन-परिष्करण दक्षिण में हुआ। वेदों का उद्‌गम उत्तर में हुआ, लेकिन उनका सस्वर पाठ करने की परम्परा दक्षिण में विकसित हुई। संस्कृत भाषा आर्यों की भाषा थी, जिसको चिरन्तन बनाये रखने में दक्षिण के मनीषियों ने भी कम प्रयत्न नहीं किये। उत्तरापथ की आर्य संस्कृति जब वैमनस्यों के कारण मिटने लगी, तब उसका अनुकरणीय विकास दक्षिण में होना प्रारम्भ हुआ। इस प्रकार दो भागों में विभक्त प्राचीन भारत की संस्कृति और सभ्यता को अपनी समन्वयवादी नीति से भारत के आचार्यों ने एकात्मक रूप देने का प्रयत्न किया।''[6]

उत्तर तथा दक्षिण भारत के सांस्कृतिक समन्वय एवं उनमें पारस्परिक आदान-प्रदान की प्रवृत्ति को उजागर करते हुए लक्ष्मीकान्त सरस ने लिखा है–''वैष्णव सम्प्रदाय के गायक आचार्य, कवि आलवार हैं जिनकी कृतियों में आचार्य रामानुजाचार्य द्वारा प्रतिपादित 'श्री सम्प्रदाय' की भूमिका है। दक्षिण में भक्ति आन्दोलन को गति देने वालों में–नथमुनि, यामुनाचार्य, वेदान्तदेशिक,

वरवर मुनि आदि हैं जिन्होंने आलवारों के पदों का संग्रह 'प्रबन्धन' (श्री नथमल मुनि द्वारा संगृहीत बारह आलवारों के चार हज़ार पदों का संग्रह नालायिर दिव्य प्रबन्धम्) को तमिल वेद मानकर संस्कृत के शास्त्रों की श्रेणी में लाने का प्रयत्न किया। आलवारों और आचार्यों ने ही विशेष रूप से दक्षिण में गोपीकृष्ण एवं श्रीपत भक्तिधारा को प्रवाहित किया था, जिसके फलस्वरूप इस क्षेत्र में गोपीकृष्ण और श्रीपत की भक्ति-परम्परा स्थापित हुई। प्रचारात्मक दृष्टि से शंकराचार्य, माधवाचार्य, रामानुजाचार्य ने दक्षिण से उत्तर में जाकर अपने सिद्धान्तों का प्रचार किया। इसी आधार पर कबीर ने भी कहा–

भक्ति द्राविड़ उपजी, लाये रामानन्द
परगट कियो कबीर ने, सातद्वीप नौ खण्ड।

उत्तर और दक्षिण में सामाजिक व्यवस्था की दृष्टि से भिन्नता देखी जा सकती है, लेकिन धार्मिक समन्वयवादिता की दृष्टि से वे एक-दूसरे के पूरक हैं। उत्तर और दक्षिण में मूर्तिपूजा धार्मिक उपासना के एक आवश्यक विधान के रूप में स्वीकृत है। अनेक सिद्धान्तों में मतभेद होते हुए भी मूर्तिपूजा की यह मान्यता भारतीय संस्कृति की अन्तरंग एकता की ओर स्पष्ट संकेत करती है।[7]

प्राचीनकाल से ही भारत के दार्शनिक सूत्रों, धर्मों, सन्तों की वाणी, सांस्कृतिक क्रान्तियों, जातीय लोकपर्वों, लोकसंगीत तथा लोकसाहित्य में एक अन्तर्धारा प्रवाहित रही है। इसी भारतीय सांस्कृतिक एकता का ऐतिहासिक विश्लेषण करते हुए डॉ. ओमप्रकाश शर्मा लिखते हैं–"यहाँ की संस्कृति जितनी आर्यों की है, उतनी ही द्राविड़ों की और उतनी ही यक्षों, नागों, शकों, हूणों, आभीरों, गूजरों, जाटों, पारसियों, पठानों, मुसलमानों और ईसाइयों की भी है। मानवता की हर एक धारा जो यहाँ की महान सांस्कृतिक एकता की धारा में विलीन हुई है, यहाँ की संस्कृति पर बराबर की दावेदार है और हर भारतवासी उसका समान उत्तराधिकारी है। इसलिए कश्मीर से कन्याकुमारी तक और गुजरात से असम तक हर तरह की अनेकताओं के बावजूद देश की जनता में इस बुनियादी एकता के दर्शन पग-पग पर होते हैं।"[8]

भारत की सांस्कृतिक एकता को बनाये रखने और उसे स्थिर रखने में यहाँ के इतिहास के साथ-साथ भौगोलिक स्थितियों का भी महत्त्वपूर्ण योगदान रहा है। उत्तर में अजेय हिमालय और पूर्व, पश्चिम तथा दक्षिण में सागर से घिरा होने के कारण प्रकृति ने भारत को भौगोलिक सुदृढ़ता प्रदान की है। बाहर से जो भी जातियाँ आक्रान्ता के रूप में यहाँ आयीं, वे यहीं की होकर रह गयीं। भारतीय भाषाओं ने भी देश को सांस्कृतिक एकता के सूत्र में पिरोये रखने में

महत्त्वपूर्ण भूमिका अदा की है, जिसमें यहाँ के धर्म एवं साहित्य का अहम योगदान रहा है। डॉ. ओमप्रकाश शर्मा के शब्दों में–''रामायण–महाभारत की कथा देश की हर भाषा में है। रामायण की रचना बताती है कि उस काल में भारत में तीन संस्कृतियों की विशाल धारा का संगम हो रहा था। पहली संस्कृति–कथा रावण की है जो दक्षिण भारत में फैली होगी, दूसरी संस्कृति–कथा राम की है जिससे उत्तर पवित्र हुआ है और तीसरी संस्कृति–कथा वानरों की है, जो वनवासी जातियों में प्रचलित रही होगी। वाल्मीकि ने तीनों को जोड़कर एक महान कार्य किया। रामायण में ही सबसे पहले भौगोलिक एकता के दर्शन होते हैं। एक ही कथा में अयोध्या, किष्किन्धा और लंका तीनों के बँध जाने के कारण सारा देश एक दिखाई देता है।''[9]

रामकथा के माध्यम से विभिन्न धार्मिक मत–मतान्तरों की पारस्परिक दूरी को मिटाकर आपस में जोड़ने का प्रयास भी किया गया है। उस समय के दो प्रमुख धार्मिक सम्प्रदायों वैष्णव और शैव मतों के आपसी भेदभाव को भी दूर कर परस्पर समन्वय स्थापित किया गया है। इसीलिए राम युद्ध से पूर्व शिव की पूजा करते हैं और हनुमान रुद्र के अवतार माने गये हैं। शैव मत आर्यों का धर्म नहीं था। राम को विष्णु का अवतार मान लिया गया। इस तरह आर्य एवं अनार्य संस्कृति का धर्म के माध्यम से मिलन हुआ। विभिन्न रचनाकारों द्वारा भारतीय भाषाओं में रामकथा-विषयक कई रचनाएँ रची गयीं। तमिल में कम्बन, तेलुगु में रंगनाथ और भास्कर, कन्नड़ में कवि नागचन्द्र और मलयालम में एजुतच्चन ने रामायण कथा रचीं। मराठी में मोरो पन्त, बंगला भाषा में कृतिवास, असमिया में माधव कदलि, उड़िया में सरलादास और बलरामदास, हिन्दी में तुलसीदास ने 'रामचरितमानस' रचकर देश की जनता को एक–दूसरे के निकट पहुँचाया। इसी प्रकार लोकगीतों तथा लोककथाओं में भी लोककवियों ने रामायण को अपने–अपने ढंग से प्रस्तुत किया है।

जिस प्रकार रामायण ने भारत के प्रत्येक नर–नारी के हृदय पर अपनी छाप छोड़ी है, उसी प्रकार महाभारत की कथा ने भी पूरे देश के राष्ट्रीय जीवन को झकझोरा है। भारतीय भाषाओं में रामायण की तरह ही महाभारत की भी कई रचनाएँ हुई हैं। डॉ. ओमप्रकाश शर्मा ने भारतीय भाषाओं में महाभारत की कथा पर आधारित रचनाओं की भावभूमि के सन्दर्भ में लिखा है–''हज़ार भेदभावों के होते हुए भी सारे भारत की नस–नस में सांस्कृतिक एकता की धारा निरन्तर बहती रहती है। तेलुगु के तीन प्राचीन महाकवियों नन्नय, तिक्कन और उर्कन ने तेलुगु भाषा में महाभारत की रचना की। कन्नड़ भाषा में पम्प

और कुमार व्यास का महाभारत मशहूर हुआ। मलयालम में एजुतच्चन का महाभारत उनकी रामायण से भी प्रभावशाली उतरा। मराठी में श्रीधर ने पाण्डव प्रताप, उड़िया में सरलादास की महाभारत, पंजाबी में कृष्णलाल, असमिया में राम सरस्वती, हिन्दी में गोकुलनाथ और सबलसिंह चौहान ने महाभारत लिखकर देश में एकता और एकदेशीयता को बढ़ावा दिया। अकेले बंगला में महाभारत के तीस से अधिक रूपान्तर हुए, जिनमें रामदास के महाभारत ने सारे देश को बंगवासियों के सम्मुख ला खड़ा किया।''[10]

भारत की सांस्कृतिक एकता को सुदृढ़ करने में जिस तरह से प्रान्तीय एवं क्षेत्रीय भाषाओं ने अहम भूमिका निभायी, उसी तरह का कार्य यहाँ के धर्मों ने भी किया है। भारतीय धर्मों की सबसे बड़ी विशेषता है–सहिष्णुता और समन्वय। यद्यपि यहाँ ईश्वरवादी धर्म की प्रधानता रही है, परन्तु इसके साथ ही यहाँ चार्वाक का अनीश्वरवादी मत भी चला, जो कहता है–'यावत् जीवेत् सुखम जीवेत्, ऋणम् कृत्वा घृतम् पीवेत्।' इसी तरह चार्वाक मतावलम्बी गुरु अपने शिष्य से कहता है–'भोजनम् भुक्ष दुर्बुद्धे मा शरीरस्तु दया कुरु। परान्नम् दुर्लभं लोके शरीरस्तु पुनः पुनः।' इस तरह के भोगवादी दर्शन से भी कभी किसी तरह के धार्मिक टकराव की बात देखने-सुनने को नहीं मिलती। ईश्वर के अस्तित्व को स्वीकार न करने वाला जैन धर्म और ईश्वर के विषय में अनास्थावादी बौद्ध धर्म पूरे भारत वर्ष में फैला। यहाँ से वह दक्षिण-पूर्व एशिया के कई देशों में प्रमुख धर्म बन गया।

भारत में सैकड़ों वर्षों तक विदेशी आक्रान्ताओं का शासन रहा। उनके द्वारा बहुत बड़े पैमाने पर भारतीयों को लोभ-लालच देकर अथवा जबरन धर्म-परिवर्तन भी कराया गया, परन्तु भारतीय धर्म-संस्कृति की जड़ें जनमानस में इतनी गहरी थीं कि वे सत्ता के बल पर भी उसे कभी समूल नष्ट नहीं कर पाये। उसकी अन्तर्धारा निरन्तर आज तक प्रवाहित हो रही है। इसके विपरीत दुनिया के तमाम अन्य देशों की सभ्यता-संस्कृति समय के थपेड़ों को सहन न कर पाने के कारण काल-कवलित होती चली गयी। डॉ. ओमप्रकाश शर्मा लिखते हैं–''आज मिस्र के प्राचीन देवता कहाँ हैं? ...इसी प्रकार बेबीलोन की पुरानी सभ्यता और वहाँ के देवी-देवता भी पूरी तरह भुलाए जा चुके हैं। काव्य कथा के यूनानी देवता अपोलो की मूर्तियाँ भी निर्जन वनों में ठण्डी आहें भर रही हैं। पर हमारे यहाँ शिव, विष्णु, दुर्गा, राम, कृष्ण, महावीर स्वामी, बुद्ध आदि भारतीय देवता और महान पुरुष आज भी उसी श्रद्धा के पात्र हैं।''[11] विगत में हमारे पूर्वजों ने जाति-भेद सम्बन्धी जो भूलें की थीं,

आज वे समाप्त हो चुकी हैं। आज समाज में जाति-पाँति, वर्णाश्रम, ऊँच-नीच एवं छुआछूत के लिए कोई स्थान नहीं रह गया है। पृथक्-पृथक् धर्मावलम्बी भी एक-दूसरे की परम्पराओं को अपना रहे हैं। विभिन्न धर्म-संस्कृतियों की बहुत सारी बातें एक-दूसरे में समाहित हो चुकी हैं।

भारतीय संस्कृति विश्व की सबसे प्राचीनतम एवं समृद्ध संस्कृति रही है। इस बीच में विश्व के अन्य देशों में कई संस्कृतियाँ पनपीं और कालान्तर में नष्ट होती चली गयीं, परन्तु भारतीय संस्कृति अपने प्रारम्भ से लेकर आज तक परम्परागत रूप में प्रवाहमान है। इसकी उदारता एवं समन्वयवादी दृष्टि ने अन्य संस्कृतियों की कई विशेषताओं को स्वयं में समाहित तो कर लिया, परन्तु अपने मूल स्वरूप को कभी नष्ट नहीं होने दिया। यही कारण है कि आज भी उसका अस्तित्व मूलरूप से सुरक्षित है। भारतीय संस्कृति की कुछ मूलभूत विशेषताएँ निम्नवत् हैं–

'भारतीय संस्कृति की पहली विशेषता है, उसकी प्राचीनता। पुरातात्त्विक प्रमाणों से यह सिद्ध हो चुका है कि भारतीय संस्कृति विश्व की प्राचीनतम संस्कृतियों में से एक है। सिन्धु घाटी की सभ्यता के अवशेषों से भी यह प्रमाणित हो चुका है कि आज से लगभग पाँच हज़ार साल पहले उत्तरी भारत के बहुत बड़े भूभाग में एक उच्चकोटि की संस्कृति का विकास हो चुका था। वेदों से भी भारतीय संस्कृति की प्राचीनता, श्रेष्ठता, अध्यात्म एवं चिन्तनपरकता के प्रमाण उपलब्ध होते हैं। उपलब्ध प्रमाणों के आधार पर विद्वानों ने यह निष्कर्ष निकाला है कि जहाँ रोम और यूनानी संस्कृति भारतीय संस्कृति से भी प्राचीन हैं, वहीं मिस्र, असीरिया तथा बेबीलोनिया की संस्कृतियाँ उसकी समकालीन रही हैं।

भारतीय संस्कृति की दूसरी विशेषता है उसकी निरन्तरता। हज़ारों साल बाद भी यह संस्कृति अपने मूल स्वरूप में विद्यमान है, जबकि दुनिया की रोम, यूनानी, मिस्र, असीरिया की संस्कृतियाँ अपना मूल स्वरूप लगभग खो चुकी हैं। भारत में वैदिक संस्कृति एवं सनातन धर्म आज भी अपनी निरन्तरता बनाये हुए है। देवी-देवताओं की मान्यता, हवन-यज्ञादि, पूजा-पाठादि निरन्तर चालू हैं। गंगा-यमुनादि पवित्र नदियों, वट-पीपल जैसे वृक्षों, सूर्य-चन्द्रमा आदि नवग्रहों तथा वनदेव-देवी आदि की पूजा-अर्चना का क्रम शताब्दियों से चला आ रहा है। गीता, उपनिषद, रामायणादि धर्म-ग्रन्थों का आज भी उतना ही मान-सम्मान है। समय के साथ-साथ यत्किंचित परिवर्तनों के बावजूद भारतीय संस्कृति के आधारभूत तत्त्वों, जीवन-मूल्यों, धार्मिक विश्वासों, मान्यताओं में निरन्तरता बनी हुई है।

इस निरन्तरता का मुख्य कारण भारतीय संस्कृति की सहिष्णु प्रकृति

और लचीलापन है। उसमें कट्टरता या धार्मिक असहिष्णुता की प्रवृत्ति देखने को नहीं मिलती। जो जिस रूप में, जिस भाव से, जिस पद्धति से ईश्वर की पूजा-अर्चना करना चाहता है, कर सकता है। उसमें कोई रोक-टोक नहीं है। यहाँ प्राचीनकाल से ही धार्मिक स्वतन्त्रता रही है। धर्म या संस्कृति के नाम पर किसी तरह का कोई बन्धन नहीं रहा है। भारतीय संस्कृति के इस लचीले स्वरूप में जब कभी जड़ता की स्थिति आयी, तब किसी-न-किसी महापुरुष ने इसमें नव प्राणों का संचार करते हुए उसे नयी गतिशीलता प्रदान की है। इस दृष्टि से प्राचीनकाल में भगवान बुद्ध, महावीर, मध्ययुग में शंकराचार्य, रामानन्द, कबीर, गुरुनानक, चैतन्य महाप्रभु तथा आधुनिक युग में स्वामी दयानन्द, स्वामी विवेकानन्द एवं महात्मा ज्योतिबा फुले आदि ने अपने सुधारवादी एवं प्रगतिशील दृष्टिकोण से उसको जीवन्त स्वरूप प्रदान किया। यही कारण है कि यत्किंचित बाह्य भेदों एवं मत-मतान्तरों के रहते हुए भी उसकी आत्मा और अन्तर्धारा में कोई विशेष क्रान्तिकारी परिवर्तन न होकर सुधारवादी दृष्टिकोण ही दृष्टिगत होता है, जो उसकी प्रगतिशीलता का द्योतक है। भारतीय संस्कृति युगानुरूप अपने कलेवर में भले ही परिवर्तन करती रही है, परन्तु आत्मा उसकी शुद्ध भारतीय रही है, जैसे विदेशी युवती भारतीय दुल्हन बनकर भारतीय संस्कारों में रच-पच जाती है।

भारतीय संस्कृति में लोकतान्त्रिक मत-विरोध हमेशा से स्वीकार्य रहा है। सनातन धर्म में जिस जाति-व्यवस्था की बात की गयी है, वहीं सन्तों की वाणी में उसका घोर विरोध किया गया है। वे दोनों अपने विरोधाभासों के बावजूद समाज के अलग-अलग वर्गों में स्वीकार्य रहे हैं। वैदिक आस्तिक धर्म-दर्शन के साथ बौद्ध-जैन जैसे नास्तिक धर्म-दर्शन भी समाज द्वारा स्वीकृत एवं मान्य रहे हैं। उन दोनों विरोधी धर्मावलम्बियों में मत-वैभिन्न्य होते हुए भी मन-वैमनस्य नहीं रहा है। दोनों पक्ष-विपक्ष के वकीलों की तरह भले ही अपने मत के पक्ष में तर्क-वितर्क करते रहे हैं, हार-जीत भी होती रही है, परन्तु साथ-साथ जीवन भी जीते रहे हैं।

अपने उदार दृष्टिकोण एवं लचीले स्वभाव के कारण भारतीय संस्कृति अन्य संस्कृतियों की उन विशेषताओं को भी आत्मसात् करती रही है जो अतीत में उनके सम्पर्क में आते गये। यहाँ आर्य एवं अनार्य जातियों के आगमन से दोनों संस्कृतियों का अद्भुत समन्वय भी देखने को मिलता है। भारत में अरबी, तुर्की और मुगलों का आक्रमण हुआ। उन्होंने सैकड़ों वर्षों तक भारत में राज किया, जिससे यहाँ इस्लामी संस्कृति का आगमन भी हुआ। भारतीय संस्कृति ने

उनकी बहुत सारी अच्छी बातों को ग्रहण किया। इसी तरह अंग्रेज़ों के आगमन से ईसाई धर्म-संस्कृति का आगमन हुआ, जिसके कारण अधिकांश भारतीयों के रहन-सहन, खान-पान, वेशभूषा आदि में परिवर्तन देखने को मिलता है, परन्तु भारतीयों ने अपना पृथक् अस्तित्व एवं विशिष्ट पहचान बनाये रखी। इन विदेशी संस्कृतियों पर भी भारतीयता का प्रभाव पड़ा। इसीलिए 'भारतीय इस्लाम' तथा 'भारतीय ईसाई' संस्कृतियों का स्वरूप विश्व के अन्य इस्लामी एवं ईसाई धर्मावलम्बी देशों से भिन्न है। इसके साथ ही भारत के अधिकांश मुसलमान और बहुसंख्यक ईसाई भारतभूमि के निवासी हैं और धर्म-परिवर्तन के कारण मुसलमान या ईसाई बने हैं। इसलिए भी उनके सामाजिक परिवेश, सांस्कृतिक आचरण में कोई विशेष परिवर्तन नहीं हो पाया। उनकी भाषा भारतीय है और भारतीयता ही उनकी असली पहचान है।

आध्यात्मिकता एवं भौतिकता का समन्वय भारतीय संस्कृति का मूलाधार है। धर्म, अर्थ, काम और मोक्ष, जिसमें भौतिकता एवं आध्यात्मिकता का अद्भुत समन्वय देखा जा सकता है। भारतीय संस्कृति में ऐहिक और पारलौकिक धर्म-दर्शन का सन्निवेश है। इसमें इहलोक और परलोक दोनों का चिन्तन अन्तर्निहित है, जिसमें नश्वरता के साथ अमरत्व का भी विधान है। इस अमरता को मोक्ष या निर्वाण की संज्ञा दी गयी है। भौतिकता और आध्यात्मिकता के समन्वय से इहलोक और परलोक दोनों को सुखी बनाने की अवधारणा भारतीय मनीषियों के चिन्तन का मूलाधार है। मानव-जीवन के लिए ऐसी चिन्ता विश्व की किसी अन्य संस्कृति में देखने को नहीं मिलती। इसीलिए कर्मफल के सिद्धान्त को विशेष महत्त्व दिया गया है। साहित्य, संगीत और कला को मनुष्यत्व के लिए आवश्यक माना गया है। मानवता का भाव भारतीय संस्कृति की आत्मा है।

भारतीय संस्कृति 'अनेकता में एकता' में विश्वास करती है। भारत भौगोलिक, भाषिक एवं सांस्कृतिक दृष्टि से विविधताओं का देश है। इसके इन्द्रधनुषी रंगों में विविधता में एकता के दर्शन होते हैं। यहाँ भौगोलिक भिन्नता के अतिरिक्त आर्थिक, सामाजिक एवं सांस्कृतिक भिन्नता भी पायी जाती रही है, परन्तु सभी भारतीयता के रंग में समाहित हो जाते हैं। हिमालय इसके गौरव का प्रतीक है तो गंगा-यमुना, नर्मदा आदि नदियों का स्तुतिगान भी होता है। राम, कृष्ण, शिव-पार्वती यहाँ के कण-कण में विद्यमान हैं।। भारत की लगभग सभी भाषाओं में रामकथा, महाभारत की कथा तथा अनेक देवी-देवताओं पर आधारित साहित्य का सृजन हुआ है। उत्तर से दक्षिण तथा

पूरब से पश्चिम तक, जन्म, विवाह, मृत्यु आदि संस्कारों में अद्‌भुत समानता देखने को मिलती है। विभिन्न रीति-रिवाज, तीज-त्योहार, आचार-व्यवहार में भी काफ़ी कुछ समानता देखी जा सकती है। यद्यपि भाषायी विविधता है, परन्तु नृत्य, संगीत, नाट्य आदि के मौलिक स्वरूप में आश्चर्यजनक समानता है। यहाँ के विभिन्न प्रान्तों के लोकजीवन, लोकधर्म तथा लोकोत्सव में भी भारतीयता के दर्शन होते हैं। भारत बहुधर्मी एवं बहुभाषी देश है। यहाँ प्राचीनकाल से ही कई मत-मतान्तर तथा विभिन्न प्रकार के आस्था-विश्वास रहे हैं, परन्तु ऐसा लगता है कि ये सभी जैसे एक ही आत्मा और शरीर के विभिन्न अंग-उपांग हैं। बाह्य वैविध्य के बावजूद उनकी आत्मा का स्वर एक ही सुनाई देता है। भारत की अनेकता में एकता तथा सांस्कृतिक अखण्डता का परिदृश्य केवल भारत तक ही सीमित न होकर इसके पड़ोसी देशों तक भी परिव्याप्त है, जो सांस्कृतिक आधार पर भारत से सदियों से जुड़े हुए हैं।[12]

3. भारतीय संस्कृति की व्यापकता

सितम्बर 1971 में इण्डोनेशिया ने प्रथम अन्तर्राष्ट्रीय रामायण महोत्सव और संगोष्ठी का आयोजन किया। एशिया के सांस्कृतिक विकास और संस्कृति के आदान-प्रदान में इस महोत्सव का विशेष महत्त्व था। डॉ. लोकेशचन्द्र ने दक्षिण-पूर्व एशिया में विविध रूपों में रामायण के प्रभाव का उल्लेख करते हुए लिखा है–"साहित्य-गरिमा और आध्यात्मिक विराटता के कारण रामचरित ने एशिया में विशेष विकास पाया। कथावाचकों के मनमोहक आख्यानों में, सार्वजनिक प्रवचनों में, शास्त्रीय नृत्य-नाटकों, रंगमंच और छाया-नाटकों में, शिलाशिल्पों में, काष्ठ-तक्षण में, पटचित्रों में, गद्य और पद्य की सृजनशील कृतियों में, एशिया की प्रत्येक सांस्कृतिक अभिव्यक्ति में रामायण समाई हुई है।"[13]

एशिया में रामायण के व्यापक प्रसार का विशद अध्ययन करते हुए डॉ. लोकशचन्द्र ने तद्‌विषयक जो तथ्य एकत्रित किये हैं, वे इस दृष्टि से विचारणीय हैं। वे लिखते हैं–"सन्‌ 251 में ही रामायण का चीनी भाषा में काङ्सङ्ह्वी ने अनुवाद किया। यह भारत से बाहर की भाषा में प्रथम रूपान्तर होने के कारण महत्त्वपूर्ण है। सन्‌ 472 में चीनी भाषा में एक दूसरा अनुवाद हुआ, जो केकय ने लुप्त संस्कृत कृति 'दशरथ-निदान' से किया था। इस प्रकार चीन में यह परम्परा सतत बनी रही। 16वीं शती में चीनी उपन्यास-परम्परा में 'वानर' नाम से सुविख्यात उपन्यास लिखा गया, जिसमें हनुमान जी द्वारा सीता जी की खोज का स्पष्ट प्रभाव परिलक्षित होता है। ...छठी शताब्दी में सिंहली

नरेश एवं कवि कुमारदास ने 'जानकीहरण' काव्य की रचना की। ...जिनका रचनाकाल 517-526 सन् है। यह लंका में रचित प्राचीनतम ज्ञात संस्कृत ग्रन्थ है। ...आधुनिक सिंहली नाटक-लेखक जॉन डी.सिल्वा ने रामायण का रूपान्तर करके श्रीलंका में रामायण को सुव्याप्त कर दिया है।''[14]

दक्षिण-पूर्व एशिया में रामायण को प्रसारित करने में इण्डोनेशिया के योगदान पर प्रकाश डालते हुए डॉ. लोकेशचन्द्र लिखते हैं-''नवीं शती में रामायण इण्डोनेशिया के 'भव्य शिवालय' चण्डी लोरो जोङ्राङ् अथवा 'चण्डी प्राम्नानान्' में उत्कीर्ण की गयी। ...सन् 1379 के पानातारान मन्दिर में भी रामायण बाह्य भित्तियों पर उत्कीर्ण है। ...अठारहवीं शती से दक्षिण-पूर्वी एशिया के देशों की अभिनय कलाओं में रामायण का प्रमुख स्थान बन गया है। ...लावदेश की राजधानी व्येन्त्यान में 'नाट्यशाला' है, जहाँ रामायण के संगीत और नृत्य की नियमित शिक्षा होती है। ...जबकि लावदेश के 'वाट् फ्रा केओ' नामक मन्दिर में लावभाषा की रामायण की पूर्ण पोथी है, जो 800 ताड़पत्रों पर लिखी हुई है।''[15]

इण्डोनेशिया के अतिरिक्त दक्षिण-पूर्व एशिया के जिन देशों में रामकथा आधारित साहित्य देखने को मिलता है, उनमें थाईदेश, मलेशिया, वर्मा आदि प्रमुख हैं। डॉ. लोकेशचन्द्र के अनुसार-''थाईदेश में रामायण का रूपान्तर रामक्येन (अर्थात् रामकीर्ति) के नाम से प्रख्यात है। यह खोन् अर्थात् मुखौटा-नृत्य में, नाङ् अर्थात् छाया-नाटक में, मनुष्य-अभिनय में और काव्यों के रूप में उपलब्ध है। काव्य थाई नरेशों ने स्वयं रचे हैं क्योंकि वे इस धरा पर राम के प्रतिनिधि हैं जिसके उपलक्ष्य में राज्याभिषेक के समय इन्हें 'राम' की उपाधि से शोभित किया जाता है। ...मलेशिया में 1400-1500 के बीच 'हिकायत स्त्री राम' की रचना हुई।... मलेशिया में रामायण के विभिन्न स्थानीय रूपान्तर हैं, जिससे ज्ञात होता है कि वहाँ की लोकपरम्परा में अभिन्न रूप से रामकथा लोकप्रिय हो चुकी थी। ...बर्मा में भी रामायण का प्रसार शताब्दियों से रहा है। बर्मा नरेश क्यानजित्था (1084-1112) को रामायण से विशेष अनुराग था और इन्होंने अपने को राम का वंशज कहा है।''[16]

नवीं शती के अन्त में मध्य एशिया से भी पूर्वी इरानी भाषा खोतनी में रामायण का सार मिला है। इससे पला चलता है कि ईरानी जातियों में भी रामचरित का प्रचलन था। रामकथा का प्रसार-प्रचार मध्य एशिया से लेकर साइबेरिया तक हुआ है। रामकथा उत्तर के सुदूरवर्ती प्रदेश साइबेरिया तक तिब्बत होते हुए पहुँची। डॉ. लोकेशचन्द्र के अनुसार-''तुन्ह्वाङ् की गुहाओं

से 7-9वीं शती की दो तिब्बती पाण्डुलिपियाँ मिली हैं, जिनमें रामायण की दो शाखाएँ हैं। 15वीं शती में शाङ्शुङ्पा छोवाङ् डक्याइ-पाल ने तिब्बती भाषा में छन्दोबद्ध रामायण लिखी। काव्यादर्श और सुभाषित रत्ननिधि की तिब्बती टीकाओं में भी रामायण उपलब्ध है। तिब्बत से रामचरित मंगोल देश पहुँचा और वहाँ से हिमाच्छादित साइबेरिया में। मंगोल देश से पश्चिम की ओर बढ़ते हुए मंगोल समुदायों के साथ-साथ रामायण रूसवर्ती वोल्गा नदी के तट पर फैली, जहाँ आज तक हाल्मिग गणराज्य है। हाल्मिग जाति में लोककथा के रूप में यह फैलती गयी। हाल्मिग भाषा की रामायण की एक हस्तलिपि सी.एफ. गोल्स्टुन्स्की नामक विद्वान के पत्रों में सुरक्षित है।''[17]

डॉ. शारदा रानी ने 'वृहद् भारत में श्रीकृष्णचरित' नामक अपने आलेख में दक्षिण-पूर्व एशिया के देशों में रामायण-महाभारत के व्यापक प्रभाव की चर्चा की है। वे लिखती हैं-''इण्डोनेशिया के द्वीप जावा, बालि (बलि) और लोम्बोक् में रामायण और महाभारत जन-जीवन के आधार रहे हैं। आज भी वहाँ के राष्ट्रपति अपने महलों में महाभारत के छाया-नाटकों द्वारा आत्मिक बल प्राप्त करते हैं। महाभारत के आदि, विराट, भीष्म और दूसरे पर्व अभी तक पढ़े-पढ़ाये जाते हैं। ये पर्व संस्कृत के संक्षेप हैं। भीष्म-पर्व में श्रीमद्‌भगवद्‌गीता का प्रमुख स्थान है। ...श्रीगीता के पश्चात् हमें कवि-साहित्य में हरिवंश पुराण, कृष्णायन और कृष्णान्तक नामक काव्यों में श्रीकृष्ण-चरित का विस्तृत उल्लेख मिलता है। ...कृष्णायन महाकाव्य के रचयिता म्युत्रिगुण हैं। ...जावा स्थित चण्डी जागों और पनतरन मन्दिर में कृष्णायन महाकाव्य के कथाचित्र पत्थरों में उत्कीर्ण हैं। ...जावा, बालि और लोम्बोक् द्वीपों में वैष्णव धर्म जनजीवन में इतना व्याप्त है कि युद्ध के अवसर पर पितृ-योद्धाओं को स्मरण करते हुए जय अर्जुन, जय भीम, जय कृष्ण आदि का उच्चारण कर शक्ति अर्जित करते हैं। ...इण्डोनेशिया में छाया-नाटकों के रूप में समस्त महाभारत खेला जाता है। इसे इनकी भाषा में वायाङ कहते हैं। ...थाई और कम्बोज देश में श्रीकृष्ण और विष्णु भगवान को एक ही अवतार मानते हैं। ...थाई देश में राजा विष्णु के अवतारस्वरूप माने जाते हैं।''[18]

एशियाई देशों में न केवल रामायण-महाभारत का ही प्रभाव है, वरन् संस्कृत के तमाम ग्रन्थ भी वहाँ पहुँचे हैं। डॉ. शारदा रानी के अनुसार-''साइबेरिया (शिविर देश) में संस्कृत के अनेक ग्रन्थ उनकी भाषा में अनूदित मिलते हैं। पाणिनि का व्याकरण, मेघदूत, काव्यादर्श, सुभाषित-रत्ननिधि आदि के साथ-साथ बच्चे-बच्चे के मुख पर कथासरित्सागर की कथाएँ और राजा

विक्रमादित्य, राजा भोज तथा राजा किसन खान् (राजा कृष्ण भगवान) की कथाएँ प्रचलित हैं।''[19] इस प्रकार भारतीय संस्कृति भारत तक ही सीमित न रहकर समूचे दक्षिण-पूर्व एशिया में प्रचीनकाल से ही परिव्याप्त रही है।

4. भारतीयता

भारतीय का तात्पर्य है–'भारत सम्बन्धी, भारतवर्ष का निवासी तथा भारतीयता का अर्थ है–'भारतीय होने का भाव'। हरिश्चन्द्र व्यास ने भारत और भारतीयता की व्यापक सन्दर्भों में व्याख्या करते हुए लिखा है–''अखण्ड चेतना का पर्याय है भारत। यह मात्र एक भौगोलिक इकाई नहीं, जिसे नदियों, पहाड़ों, मैदानों या समुद्र-तटों से परिभाषित किया जा सके। यह तो संस्कृति की सनातन यात्रा का यायावर है। इसे हम आलोक का महापुंज भी कह सकते हैं। ...विश्व में अनेक देश हैं, बड़े भी, छोटे भी, धनवान भी, ग़रीब भी, साम्राज्यवादी भी, शोषित भी, सामन्ती भी और प्रजातान्त्रिक भी। फिर भारत की ऐसी क्या विशेषता है, जिसे हम एक अलग पहचान दे सकें? यह पहचान है–आत्मप्रकाश के चिरन्तन वैभव की। यह पहचान है असत्य से सत्य की ओर ले जाने वाली, अन्धकार से आलोक की ओर ले जाने वाली तथा नश्वरता से अमरता की ओर ले जाने वाली उसकी अटूट सांस्कृतिक परम्परा की। शताब्दियाँ बीत गयीं, पर यह पहचान अक्षुण्ण रही। परिस्थितियों के झंझावात इसे कभी भी धूमिल नहीं कर सके, न कभी कर सकेंगे। ...जिस दिन यह पहली ऋचा सामने आयी थी, समझ लीजिए कि उसी दिन भारत की भौगोलिक देह में एक सांस्कृतिक आत्मा का समावेश हो गया था। यह ऋचा थी-'असतो मा सद्गमय। तमसो मा ज्योतिर्गमय। मृत्योर्मामृतम् गमय।' फिर एक और श्लोक प्रकट हुआ–'अयं निजः परोवेति गणना लघु चेतसाम्। उदार चरितानाम् तु वसुधैव कुटुम्बकम्।' हज़ारों वर्ष पहले से विराट मानवता को एक अखण्ड इकाई मानने वाले देश का नाम है–भारत, और सत्य की पूजा में सर्वस्व न्योछावर करने वाले देश का नाम है–भारत और इससे जुड़ा हुआ शब्द है–भारतीयता। यह भारतीयता ही हमारी वास्तविक पहचान है। हमारे रोम-रोम में रमी हुई एक प्रकाश धारा है। हमारे संस्कारों की अमूल्य निधि है।''[20]

इसी परम्परा को हमारे ऋषि-मुनियों ने सँजोया और आगे बढ़ाया। गृहस्थ लोगों ने भी इसे आत्मसात् किया और यही हमारे लोकजीवन में भी परिव्याप्त होती चली गयी। वह हमारी जीवन-पद्धति और संस्कृति का अभिन्न अंग बन गयी। यही हमारी भारतीयता की असली पहचान है। हमारे लोक-व्यवहार में

इसी भारतीयता की अखण्ड छाप बनी रही। भारतीय मनीषा ने मातृभूमि को माता के समान आराध्या माना है। अथर्ववेद के पृथ्वी सूक्त में कहा गया है– 'माता भूमिः पुत्रोहंपृथिव्या।' जब पृथ्वी माता है तो भारत भी माता के रूप में ही हमारी पूजा का प्रतीक है। मातृभूमि की रक्षा का भाव हमारी संस्कृति में विद्यमान है। इसीलिए कहा गया है–'जननी जन्मभूमिश्च स्वर्गादपि गरीयसी।' भारतीयों के लिए जन्मभूमि स्वर्ग से भी महान है।

कई बार कहा जाता है कि भारतीयता संकुचित राष्ट्रवाद का प्रतीक है। डॉ. व्यास ने इस विचार का खण्डन इन शब्दों में किया है–"भारतीयता एक सीमित या संकुचित भाव नहीं है। बेशक इसका एक भौगोलिक वितान है, पर उससे कहीं अधिक व्यापक एक सांस्कृतिक वितान भी है। निवासियों की दृष्टि से देखें तो एक वे हैं जो भारत राष्ट्र में निवास करते हैं, दूसरे वे जो भारत मूल के हैं, पर विदेशों में स्थायी रूप से बसने के कारण वहाँ की नागरिकता ले चुके हैं तथा तीसरे वे जो भारत से दूर अन्य देशों में अपने व्यवसाय, शिक्षा अथवा अन्य प्रयोजनों से गये हैं, पर नागरिक वे भारत के ही हैं। एक चौथा वर्ग और है–दोहरी नागरिकता रखने वाले लोगों का वर्ग। क्या इन चारों वर्गों की आस्था का मूल उत्स केवल भारत है? क्या देशभक्ति के पैमाने चारों के लिए शुद्ध रूप से एक समान हैं?"[21] वस्तुतः भारतीयता एक ऐसी सांस्कृतिक चेतना है जो हमारे संस्कारों में रची-बसी है। डॉ. व्यास ने उसे एक 'दुर्दमनीय चेतना' कहा है–"जो अनेक सत्ता-परिवर्तनों, विदेशी आक्रमणों, भौतिक विध्वंसों एवं राजनीतिक उथल-पुथल के बावजूद बनी रहती है। भाषा, धर्म, जाति, वर्ग, वर्ण तथा क्षेत्र आदि की संकीर्ण सीमाएँ उसे चोट पहुँचाती हैं, उसकी नाभि में संचित अमृतधारा उसे जीवन्त बनाये रखती है। ...विदेशी आये, उन्होंने हमारे ऊपर अपनी संस्कृति लादने का प्रयास किया, अपनी भाषा, अपनी सोच, अपना पहनावा, यहाँ तक कि अपनी जीवन-शैली थोपने की चेष्टा की, पर वे भारतीय 'देह' को चाहे प्रभावित कर पाये हों, पर भारतीय 'आत्मा' पर अपनी छाप नहीं छोड़ सके।"[22]

भारतीयता में भारतीय जीवन-मूल्यों के प्रति अटूट आस्था समायी हुई है। भारतीय मूल्य हैं–'वसुधैव कुटुम्बकम्', जिसका तात्पर्य है समष्टिहित के लिए व्यष्टिहित का परित्याग। सर्वधर्म समभाव ही हमारी पहचान है। हमारे धर्म तथा आस्था के रंग-ढंग भले ही अलग-अलग हो सकते हैं, परन्तु भारत की प्रगति ही हमारा एकमात्र ध्येय है। भारतीयता हमें देशप्रेम सिखाती है, परन्तु मानवता का निषेध नहीं करती।[23] भारतीयता का तात्पर्य है–सर्वमंगल कामना, जिसकी पुष्टि इन पंक्तियों से होती है–

सर्वे भवन्तु सुखिनः सर्वे सन्तु निरामया।
सर्वे भद्राणि पश्यन्तु, मा कश्चिद् दुःख भाग भवेत्।।

इसी अक्षुण्ण सांस्कृतिक आस्था ने भारत और भारतीयता को आज तक ज़िन्दा रखा है। इसी सांस्कृतिक पहचान के महत्त्व को रेखांकित करते हुए डॉ. व्यास लिखते हैं–''सदियाँ भले ही बीत जायें, पर सांस्कृतिक आस्था बरकार रहती है। तभी तो फिजी, ट्रिनिडाड, टोबैको, मॉरिशस, सूरीनाम और एक हद तक दक्षिण अफ्रीका में सदियों पहले गये भारतीय मूल के लोगों में भारतीयता के भाव अब भी बरकरार हैं। ...महेन्द्रनाथ चौधरी जब फिजी के प्रधानमन्त्री बने, हर्ष धालीवाल जब कनाडा के प्राकृतिक संसाधन मन्त्री तथा कोलम्बिया प्रान्त के प्रभारी मन्त्री बने और अनिरुद्ध जगन्नाथ या सर शिवसागर रामगुलाम मॉरिशस के प्रधानमन्त्री बने तो सभी भारतीयों को हर्ष और गर्व का अनुभव हुआ था क्योंकि वे भारतीय मूल के व्यक्ति थे। ये लोग नाम से ही नहीं, सांस्कृतिक रूप से भारतीयता के पक्षधर हैं। भारत आज भी उनके रोम-रोम में बसा हुआ है। वे आज भी गीता, रामचरितमानस, रामलीला, हिन्दी या किसी अन्य भारतीय भाषा, भारत की संस्कृति तथा यहाँ से अर्जित संस्कारों पर गर्व करते हैं। यह है भारतीयता की व्यापकता।''[24] भारतीयता एक जातीय स्मृति है जो सांस्कृतिक तानों-बानों से बुनी जाती है। संस्कृति की धारा यों अचानक नहीं सूखा करती। जिसे बनने में सदियाँ लगती हों, उसे मिटने में भी सदियाँ लगती हैं।

भारतीय संस्कृति में हिंसा के लिए कोई स्थान नहीं है। आज़ादी का इतना बड़ा आन्दोलन अहिंसा के आधार पर लड़ा गया। महात्मा गाँधी के सफल नेतृत्व में अहिंसा को एक हथियार के रूप में प्रयोग किया गया। इसी अहिंसा के मन्त्र ने बीसवीं शताब्दी के लगभग आधे भाग तक भारत को एकसूत्र में बाँधे रखा, जिसमें सभी जातियों एवं धर्मों के लोग शामिल थे। हिन्दू, मुसलमान, सिख, ईसाई या फ़ारसी होने से पहले सभी लोग केवल भारतीय थे। यही भारतीयता है और राष्ट्रीयता भी।

5. भारतीयता एवं राष्ट्रीयता

भारतीयता और राष्ट्रीयता एक-दूसरे के विरोधी नहीं हैं। हरिश्चन्द्र पाठक के शब्दों में–''राष्ट्रीयता जब रोम-रोम में रमती है, तभी वह ज्वार की तरह प्रकट हो सकती है। 'तुम मुझे खून दो, मैं तुम्हें आज़ादी दूँगा,' के आह्वान पर हज़ारों युवक-युवतियों के रक्त में जो उबाल आया, उसी ने स्वतन्त्रता आन्दोलन को गति दी। आज़ादी के आन्दोलन में न कहीं क्षेत्रीयता बाधक थी और न भाषावाद, न जातियाँ आड़े आ रही थीं और न वर्ग-विद्वेष बाधक बन रहा था। 'भारतमाता

की जय' के नारे एक साथ लाखों कंठों से गूँजते थे। तिरंगे की शान को बचाने के लिए सैकड़ों लोग मर-मिटने को तैयार थे। गज़ब का परिदृश्य था वह। ...लाठियाँ खायीं, जेलों में सड़ते रहे, काले पानी की सजायें भोगीं, फाँसी के फन्दों पर झूले, पर क्या मजाल जो राष्ट्रीयता में कोई दरार आ जाये।''[25]

देश के अस्तित्व के साथ भारतीयों का अस्तित्व जुड़ा हुआ था, आज़ादी की लड़ाई के साथ लोगों की अस्मिता जुड़ी हुई थी। जब देश ही नहीं रहेगा तो भारतीयों की अस्मिता कैसे रह सकती थी? यहूदियों का उदाहरण देते हुए हरिश्चन्द्र व्यास लिखते हैं–''वे सैकड़ों वर्षों तक एक से लेकर दूसरे, व दूसरे से तीसरे देश में भटकते रहे, पर हर जगह से उन्हें खदेड़ा जाता रहा, क्योंकि न उनका कोई राष्ट्र था और न राष्ट्रीयता। अन्ततः इजराइल की स्थापना के बाद ही उन्हें कुछ राहत मिल सकी। भारत राष्ट्र की शताब्दियों पुरानी संस्कृति यह बताती है कि चाहे कई सदियों तक विदेशी हुकूमतें यहाँ क़ायम रहीं, पर भारत राष्ट्र की आत्मा को वे कुचल नहीं सकीं। इसी राष्ट्रीयता (भारतीयता) ने करोड़ों लोगों को सैकड़ों-हज़ारों जातियों में बँटे रहने के बावजूद एकीकृत रखा।''[26] इसी का परिणाम है कि भारत आज एक स्वतन्त्र एवं सम्प्रभुता सम्पन्न राष्ट्र है।

हिन्दी भारत की राजभाषा एवं राष्ट्रभाषा है। भारतीय भाषाओं को आपस में जोड़ने का काम हिन्दी कर रही है। भारतीय भाषाओं के साहित्य का अनुवाद जहाँ एक ओर हिन्दी में हो रहा है, वहीं उनके शब्दकोश भी (द्विभाषी/त्रिभाषी) हिन्दी में प्रकाशित हो रहे हैं। पाठ्यक्रमों में भी 'त्रिभाषा फार्मूला' अपनाए जाने से अहिन्दी भाषी क्षेत्र हिन्दी के सम्पर्क में आ रहे हैं। चूँकि हिन्दी सम्पूर्ण भारत की सम्पर्क भाषा है, साथ ही भारतीय संस्कृति की संवाहिका भी, इस कारण हिन्दी भाषा भारतीय संस्कृति एवं भारतीयता की पहचान बन गयी है। भाषा और संस्कृति में देह और आत्मा का सम्बन्ध होता है। भारतीय संस्कृति के संवाहक हज़ारों शब्द यथावत् हिन्दी में विद्यमान हैं। अतः स्वाभाविक रूप से वे संस्कृति को स्वयं में धारण किये हुए हैं।

वैदिक युग से लेकर आधुनिक युग तक भारतीय संस्कृति वैदिक संस्कृत, लौकिक संस्कृत, प्राकृत भाषाओं तथा जनपदीय भाषा-बोलियों के माध्यम से भारत से लेकर पूरे एशिया महाद्वीप तक प्रचार-प्रसार पाती रही है तथा वर्तमान में हिन्दी भाषा के माध्यम से उसकी अक्षुण्ण परम्परा प्रवाहमान है। चूँकि आज हिन्दी विश्व की अंग्रेज़ी के बाद दूसरी सबसे बड़ी भाषा बन चुकी है, इस कारण भारतीय संस्कृति को पूरे विश्व में प्रचारित-प्रसारित करने में उसकी अहम भूमिका है। वैदिक परम्परा की अक्षुण्ण भावधारा उसकी

आत्मजा हिन्दी में ही आगे बढ़ सकती है क्योंकि संस्कृत भाषा अपने तत्सम एवं तद्भव रूप में हिन्दी की आत्मा और शरीर में विद्यमान है। इस कारण वह उसकी स्वाभाविक वंशानुगत उत्तराधिकारिणी है।

सन्दर्भ

1. हिन्दी साहित्य कोश, भाग-1, पारिभाषिक शब्दावली, संवत् 2020, सम्पादक डॉ. धीरेन्द्र वर्मा, (ले. डॉ. देवराज), वाराणसी ज्ञानमण्डल लिमिटेड, पृ. 869
2. वही
3. वही, पृ. 870
4. भारतीय साहित्य, संस्कृति एवं कला (1985), सम्पादक डॉ. नगेन्द्र, ('भारतीय संस्कृति'–ले. डॉ. मंगलदेव शास्त्री), एस. चाँद एण्ड कम्पनी लि., नयी दिल्ली, पृ. 69
5. वही, (एकात्मक भारतीय संस्कृति एवं साहित्य में दक्षिण का स्थान–लेखक लक्ष्मीकान्त सरस), पृ. 69
6. वही, पृ. 72
7. वही, पृ. 75–76
8. वही, (भारत की सांस्कृतिक एकता'–लेखक डॉ. ओमप्रकाश शर्मा), पृ. 62
9. वही, पृ. 62–63
10. वही
11. वही, पृ. 63–64
12. भारत डिस्कवरी, प्रस्तुति-इण्टरनेट
13. भारतीय साहित्य, संस्कृति एवं कला (1985), सम्पादक डॉ. नगेन्द्र, ('अन्तर्राष्ट्रीय संस्कृति का प्रतीक रामायण'–लेखक डॉ. लोकेश चन्द्र), पृ. 56
14. वही, पृ. 57
15. वही, पृ. 58–59
16. वही, पृ. 59–60
17. वही, पृ. 60
18. वही, ('वृहद् भारत में श्रीकृष्ण चरित'–लेखक डॉ. शारदा रानी), पृ. 66–67
19. वही, पृ. 67
20. भारत और भारतीयता–हरिश्चन्द्र व्यास, पृ. 7
21. वही, पृ. 25
22. वही, पृ. 26
23. वही, पृ. 25
24. वही
25. वही, पृ. 18
26. वही, पृ. 19

मानक हिन्दी वर्णमाला एवं वर्तनी : एक पुनर्विचार

वैज्ञानिक तथा शब्दावली आयोग, मानव संसाधन विकास मन्त्रालय, भारत सरकार, नयी दिल्ली ने हिन्दी वर्तनी में एकरूपता लाने के लिए मानक हिन्दी वर्तनी तथा नागरी लिपि शीर्षक पुस्तिका प्रकाशित की है, जिसमें मानक हिन्दी वर्णमाला, अंक एवं वर्तनी सम्बन्धी अद्यतन नियम दिये गये हैं। लेकिन उनमें सैद्धान्तिक, तार्किक एवं व्यावहारिक स्तर पर कई तरह के अन्तर्विरोध एवं विसंगतियाँ हैं। उनको चिहनित करने से पूर्व उक्त पुस्तिका में दिये गये मानक हिन्दी वर्णमाला, अंक एवं वर्तनी सम्बन्धी नियमों को उद्धृत करना आवश्यक है, ताकि उसमें निहित विसंगतियों एवं दोषों को रेखांकित करते हुए उनके विकल्प प्रस्तुत किये जा सकें और अपेक्षित सुधार का मार्ग प्रशस्त हो सके। भारत सरकार द्वारा हिन्दी वर्णमाला तथा अंकों का जो मानक स्वरूप निर्धारित किया गया, वह इस प्रकार है :

मानक हिन्दी वर्णमाला

स्वर	अ	आ	इ	ई	उ	ऊ	ऋ	
	ए	ऐ	ओ	औ				
मात्राएँ	ा	ि	ी	ु	ू	े	ै	
	ो	ौ						
अनुस्वार		ं	(अं)					
विसर्ग		:	(अः)					
अनुनासिकता चिह्न			ँ					
व्यंजन		क	ख	ग	घ	ङ		
		च	छ	ज	झ	ञ		
		ट	ठ	ड	ढ	ण	ड़	ढ़
		त	थ	द	ध	न		
			प	फ	ब	भ	म	

	य	र	ल	व	ळ
	श	ष	स	ह	
संयुक्त व्यंजन	क्ष	त्र	ज्ञ	श्र	
हल् चिह्न		(ड्)			
गृहीत स्वन	ऑ	(ॅ)	ख़	ज़	फ़
देवनागरी अंक	१	२	३	४	५
	६	७	८	९	०
भारतीय अंकों का	1	2	3	4	5
अन्तर्राष्ट्रीय रूप	6	7	8	9	0

संस्कृत के लिए प्रयुक्त देवनागरी में तो ऋ, लृ तथा लृ भी सम्मिलित हैं, किन्तु हिन्दी में इन वर्णों का प्रयोग न होने के कारण हिन्दी की मानक वर्णमाला में स्थान नहीं दिया गया है।

संविधान के अनुच्छेद 343 (1) के अनुसार संघ के राजकीय प्रयोजनों के लिए प्रयुक्त होने वाले अंकों का रूप भारतीय अंकों का अन्तर्राष्ट्रीय रूप होगा। परन्तु राष्ट्रपति संघ के किसी भी राजकीय प्रयोजन के लिए भारतीय अंकों के अन्तर्राष्ट्रीय रूप के साथ-साथ देवनागरी रूप का प्रयोग भी प्राधिकृत कर सकते हैं।

परिवर्धित देवनागरी वर्णमाला

भारत सरकार द्वारा उपर्युक्त हिन्दी वर्णमाला के साथ ही परिवर्धित देवनागरी वर्णमाला भी विकसित की गयी है, ताकि उसके माध्यम से सभी भारतीय भाषाओं का लिप्यन्तरण देवनागरी में हो सके।

1. हिन्दी वर्तनी का मानकीकरण : किसी भी भाषा में सीखने-सिखाने में सहायक या बाधक बनने वाले दो प्रमुख तत्त्व हैं, उसका व्याकरण और लिपि। लिपि का एक पक्ष है, सामान्य और विशिष्ट स्वनों के पृथक् प्रतीक-वर्णों की समृद्धि, उनका परस्पर स्पष्ट आकार-भेद, लिखावट में सरलता तथा स्थान लाघव एवं प्रयत्न लाघव।

लिपि का दूसरा पक्ष है, वर्तनी। एक ही स्वन को प्रकट करने के लिए विविध वर्णों का प्रयोग वर्तनी को जटिल बना देता है और यह लिपि का एक सामान्य दोष माना जाता है। 1967 में 'हिन्दी वर्तनी का मानकीकरण' शीर्षक पुस्तिका को व्याख्या तथा उदाहरण सहित प्रकाशित किया गया था। वर्तनी सम्बन्धी अद्यतन नियम इस प्रकार हैं :

(2) **संयुक्त वर्ण : (क) खड़ी पाई वाले व्यंजन** : खड़ी पाई वाले व्यंजनों का संयुक्त रूप खड़ी पाई को हटाकर ही बनाया जाना चाहिए, यथा :

ख्याति, लग्न, विघ्न, व्यास, कच्चा, छज्जा, श्लोक, नगण्य, राष्ट्रीय, कुत्ता, पथ्य, ध्वनि, न्यास, स्वीकृत, डिब्बा, सभ्य, रम्य, यक्ष्मा, शय्या, त्र्यंबक, उल्लेख।

(ख) अन्य व्यंजन

(अ) 'क' और 'फ' के संयुक्ताक्षर :

संयुक्त, पक्का, दफ्तर आदि की तरह बनाये जायें।

(आ) ङ, छ, ट, ठ, ड, ढ, द और ह के संयुक्ताक्षर हल् चिह्न लगाकर ही बनाये जायें, यथा :

वाङ्मय, लट्टू, बुड्ढा, विद्या, चिह्न, ब्रह्मा आदि।

(इ) संयुक्त 'र' के प्रचलित तीनों रूप यथावत् रहेंगे, यथा : प्रकार, धर्म, राष्ट्र।

(ई) 'श्र' का प्रचलित रूप ही मान्य होगा। इसे 'श्‍र' के रूप में नहीं लिखा जायेगा। त्+र के संयुक्त रूप के लिए त्र और त्‍र दोनों रूपों में से किसी एक के प्रयोग की छूट होगी। किन्तु 'क्र' को इसी रूप में लिखा जायेगा, दूसरे रूप में नहीं।

(उ) हल् चिह्न युक्त वर्ण से बनने वाले संयुक्ताक्षर के द्वितीय व्यंजन के साथ 'इ' की मात्रा का प्रयोग सम्बन्धित व्यंजन के तत्काल पूर्व ही किया जायेगा, न कि युग्म से पूर्व, यथा : कुट्टिम, द्वितीय, बुद्धिमान, चिह्नित आदि। (कुट्टिम, द्वितीय, बुद्धिमान, चिह्नित नहीं)।

(ऊ) संस्कृत में संयुक्ताक्षर पुरानी शैली से भी लिखे जा सकेंगे, उदाहरणार्थ : संयुक्त, चिह्न, विद्या, चञ्चल, विद्वान, वृद्ध, द्वितीय, बुद्धि आदि।

विभक्ति चिह्न

(क) हिन्दी के विभक्ति चिह्न सभी प्रकार के संज्ञा शब्दों में प्रातिपादिक से पृथक् लिखे जायें, जैसे–राम ने, राम को, राम से तथा स्त्री को, स्त्री से आदि। सर्वनाम शब्दों में ये चिह्न प्रातिपादिक के साथ मिलाकर लिखे जायें, जैसे–उसने, उसको, उससे, उस पर आदि।

(ख) सर्वनामों के साथ यदि दो विभक्ति चिह्न हों तो उनमें से पहला मिलाकर और दूसरा पृथक् लिखा जाये, जैसे–उसके लिए, इसमें से।

(ग) सर्वनाम और विभक्ति के बीच 'ही', 'तक' आदि का निपात हो तो विभक्ति को पृथक् लिखा जाये, जैसे–आप ही के लिए, मुझ तक को।

(3) **क्रियापद** : संयुक्त क्रियाओं में सभी अंगभूत क्रियाएँ पृथक्-पृथक्

लिखी जायें, जैसे–पढ़ा करता है, आ सकता है, जाया करता है, खाया करता है, जा सकता है, कर सकता है, किया करता था, पढ़ा करता था, खेला करेगा, घूमता रहेगा, बढ़ते चले जा रहे हैं, आदि।

(4) हाइफ़न : हाइफ़न का विधान स्पष्टता के लिए किया गया है।

(क) द्वंद्व समास में पदों के बीच हाइफ़न रखा जाये, जैसे–राम-लक्ष्मण, शिव-पार्वती-संवाद, देख-रेख, चाल-चलन, हँसी-मज़ाक़, लेन-देन, पढ़ना-लिखना, खाना-पीना, खेलना-कूदना आदि।

(ख) सा, जैसा आदि से पूर्व हाइफ़न रखा जाये, जैसे–तुम-सा, राम-जैसा, चाकू-से तीखे।

(ग) तत्पुरुष समास में हाइफ़न का प्रयोग केवल वहीं किया जाये, जहाँ उसके बिना भ्रम होने की सम्भावना हो, अन्यथा नहीं, जैसे–भू-तत्व। सामान्यतः तत्पुरुष समासों में हाइफ़न लगाने की आवश्यकता नहीं है, जैसे–रामराज्य, राजकुमार, गंगाजल, ग्रामवासी, आत्महत्या आदि।

इसी तरह यदि 'अ-नख' (बिना नख का) समस्त पद में हाइफ़न न लगाया जाये तो उसे 'अनख' पढ़ जाने से 'क्रोध' का अर्थ भी निकल सकता है। अ-नति (नम्रता का अभाव), अनति (थोड़ा), अ-परस (जिसे किसी ने न छुआ हो), अपरस (एक चर्म रोग), भू-तत्व (पृथ्वी-तत्व), भूतत्व (भूत होने का भाव) आदि समस्त पदों की भी यही स्थिति है। ये सभी युग्म वर्तनी और अर्थ दोनों दृष्टियों से भिन्न-भिन्न शब्द हैं।

(घ) कठिन सन्धियों से बचने के लिए भी हाइफ़न का प्रयोग किया जा सकता है, जैसे–द्वि-अक्षर, द्वि-अर्थक आदि।

(5) अव्यय : 'तक', 'साथ' अव्यय सदा पृथक् लिखे जायें, जैसे–आपके साथ, यहाँ तक। इस नियम को कुछ और उदाहरण देकर स्पष्ट करना आवश्यक है। हिन्दी में आह, ओह, अहा, ऐ, ही, तो, सो, भी, न, जब, तब, कब, यहाँ, वहाँ, कहाँ, सदा, क्या, श्री, जी, तक, भर, मात्र, साथ, कि, किन्तु, मगर, लेकिन, चाहे, या, अथवा, तथा, यथा, और आदि अनेक प्रकार के भावों का बोध कराने वाले अव्यय हैं। कुछ अव्ययों के आगे विभक्ति चिह्न भी आते हैं, जैसे–अब से, तब से, यहाँ से, वहाँ से, सदा से आदि। नियम के अनुसार अव्यय सदा पृथक् लिखे जाने चाहिए, जैसे–आप ही के लिए, मुझ तक को, आपके साथ, गज़ भर कपड़ा, देश भर, रात भर, दिन भर, वह इतना भर कर दे, 'श्री' और 'जी', अव्यय भी पृथक् लिखे जायें, जैसे–श्री श्रीराम, कन्हैयालाल जी, महात्मा जी आदि।

समस्त पदों में प्रति, मात्र, यथा आदि अव्यय पृथक् नहीं लिखे जायेंगे, जैसे–प्रतिदिन, प्रतिशत, मानवमात्र, निमित्तमात्र, यथासमय, यथोचित आदि। यह सर्वविदित नियम है कि समास होने पर समस्त पद एक माना जाता है। अतः उसे पृथक् रूप में न लिखकर एक साथ लिखना ही संगत है।

(6) श्रुतिमूलक 'य', 'व' : (क) जहाँ श्रुतिमूलक य, व का प्रयोग विकल्प से होता है, वहाँ न किया जाये अर्थात् किए-किये, नई-नयी, हुआ-हुवा आदि में से पहले (स्वरात्मक) रूपों का ही प्रयोग किया जाये। यह नियम क्रिया, विशेषण, अव्यय आदि सभी रूपों और स्थितियों में लागू माना जाये, जैसे–दिखाए गये, राम के लिए, पुस्तक लिए हुए, नई दिल्ली आदि।

(ख) जहाँ 'य' श्रुतिमूलक व्याकरणिक परिवर्तन न होकर शब्द का ही मूल तत्त्व हो, वहाँ वैकल्पिक श्रुतिमूलक स्वरात्मक परिवर्तन की आवश्यकता नहीं है, जैसे-स्थायी, अव्ययीभाव, दायित्व आदि। यहाँ स्थाई, अव्यईभाव, दाइत्व नहीं लिखा जायेगा।

(7) अनुस्वार तथा अनुनासिकता चिह्न (चन्द्रबिन्दु) : अनुस्वार (ं) और अनुनासिकता चिह्न (ँ) दोनों प्रचलित रहेंगे।

(क) संयुक्त व्यंजन के रूप में जहाँ पंचमाक्षर के बाद सवर्गीय शेष चार वर्णों में से कोई वर्ण हो तो एकरूपता और–मुद्रण/लेखन की सुविधा के लिए अनुस्वार का ही प्रयोग करना चाहिए, जैसे–गंगा, चंचल, ठंडा, संध्या, संपादक आदि में पंचमाक्षर के बाद उसी वर्ग का वर्ण आगे आता है। अतः पंचमाक्षर के स्थान पर अनुस्वार का प्रयोग होगा (गङ्गा, चञ्चल, ठण्डा, सन्ध्या, सम्पादक का नहीं)। यदि पंचमाक्षर के बाद सवर्गीय शेष चार वर्णों में से कोई वर्ण न हो तो पंचमाक्षर अनुस्वार के रूप में परिवर्तित नहीं होगा, जैसे–वाङ्मय, अन्य, अन्न, सम्मेलन, सम्मति, चिन्मय, उन्मुख आदि। अतः वांमय, अंय, अंन, संमेलन, संमति, चिंमय, उंमुख आदि रूप ग्राह्य नहीं हैं।

(ख) चन्द्रबिन्दु के बिना प्रायः अर्थ में भ्रम की गुंजाइश रहती है, जैसे–हंस-हँस, अंगना-अँगना आदि में। अतएव ऐसे भ्रम को दूर करने के लिए चन्द्रबिन्दु का प्रयोग अवश्य किया जाना चाहिए। किन्तु जहाँ (विशेषकर शिरोरेखा के ऊपर जुड़ने वाली मात्रा के साथ) चन्द्रबिन्दु का प्रयोग किसी प्रकार का भ्रम उत्पन्न न करें, वहाँ चन्द्रबिन्दु के स्थान पर बिन्दु के प्रयोग की छूट दी जा सकती है, जैसे–नहीं, में, मैं। कविता आदि के प्रसंग में छन्द की दृष्टि से चन्द्रबिन्दु का उच्चारण सिखाना अभीष्ट हो, वहाँ उसका यथास्थान सर्वत्र प्रयोग किया जाये, जैसे–कहाँ, हँसना, आँगन, सँवारना, मैँ मेँ नहीँ आदि।

(8) विदेशी ध्वनियाँ : (क) अरबी-फ़ारसी या अंग्रेज़ीमूलक वे शब्द जो हिन्दी के अंग बन चुके हैं और जिनकी विदेशी ध्वनियों का हिन्दी ध्वनियों में रूपान्तर हो चुका है, हिन्दी रूप में ही स्वीकार किये जा सकते हैं, जैसे–कलम, किला, दाग आदि (क़लम, क़िला, दाग़ नहीं)। पर जहाँ उनका शुद्ध विदेशी रूपों में प्रयोग अभीष्ट हो अथवा उच्चारणगत भेद बताना आवश्यक हो, वहाँ उनके हिन्दी में प्रचलित रूपों में यथास्थान नुक्ते लगाए जायें, जैसे–खाना/ख़ाना, राज/राज़, फन/फ़न। सारांश रूप में कहा जा सकता है कि अरबी-फ़ारसी एवं अंग्रेज़ी की मुख्यतः पाँच ध्वनियाँ (क़, ख़, ग़, ज़, फ़) हिन्दी में आयी हैं जिसमें से दो (क़ और ग़) तो हिन्दी उच्चारण (क, ग) में परिवर्तित हो गयी हैं, एक (ख़) लगभग हिन्दी 'ख' में खपने की प्रक्रिया में है और शेष दो (ज़, फ़) धीरे-धीरे अपना अस्तित्व बनाये रखने के लिए संघर्षरत हैं।

(ख) अंग्रेज़ी के जिन शब्दों में अर्धविवृत 'ओ' ध्वनि का प्रयोग होता है, उनके शुद्ध रूप का हिन्दी में प्रयोग अभीष्ट होने पर 'आ' की मात्रा (ा) के ऊपर अर्धचन्द्र का प्रयोग किया जाये (ऑ, ॉ)। जहाँ तक अंग्रेज़ी और अन्य विदेशी भाषाओं से नये शब्द ग्रहण करने और उनके देवनागरी लिप्यन्तरण का सम्बन्ध है...उनका देवनागरी लिप्यंतरण इतना क्लिष्ट नहीं होना चाहिए कि उसके लिए वर्तमान देवनागरी वर्णों में अनेक नये संकेत चिह्न लगाने पड़ें। अंग्रेज़ी शब्दों का देवनागरी लिप्यन्तरण मानक अंग्रेज़ी उच्चारण के अधिक-से-अधिक निकट होना चाहिए। उसमें भारतीय शिक्षित समाज में प्रचलित उच्चारण सम्बन्धी थोड़े-बहुत परिवर्तन किये जा सकते हैं। अन्य भाषाओं के शब्दों के सम्बन्ध में भी यही नियम लागू होना चाहिए।

(ग) हिन्दी के कुछ शब्द ऐसे हैं, जिनके दो-दो रूप बराबर चल रहे हैं। विद्वत् समाज में दोनों रूपों की एक-सी मान्यता है। फिलहाल इनकी एकरूपता आवश्यक नहीं समझी गयी है। कुछ उदाहरण हैं–गरदन/गर्दन, गरमी/गर्मी, बरफ/बर्फ, बिलकुल/बिल्कुल, सरदी/सर्दी, कुरसी/कुर्सी, भरती/भर्ती, फुरसत/फुर्सत, बरदाश्त/बर्दाश्त, वापिस/वापस, आखीर/आखिर, बरतन/बर्तन, दोबारा/दुबारा, दूकान/दुकान, बीमारी/बिमारी आदि।

हमारा सुझाव है कि एकरूपता के लिए उपर्युक्त शब्दों के ह्रस्व रूप को ही स्वीकार जाये, जैसे–गर्मी, बिल्कुल, आखिर, बर्तन, दुकान, दुबारा आदि।

(9) हल् चिह्न : संस्कृतमूलक तत्सम शब्दों की वर्तनी में सामान्यतः संस्कृत रूप ही रखा जाये, परन्तु जिन शब्दों के प्रयोग में हिन्दी में हल् चिह्न

लुप्त हो चुका है, उनमें उसको फिर से लगाने का यत्न न किया जाये, जैसे–‘महान’, ‘विद्वान’ आदि के ‘न’ में। (महान्, विद्वान् न लिखा जाये)।

(10) स्वन-परिवर्तन : संस्कृतमूलक तत्सम शब्दों की वर्तनी को ज्यों-का त्यों ग्रहण किया जाये। अतः ‘ब्रह्मा’ को ‘ब्रम्हा’, ‘चिह्न’ को ‘चिन्ह’, ‘उऋण’ को ‘उरिण’ में बदलना उचित नहीं होगा। इसी प्रकार ग्रहीत, दृष्टव्य, प्रदर्शिनी, अत्याधिक, अनाधिकार आदि अशुद्ध प्रयोग ग्राह्य नहीं हैं। इनके स्थान पर क्रमशः गृहीत, द्रष्टव्य, प्रदर्शनी, अत्यधिक, अनधिकार ही लिखना चाहिए। जिन तत्सम शब्दों में तीन व्यंजनों के संयोग की स्थिति में एक द्वित्वमूलक व्यंजन लुप्त हो गया है, उसे न लिखने की छूट है, जैसे–अर्द्ध/अर्ध, उज्ज्वल/उज्वल, तत्त्व/तत्व आदि।

(11) विसर्ग : संस्कृत के जिन शब्दों में विसर्ग का प्रयोग होता है, वे यदि तत्सम रूप में प्रयुक्त हों तो विसर्ग का प्रयोग अवश्य किया जाये, जैसे–‘दुःखानुभूति’ में। यदि उस शब्द के तद्भव रूप में विसर्ग का लोप हो चुका हो तो उस रूप में विसर्ग के बिना भी काम चल जायेगा, जैसे-‘दुख-सुख के साथी’।

(12) ‘ऐ’ ‘औ’ का प्रयोग : हिन्दी में ऐ (ै), औ (ौ) का प्रयोग दो प्रकार की ध्वनियों को व्यक्त करने के लिए होता है। पहले प्रकार की ध्वनियाँ ‘है’, ‘और’ आदि में हैं तथा दूसरे प्रकार की ‘गवैया’, ‘कौवा’ आदि में। इन दोनों ही प्रकार की ध्वनियों को व्यक्त करने के लिए इन्हीं चिह्नों (ऐ, ै, औ, ौ) का प्रयोग किया जाये। ‘गवय्या’, ‘कव्वा’ आदि संशोधनों की आवश्यकता नहीं है।

(13) पूर्वकालिक प्रत्यय : पूर्वकालिक प्रत्यय ‘कर’ क्रिया से मिलाकर लिखा जाये, जैसे–मिलाकर, खा-पीकर, रो-रोकर आदि।

(14) अन्य नियम

(क) शिरोरेखा का प्रयोग प्रचलित रहेगा।

(ख) फुलस्टॉप को छोड़कर शेष विराम आदि चिह्न वही ग्रहण कर लिए जायें, जो अंग्रेज़ी में प्रचलित हैं, यथा–(–, ; ? ! : =)

(विसर्ग के चिह्न (:) को ही कोलन का चिह्न मान लिखा जाये)।

(ग) पूर्ण विराम के लिए खड़ी पाई (।) का प्रयोग किया जाये।

(15) मानक वर्तनी के प्रयोग : हिन्दी एक विकासशील भाषा है। संघ की राजभाषा घोषित हो जाने के बाद यह शनैः-शनैः अखिल भारतीय रूप ग्रहण कर रही है। अन्य क्षेत्रीय भाषाओं के सम्पर्क में आकर, उनसे

बहुत कुछ ग्रहण करके और अहिन्दी भाषियों द्‌वारा प्रयुक्त होते-होते उसका यथासमय एक सर्वसम्मत अखिल भारतीय रूप विकसित होगा, ऐसी आशा है।

इस प्रकार परिवर्तित देवनागरी वर्णमाला सारणी का जो रूप स्वीकृत हुआ है, वह निम्नलिखित है :

परिवर्धित देवनागरी वर्णमाला

देवनागरी वर्णमाला

स्वर–		अ आ इ ई उ ऊ ऋ ॠ ए ऐ ओ औ					
मात्राएँ–		ा ि ी ु ू ृ ॄ े ै ो ौ					
अनुस्वार–		ं (अं)					
विसर्ग–		(अः)					
अनुनासिकता चिह्न–		ँ					
व्यंजन–	क	ख	ग	घ	ङ		
	च	छ	ज	झ	ञ		
	ट	ठ	ड	ढ	ण	ड़	ढ़
	त	थ	द	ध	न		
	प	फ	ब	भ	म		
	य	र	ल	व	ळ		
	श	ष	स	ह			
संयुक्त व्यंजन		क्ष	त्र	ज्ञ	श्र		
हल् चिह्न		्					
विशेषक चिह्न		:					

स्वर

(1)	ह्रस्व ए और ओ	ए'		ओ'			
	मात्राएँ	े		ो			
(2)	कश्मीरी के विशिष्ट स्वर	उ	ऊ	अे	ओ	अॅ	ऑ
	मात्राएँ	ॖ	ॗ	ो	ौ	ॅ	ॉ

ु ू

व्यंजन

(1) कश्मीर चवर्ग	च़	छ़		
(2) सिंधी अन्तःस्फोटी व्यंजन	ग॒	ज॒	ड॒	ब॒
(3) तमिल और मलयाळम		ऴ		
(4) बंगला-असमिया		ग्र		

(5) दक्षिण भारतीय भाषाओं के 'र' का कठोर उच्चारण			ऱ्		
(6) तमिळ			ऩ्		
(7) मलयाळम का वर्त्स्य			ऩ्		
(8) फ़ारसी-अरबी और अंग्रेज़ी से गृहीत व्यंजन	क़	ख़	ग़	ज़	फ़
(9) उर्दू अ़ैन		अ़			
स्थिति के अनुसार ( )	आ़ (आ़दत), अ़ि (अ़िबादत) अ़ी (अ़ीद), अ़ु (अ़ुमर), अ़ै (अ़ैब़), अ़ौ (अ़ौरत), आदि।				

(सन्दर्भ : मानक हिन्दी वर्तनी तथा नागरी लिपि-वैज्ञानिक तथा तकनीकी शब्दावली आयोग, मानव संसाधन विकास मन्त्रालय, नई दिल्ली, भारत सरकार)।

वैज्ञानिक तथा तकनीकी शब्दावली आयोग ने मानक वर्तनी के प्रयोग के सम्बन्ध में लिखा है–"यद्यपि यह सही है कि एक विस्तृत भू-खण्ड और बहुभाषी समाज के बीच व्यवहृत किसी भी विकासशील भाषा के उच्चारणगत गठन में अनेकरूपता मिलना स्वाभाविक है, उसे व्याकरण के कठोर नियमों में जकड़ा नहीं जा सकता, उसके प्रयोगकर्ताओं को, किसी ऐसे शब्द को जिसके दो या अधिक समानान्तर रूप प्रचलित हो चुके हों, एक विशेष रूप में प्रयुक्त करने के लिए बाध्य नहीं किया जा सकता। भाषा-विषयक कठोर नियम बना देने से उनकी स्वीकार्यता तो सन्देहास्पद हो ही जाती है, साथ ही भाषा के स्वाभाविक विकास में भी अवरोध आने का थोड़ा-सा डर रहता है। फलतः भाषा गतिशील, जीवन्त और समयानुरूप नहीं रह पाती। हिन्दी वर्णमाला के मानकीकरण में और हिन्दी वर्तनी की एकरूपता विषयक नियम निर्धारित करते समय इन सब तथ्यों को ध्यान में रखा गया है और इसीलिए जहाँ तक बन पड़ा है, काफ़ी हद तक उदारतापूर्ण नीति अपनाई गयी है।"

आयोग के उपर्युक्त संकल्प के आलोक में मानक हिन्दी वर्णमाला, अंक एवं वर्तनी सम्बन्धी नियमों में व्यावहारिक स्तर पर हमें जो विसंगतियाँ दिखाई देती हैं, उन पर दृष्टिपात करना समीचीन प्रतीत होता है। शिक्षण माध्यम के रूप में हिन्दी के प्रयोग के साथ-साथ उसकी वर्णमाला एवं लिपि के सन्दर्भ में भी विचार करना आवश्यक है। इससे लेखन के स्तर पर आने वाली व्यावहारिक कठिनाई को दूर किया जा सकेगा। हिन्दी वर्णमाला एवं वर्तनी के मानक रूप में अन्तर्निहित विसंगतियों एवं दोषों को सिलसिलेवार

रेखांकित करते हुए उनके विकल्प निम्नवत् प्रस्तुत किये जा रहे हैं, ताकि उन पर भविष्य में विचार किया जा सके।

स्वर

उपर्युक्त पुस्तिका में मानक हिन्दी वर्णमाला, अंक एवं वर्तनी सम्बन्धी जो नियम दिये गये हैं, उनमें सर्वप्रथम स्वरों की संख्या को लेकर ही मतभेद हैं, जैसे–किसी विद्वान ने अनुस्वार 'अं' (ं) तथा विसर्ग 'अ:' (:) को स्वरों में जोड़कर उनकी संख्या 13 कर दी है। डॉ. भोलानाथ तिवारी ने 'ऑ' को भी जोड़कर इनकी संख्या 12 मानी है। वे अनुस्वार (अं/ं) और विसर्ग (अ:/:) को स्वर नहीं मानते, वरन् व्यंजन मानते हैं। इस प्रकार स्वरों के निर्धारण में एकरूपता नहीं है। कुछ विद्वान इन सबको जोड़कर स्वरों की संख्या 14 मानने का सुझाव देते हैं। जैसे–अ आ ऑ इ ई उ ऊ ऋ ए ऐ ओ औ अं अ: = 14 (चौदह)।

व्यंजन

बदरीनारायण कपूर तथा भोलानाथ तिवारी ने व्यंजनों की संख्या 35 मानी है, जबकि मानक हिन्दी वर्तनी तथा नागरी लिपि पुस्तिका में 'ळ' को जोड़कर इनकी संख्या 36 मानी गयी है। डॉ. माणिक मृगेश ने 'ळ', 'अ:' तथा संयुक्त व्यंजन 'क्ष त्र ज्ञ श्र' को जोड़कर उनकी संख्या 40 कर दी है। डॉ. भोलानाथ तिवारी व्यंजनों की संख्या तो 35 ही मानते हैं, परन्तु वे अनुस्वार अं (ं), और विसर्ग अ: (:) को व्यंजन मानते हैं, जबकि 'ड़, ढ़' को व्यंजनों में स्थान नहीं देते।

हिन्दी वर्णमाला के अन्तर्गत प्रारम्भिक कक्षाओं में ड़, ढ़ को छोड़कर तथा क्ष त्र ज्ञ को जोड़कर 36 व्यंजन पढ़ाए जाते हैं, जबकि 'मानक हिन्दी वर्तनी तथा नागरी लिपि' नामक पुस्तिका में चार संयुक्त व्यंजनों क्ष त्र ज्ञ श्र को जोड़कर उनकी संख्या 40 हो जाती है।

मानक हिन्दी वर्तनी तथा नागरी लिपि के नियमानुसार संयुक्त 'र्' के प्रचलित तीनों रूप यथावत् रहेंगे, जैसे–प्रकार (्र), धर्म (र्), राष्ट्र (्र)। 'श्र' का प्रचलित रूप ही मान्य होगा। इसे 'श्‍र' के रूप में नहीं लिखा जायेगा। त्+र्+अ के संयुक्त रूप के लिए त्र और त्‍र दोनों रूपों में से किसी एक के प्रयोग की छूट होगी। किन्तु 'क्र' को 'क्‍र' के रूप में नहीं लिखा जायेगा। लेकिन श्र के वर्तनी विश्लेषण (श्+र्+अ) या (श+र्+अ्) या (श्र+र्+अ्) में कौन-सा रूप सही माना जाना चाहिए? 'श्र' का उच्चारण यदि 'श' के रूप

में ही होना है तो फिर 'श्र' लिपि चिह्न की क्या आवश्यकता है? यदि है तो 'श्र' को एक पृथक् व्यंजन मान लिया जाना चाहिए।

संयुक्त व्यंजन श्र त्र को लेकर कुछ विद्वानों में काफ़ी मतभेद हैं। उनका कहना है कि यदि संयुक्त व्यंजन के रूप में आप श्र (श्+र्+अ) तथा त्र/त्र (त्+र्+अ) को मान्यता देते हैं तो अन्य संयुक्त व्यंजनों–क्र, ग्र, घ्र, ज्र, द्र, प्र, फ्र, ब्र, भ्र, म्र आदि को भी मान्यता मिलनी चाहिए। (जैसे–क्रम, ग्राम, घ्राण, वज्र, द्रव, प्रकार, फ्राक, ब्रज, भ्रम, आम्र आदि।)

क्ष (क्+ष्+अ) तथा ज्ञ (ज्+ञ्+अ) को लेकर अधिक विरोध नहीं है, क्योंकि इनका प्रयोग ध्वनि-विकार को रोकने की दृष्टि से उचित हो सकता है। लेकिन हिन्दी वर्णमाला में श्र, त्र को संयुक्त व्यंजनों की श्रेणी में रखने पर पुनर्विचार करने की आवश्यकता है।

इसीलिए कुछ विद्वानों ने हिन्दी वर्णमाला से संयुक्त व्यंजन हटाकर अरबी-फ़ारसी ध्वनियों (क़ ख़ ग़ ज़ फ़) को जोड़ते हुए वर्णों की संख्या 55 मानने का सुझाव दिया है। लेकिन तकनीकी शब्दावली के नियम-8 के अनुसार क़ ख़ ग़ का अस्तित्व लगभग समाप्तप्राय होने को है। ज़ फ़ का अस्तित्व भी ख़तरे में है। केवल अंग्रेज़ी ध्वनि ओ (0, जैसे–डॉक्टर) के लिए ऑ (ॉ) को ही स्वीकार किया गया है।

उल्लेखनीय तथ्य यह है कि कोशग्रन्थों में संयुक्त व्यंजनों को हिन्दी वर्णमाला में उनके क्रम के आधार पर मान्यता नहीं है, वरन् वर्तनी विश्लेषण के आधार पर उनका स्थान निर्धारित है। जैसे–कोशों में क्ष ('क' के अन्तर्गत), त्र (त के अन्तर्गत), ज्ञ ('ज' के अन्तर्गत), श्र 'श' के अन्तर्गत समाहित हैं। (जैसे–श्र= शृंगार/श्रुत/श्रम)। यही बात ऑ, अँ स्वरों के सन्दर्भ में भी लागू होती है।

सर्वनाम और परसर्ग (विभक्ति चिह्न)

मानक हिन्दी वर्तनी के नियमों के अनुसार हिन्दी के विभक्ति चिह्न (परसर्ग) सभी प्रकार के संज्ञा शब्दों में प्रातिपादिक से पृथक् लिखे जायें, जैसे–राम ने, राम को, राम से, स्त्री को, स्त्री से, आदि। सर्वनाम शब्दों में ये चिह्न प्रातिपादिक के साथ मिलाकर लिखे जायें, जैसे–उसने, उसको, उससे, उसपर आदि। सर्वनामों के साथ यदि दो विभक्ति चिह्न हों तो उनमें से पहला मिलाकर और दूसरा पृथक् लिखा जाये, जैसे–उसके लिए, इसमें से। सर्वनाम और विभक्ति के बीच 'ही', 'तक' आदि निपात हो तो विभक्ति को पृथक् लिखा जाये, जैसे–आप ही के लिए, मुझ तक को आदि।

इसके विपरीत हिन्दी के कई मूर्धन्य रचनाकारों ने सर्वनाम शब्दों से पृथक् विभक्ति चिह्नों का प्रयोग किया है। उदाहरणार्थ, अज्ञेय ने अपने काव्य-संग्रह 'आँगन के पार द्वार' (साहित्य अकादेमी से पुरस्कृत) में सर्वत्र विभक्ति-चिह्नों को सर्वनाम शब्दों से पृथक् लिखा है, जैसे–जिस की, उस की, जिस ने, उन से, उस ने, इस से, जिस में, किस ने, इस लिए, उस को, जिस के आदि। जबकि परसर्ग या विभक्ति को नियमतः प्रातिपदिक के साथ जोड़ा जाना चाहिए।

नियम के अनुसार य, व श्रुतिमूलक का प्रयोग जहाँ विकल्प से होता हो, वहाँ उनका प्रयोग न करके स्वरों का प्रयोग किया जाये, जैसे–किए, दिखाए, बताए आदि। परन्तु अज्ञेय के इसी काव्य संग्रह में य, व में स्वरों की मात्रा जोड़कर लिखा है, जैसे–बतलावेगी, दुहरावेगा, फैलावेगा आदि। जबकि नियम के अनुसार इन्हें क्रमशः 'बतलाएगी, दुहराएगा, फैलाएगा' लिखा जाना चाहिए था।

ऋ का उच्चारण 'रि' की तरह होता है, परन्तु तत्सम शब्दों में उसे यथावत् रखा जाता है। अतः यहाँ ध्वनि और वर्तनी के बीच का सम्बन्ध विच्छिन्न हो जाता है क्योंकि देवनागरी लिपि में प्रत्येक ध्वनि के लिए पृथक् एवं तदनुरूप लिपि चिह्न है। इसलिए क्रिया एवं कृपा में ध्वनि सम्बन्धी अन्तर कठिन होता है। (जैसे–ऋण तथा रिण आदि।) वहाँ शुद्ध उच्चारण करना चाहिए।

'संग्रह' से 'संग्रहीत' बनना चाहिए था, लेकिन मानक शब्द 'संगृहीत' है। ऐसे ही 'ग्रहण' का मानक रूप 'ग्रहीत' न होकर 'गृहीत' माना गया है। वर्तनी विश्लेषण में कुछ व्यावहारिक कठिनाइयाँ निम्नवत् हैं–

अंक	– अ ङ् क् अ	
चंचल	– च् अञ् च् अ ल् अ	
दण्ड	– द् अ ण् ड् अ	
सन्तति	– स् अ न् त् अ त् इ	
संपति	– स् अ म् प् अ त् इ	
पेड़	– प् ए ड़् अ	
चढ़ना	– च् अ ढ़् अ न् आ	
पुण्य	– प् उ ण् य् अ,	= 'पुंय' नहीं
सम्पन्न	– स् अ म् प् अ न् न् अ,	= 'संपंन' नहीं
चिन्मय	– च् इ न् म् अ य् अ,	= 'चिंमय' नहीं।

ऊपर के उदाहरणों में 'संपति' और 'सन्तति' में 'सं' एक समान है, परन्तु वर्तनी विश्लेषण में अन्तर आ जाता है, जैसे–'संपति'-स् अ म् प् अ त्

इ, 'सन्तति'- स् अ न् त् अ त् इ। इस प्रकार एक स्थान पर 'सं' के लिए- स् अ म् है तो दूसरे स्थान पर- स् अ न्।

वर्ण या अक्षरों की बारहखड़ी में बारहवें स्थान पर कं, खं, गं, घं...... शं, हं आदि 'अं' (अनुस्वार) की मात्रा से बनते हैं, जैसे–अंश, अंशी, कंस, वंश, हंस आदि में कहीं भी व्यंजन वर्णों के वर्गों के पंचमाक्षर के स्थान पर अनुस्वार का प्रयोग नहीं हो रहा है। व्यंजनों में 'अं' की मात्रा से कई शब्द बनते हैं। अतः उन्हें उसी रूप में स्वीकार किया जाना चाहिए।

लेकिन हमें संयुक्त व्यंजन क्ष त्र ज्ञ श्र को वर्णमाला में मान्यता देनी चाहिए, क्योंकि हम वर्णमाला में संयुक्त स्वर ऐ, औ (गवैया, कौआ) को मान्यता दे रहे हैं। कई जगह कौआ तथा कौवा दोनों रूप मिलते हैं, लेकिन 'कौआ' ही मानक रूप होना चाहिए। ऐसे ही शैया, भैया या नैया मानक रूप होना चाहिए, न कि शय्या, भय्या या नय्या। परन्तु मानक वर्तनी में 'शय्या' को मानक रूप माना गया है।

संयुक्ताक्षर सम्बन्धी नियम

(क) खड़ी पाई वाले व्यंजन : संयुक्त वर्ण नियम के अनुसार खड़ी पाई (ा) वाले व्यंजनों का संयुक्त रूप खड़ी पाई (ा) को हटाकर ही बनाया जाना चाहिए, जैसे–ख्याति, लग्न, विघ्न, व्यास, कच्चा, छज्जा, श्लोक, नगण्य, राष्ट्रीय, कुत्ता, पथ्य, ध्वनि, न्यास, स्वीकृत, पुष्ट, प्यास, डिब्बा, सभ्य, रम्य, यक्ष्मा, शय्या, त्र्यंबक, उल्लेख आदि। जिन व्यंजनों में खड़ी पाई नहीं है, जैसे–ङ्, छ्, ट्, ठ्, ड्, ढ्, द्, ह् के संयुक्ताक्षर हल् चिह्न (्) लगाकर ही बनाये जायें, जैसे–वाङ्मय, लट्टू, बुड्ढा, विद्या, चिह्न, ब्रह्मा आदि। 'क' और 'फ' के संयुक्ताक्षर–संयुक्त, पक्का, दफ्तर आदि की तरह बनाये जायें। चूँकि जिन व्यंजनों में खड़ी पाई (ा) नहीं है, उनके संयुक्ताक्षर जब हल् चिह्न (्) लगाकर बनाये जा सकते हैं तो फिर 'क' और 'फ' के संयुक्ताक्षर हल् चिह्न (्) लगाकर क्यों नहीं बनाये जा सकते? (जैसे–संयुक्‌त, पक्‌का, दफ्‌तर आदि)। यह विचारणीय प्रश्न है।

(ख) संयुक्त हल् चिह्न : नियम के अनुसार हल् चिह्न युक्त वर्ण से बनने वाले संयुक्ताक्षर के द्‌वितीय (द्वितीय) व्यंजन के साथ 'इ' की मात्रा का प्रयोग व्यंजन के तत्काल पूर्व ही किया जायेगा, जैसे–कुट्‌टिम, द्‌वितीय, बुद्‌धि, चिह्‌नित, यद्‌यपि आदि। इसमें कुछ अपवादों को सम्मिलित करते हुए कहा गया है कि ज़हाँ वे तत्सम रूप में प्रयुक्त होंगे, वहाँ पूर्व प्रचलित रूप

ही रहेगा, जैसे–विद्यालय, विद्या, यद्यपि, द्वितीय, विद्वान, वृद्ध, बुद्धि आदि। उपर्युक्त तत्सम शब्दों का प्रयोग हिन्दी में भी यथावत् होता है। फिर उनके स्थान पर जबरदस्ती यद्‌यपि, विद्‌या, विद्‌यालय, द्‌वितीय, विद्‌वान, वृद्‌ध, बुद्‌धि आदि वर्तनी की क्या आवश्यकता है? यह अनावश्यक द्रविड़ प्राणायाम है। विद्या, यद्यपि, द्वितीय आदि शब्दों को टंकित करने में भी कभी कोई परेशानी नहीं होती, क्योंकि ये लिपि चिह्न सभी प्रकार के टाइपराइटर में रहते हैं। ये नियम भ्रामक तथा विसंगतिपूर्ण हैं। इसी प्रकार हिन्दी में और भी तमाम तत्सम शब्द हैं।

अनुस्वार का प्रयोग (अपवाद) : नियमानुसार यदि संयुक्त व्यंजन के रूप में पंचमाक्षर के बाद सवर्गीय कोई अन्य पंचमाक्षर आता है तो वहाँ अनुस्वार का प्रयोग नहीं होगा, जैसे–वाङ्मय, अन्न, सम्मेलन, सम्मति, चिन्मय, उन्मुख आदि। इनके स्थान पर वांमय, अंन, सम्मेलन, संमति, चिंमय, उंमुख रूप ग्राह्य नहीं होगा। यदि पंचमाक्षर के बाद उसी वर्ग का वर्ण आगे आता है तो पंचमाक्षर के स्थान पर अनुस्वार (ं) का प्रयोग होगा। जैसे-गंगा, चंचल, ठंडा, संध्या, संपादक आदि।

पंचमाक्षर के अनुस्वार के रूप में प्रयोग पर पुनर्विचार : शृंगार, अंग, अंगीकार, भंग, रंग आदि में 'अं' (ं) मात्रा है और वही उच्चारण होता है। इसलिए ङ याञ वर्ण भले ही संस्कृत में प्रचलित थे, परन्तु वे हिन्दी में नहीं चल सकते, क्योंकि यह उच्चारण 'पं' (प्+ङ्+अ) रूप में नहीं होता। ऐसे ही 'ञ' ध्वनि भी पंचम (पञ्चम), पंचांग (पञ्चाङ्ग) में उच्चारित नहीं होती। अतः संस्कृत के इन शब्दों में 'ङ्' या 'ञ्' के स्थान पर 'अं' (ं) ध्वनि चिह्न समीचीन प्रतीत होता है। ऐसे ही खण्ड, पुण्य, मण्डप में 'प्रयुक्त' 'ण' ध्वनि का सही उच्चारण अनुस्वार (ं) से सम्भव नहीं है। ऐसे ही ण्, न्, म् वर्णों का जहाँ प्रयोग या उच्चारण होता है, वहाँ इन्हीं (ण्, न्, म्) का प्रयोग होना चाहिए, जैसे–खण्ड, महेन्द्र, सम्पन्न आदि। सही उच्चारण की दृष्टि से 'नगेन्द्र' के स्थान 'नगेंद्र' तर्कसंगत नहीं है, क्योंकि इसकी ध्वनि 'करें' 'भरें', भरेंगे आदि की तरह प्रयुक्त होती है।

इसके विपरीत 'पुण्य' 'अन्य' 'क्षम्य' में इनके ण् (ण), न् (न), म् (म) के प्रयोग की अनिवार्यता है। ऐसे ही खाया/खायी, नया/नयी/ में 'यी' के स्थान पर 'ई' लिखने से भी अर्थभ्रम की स्थिति बनी रहेगी, जैसे–'वह खाई में गिरा। उसने रोटी खाई।' इन दोनों वाक्यों में 'खाई' शब्द के अलग-अलग अर्थ हैं। सरलीकरण के लिए केन्द्रीय हिन्दी निदेशालय को इस तरह के जो सुझाव दिये गये, वे अतार्किक एवं भ्रमपूर्ण हैं।

मानक हिन्दी वर्णमाला एवं वर्तनी पर पुनर्विचार

1. ङ् एवं ञ को ही अनुस्वार के रूप में मान्यता दी जानी चाहिए, 'ण्' 'न्' 'म' को नहीं। अभी तक वर्णों के पंचमाक्षर को केन्द्रीय हिन्दी निदेशालय द्वारा अनुस्वार (ं) के रूप में मानक माना गया है, जबकि इसके अपवाद भी स्वीकार किये हैं, जैसे- पुण्य, अन्य, सामान्य, अन्वय आदि।

2. हिन्दी में ङ,ञ तथा ण वर्ण से किसी शब्द का प्रारम्भ नहीं होता, जबकि न, म वर्ण से प्रारम्भ होने वाले हज़ारों शब्द हैं। कोशग्रन्थों में उनसे प्रारम्भ होने वाले शब्द वर्णानुक्रम में यथास्थान आते हैं।

3. हिन्दी वर्णमाला में क्ष, त्र, ज्ञ, श्र संयुक्ताक्षर माने गये हैं। उनसे निर्मित होने वाले शब्दों को क्रमशः क (क्+ष्), त (त्+र्), तथा ज (ज्+ञ्), श (श+र्) वर्णमाला के अन्तर्गत स्थान दिया गया है। ऐसा करना तर्कसंगत प्रतीत नहीं होता, क्योंकि 'क्ष' को एक पृथक् लिपि चिह्न के रूप में मान्यता प्राप्त है। इसी तरह 'ज्ञ' भी एक प्रथक् लिपि चिह्न है। हालाँकि इनमें क्रमशः क्+ष्+अ (क्ष) एवं ज्+ञ+अ (ज्ञ) की ध्वनि सन्निहित है। लेकिन ये ध्वनियाँ उनके लिपि चिह्नों के साथ रूढ़ हो गयी हैं। जबकि 'त्र' में ऐसा नहीं है। 'त्र' दो तरह से लिखा जाता है। 'त्' वर्ण में 'र्' लगाकर, जैसे–'त्राशदी'। 'त्र' की तरह ही- क्र, ग्र, घ्र, ज्र, द्र, ध्र, प्र, फ्र, ब्र, भ्र, म्र, व्र, स्र, ह्र आदि लिखे जाते हैं। (जैसे- क्रम, ग्रहण, घ्राण, वज्र, द्रव, ध्रुव, प्रमाण, फ्रांस, ब्रह्मा, भ्रम, नम्र, व्रण, स्रोत, ह्रास आदि।)

4. 'ङ्' और 'ञ्' का कहीं स्वरयुक्त पूर्णाक्षर या वर्ण के रूप में उपयोग नहीं होता। इनकी ध्वनि में अनुस्वार (ं) (अं) की तरह पूर्ण अनुनासिकता है, जबकि ण, न म की अनुनासिकता उनसे बिल्कुल भिन्न है। यहाँ तक कि ण्, न् म् की अनुनासिकता में भी परस्पर कोई समानता नहीं है। (जैसे– परिणाम, प्रणाम, परिगणन, गणना, गणेश, फणीश्वर, नमस्कार, अनाम, मित, मीनाक्षी, नुमाइश, मनु, नुराकुश्ती, नियम, नम, निराशा, मनोकामना, मनौती, आराम, मन, मास, मिठाई, मीठा, मुर्दा, मूर्ति, मेष, मैला, मोटा, मौसम, मरण, मंगल आदि।)

5. 'क्ष' संयुक्ताक्षर से प्रारम्भ होने वाले शब्दों को 'क' वर्ण के अन्तर्गत कोशग्रन्थों में स्थान दिया गया है, जबकि उनकी वर्तनी 'क्ष' ही रखी गयी है, जो अवैज्ञानिक एवं दोषपूर्ण है। (जैसे–क्षमा, क्षेमेन्द्र, क्षति आदि)

6. इसी तरह 'ज्ञ' संयुक्ताक्षर से प्रारम्भ होने वाले शब्दों को कोशग्रन्थों में 'ज' वर्ण के अन्तर्गत स्थान दिया गया है, जबकि उनकी वर्तनी 'ज्ञ' ही

रखी गयी है, जैसे—ज्ञान, ज्ञेय आदि। वस्तुतः इनमें जिन दो ध्वनियों (क्+ष्+अ तथा ज्+ञ+अ) के मिश्रण का आभास होता है, वह आंशिक है। वस्तुतः 'क्ष' तथा 'ज्ञ' एक मिश्रित ध्वनि होने पर भी पृथक् ध्वनि हैं।

7. 'श्र' संयुक्ताक्षर से प्रारम्भ होने वाले शब्दों को कोशग्रन्थों में 'श' वर्ण के अन्तर्गत (श्+र्+अ में) स्थान दिया गया है, जैसे—श्रम, श्राद्ध, श्री, श्रुत, श्रेय, श्रोता आदि। लेकिन उसका लिपि चिह्न 'श्र' रखा गया है। लेकिन 'श्र' (श+र) को 'श्च' की तरह नहीं लिखा जायेगा, जबकि 'स्र' में यह नियम लागू नहीं होता।

8. इसी प्रकार 'य' तथा 'व' वर्णों के सम्बन्ध में भी भ्रमपूर्ण स्थिति है। 'य' और 'व' जब स्वरों के साथ बोले जाते हैं या उनमें स्वरों की मात्राएँ लगती हैं तो लेखन के स्तर पर भ्रमपूर्ण स्थिति बन जाती है। 'य' तथा 'व' से प्रारम्भ होकर हज़ारों शब्द बनते हैं, परन्तु उन्हें जब स्वरों की मात्राओं के साथ जोड़ना पड़ता है तो उनमें कहीं-कहीं 'य', 'व' की ध्वनि स्वरों की ध्वनि में अन्तर्निहित हो जाती है या छिप जाती है, जैसे—नयी/नई, नये/नए आदि। मानक वर्णमाला के अन्तर्गत नई और नए को मान्यता दी गयी है। उसके पीछे तर्क यह है कि नयी और नई अथवा नये और नए में उच्चारण के स्तर पर कोई अन्तर नहीं है। अर्थात् जब 'ई' स्वर से ही काम चल जाता है तो फिर 'य' व्यंजन में 'ई' की मात्रा लगाने की क्या आवश्यकता है? अतः वहाँ स्वरों का ही प्रयोग होना चाहिए। लेकिन ऐसा करना तर्कसंगत प्रतीत नहीं होता। जब हम 'नया' लिख रहे हैं तो 'नयी और 'नये' लिखने में क्या कठिनाई है? लेकिन हुवा और हुआ में ध्वनि साम्य होने पर भी 'व' वर्ण से शब्द के किसी दूसरे रूप (जैसे-हुवे या हुवी आदि) का निर्माण नहीं हो रहा है। अतः यहाँ 'आ' (हुआ) ही ठीक है।

9. नियम-(ग) के अन्तर्गत कहा गया है कि 'हिदी में कुछ ऐसे शब्द हैं, जिनके दो-दो रूप बराबर चल रहे हैं, उनमें एकरूपता आवश्यक नहीं है। जैसे-गरदन/गर्दन, गरमी/गर्मी, बरफ/बर्फ, बिलकुल/बिल्कुल, सरदी/सर्दी, कुरसी/कुर्सी, भरती/भर्ती, फुरसत/फुर्सत, बरदाश्त/बर्दाश्त, वापिस/वापस, आखीर/आखिर, बरतन/बर्तन, दोबारा/दुबारा, दूकान/दुकान, बीमारी/बिमारी आदि।' भाषा प्रयोग के आधार पर चलती है। व्यवहार में उपर्युक्त शब्दों में 'र' का उच्चारण न होकर 'र्' का होता है, अर्थात् बरफ, बिलकुल, सरदी, कुरसी उच्चारण न होकर, बर्फ, बिल्कुल, सर्दी, कुर्सी उच्चारण होता है। अतः एकरूपता के लिए उसे ही मानक माना जाना चाहिए। इसी प्रकार आखीर/आखिर, दूकान/

दुकान आदि में प्रचलन के अनुरूप ह्रस्व रूप अर्थात् आखिर, दुकान आदि को ही स्वीकार किया जाना चाहिए।

10. डॉ. राकेश गुप्त ने 'कोशों में दूषित शब्द-क्रम' शीर्षक से एक लेख लिखा था, जिसमें शब्दकोशों में अतार्किक शब्द-क्रम को अवांछनीय बताया था। उनका तर्क था कि जब वर्णमाला में 'अं' को वर्णानुक्रम में ग्यारहवें या बारहवें स्थान पर रखा गया है तो फिर उसे कोशग्रन्थों में पहले स्थान पर क्यों रखा गया है?

11. हिन्दी कोश ग्रन्थों में वर्णमाला के प्रथम अक्षर 'अ' से कोश का प्रारम्भ न करके 'अं' से किया गया है जो किसी भी दृष्टि से तर्कसंगत नहीं जान पड़ता। क्या यह परम्परा मात्र है या इसके पीछे कोई तार्किक या भाषावैज्ञानिक आधार है? उक्त प्रश्नों पर वैज्ञानिक तथा शब्दावली आयोग को विचार करना चाहिए।

पुस्तकें और ई. पुस्तकें

पुस्तकों की परम्परा आज से लगभग 500 वर्ष पूर्व प्रारम्भ हुई थी। वर्तमान में वे हमारे जीवन का अभिन्न अंग बन चुकी हैं। वर्तमान दौर में पुस्तकों के बिना एक सभ्य समाज की कल्पना नहीं की जा सकती। मनुष्य जीवन के प्रत्येक क्षेत्र में पुस्तकों की महत्त्वपूर्ण एवं बहुआयामी भूमिका है। पुस्तकें कई प्रकार की होती हैं, जैसे–पाठ्यपुस्तकें, ज्ञानवर्धक पुस्तकें, मनोरंजन-प्रधान पुस्तकें, चिन्तन-विषयक पुस्तकें, धार्मिक पुस्तकें, ज्ञान-विज्ञान विषयक पुस्तकें आदि। कहा जाता है 'पुस्तकें मनुष्य की सच्ची मित्र होती हैं।' घर में हो या यात्रा में, उपन्यास तथा कहानी पढ़ने का अपना आनन्द होता है।

पुस्तकों के साथ पाठक का आत्मीय एवं भावनात्मक लगाव होता है। घर में या पुस्तकालय में पुस्तकों का होना ज्ञान के संचित कोष का भण्डार होने का अहसास दिलाता है। छपी हुई पुस्तकों का भौतिक अस्तित्व हमें अपनी प्राचीन समृद्ध ज्ञान परम्परा का बोध कराता है। पुस्तकें हमारी सांस्कृतिक विरासत एवं अमूल्य धरोहर हैं। मानव सभ्यता के विकास में पुस्तकों का अमूल्य योगदान रहा है। श्रीमद्‌भगवद्‌गीता, गुरुग्रन्थ साहब, बाइबिल एवं कुरान जैसे तमाम धार्मिक ग्रन्थ केवल काले अक्षरों में छपे शब्द मात्र नहीं हैं। वे धार्मिक-सांस्कृतिक परम्परा तथा आस्था एवं श्रद्धा के प्रतीक हैं। धर्म एवं ज्ञान से समन्वित ये पवित्र ग्रन्थ उस मन्दिर, मस्जिद, गुरुद्वारा एवं गिरिजाघर के समान हैं, जो मनुष्य की आस्था एवं श्रद्धा के केन्द्र हैं। जो लोगों को उनमें ईश्वरीय वाणी होने का पवित्र भावबोध कराते हैं।

पुस्तकों का साथ में होना, किसी सच्चे मित्र का साथ में होने का-सा अहसास होता है। सम्पूर्ण विश्व के ज्ञान-विज्ञान की जानकारी हमें पुस्तकों से ही प्राप्त हो सकती है। विश्व की विभिन्न सभ्यताओं, संस्कृतियों, अध्यात्म-दर्शन एवं विज्ञान के समग्र विकास की कहानी पुस्तकों के माध्यम से ही हम तक पहुँचती है। वेद, उपनिषद्, ब्राह्मण, आरण्यक, व्याकरण, गणित, ज्योतिष,

खगोलशास्त्र, पुराण आदि पुस्तक रूप में ही उपलब्ध हैं। रामायण, महाभारत, रामचरितमानस, पृथ्वीराजरासो, कामायनी, उर्वशी आदि तमाम पुस्तकों को पढ़ने का आनन्द पुस्तकों से ही मिल सकता है। इण्टरनेट पर पढ़ने से नहीं। न्यायालय में लाल वस्त्र में लिपटी गीता की पवित्र पुस्तक के ऊपर हाथ रखकर, उसकी कसम खाकर सत्य बोलने का भरोसा दिलाने वाले व्यक्ति से यदि आईपैड (जिसमें गीता अपलोड हो) के ऊपर हाथ रखकर सच बोलने को कहा जायेगा तो शायद उसके भीतर वह भाव जाग्रत नहीं हो पायेगा, जो गीता की छपी पुस्तक के ऊपर हाथ रखकर होगा। इसलिए न्यायालय में वास्तविक गीता चाहिए, आईपैड वाली गीता नहीं क्योंकि वह हमारी आस्था एवं श्रद्धा की सूचक है।

रामायण, महाभारत, गीता, श्रीमद्भागवत्, गुरुग्रन्थ साहब, रामचरितमानस, बाइबिल, कुरान आदि महान ग्रन्थों को आप पढ़ें या न पढ़ें, परन्तु उन्हें अपनी आलमारी या रैक में रखना गर्व की बात होती है। श्रेष्ठ पुस्तकों के अपने पास होने से एक सुकून मिलता है। एक सर्वेक्षण के अनुसार जितनी मात्रा में पुस्तकें बिकती हैं या ख़रीदी जाती हैं, उसकी एक चौथाई भी लोगों द्वारा वे पढ़ी नहीं होतीं, वरन् केवल ख़रीदी होती हैं। कुछ पुस्तकें सामान्य होते हुए भी अधिक संख्या में छपती और बिकती हैं, जबकि कुछ पुस्तकें उत्कृष्ट होने पर भी पर्याप्त संख्या में नहीं बिक पातीं। इस दृष्टि से देखें तो पुस्तकों को तीन श्रेणियों में विभाजित किया जा सकता है–1. परीक्षा (सामान्य एवं प्रतियोगी) उत्तीर्ण करने सम्बन्धी पाठ्यक्रम विषयक पुस्तकें, 2. सामान्य मनोरंजन विषयक पुस्तकें तथा 3. गम्भीर अध्ययन एवं चिन्तन विषयक पुस्तकें।

पहली श्रेणी की पुस्तकें वाणिज्यिक दृष्टि से सर्वाधिक छपती और बिकती हैं। दूसरी श्रेणी की पुस्तकें मध्यवर्ग तक सीमित होने के कारण अपेक्षाकृत कम छपती एवं बिकती हैं। तीसरी श्रेणी की पुस्तकें ही सर्वाधिक महत्त्वपूर्ण हैं, परन्तु ये कम छपती-बिकती हैं क्योंकि इनका पाठकवर्ग सीमित होता है, परन्तु ये ही स्थायी पुस्तकें हैं। वास्तविक अर्थों में तीसरी श्रेणी का लेखन ही सार्थक लेखन है। वही सार्वकालिक एवं सार्वभौमिक भी है। कबीर, सूर, तुलसी, प्रेमचन्द, निराला, अज्ञेय आदि तमाम कालजयी रचनाकार हैं। इनकी पुस्तकों का घर में होना एक अलग तरह का भाव जगाता है।

विषय की दृष्टि से पुस्तकों को तीन श्रेणियों में बाँटा जा सकता है– 1. साहित्यिक पुस्तकें, 2. धार्मिक पुस्तकें तथा 3. साहित्येतर विषयक पुस्तकें। साहित्येतर विषयक पुस्तकों को केई श्रेणियों में बाँटा जा सकता है–1. विज्ञान

एवं तकनीकी विषयक, 2. वाणिज्य विषयक, 3. सामाजिक विज्ञान विषय, 4. अन्य विषयक। जहाँ तक साहित्यिक एवं धार्मिक पुस्तकों का सम्बन्ध है, उनकी प्रासंगिकता हर युग में बनी रहती है। प्रकाशित स्वरूप में पुस्तक यदि सामने हो तो उससे मन में एक अलग तरह का अहसास उत्पन्न होता है। धार्मिक पुस्तकों के सम्बन्ध में यह स्थिति और भी महत्त्वपूर्ण होती है। प्राचीन धार्मिक ग्रन्थ जिनका व्यास गद्दी से वाचन और भाष्य प्रस्तुत किया जाता है, उनकी तो सिलाई भी नहीं होती। उनका प्रत्येक पन्ना खुला रहता है, ताकि व्यास को पढ़ने तथा उन्हें पलटने में असुविधा न हो। उन्हें वाचन-पाठन के बाद आदरपूर्वक किसी कपड़े में लपेटकर बाँध दिया जाता है।

वर्तमान में स्थिति धीरे-धीरे बदल रही है। आजकल सर्वत्र इण्टरनेट का बोलबाला है। इण्टरनेट-युग से पहले पुस्तकें ही सूचना और ज्ञान के प्रमुख स्रोत थे। सूचना तकनीक इतनी विकसित हो चुकी है कि इण्टरनेट में ऑनलाइन पुस्तकें उपलब्ध हैं जिसके कारण लोगों ने पुस्तकें ख़रीदना कम कर दिया है। युवा पीढ़ी यह समझती है कि किसी विषय पर सूचनाएँ ढूँढ़ने के लिए पुस्तकों की अपेक्षा इण्टरनेट बेहतर साधन हैं, जिसमें तेज़ी से कोई भी सूचना ढूँढ़ी जा सकती है। वर्तमान में शहरों में युवा पीढ़ी मुश्किल से ही पुस्तकें पढ़ती है क्योंकि इण्टरनेट के माध्यम से ही सूचनाओं की बाढ़-सी आ गयी है। सेलफोन (ब्लैक बेरी) या सोनी रीडर में पुस्तकें पढ़ना अधिक सुविधाजनक हो गया है। लोग इण्टरनेट के माध्यम से यात्रा आदि में ई-बुक्स पढ़ रहे हैं और इनकी संख्या में दिन-प्रतिदिन वृद्धि हो रही है।

एक शोध ग्रुप की सर्वेक्षण रिपोर्ट के अनुसार, 'ई-बुक मार्केट' की माँग दिन-प्रतिदिन बढ़ती जा रही है। आज उसके ख़रीदारों तथा पाठकों की संख्या लगभग सत्रह प्रतिशत तक पहुँच गयी है। ई-पुस्तक के ख़रीदारों का कहना है कि वे पुस्तक की एक प्रति किसी-न-किसी डिजीटल फॉर्मेट में ख़रीदते हैं। इस तरह ई-बुक्स डाउनलोड करने वालों की संख्या आने वाले वर्षों में अनुमानतः 16 मीलियन तक पहुँच सकती है। इन आँकड़ों के आधार पर निःसन्देह कहा जा सकता है कि अब ई-बुक की बिक्री निरन्तर जारी रहेगी और उसकी संख्या में निरन्तर वृद्धि होती रहेगी। इसका प्रमुख कारण इण्टरनेट में ई-बुक की उपलब्धता के साथ-साथ उसमें बहुविधता एवं इच्छानुरूपता का मिलना भी है। इसके साथ ही वे छपी हुई पुस्तकों की अपेक्षा या तो सस्ती होती हैं, या मुफ्त में डाउनलोड की जा सकती हैं।

अनेक यूरोपीय, अमरीकी, एशियाई देश एवं तमाम कॉरपोरेशन सोनी,

अमेजन आदि को बढ़ावा दे रहे हैं। इससे भी ई-बुक्स का नेटवर्क बढ़ रहा है। इस कारण ई-बुक्स का भविष्य उज्ज्वल है। इसके बावजूद छपी पुस्तकें पढ़ने का चलन कम नहीं हुआ है और भविष्य में भी दूर-दूर तक इनका महत्त्व और आकर्षण बना रहेगा। चाहे डिजीटल डोमेन कितना ही आगे क्यों न बढ़ जाये, परम्परागत छपी हुई पुस्तकों का महत्त्व एवं उनकी प्रासंगिकता भी प्रत्येक युग में बनी रहेगी। शहरों में रेलवे अथवा बस स्टेशनों में बड़ी तादाद में बुक स्टॉल की संख्या को देखकर कहा जा सकता है कि आज भी उनकी प्रासंगिकता बनी हुई है, जहाँ पढ़ने के लिए पुस्तकें ख़रीदने वालों की भीड़ लगी रहती है। लोग पुस्तकालयों में पुस्तकें पढ़ने जाते हैं क्योंकि वहाँ पढ़ाई का माहौल होता है। यद्यपि पुस्तकों का पठन एवं स्वाध्याय एकान्तिक प्रक्रिया है, लेकिन पुस्तकें ख़रीदना, उन्हें आपस में पढ़ने के लिए एक-दूसरे को देना भी सहयोग एवं सामाजिक भावना का परिचायक है। पुस्तकों का आदान-प्रदान सामाजिकता की प्रवृत्ति को बढ़ावा देता है। इसीलिए सार्वजनिक पुस्तकालयों (पब्लिक लाइब्रेरी) का विशेष महत्त्व है।

यद्यपि ई-बुक्स में हमें कई तरह की पुस्तकें तथा इच्छित विषय की सामग्री बहुतायत से शीघ्रातिशीघ्र उपलब्ध हो सकती है। वैश्वीकरण के इस दौर में मनुष्य जो कुछ पढ़ना चाहता है, वह उसे इण्टरनेट के माध्यम से उपलब्ध है। फिर भी किताबें ख़रीदना, उनका संग्रह करना एक सामाजिक प्रवृत्ति है, जो युगों से चली आ रही है और आगे भी चलती रहेगी। इसके कारण आने वाले युगों में भी छपी हुई पुस्तकों की प्रासंगिकता बनी रहेगी। वस्तुतः भूमण्डलीकरण के कारण पुस्तकों की बिक्री पर कोई कुप्रभाव नहीं पड़ा है। जो लोग छपी पुस्तक पढ़ने के आदी हैं, वे आज भी पुस्तकें पढ़ते हैं। प्रिंट मीडिया आज भी उसी स्थिति में है, जैसा कुछ वर्ष पहले था। इसीलिए कई लोगों का मानना है कि लगभग पाँच सौ साल पुरानी पुस्तक छपाई की तकनीक और परम्परागत पुस्तक उद्योग भविष्य में भी चलता रहेगा।

इसमें कोई सन्देह नहीं कि इण्टरनेट के कारण जानकारी हासिल करने, कोई चीज़ ढूँढ़ने एवं शोध के लिए अनेक स्रोत एवं संसाधन उपलब्ध हो गये हैं। पुस्तकों की अपेक्षा इण्टरनेट बेहतर साधन है, क्योंकि हर विषय की पुस्तक हर जगह मिलना या उसे छापना आसान काम नहीं है। इण्टरनेट में आपको बड़े पैमाने पर इच्छित पुस्तकें 'ऑनलाइन' मिल सकती हैं, जबकि किसी बुकशॉप में मुश्किल से मनचाही पुस्तक मिल पाती है। इण्टरनेट में जो पुस्तकें हैं, वे सहज रूप में उपलब्ध हो सकती हैं। इण्टरनेट पर उपलब्ध

पुस्तकें सस्ती हैं, जबकि बाज़ार में महँगी। इण्टरनेट में आप किसी पुस्तक को आसानी से संशोधित कर सकते हैं, जबकि प्रकाशित पुस्तकों में यह आसानी से सम्भव नहीं है। आपको अगले संस्करण की प्रतीक्षा करनी पड़ती है।

स्वाभाविक रूप से मन में यह प्रश्न भी उठता है कि क्या इण्टरनेट के इस युग में अभी भी पुस्तकों की कोई प्रासंगिकता है? क्या आज के सूचना की माँग के संसार में सार्वजनिक स्थानों पर पुस्तकों के स्टोर का कोई महत्त्व रह गया है? आज जबकि सोनी रीडर, माइक्रोसॉफ्ट रीडर, आईपैड, यहाँ तक कि सेलफोन आदि इलेक्ट्रॉनिक बुक्स पढ़ने के प्लेटफार्म बन गये हैं। यह सही है कि इण्टरनेट के माध्यम से इस तरह की इलेक्ट्रॉनिक बुक्स कहीं पर भी, कभी भी उपलब्ध हो सकती हैं। आप कहीं भी यात्रा कर रहे हों, एयरपोर्ट पर हों, किसी कॉफी हाउस में हों या जहाँ कहीं भी हों, मनचाही पुस्तक को वायस आईपैड, लैपटॉप, सेलफोन आदि में डाउनलोड कर सकते हैं। यही कारण है कि बुक स्टॉल या बुक स्टोर में पुस्तकों की बिक्री में अपेक्षाकृत कमी आ रही है। इलेक्ट्रॉनिक रीडिंग की नयी-नयी तरकीब ईजाद हो रही है। ऐसे में छपी पुस्तकों का भविष्य क्या होगा? यह विचारणीय विषय है।

यद्यपि इण्टरनेट की सुविधा के कारण इलेक्ट्रॉनिक बुक्स का काफ़ी तेज़ी से प्रचार-प्रसार हो रहा है, परन्तु प्रकाशित पुस्तक उद्योग भी निरन्तर फल-फूल रहा है क्योंकि पूरे विश्व में साक्षरता एवं शिक्षा के प्रचार-प्रसार के कारण पाठकों की संख्या में लगातार वृद्धि हो रही है। इस कारण जहाँ ई-बुक्स के पाठकों में वृद्धि हो रही है, वहीं पुस्तकों के पाठकों में भी वृद्धि हो रही है। जनसंख्या वृद्धि भी इसका मुख्य कारण है। प्राइमरी से लेकर माध्यमिक तक की शिक्षा प्रकाशित पुस्तकों के माध्यम से ही दी जाती है। पूरे भारतवर्ष एवं विश्व के तमाम देशों में इस कारण पुस्तक उद्योग में भी भारी वृद्धि हो रही है। बिना छपी पुस्तक के केवल ई-बुक्स से शिक्षण-कार्य नहीं हो सकता।

ई-बुक्स पाठ्य-सामग्री की उपलब्धता में सहायक हो सकती है लेकिन गणित के जो प्रश्न काग़ज़ या बोर्ड पर हल किये जाते हैं, वे उतनी आसानी से ई-बुक्स के माध्यम से नहीं हो सकते। अतः जहाँ भी शिक्षक और शिक्षार्थी में परस्पर संवाद की आवश्यकता होगी, वहाँ पुस्तक एवं काग़ज़-क़लम की सहायता ही लेनी पड़ेगी। जहाँ अभी भी परम्परित पाठ्यक्रम पढ़ाए जा रहे हैं, वहाँ न तो ई-बुक्स की सुविधा विद्यमान है, और न ही भारत जैसे विशाल देश में यह सुविधा आम आदमी तक पहुँच सकती है। भारत में इण्टरनेट की सुविधा अभी तक शहरों में ही सीमित है, ग्रामीण क्षेत्रों में उसका व्यापक

विस्तार नहीं हो पाया है। इसलिए छपी पुस्तकों का महत्त्व आने वाले समय में भी बना रहेगा।

विज्ञान, वाणिज्य, कोशग्रन्थ, मानविकी तथा तकनीकी विषयक साहित्येतर पुस्तकों के लिए ई-बुक्स उपयोगी हैं क्योंकि इसके जरिए शोध-कार्यों आदि के लिए शीघ्र सूचना या जानकारी मिल जाती है, परन्तु साहित्यिक पुस्तकों को इलेक्ट्रॉनिक पुस्तकों के रूप में बदलना समीचीन नहीं है और न ई-बुक्स के माध्यम से वह आनन्द प्राप्त किया जा सकता है, जो भौतिक रूप से विद्यमान पुस्तक के साथ होने से मिल सकता है। यात्रा के समय उपन्यास-कहानी आदि पढ़ने का आनन्द पुस्तकों के माध्यम से ही हो सकता है, आईपैड, लैपटॉप या सेल फोन के द्वारा नहीं।

यद्यपि लोगों को हमेशा नयी-नयी विकसित होती तकनीक (टेक्नोलॉजी) का लाभ लेना चाहिए, लेकिन व्यावहारिक जीवन में पुस्तकों के महत्त्व को भी अपने दिमाग़ में रखना चाहिए। पुस्तकें ख़रीदने से दोहरा लाभ होगा। पहला, अच्छी पुस्तकों का संग्रह हो जायेगा, जिनके आदान-प्रदान से दूसरों को भी लाभ होगा क्योंकि कम्प्यूटर सर्वत्र हमेशा उपलब्ध नहीं हो सकता और न इण्टरनेट हमेशा ठीक ही रह सकता है। इसलिए बुद्धिमानी यही होगी कि अपने पास हमेशा अच्छी एवं बहुमूल्य पुस्तकों का स्टॉक (भण्डार) होना चाहिए, साथ ही दैनिक उपयोग की पुस्तकों को ऑनलाइन भी पढ़ते रहना चाहिए। हमें इस बात को हमेशा ध्यान में रखना चाहिए कि पुस्तकों का अपना महत्त्व है, उनका संग्रह होना चाहिए।

इसके साथ ही हमें यह भी नहीं भूलना चाहिए कि वर्तमान युग विज्ञान और सूचना क्रान्ति का है। आज के दौर में पुस्तकें तथा इण्टरनेट दोनों मानव के अभिन्न साथी हैं। दोनों में से किसी एक के महत्त्व को कम नहीं कर सकते। पुस्तकें तथा इण्टरनेट दोनों ज्ञान और सूचना प्राप्ति के महत्त्वपूर्ण स्रोत हैं। दोनों में प्रतिस्पर्धा भी है, लेकिन यह प्रतिस्पर्धा द्वेषजनित न होकर सहयोगजनित है। दोनों का उद्देश्य मनुष्य की ज्ञान-पिपासा एवं मानसिक ज़रूरतों को पूरा करना है।

सूचना क्रान्ति के कारण लेखन की प्रक्रिया पहले की अपेक्षा थोड़ी बाधित अवश्य हुई है। पहले अपने मित्रों, रिश्तेदारों को चिट्ठी-पत्री लिखकर अपनी भावनाओं का इज़हार करते थे। उन पत्रों का साहित्यिक एवं ऐतिहासिक महत्त्व होता था। आज उनका स्थान मोबाइल, ब्लॉग, ट्वीटर, दूरभाष आदि ने ले लिया है। संचार का माध्यम और तरीक़ा बिल्कुल बदल गया है। इलेक्ट्रॉनिक

मीडिया, कम्प्यूटर जगत्, इण्टरनेट ने पुस्तक के बाज़ार को प्रभावित किया है। लेकिन इसके कई लाभ भी हैं। इण्टरनेट के द्वारा कोई सूचना जल्दी मिल सकती है। किसी खास (स्पेसिफिक) सूचना को तुरन्त डाउनलोड किया जा सकता है। ई-बुक्स के प्रति युवा पीढ़ी का आकर्षण बढ़ रहा है क्योंकि उसमें हर तरह की सुविधा है। सूचनाएँ सस्ती दरों में तुरन्त ऑनलाइन मिल जाती हैं। सोनी रीडर, माइक्रोसॉफ्ट रीडर, किण्डल, आईपैड, सेलफोन आदि ई-बुक्स के प्लेटफार्म बन गये हैं और इनकी सर्वत्र उपलब्धता है।

पुस्तकों की अपेक्षा इण्टरनेट पोर्टेबिल है। आप उसे कहीं भी ले जा सकते हैं। आईपैड, सेलफोन आदि के माध्यम से सैकड़ों पुस्तकों की सामग्री आपके पास रहती है, पुस्तकों के साथ ऐसा नहीं हो सकता। आप सीमित पुस्तकें ही अपने साथ ले जा सकते हैं। इण्टरनेट कम जगह लेता है, जबकि पुस्तकालय ज़्यादा जगह घेरता है। आप हज़ारों पुस्तकें कम्प्यूटर में संग्रह कर सकते हैं। हर तरह के सन्दर्भ (रिफेरैंसेज) इण्टरनेट पर उपलब्ध हैं। लेकिन यह प्रक्रिया अभी धीमी है। हालाँकि लोग पुस्तकों की अपेक्षा धीरे-धीरे इण्टरनेट की ओर आकर्षित हो रहे हैं। इण्टरनेट पर उपलब्ध पुस्तकें पर्यावरण को नुकसान नहीं पहुँचातीं, क्योंकि वहाँ न तो आपको काग़ज़ चाहिए और न स्याही। अतः काग़ज़ उद्योग तथा स्याही उद्योग लगाने से होने वाले प्रदूषण से बचा जा सकता है। इसे इण्टरनेट की 'प्रकृति की हरियाली' भी कहा जाने लगा है। पर्यावरण पर काम करने वाले कुछ संगठनों का तो यही मानना है।

लेकिन ई-बुक्स के कुछ नुकसान भी हैं। जो लोग मुख्यतः 'ऑनलाइन' पुस्तकें पढ़ने के आदी हैं, उन्हें तब कठिनाई का सामना करना पड़ सकता है, जब इण्टरनेट में कोई तकनीकी ख़राबी आ जाती है, सर्वर डाउन हो जाता है, या काम करना बन्द कर देता है। इस तरह के मामलों में तब छपी हुई पुस्तकों का महत्त्व समझ में आता है। इण्टरनेट मशीनीकृत व्यवस्था है, बिजली आधारित है। मशीन में कभी भी गड़बड़ी आ सकती है। इसके साथ ही इण्टरनेट तक सबकी पहुँच नहीं है। पुस्तक पढ़ने की आदत वालों को ई-बुक्स में वह आनन्द नहीं मिलता।

इसमें कोई दो राय नहीं कि वैदुषिक उद्देश्य की दृष्टि से प्रकाशित पुस्तकें इण्टरनेट पर उपलब्ध पुस्तकों से बेहतर हैं, जैसे-वेद, उपनिषद्, व्याकरण, भाष्य ग्रन्थ आदि। कई बार इस तरह की पुस्तकें इण्टरनेट पर आम आदमी की पहुँच से बाहर होती हैं। कुछ लोगों का विचार है कि वे पुस्तकों को ज्ञानार्जन के लिए पसन्द करते हैं, जबकि इण्टरनेट ज्ञान की अपेक्षा सूचना जगत् या सूचना

तन्त्र के रूप में अधिक पसन्द किया जाता है क्योंकि इण्टरनेट के कारण जनसंचार की सुविधा होने से पूरी दुनिया 'विश्वग्राम' (ग्लोबल विलेज) में बदल गयी है। यद्यपि इण्टरनेट की वजह से पूरी दुनिया में बड़ी सूचना क्रान्ति आयी है, परन्तु हम पुस्तकों के महत्त्व को नकार नहीं सकते, क्योंकि पुस्तकें किसी भी सूचना या ज्ञान के प्रामाणिक स्रोत होते हैं। इसीलिए प्रायः कहा जाता है कि छपी पुस्तकें ज्ञानवर्धक होती हैं, जबकि ई-बुक्स सूचना प्रधान।

श्रेष्ठ पुस्तकें किसी व्यक्ति, समाज या राष्ट्र की स्थायी धरोहर हैं। वे हमारी परम्परा की सूचक, सांस्कृतिक पहचान एवं महत्त्वपूर्ण विरासत हैं। अच्छी पुस्तकों का संग्रह तथा अपना पुस्तकालय होना गर्व की बात है। धार्मिक पुस्तकों—श्रीमद्भगवद्गीता, श्रीमद्भागवत्, रामायण, कुरान, बाइबिल, गुरुग्रन्थ साहब आदि का विशेष महत्त्व है, जो ई-बुक्स के रूप में नहीं हैं। ई-बुक की ओनरशिप का मामला भी द्विविधाजनक है। जहाँ तक छपी पुस्तक का प्रश्न है, प्रकाशक इसे बार-बार छापकर बेच सकते हैं, जबकि ई-बुक के प्रकाशक के साथ कई दिक़्क़तें हैं। इससे स्पष्ट है कि पुस्तकों की प्रासंगिकता वर्तमान के साथ-साथ भविष्य में भी बनी रहेगी। लेकिन हमें दोनों प्रकार की सुविधाओं का लाभ लेना चाहिए।

'साहित्य और समालोचना' में आलोचना का पक्ष

साहित्य जीवन और जगत् की सापेक्षिक अभिव्यक्ति है, तो समालोचना साहित्य का मानदण्ड। साहित्य की परिधि मानव-जीवन तक ही सीमित नहीं है। साहित्य जीवन की व्याप्ति तक परिव्याप्त है। उसकी परिधि में जीवन से जुड़े सभी चर-अचर, सुर-असुर, मानव-दानव, ब्रह्म, जीव, जगत्, धरती, आकाश, स्वर्ग, नरक, इतिहास, भूगोल, कल्पना, यथार्थ, आदर्श, भूत, भविष्य, वर्तमान आदि सभी आ जाते हैं। अनन्त है उसकी सीमा और अनन्त हैं उसकी सम्भावनाएँ। मन की जैसे कोई राह नहीं, हृदय की जैसे कोई थाह नहीं, कल्पना का जैसे कोई अन्त नहीं, बुद्धि की जैसे कोई सीमा नहीं, आत्मा जैसा कोई ज्ञानी नहीं, परमात्मा जैसा कोई सृष्टा नहीं; ऐसा ही है साहित्य। साहित्य स्वयं में एक जीवन है और जीवन विविधताओं से परिपूर्ण है। साहित्य सापेक्षिक भी है, निरपेक्ष भी है; सापेक्ष-निरपेक्ष का समन्वित रूप भी है और इन सबसे परे भी; ठीक ईश्वर के सगुण-निर्गुण अथवा सगुण-निर्गुणातीत 'नेति-नेति' की तरह। समालोचना उसके पीछे-पीछे चलती है, जैसे किसी अबोध बालक के पीछे गुरुजी चल रहे हों कि कहीं वह कुमार्ग पर न चला गया।

भारतीय परिप्रेक्ष्य में संस्कृत साहित्य से लेकर हिन्दी साहित्य तक की बात करें तो लगभग यही स्थिति दिखाई देती है कि आचार्य किसको 'साहित्य' होने का प्रमाणपत्र देते हैं और किसको नहीं। साहित्य के आचार्य को आज की भाषा में 'आलोचक' या 'समालोचक' कहा जाता है। संस्कृत साहित्य में आचार्य भरतमुनि से लेकर आचार्य पण्डितराज जगन्नाथ तक विद्वानों की एक लम्बी परम्परा रही है। हिन्दी में आलोचक के रूप में 'आचार्य' की पदवी कुछ ही लोगों को मिल पायी है जिनमें आचार्य रामचन्द्र शुक्ल और आचार्य हजारी प्रसाद द्विवेदी प्रमुख हैं। वैसे आजकल विश्वविद्यालयों के हिन्दी प्रोफेसरों में भी अपने नाम के आगे 'आचार्य' जोड़ने का फैशन चल पड़ा है जो आलोचना के क्षेत्र में स्वयं को शुक्लजी और द्विवेदीजी के समकक्ष खड़ा देखने की

महत्त्वाकांक्षा पाले रहते हैं। परन्तु संस्कृत आचार्यों की बराबरी न तो आचार्य शुक्ल ही कर पाये और न आचार्य द्विवेदी ही। शुक्लजी तो प्रकारान्तर से उन्हीं की बातों की भाष्यपरक जुगाली करते रहे और रसवादी आलोचक के रूप में प्रसिद्ध हो गये। रस-सिद्धान्त संस्कृत आचार्यों की देन है, न कि हिन्दी के विद्वानों की। इन्हीं रसवादियों की कड़ी में चलकर डॉ. नगेन्द्र, डॉ. नन्ददुलारे वाजपेयी आदि कई नाम जुड़ते चले गये। द्विवेदी जी स्वयं को रसवादी कहने में हिचकते हैं क्योंकि वहाँ शुक्लजी पहले से ही मठाधीश बने हुए हैं। वे कबीर की निर्गुणी राह पर चल पड़ते हैं क्योंकि भीड़ का अंग बनने और उसमें खो जाने से बेहतर है 'एकला चलो' की राह अपनायी जाये, ताकि कहीं तो कुछ अलग से दिखायी दें। इसी अलगाव को डॉ. नामवर सिंह ने 'दूसरी परम्परा की खोज' के रूप में देखा है।

समालोचना के क्षेत्र में भारतीय काव्य-सिद्धान्तों में जब काफ़ी घिच-पिच हो गयी तो कतिपय नये बुद्धिजीवियों ने विदेशी विचारधारा को अपनाकर कुछ नया कर दिखाने का साहस जुटाया। वे मार्क्सवादी विचारधारा को भारतीयता का चोला पहनाकर स्वयं को परम्परा से अलगाने का प्रयास करने लगे। इस विचारधारा का नेतृत्व डॉ. नामवर सिंह, डॉ. रामविलास शर्मा आदि आलोचकों ने किया। इनका आग्रह था कि साहित्य में यथार्थ के धरातल पर समाज का प्रतिबिम्बन होना चाहिए और उसमें निर्धन एवं शोषित वर्ग की समस्याओं को प्रमुखता से उठाया जाना चाहिए। मार्क्सवादी विचारधारा की साहित्यिक अभिव्यक्ति को प्रगतिवाद का नाम दिया गया। विचारधारा चाहे जो भी हो, किसी भी साहित्यिक कृति का मूल्यांकन साहित्यिक मानदण्डों के आधार पर ही किया जा सकता है। डॉ. नामवर सिंह इस सच्चाई से भली-भाँति परिचित थे। इसलिए उन्होंने विचारधारा के साथ-साथ साहित्यिक मूल्यों पर भी विशेष बल दिया। इस कारण वे भारतीय काव्यशास्त्रियों, विशेष रूप से आचार्य आनन्दवर्धन के साहित्यिक मानदण्डों के पक्षधर रहे हैं। इस तरह उनकी आलोचना विषयक अवधारणा कथ्य के स्तर पर पाश्चात्य विचारधारा से और शिल्प के स्तर पर भारतीय काव्यशास्त्रीय मानदण्डों से अनुप्रेरित एवं प्रभावित है। वे यह भी मानते हैं कि आलोचना के कोई वस्तुनिष्ठ मानक निर्धारित नहीं किये जा सकते, जिसकी तराजू में किसी रचना विशेष को तोला जाये। यहीं से आलोचना के क्षेत्र में अराजकता की स्थिति पैदा होने लगती है। इसका दुष्परिणाम यह हुआ कि हर कोई आलोचक अपने ढंग से कृति विशेष की आलोचना करने लगा। इस तरह की आलोचना का कोई ठोस साहित्यिक आधार नहीं

होता। 'भिन्न रुचिर्लोक:' के अनुसार जिसे जो ठीक लगता है, वही उसकी आलोचना का मानदण्ड हो जाता है। यही कारण है कि हिन्दी में आज भी साहित्यिक आलोचना का अकाल बना हुआ है। हिन्दी में अभी तक जो भी आलोचनाएँ देखने को मिलती हैं, वे या तो संस्कृत काव्यशास्त्र के मानदण्डों के आधार पर कर्मकाण्डी रूप में दिखाई देती हैं या फिर साहित्येतर मूल्यों के रूप में विषयगत आधार पर।

इस बात को स्वीकार करने में किसी को कोई परेशानी नहीं होनी चाहिए कि समय के अनुसार काफ़ी कुछ बदल जाता है, चाहे वह जीवन के क्षेत्र में हो या साहित्य के क्षेत्र में। लेकिन कुछ मूलभूत संवेदनाएँ एवं भाव ऐसे हैं जो अनादि काल से स्थायी हैं तथा मनुष्य एवं मनुष्येतर प्राणियों, पशु-पक्षियों आदि में भी समान रूप से पाये जाते हैं, जैसे—काम, क्रोध, भय, बुभुक्षा, मैथुन आदि। संस्कृताचार्यों ने जिन आठ स्थायी भावों के आधार पर आठ रसों का सोदाहरण निरूपण किया है, उनके अस्तित्व को आज तक कोई आलोचक चुनौती नहीं दे पाया है, वरन् मनोविज्ञान ने भी उन पर अपनी मुहर लगा दी है । ऐसे में हमें रस-भावादि से चिढ़ने में कोई तार्किकता नहीं दिखाई देती। समय के साथ-साथ इनकी अभिव्यक्ति के रूप बदले हैं जो स्वाभाविक भी है, उनसे किसी को परहेज़ नहीं होना चाहिए।

इसमें कोई दो राय नहीं कि भारतीय आचार्यों ने गहन अध्ययन एवं सूक्ष्म पर्यवेक्षण के उपरान्त जिन रस-अलंकारादि छह काव्य-सिद्धान्तों का तार्किक ढंग से निरूपण किया है, वे वस्तुनिष्ठ रूप में साहित्यिक मूल्य हैं, परन्तु उनकी सबसे बड़ी परेशानी 'अतिवादिता' है। उनमें परस्पर सन्तुलन एवं सामंजस्य का अभाव है। यह कहना कि किसी भी साहित्यिक कृति में 'रस' या अलंकारादि ही सब कुछ है, वही काव्य की 'आत्मा' है; सर्वथा अव्यावहारिक एवं अतार्किक है। यही किसी भी सिद्धान्त या विचारधारा की सीमा भी है। यही बात भारतवर्ष में सभी क्षेत्रों में दिखाई देती है; उदाहरणार्थ, वैष्णव धर्म को मानने वाले भक्त भगवान 'विष्णु' को ही सर्वश्रेष्ठ मानते हैं, बाकी देवी-देवताओं को या तो गौण मानते हैं या उनके अधीन या उन्हें अस्वीकार कर देते हैं। यही बात शैव-शाक्त, बौद्ध-जैन आदि अन्य धर्मावलम्बियों में भी देखी जा सकती है। गाँधीवादी विचारक गाँधी को ही पूर्ण और अन्तिम सत्य मानते हैं तो मार्क्सवादी चिन्तक कार्ल मार्क्स को।

हिन्दूवादी 'हिन्दू' धर्म को ही श्रेष्ठ और पूर्ण मानते हैं तो मुलसमान 'इस्लाम' को। यही बात सिख, ईसाई, पारसी आदि धर्मों में भी देखी जा

सकती है, जबकि सभी धर्मों में मानवता-विषयक लगभग एक-सी बातें कहीं गयी हैं। लेकिन इनके धर्माधिकारियों ने ही विभिन्न धर्मावलम्बियों को आपस में लड़ाकर मानवता को शर्मसार किया है। धर्मों का जो विद्रूप चेहरा कई शताब्दियों से सामने आ रहा है, उसके बारे में पं. राहुल सांकृत्यायन के विचार प्रासंगिक जान पड़ते हैं। वे लिखते हैं कि "सभी धर्म दया का दावा करते हैं, लेकिन हिन्दुस्तान के इन धार्मिक झगड़ों को देखिए तो आपको मालूम होगा कि यहाँ मनुष्यता पनाह माँग रही है, ...धर्मों की जड़ में कुल्हाड़ा लग गया है, इसलिए अब मज़हबों के मेल-मिलाप की बातें कभी-कभी सुनने में आती हैं, लेकिन क्या सम्भव है–'मज़हब नहीं सिखाता आपस में बैर करना'। इस सफेद झूठ का क्या ठिकाना। अगर मज़हब बैर नहीं सिखाता तो चोटी-दाढ़ी की लड़ाई में हज़ार बरस से आज तक हमारा मुल्क पागल क्यों है? ...असल बात तो यह है–'मज़हब तो है सिखाता आपस में बैर रखना, भाई को है सिखाता भाई का ख़ून पीना।' हिन्दुस्तानियों की एकता मज़हबों के मेल पर नहीं होगी, बल्कि मज़हबों की चिता पर होगी।" (लोक गंगा, मार्च, 2013, पृ. 2) उक्त कथन को उद्धृत करने का आशय यह है कि आलोचना के जो अलग-अलग मज़हब हैं, उनसे साहित्य का भला होने वाला नहीं है, वरन् वे केवल उनके मठाधीशों को अलंकृत करने, पुरस्कृत करने तथा महिमामण्डित करने के माध्यम मात्र हैं। इसीलिए आम पाठक अब उन्हें भारत की राजनीतिक पार्टियों और उनके नेताओं की तरह गम्भीरता से नहीं लेता, वरन् मुँह बिचकाकर चला जाता है।

मौलिकता और नवीनता के नाम पर अपने अलग-अलग चूल्हे जलाने से बेहतर है कि जिन-जिन आचार्यों, समीक्षकों अथवा आलोचकों ने समय-समय पर साहित्यिक आलोचना-विषयक जो-जो तत्त्व खोज निकाले हैं, उनको उनकी गुणवत्ता, उपयोगिता, व्यावहारिकता एवं प्रासंगिकता के आधार पर यथावत् अथवा अपेक्षित संशोधनों के साथ स्वीकार कर लिया जाये तथा आलोचना के क्षेत्र में यथोचित स्थान दिया जाये, ताकि एक समग्र और सम्पूर्ण आलोचना के मानक निर्धारित हो सकें। साहित्यिक विधाओं के अनुरूप उनकी शिल्पगत बुनावट के कारण उनके मूल्यांकन के मानकों में भी अन्तर आना स्वाभाविक है। कविता के लिए जो प्रतिमान निर्धारित किये जाते हैं, वे ही कहानी या निबन्ध के प्रतिमान नहीं हो सकते। प्रतिमानों अथवा मानकों का निर्धारण दो स्तरों पर होता है–पहला, रचना के आभ्यन्तर स्तर पर; दूसरा, बाह्य स्तर पर। विधागत आधार पर किसी रचना से सम्प्रेषित

होने वाला भाव या विचार तथा सम्प्रेषण करने वाला अभिव्यंजना शिल्प समान नहीं हो सकता अर्थात् जिस प्रकार मूल संवेदना एवं मनोभावों के समान होने पर भी प्रत्येक मनुष्य एक-दूसरे का प्रतिरूप नहीं हो सकता, वरन् अपने वैशिष्ट्य में हर किसी से अलग होता है, वही बात साहित्यिक विधाओं के सन्दर्भ में भी लागू होती है।

अपने 'साहित्य और समालोचना' नामक ग्रन्थ में मैंने साहित्य को विविध दृष्टियों से देखने, परखने, समझने तथा मूल्यांकित एवं विश्लेषित करने का प्रयास किया है। यह सही है कि विज्ञान की तरह साहित्य के मूल्यांकन का कोई निश्चित वस्तुनिष्ठ पैमाना नहीं हो सकता, लेकिन इतना तो होना ही चाहिए कि हम साहित्य को समाजशास्त्र से, कविता को कहानी से तथा नाटक को उपन्यास से अलग कर सकें। लेकिन ये विधाएँ परस्पर एक-दूसरे के लिए अछूत भी नहीं हैं। कविता में कहानी के तत्त्व भी आ सकते हैं और नाटक के भी। निराला की 'सरोज स्मृति' को संस्मरणात्मक कविता तो 'राम की शक्तिपूजा' को कथात्मक कविता कहा जा सकता है। इसी तरह बिहारी की 'कहत, नटत, रीझत, खिझत, मिलत, खिलत, लजियात। भरे भौन में करत हैं नैनन ही सौं बात' में नाटकीयता का सौन्दर्य है तो बाणभट्ट की 'कादम्बरी में 'काव्यत्व' का। जयशंकर प्रसाद का गद्य साहित्य तो प्रायः काव्यत्व से युक्त है।

एक ही 'रामकथा' साहित्य की तमाम विधाओं–महाकाव्य, खण्डकाव्य, नाटक, उपन्यासादि का विषय बन सकती है तो उसमें उन सभी तत्त्वों का यत्किंचित समावेश होना भी स्वाभाविक है। लेकिन किसी भी विधा विशेष की रचना में अन्य तत्त्व अंगरूप में ही आ सकते हैं, अंगीरूप में नहीं। बिहारी के दोहे (कहत, नटत, रीझत, खिजत, मिलत, खिलत, लजियात) का अंगी तत्त्व कवित्व है, जबकि 'नाटकीयता' उसका अंगरूप तत्त्व। अतः साहित्य की विधाओं का सीमांकन एवं मूल्यांकन 'अंगीरूप' के आधार पर ही हो सकता है, जबकि अंगरूप सहायक तत्त्वों की आवाजाही साहित्यिक रूपों में इधर-उधर बनी रहती है। अतः साहित्य एक तरह का अन्तर्विषयी (इण्टरडिसीप्लीनरी) विधा भी है, जिसमें कोई भी मुख्य विषय बहुत सारे अनुभवों और बहुविध ज्ञान के मिश्रण के साथ 'शब्दार्थ' के रूप में व्यक्त हो सकता है।

शब्दार्थ रूप साहित्य कैसा होना चाहिए, यह इस ग्रन्थ के 'साहित्य का दायित्व' शीर्षक के अन्तर्गत विस्तार से निरूपित किया गया है। साहित्य युगों से लिखा जा रहा है और जब तक धरती पर मानव जाति का अस्तित्व रहेगा, तब तक लिखा जाता रहेगा। रचनाकार क्यों और किसके लिए साहित्य-सृजन

करता है, इस प्रश्न पर सदियों से विचार होता आया है और आगे भी होता रहेगा। लेकिन इतना तो निर्विवाद है कि जिस तरह से सभ्यता और संस्कृति के विकास का केन्द्रबिन्दु 'मनुष्य' रहा है, वैसे ही साहित्य का केन्द्र भी मनुष्य ही है। अतः साहित्य मनुष्य विशेष द्वारा, मनुष्य के लिए, मनुष्य के बारे में ही लिखा जाता है। यहीं से हमें वह दृष्टि मिलती है कि हम किस तरह के मनुष्य को पसन्द करते हैं और क्यों? क्योंकि प्रत्येक समाज में अतीत से लेकर वर्तमान तक अच्छे-बुरे, हर तरह के मनुष्य होते आये हैं। किसी भी साहित्यिक कृति को पढ़ने के बाद चयन का अधिकार पाठक का होता है। लेकिन रचनाकार का भी दायित्व बनता है कि वह समाज के समक्ष किस तरह की सामग्री परोस रहा है और क्यों? इन तमाम पहलुओं पर लेखक और पाठक को केन्द्र में रखकर विभिन्न दृष्टिकोणों से 'साहित्य के दायित्व' के अन्तर्गत विस्तार से विचार किया गया है।

'कविता की पृष्ठभूमि' के अन्तर्गत उन प्रेरक तथा कारक तत्त्वों पर विचार किया गया है जो कवि के अन्तर्मन में कविता की ज़मीन अथवा भावभूमि तैयार करते हैं। आचार्यों ने साहित्य-सृजन की योग्यता लिए 'काव्य-हेतु' के अन्तर्गत तीन तत्त्वों को मुख्य कारक माना है–प्रतिभा, व्युत्पत्ति और अभ्यास। यह एक तरह का शास्त्रीय चिन्तन मात्र है। इससे इतर भी लोकजीवन में लोकसाहित्य (वाचिक साहित्य) की जो अविरल धारा युगों से प्रवाहित होती आ रही है, उसे परिनिष्ठित या लिखित साहित्य से कमतर नहीं आँका जा सकता। साहित्य-सृजन के लिए किसी अकादमिक योग्यता अथवा पद-प्रतिष्ठा की आवश्यकता नहीं होती। हर वर्ग और हर समाज का व्यक्ति अपने मनोभावों के अनुरूप साहित्य गढ़ लेता है, चाहे वह आज भी आदिम युग में जी रहा आदिवासी समाज का व्यक्ति हो या फिर तथाकथित सभ्य समाज का। दुनिया भर का लोकसाहित्य, लोककला, लोकविद्या, लोकविज्ञान आदि अपनी पूर्णता और प्रामाणिकता के लिए किसी आचार्य या काव्यशास्त्री का मोहताज़ नहीं होता। इस तरह मनुष्य की आदिम अवस्था से लेकर सभ्य समाज की वर्तमान अवस्था तक के साहित्य-सृजन के विभिन्न पहलुओं पर उक्त शीर्षक के अन्तर्गत व्यापक सन्दर्भों में विचार किया गया है जिसमें साहित्य-विषयक विभिन्न मत-मतान्तरों को दृष्टिपथ में रखते हुए एक सन्तुलित एवं निष्पक्ष दृष्टिकोण सामने रखने का प्रयास अन्तर्निहित है।

कविता और आलोचना में चोली-दामन का रिश्ता है। दोनों परस्पर अन्योन्याश्रित हैं। कविता होगी तो आलोचना भी होगी। कविता नहीं होगी, तो

आलोचना भी नहीं हागी। यह अच्छी और बुरी दोनों तरह की हो सकती है। अतः ये एक ही सिक्के के दो पहलुओं की तरह हैं। लेकिन 'आलोचना' का मानदण्ड क्या हो, यह विचारणीय प्रश्न है। यदि 'मानदण्ड' वस्तुनिष्ठ हो तो उसमें पक्षपात की सम्भावना कम रहती है और स्वैच्छिक अराजकता की भी छँटनी हो जाती है। लेकिन ऐसा हो पाना बड़ा कठिन है क्योंकि जिस तरह से वस्तुनिष्ठ आधार पर साहित्य-सृजन नहीं हो सकता, उसी तरह वस्तुनिष्ठ आधार पर आलोचना भी नहीं हो सकती। साहित्य किसी एक दृष्टिकोण विशेष के आधार पर लिखा जा सकता है, लेकिन आलोचना अनेकशः दृष्टिकोण से की जा सकती है। हिन्दी साहित्य के आदिकाल के लेकर वर्तमान समय तक के साहित्य को किस-किस तरह की आलोचनाओं से, किन-किन रूपों में गुज़रना पड़ा है, उसका सारगर्भित मूल्यांकन 'आलोचना में कविता' शीर्षक के अन्तर्गत किया गया है। इसी विमर्श के अन्तर्गत हिन्दी आलोचना की अराजकता और दिशाहीनता भी उजागर होती है। जहाँ एक आलोचक दिन को रात कहता है, वहीं दूसरा आलोचक रात को दिन। इस पूरे अध्ययन में कविता की आलोचना के इतिहास पर विहंगम दृष्टिपात किया गया है कि कुछ ऐसे सर्वमान्य 'काव्य-मूल्य' अवश्य निर्धारित किये जाने चाहिए जो काव्य और अकाव्य के भेद का निर्धारण कर सकें।

साहित्य-समाज निरपेक्ष नहीं रह सकता। प्रत्येक समाज की अपनी सीमाएँ होती हैं। समाज क्षेत्रीयता, भाषा, धर्म, वर्ग, वर्ण, जाति, उपजाति आदि तमाम खण्डों एवं उपखण्डों में विभक्त होता है। साहित्यकार भी ऐसे ही समाज से आता है और उन्हीं संस्कारों में पालित-पोषित होकर किसी विषय विशेष को आधार बनाकर साहित्य रचना करता है। प्रकारान्तर से वह उसी समाज और संस्कृति को अपनी रचना में यथार्थपरक, आदर्शपरक अथवा आदर्शोन्मुख यथार्थपरक रूप में प्रस्तुत करता है। उदाहरणार्थ, 'रामकथा' और 'कृष्णकथा' हिन्दी साहित्य के उपजीव्य एवं मेरुदण्ड रहे हैं। यदि उन्हें हिन्दी साहित्य से निकाल दिया जाये तो वहाँ कुछ भी सार्थक शेष नहीं बचेगा। ये दोनों कथाएँ ही हिन्दू धर्म और हिन्दी जाति का प्राणाधार रही हैं। आज इनसे उबरने और बाहर निकलने की आवश्यकता है। वर्तमान उत्तर आधुनिक युग के दौर में जब पूरी दुनिया 'विश्वग्राम' में तब्दील हो गयी है तो ऐसे में मध्ययुगीन संस्कारों में जकड़े रहकर हम आगे नहीं बढ़ सकते। अतः साहित्य के फलक को भी समाज के साथ-साथ तदनुरूप चलना होगा और भावात्मक एवं वैचारिक स्तर पर उसका दायरा बढ़ाना हागा। इन्हीं बातों पर 'हिन्दी जाति और कविता' शीर्षक

के अन्तर्गत विचार-मन्थन करते हुए साहित्य-विषयक पारम्परिक दृष्टिकोण पर पुनर्विचार करने की आवश्यकता पर बल दिया गया है।

संसार में हर चीज़ की क्रिया और प्रतिक्रिया होती है। यह अच्छी भी हो सकती है और बुरी भी। अच्छा-बुरा होना भी समय सापेक्ष और व्यक्ति सापेक्ष होता है। जो चीज़ एक के लिए अच्छी है, वही दूसरे के लिए बुरी भी हो सकती है। अच्छे-बुरे का निर्धारण भी व्यक्ति समूहों द्वारा देशकाल-परिस्थिति के अनुरूप किया जाता है। सामान्य परिस्थिति में 'हिंसा' को पाप माना गया है, परन्तु युद्धभूमि में धर्म। इस तरह सांसारिक क्रियाकलाप परितर्वनशील, क्षणभंगुर एवं अस्थायी होते हैं। समयानुरूप हमारी धारणा-अवधारणा बदलती रहती है। यह बात साहित्य के सम्बन्ध भी लागू होती है। यद्यपि इस ब्रह्माण्ड में 'शाश्वत' जैसी कोई चीज़ नहीं है, परन्तु कुछ बातें प्राणिमात्र में समान रूप से हमेशा से पायी जाती रही हैं, जैसे बुभुक्षा, काम, क्रोध, मैथुन आदि। यदि ये नहीं होते तो सृष्टि का विकास भी अवरुद्ध हो जाता। सभ्य समाज हमेशा से इनमें नियन्त्रण करने की कोशिश करते आया है, ताकि कोई भी चीज़ अनियन्त्रित होकर विनाश का कारण न बन जाये। साहित्य भी हमें यही सब सिखाने का प्रयास करता है, परन्तु उसका तरीक़ा उपदेशात्मक न होकर क्रियारूप (एक्शन ओरिएण्टेड) होना चाहिए।

जहाँ धर्मोपदेश नीति-ग्रन्थों अथवा आचार-संहिता का विषय बन जाता है, वहीं जीवन में उसकी व्यावहारिक परिणति साहित्य बन जाती है। आलोचना साहित्य में वर्णित इन्हीं सब बातों की समीक्षा करती आयी है। प्राय: 'आलोचना' का अर्थ 'दोष-दर्शन या 'मीन-मेख निकालना' मान लिया जाता है, लेकिन 'समालोचना' शब्द 'सम्यक् आलोचना' का द्योतक है। किसी भी साहित्यिक कृति में गुण-दोष दर्शन के अलावा युगीन परिस्थितियों में व्यापक परिप्रेक्ष्य में उसका मूल्यांकन, विवेचन एवं विश्लेषण ही समालोचना के अन्तर्गत आता है, जिसमें आलोचक की भूमिका प्रतिपक्षी की न होकर सचेतक सहृदय की होती है। 'साहित्य और समालोचना' शीर्षक के अन्तर्गत जहाँ एक ओर भारतीय आलोचना-पद्धति के शास्त्रीय मानदण्डों का ऐतिहासिक विकास-क्रम में मूल्यांकन किया गया है, वहीं समालोचना की प्रक्रिया, युगानुरूप उसके बदलते स्वरूप एवं 'नीर-क्षीर विवेकी' साहित्यिक मानदण्डों के निर्धारण की दिशा में भी विचार-मन्थन किया गया है।

आचार्य हजारी प्रसाद द्विवेदी बहुमुखी प्रतिभा के धनी तथा मौलिक चिन्तक रहे हैं। उन्होंने साहित्य के क्षेत्र में परम्परावादी विचारधारा को आँख मूँदकर

कभी यथावत् स्वीकार नहीं किया। उनकी दृष्टि आदर्शपरक यथार्थवादी रही है। आलोचना के क्षेत्र में भी उन्होंने 'लीक' से हटकर तार्किक आधार पर कुछ नयी स्थापनाएँ दी हैं। 'आचार्य हजारी प्रसाद द्विवेदी की आलोचना दृष्टि' शीर्षक के अन्तर्गत उनके समालोचना विषयक दृष्टिकोण को नये सिर से विश्लेषित करने का प्रयास किया गया है। वे शास्त्रीय आलोचना की परम्परागत अवधारणा को न अपनाकर वस्तुनिष्ठ आधार पर आलोचना के पक्षधर रहे हैं। उन्होंने साहित्य को केवल आनन्द-प्राप्ति का साधन न मानकर उसके सामाजिक एवं सांस्कृतिक पक्ष पर भी गम्भीरता से विचार किया है। उनका मत है कि साहित्यकार को सामाजिक सरोकारों के प्रति भी प्रतिबद्ध होना चाहिए, तभी उसकी सार्थकता मानी जा सकती है। साहित्य को केवल समाज सापेक्ष या समाज का प्रतिबिम्ब ही नहीं होना चाहिए, वरन् एक अच्छे समाज के निर्माण में अपनी अहम भूमिका का निर्वाह भी करना चाहिए। उनकी दृष्टि में सच्चे साहित्यकार को युगद्रष्टा ही नहीं, वरन् युगसृष्टा भी होना चाहिए, तभी वह साहित्य कालजयी एवं सार्वभौम हो सकता है।

महादेवी वर्मा की पहचान एक महान कवयित्री और गद्यकार के रूप में रही है। उन्हें आलोचक के रूप में कम ही जाना जाता है। परन्तु उनका साहित्य विषयक चिन्तन इस बात का प्रमाण है कि वे एक तत्त्वचिन्तक समीक्षक भी हैं। वे शास्त्रीयता से परे स्वतन्त्र एवं मौलिक रूप में अपना साहित्य-विषयक दृष्टिकोण प्रस्तुत करती हैं। महादेवी की दृष्टि में साहित्य जीवन की संश्लिष्ट अभिव्यक्ति है क्योंकि उसमें जीवन के अनेक स्तरों की रागात्मक वृत्तियों, अनुभूतियों एवं विचारों की सामंजस्यपूर्ण अन्विति गुम्फित रहती है। उन्होंने छायावाद, रहस्यवाद, यथार्थवाद, आदर्शवाद, कलावाद आदि तमाम विषयों पर एक खुली दृष्टि से तार्किक आधार पर अपने विचार व्यक्त किये हैं। 'महादेवी वर्मा की समीक्षा दृष्टि' शीर्षक के अन्तर्गत उनकी इन्हीं साहित्य-विषयक अवधारणाओं को व्यापक सन्दर्भों में व्याख्यायित एवं विश्लेषित किया गया है। इससे स्पष्ट है कि एक सुधी आलोचक के रूप में भी उनकी अपनी एक अलग पहचान है जिसे अन्य आलोचकों की तुलना में कमतर नहीं आँका जा सकता।

डॉ. नामवर सिंह आधुनिक हिन्दी आलोचना के शिखर पुरुष माने जाते हैं। उनकी पुस्तक 'कविता के नये प्रतिमान' बहुचर्चित रही है। इस पुस्तक में डॉ. नामवर सिंह ने जिन प्रतिमानों का उल्लेख किया है, वे वस्तुतः 'नयी कविता के प्रतिमान' हैं। ये प्रतिमान कितने नये हैं तथा पुराने प्रतिमानों से

किस रूप में भिन्नता रखते हैं, इसकी गहरी जाँच-पड़ताल करना इस अध्ययन का प्रमुख उद्देश्य रहा है। वस्तुतः तथाकथित नये प्रतिमान पुराने प्रतिमानों की पृष्ठभूमि में ही नये सन्दर्भों में नयी भाषा में गढ़े गये हैं जिनकी परम्परा अविच्छिन्न रूप से संस्कृत काव्यशास्त्र से जुड़ती है। डॉ. नामवर सिंह ने किसी नये प्रतिमान की सैद्धान्तिक रूप से कोई प्रतिष्ठापना तो नहीं की है, लेकिन उनके समकालीन कवि-आलोचकों ने नयी कविता के मूल्यांकन के लिए जो प्रतिमान या काव्य-मूल्यपरक शब्दावली गढ़ी थी, उसकी व्याख्या, व्यावहारिक विवेचन एवं विश्लेषण नयी कविता के सन्दर्भ में किया है। किन्हीं मौलिक प्रतिमानों की खोज न होने पर भी डॉ. नामवर सिंह की आलोचना-पद्धति एवं विश्लेषण प्रक्रिया मौलिक है, जिसे सृजनात्मक आलोचना का प्रतिमान माना जा सकता है। 'कविता के नये प्रतिमान : एक पुनर्विचार' शीर्षक के अन्तर्गत इन्हीं सन्दर्भों में नये सिरे से पुनर्विचार किया गया है।

यदि साहित्य केवल निजी सुख-दुःखात्मक अभिव्यक्ति तक ही सीमित रह जाये, तो उसका सामाजिक महत्त्व हाशिए पर चला जाता है। साहित्यकार की सामाजिक प्रतिबद्धता इस बात पर निर्भर करती है कि उसके काव्य में सामाजिक, सांस्कृतिक एवं राजनीकि चेतना किस सीमा तक तथा किन सन्दर्भों में व्यक्त हुई है। इसीलिए 'भारतीय साहित्य परम्परा और युगधर्म' शीर्षक के अन्तर्गत हिन्दी साहित्य की ऐतिहासिक परम्परा को राष्ट्रीय सन्दर्भों में देखने-परखने की कोशिश की गयी है। सबसे चौंकाने वाली बात यह है कि इस दौर में कविता ने अफ़ीम की गोली की तरह जनमानस को केवल सुलाने का काम किया है, जगाने का नहीं। वह 'अफ़ीम की गोली चाहे 'भक्तिरस' में डुबोकर पिलायी गयी हो, या 'श्रृगार रस' में। हमारे रचनाकारों ने राम और कृष्ण के गुणगान में अपनी सारी शक्ति तो लगा दी, परन्तु किसी एक 'राम' या 'कृष्ण' को इस काल में पैदा नहीं कर पाये। इस तरह वे एक साहित्यकार के रूप में अपनी पूरी ज़िम्मेदारी का निर्वहन करने में असमर्थ रहे। जब सारा देश गुलामी का दंश झेल रहा हो, ऐसे में भक्ति की चैन की वंशी बजाकर समूची जनता को पौरुषविहीन बनाना अथवा उनमें पुरुषार्थ का संचार न कर पाना, कर्तव्य से पलायन ही माना जायेगा।

रामायण और महाभारत दो ऐसे महान ग्रन्थ हैं जो भारतीय संस्कृति के संवाहक एवं बहुत सारे परवर्ती ग्रन्थों के उपजीव्य रहे हैं। इन दोनों ग्रन्थों का कथानक धर्म-युद्ध पर आधारित है। यदि धर्म की रक्षा के लिए युद्ध लड़ा जा रहा हो तो उसमें अधर्म का सहारा लेना कौन-सी नैतिकता होगी, यह बहुत

बड़ा प्रश्न है। गाँधी जी ने एक बात कही थी कि "यदि उद्देश्य या साध्य पवित्र हो, तो उसे प्राप्त करने के साधन भी पवित्र होने चाहिए।" अर्थात् शुद्ध साध्य को शुद्ध साधनों से ही प्राप्त किया जाना चाहिए, अन्यथा अशुद्ध साधनों से प्राप्त साध्य की शुद्धता पर प्रश्नचिह्न खड़े हो जायेंगे। लेकिन रामायण और महाभारत के युद्ध में पवित्र साध्य की प्राप्ति के लिए साधन की पवित्रता को दरकिनार कर दिया गया और सारी कहानी इस उक्ति पर आकर अटक गयी कि 'युद्ध और प्रेम में सब जायज़ होता है।' फिर नैतिकता का प्रश्न कहाँ चला गया? इसी मूल प्रश्न को दृष्टिपथ में रखकर 'रामायण और महाभारत में नैतिकता का सन्दर्भ' शीर्षक के अन्तर्गत नये सिरे से विचार किया गया है। इन दोनों श्रेष्ठ महाकाव्यों में कई ऐसे विरोधाभास देखने को मिलते हैं जो भारतीय संस्कृति की मूल अवधारणा को खण्डित करते प्रतीत होते हैं।

समूची भारतीय साहित्य-परम्परा का आद्योपान्त अवलोकन करें तो कबीर ही एकमात्र ऐसे सशक्त सन्त कवि हुए हैं जिन्होंने मुख्यधारा के विपरीत खड़ा होकर युगसत्य को सामने लाने का दुस्साहस किया। कबीर ऐसे युग में पैदा हुए जब धार्मिक कट्टरता तथा वर्ण-व्यवस्था ने समाज को साम्प्रदायिकता, जातीय संकीर्णता, ऊँच-नीच, छुआछूत एवं वैमनस्य की ज़ंजीरों में जकड़ा हुआ था। हिन्दू और मुसलमान दोनों क़ौमें एक-दूसरे के ख़ून की प्यासी थीं। मुग़ल शासन-व्यवस्था धार्मिक कट्टरतावाद की आड़ में डण्डे के बल पर चल रही थी। ऐसी विपरीत परिस्थितियों में कबीर ही वह शख़्सियत थे जो कई मोर्चों पर एक साथ लड़ाई लड़ रहे थे। लेकिन 'सत्य' का ब्रह्मास्त्र उनके हाथ में था, जिसका सामना करने की ताक़त न तो बड़े-बड़े बादशाहों में थी और न हिन्दू तथा मुसलमानों में। घरफूँक कबीर को न तो किसी बादशाह या राजा का डर था और न किसी कट्टरपन्थी मुल्ला या पण्डित का, क्योंकि कबीर की आत्मा राममय हो गयी थी। उनके राम निर्गुण ब्रह्म राम थे, जिसे उन्होंने ज्ञानसाधना से आत्मसात् कर लिया था। कबीर जाति-धर्म-वर्ण विहीन मानव समाज के कल्याण के लिए कटिबद्ध थे। उनकी सोच का दायरा काफ़ी व्यापक था। 'युगसृष्टा कबीर' शीर्षक के अन्तर्गत उन्हीं मूलभूत बातों को रेखांकित करने का प्रयास किया गया है। कबीर यथार्थवादी प्रगतिशील विचारक थे। इसीलिए उनकी विचारधारा जितनी अपने युग में प्रासंगिक थी, उससे कहीं अधिक आने वाले युगों में भी बनी रहेगी।

श्रेष्ठ एवं समदर्शी आलोचक की लेखनी में वह ताक़त होती है जो अनगढ़ पत्थर को तराशकर 'नगीना' बना सकती है। कहते हैं जौहरी को

ही 'हीरे' की पहचान होती है। साहित्य के क्षेत्र में आलोचक ही वह जौहरी है जो दूर कोने में पड़े तथा धूल में सने हीरे की पहचान कर पाता है। जो काम आचार्य रामचन्द्र शुक्ल ने तुलसी व जायसी को साहित्य के उच्चासन में बिठाकर किया, वही काम आचार्य हजारी प्रसाद द्विवेदी ने भी कबीर को श्रेष्ठ कवियों की पंक्ति में बिठाकर किया। 'आचार्य हजारी प्रसाद द्विवेदी की दृष्टि में कबीर' शीर्षक के अन्तर्गत उनके उसी कबीर विषयक अध्ययन, चिन्तन, मूल्यांकन एवं विश्लेषण को रेखांकित किया गया है। द्विवेदी जी ने 'कबीर' नामक पुस्तक लिखकर एक तीर से दो शिकार किये। पहला, कबीर के बहुआयामी व्यक्तित्व एवं कृतित्व को साहित्य के शिखर तक पहुँचाया। इस तरह कबीर का जीवन-दर्शन भक्तिकाल तक ही सीमित न होकर कालातीत हो गया और उनकी सामाजिक सरोकारों के प्रति प्रतिबद्धता ने उन्हें भक्त एवं सन्त कबीर से समाज सुधारक कबीर बना दिया। दूसरा, उन्होंने अपनी आलोचना क्षमता का परिचय देकर स्वयं का क़द आचार्य रामचन्द्र शुक्ल के समतुल्य बना दिया।

महादेवी वर्मा के सम्पूर्ण साहित्य का यदि गहन अध्ययन किया जाये तो उनके बहुआयामी व्यक्तित्व एवं कृतित्व का उद्‌घाटन स्वयमेव हो जाता है। छायावादी कवयित्री के रूप में उनकी एक तरह की पहचान बनती है तो गद्यकार के रूप में दूसरी तरह की। लेकिन वे सामाजिक सरोकारों के प्रति प्रतिबद्ध रचनाकार भी हैं। उनका गद्य साहित्य मूलतः समाज केन्द्रित है। अपने युग की समस्याओं के प्रति भी वे काफ़ी सजग रही हैं, विशेष रूप से समाज में नारी की दुरवस्था पर उन्होंने अपने विचार खुलकर प्रकट किये हैं। भारतीय समाज में प्राचीनकाल से लेकर आधुनिक काल तक नारी की स्थिति पर उन्होंने गम्भीरतापूर्वक विचार किया है तथा स्त्री के जीवन की विसंगतियों को करीब से देखा-परखा है। 'महादेवी वर्मा का स्त्री-चिन्तन' शीर्षक के अन्तर्गत उनके स्त्री विषयक चिन्तन, विश्लेषण एवं मूल्यांकन को सारगर्भित रूप में प्रस्तुत करने का प्रयास किया गया है, ताकि महादेवी की स्त्री सम्बन्धी अवधारणा को सही परिप्रेक्ष्य में समझा जा सके।

हिन्दी की महिला रचनाकारों में सुभद्रा कुमारी चौहान का विशेष स्थान है। काल-क्रम की दृष्टि से उनका रचनाकाल छायावाद का रहा है, लेकिन उनके काव्य का मूल स्वर राष्ट्रीयता एवं सांस्कृतिक चेतना रहा है। उन्होंने आज़ादी के आन्दोलन में न केवल बढ़-चढ़कर भाग लिया, वरन् जनता में राष्ट्रीय-सांस्कृतिक काव्यधारा के माध्यम से राजनीतिक चेतना का संचार भी

किया। सुभद्रा कुमारी चौहान के काव्य की मूल चेतना को समझने के लिए आवश्यक था कि उसका युगीन सन्दर्भों में समग्र अध्ययन एवं मूल्यांकन किया जाय। सुभद्राकुमारी चौहान के सम्पूर्ण काव्य का अध्ययन करने के उपरान्त कहा जा सकता है कि उन्होंने अपने भावों एवं विचारों के सम्प्रेषण में सर्वाधिक बल दिया। इसके लिए उन्होंने लोक-शैली तथा गीतात्मकता का सहारा लिया और सहज एवं सरल भाषा में अपनी बात को जन-जन तक पहुँचाकर लोकप्रियता के शिखर को चूम लिया। इस स्पर्धा में छायावादी कवि उनसे काफ़ी पीछे रह गये और कविता के क्षेत्र में उनकी एक अलग पहचान बन गयी।

'उर्वशी' पर हर छोटे-बड़े आलोचक ने अपनी लेखनी चलायी है तथा अपनी-अपनी दृष्टि से उसका मूल्यांकन किया है। सम्भवतः 'कामायनी' के बाद 'उर्वशी' ने ही आलोचकों का ध्यान सर्वाधिक आकर्षित किया है। 'उर्वशी' पर आलोचकों के इतने परस्पर विरोधी विचार देखने को मिलते हैं कि सामान्य पाठक उनमें उलझकर रह जाता है तथा दिग्भ्रमित होने लगता है। मतवैभिन्य का प्रमुख कारण 'उर्वशी' का कथ्य एवं प्रतिपाद्य है। आलोचकों की 'उर्वशी' विषयक दृष्टि के अध्ययन द्वारा उसे और अधिक व्यापक परिप्रेक्ष्य में समझा जा सकता है। 'आलोचकों की दृष्टि में 'उर्वशी' शीर्षक के अन्तर्गत कतिपय आलोचकों के दृष्टिकोण का इसी परिप्रेक्ष्य में विवेचन एवं विश्लेषण किया गया है, ताकि 'उर्वशी' को और अधिक गहराई से व्यापक सन्दर्भों में देखा-परखा जा सके। 'उर्वशी' प्रबन्ध काव्य पर आलोचकों में चाहे कितना ही मतवैविध्य क्यों न रहा हो, उसकी श्रेष्ठता, मौलिकता एवं काव्यत्व की गरिमा ने सभी को प्रभावित किया है।

चन्द्रकुँवर बर्त्वाल पहाड़ के उन विरले कवियों में से एक हैं जिन्होंने अपने जीवन की अल्प कालावधि में ही हिन्दी कविता के क्षेत्र में अपनी एक अलग पहचान बनायी है। उन्हें 'हिमवन्त का कवि' कहा जाता है। उनका रचनाकाल छायावाद के अवसान से लेकर प्रयोगवाद के प्रारम्भ के बीच का रहा है। इसीलिए उनके काव्य में न तो पूर्णतः छायावाद के संस्कार देखे जा सकते हैं और न प्रगतिवाद अथवा प्रयोगवाद के। उन्हें किसी वाद के घेरे में देखना भी समीचीन नहीं है। चन्द्रकुँवर की अधिकांश कविताएँ पहाड़ और हिमालय पर केन्द्रित हैं जिसकी अमिट छाप उनके काव्य में सर्वत्र दिखाई देती है। यद्यपि चन्द्रकुँवर बर्त्वाल ने प्रकृति और प्रेम विषयक कविताएँ अधिक लिखी हैं, परन्तु उनकी सोच का दायरा बहुत व्यापक है। वे मानवता के कवि हैं तथा जाति-धर्म-वर्ण विहीन समाज व्यवस्था के पक्षधर। वे सर्वधर्म समभाव,

सामाजिक समरसता तथा आर्थिक समानता के प्रश्नों को अपनी कविताओं के माध्यम से उठाते रहे हैं। वैचारिक ऊर्जा एवं प्रगतिशीलता में जहाँ वे निराला के करीब जान पड़ते हैं, वहीं काव्यत्व एवं सौन्दर्य-बोध की दृष्टि से कालिदास को अपना आदर्श मानते हैं। उनके शिल्प-विधान में छायावादी एवं छायावादोत्तर काव्यधारा का मिश्रण देखा जा सकता है। उनकी कविताओं की सबसे बड़ी विशेषता है उनका काव्यत्व। इस तरह न केवल भाव एवं विचार के स्तर पर, वरन् भाषा एवं शिल्प के स्तर पर भी चन्द्रकुँवर बर्त्वाल छायावादोत्तर कवियों में अपना एक विशिष्ट स्थान रखते हैं।

प्रेमचन्द भारतीय उपमहाद्वीप के आधुनिक युग के उर्दू एवं हिन्दी के महान लेखक हैं। इस महानता को प्राप्त करने के लिए उन्होंने लम्बा संघर्ष किया है। उनका जीवन अभावों एवं संघर्षों की एक लम्बी दास्तान है, जिसकी झलक उनके लेखन में भी दिखाई देती है। प्रेमचन्द की रचना-यात्रा और जीवन संघर्षों का सिलसिला साथ-साथ चलता रहा है। किसी भी लेखक के साहित्य को प्रामाणिक रूप से जानने-समझने के लिए उसकी जीवन-यात्रा को जानना भी आवश्यक होता है। इसीलिए उनकी जीवन-यात्रा को सिलसिलेवार पिरोने तथा उसी के बीच में उनकी साहित्यिक यात्रा को टटोलने के पीछे मुख्य उद्देश्य यही है कि हम उनके बहुआयामी व्यक्तित्व तथा रचनाकर्म से भली-भाँति परिचित हो सकें और युगीन सन्दर्भों में उनके साहित्य का सम्यक् आकलन एवं मूल्यांकन कर सकें। प्रेमचन्द का रचना संसार इस बात का साक्षी है कि एक समर्पित लेखक के मार्ग में चाहे कितनी विकट बाधाएँ क्यों न आयें, उसका रचना-कर्म कभी अवरुद्ध नहीं होता। प्रेमचन्द ही सम्भवतः पहले ऐसे लेखक हैं जिसकी पैठ आम भारतीय नागरिक तक देखी जा सकती है। इसका मुख्य कारण उनका रोचक ढंग से कहानी कहना तथा अपनी रचनाओं में सामान्य बोलचाल की भाषा का प्रयोग करना है। प्रेमचन्द की दृष्टि में साहित्य जीवनगत सत्य, सामाजिक यथार्थ और अनुभवों का प्रभावशाली निरूपण है। प्रेमचन्द का रचना-संसार बहुआयामी है तथा उनकी रचना-यात्रा जीवन-संघर्षों की यात्रा है।

हिन्दी के मूर्धन्य कथाकार शैलेश मटियानी का अनुभव-संसार काफ़ी व्यापक है। ग्रामीण अंचल लेकर महानगरों में रहने वाले भिखारियों एवं अपराधियों के अभिशप्त जीवन तक के दर्शन वहाँ हो जाते हैं। इस चित्रण में उन्होंने मनुष्य की अस्तित्वगत समस्याओं से जुड़े सवालों को बड़ी शिद्दत से उठाया है। उन्हें प्रेमचन्द के बाद का सर्वश्रेष्ठ कहानीकार माना जाता है। एक

तरह से प्रेमचन्द की परम्परा को ही उन्होंने आगे बढ़ाया। उनके साहित्य में आंचलिकता का प्रभाव विशेष रूप से देखने को मिलता है। इसका प्रमुख कारण यह है कि पहाड़ के लोकजीवन, लोकगाथाओं, लोकगीतों और लोककथाओं ने उन्हें बहुत अधिक प्रभावित किया। मटियानी ने जो कुछ लिखा, वह स्वानुभूत एवं स्वतःस्फूर्त है। जिस प्रकार उनका जीवन कई उतार-चढ़ावों से होकर गुज़रा है, उसी प्रकार उनका कथा साहित्य भी कई तरह के उतार-चढ़ाव एवं विविधताओं से परिपूर्ण है। 'शैलेश मटियानी के साहित्यिक सफ़र' के अन्तर्गत उनके पचास वर्षों के साहित्यिक अवदान को रेखांकित किया गया है। परिमाण की दृष्टि से हिन्दी कथा साहित्य के क्षेत्र में प्रेमचन्द के बाद सम्भवतः उन्होंने ही सर्वाधिक लिखा है। उनकी लेखनी कथा साहित्य तक ही सीमित नहीं रहीं, वरन् उपन्यास एवं कहानियों के अलावा लोकसाहित्य, बालसाहित्य, एकांकी, निबन्ध, संस्मरण, जीवनी एवं पत्रकारिता पर भी उन्होंने अपनी लेखनी चलायी है।

सुभद्रा कुमारी चौहान की राष्ट्रीय विचारधारा से सम्बन्धित कविताओं में 'झाँसी की रानी' का विशेष महत्त्व है जो उनकी अमर कीर्ति की संवाहक बन गयी। इस सन्दर्भ में बहुल कविता का अपना ऐतिहासिक महत्त्व है। स्वतन्त्रता आन्दोलन के दौर में यह कविता इतनी लोकप्रिय हुई कि लोगों की ज़ुबान पर चढ़ गयी और एक प्रकार से सुभद्रा कुमारी की पहचान बन गयी। 'झाँसी की रानी' न केवल एक वीरांगना के अदम्य साहस, वीरता, देशभक्ति एवं पुरुषार्थ की अद्भुत कहानी है, वरन् तत्युगीन इतिहास, भूगोल, संस्कृति एवं स्वतन्त्रता आन्दोलन की जीती-जागती तस्वीर भी है। यह सन्दर्भ बहुल कविता है जिसमें युगीन सन्दर्भों के बहुविध दृश्य उकेरे गये हैं। यह कविता बहुआयामी एवं विविध अर्थ-भंगिमाओं से सम्पृक्त है। इस कविता के विविध सन्दर्भों में मूल्यांकन से सन् 1857 के आज़ादी के प्रथम आन्दोलन के कई राजनीतिक, ऐतिहासिक, सांस्कृतिक एवं जातीय गौरव की कड़ियाँ परस्पर जुड़कर एक साथ उजागर होती हैं। इस दृष्टि से इस कविता का हिन्दी साहित्य के इतिहास में राष्ट्रवाद, देशप्रेम एवं सांस्कृतिक गौरव की दृष्टि से विशेष स्थान है।

प्रगतिशील विचारधारा के रचनाकारों में नागार्जुन का अपना विशेष स्थान है। सामाजिक सरोकारों के प्रति जो प्रतिबद्धता प्रेमचन्द के कथा-साहित्य में देखने को मिलती है, उसी की अगली कड़ी नागार्जुन के उपन्यासों में भी दिखाई देती है। जिस तरह से प्रेमचन्द ने समाज के शोषित, दलित, निर्धन एवं सर्वहारा वर्ग को साहित्य की मुख्यधारा में स्थान दिया, उसी तरह नागार्जुन

ने भी उन्हें अपनी रचनाओं का विषय बनाया। नागार्जुन ने अपने उपन्यासों में नारी-चरित्रों को प्रमुखता दी है, उसी की कड़ी के रूप में 'रतिनाथ की चाची' को भी लिया जा सकता है। 'रतिनाथ की चाची' के बहाने नागार्जुन ने स्वतन्त्रता-पूर्व भारतीय समाज में नारी की दयनीय दशा का यथार्थपरक चित्रण किया है। किस प्रकार पुरुष प्रधान हिन्दू समाज में नारी का योजनाबद्ध ढंग से शोषण और दमन किया जाता रहा है, उसकी जीती-जागती कहानी इस उपन्यास में देखी जा सकती है। इसमें नारी के प्रति न केवल पुरुष मानसिकता का परम्परागत चेहरा बेनकाब हुआ है, वरन् नारी के प्रति नारी का ही विद्वेषपूर्ण, विद्रूप एवं बर्बर चेहरा भी उजागर हुआ है। इस उपन्यास के माध्यम से नागार्जुन अपने पाठकों एवं आलोचकों को यह सोचने के लिए विवश करते हैं कि नारी के प्रति पुरुष मानसिकता और स्वयं नारी मानकसिता की विषैली जड़ें समाज में कितने गहरे तक फैली हुई हैं। इस सबके लिए हमारी परम्परित समाज व्यवस्था, वर्ण-व्यवस्था एवं आर्थिक विषमता ज़िम्मेदार है। इस उपन्यास में अनेक तरह की नारी समस्याओं को बेबाक तरीक़े से उठाया गया है। लेखक ने उनका बहुत कुछ समाधान भी सुझाया है कि जिस दिन स्त्रियाँ आर्थिक रूप से पूर्णतः आत्मनिर्भर हो जायेंगी, उस दिन उनकी आधी समस्या स्वतः ही हल हो जायेगी। उनकी दृष्टि में एक सुखी और समृद्ध समाज की कल्पना तभी साकार हो सकती है, जब स्त्री-पुरुष को प्रगति के समान अवसर-प्रदान किये जायें और उनमें परस्पर एक-दूसरे के प्रति सम्मान का भाव पैदा किया जाये।

रामधारी सिंह दिनकर की 'उर्वशी' अपने साथ इतने विवादों को लेकर आयी कि न केवल चर्चा में बनी रही, वरन् साहित्य-जगत् में उसने अपनी विशेष जगह बना डाली। उसके प्रतिपाद्य से भले ही कोई सहमत हो या न हो, लेकिन उसके वैशिष्ट्य को नकारा नहीं जा सकता। 'उर्वशी' के प्रतिपाद्य एवं उसके पात्रों की चारित्रिक विशेषताओं के आधार पर कहा जा सकता है कि सुख-दुःख और पाप-पुण्य व्यक्ति सापेक्ष हैं। ईश्वरीय विधान में इनकी कोई निश्चित परिभाषा नहीं है। प्रकृति के नियमों का अनुगमन करते हुए निर्द्वन्द्व एवं स्वेच्छानुकूल सहज जीवनयापन करने से सारी समस्याओं का समाधान स्वयमेव हो जाता है। यही 'उर्वशी' का प्रतिपाद्य है और उसमें उठायी गयी समस्याओं का समाधान भी। 'उर्वशी का प्रतिपाद्य : समस्या और समाधान' शीर्षक के अन्तर्गत उर्वशी का व्यापक सन्दर्भों में गहन विवेचन एवं विश्लेषण करते हुए उसका नये सदर्न्भ में पुनर्मूल्यांकन किया गया है।

अज्ञेय की काव्यकृति 'आँगन के पार द्वार' बहुचर्चित रही है। इसके कथ्य एवं शिल्प पर नयी दृष्टि से विचार किया गया है। अज्ञेय ने इस संग्रह की कविताओं के सम्बन्ध में प्रारम्भ में जो टिप्पणी दी है, उसके आलोक में भी उसे देखने-परखने का प्रयास किया गया है। अज्ञेय की कविताएँ निजी सुख-दुःख से परिवेष्टित होकर आत्मिक-मानसिक तृप्ति-अतृप्ति में मन की अकुलाहट को शब्दों की कारीगरी में व्यक्त करती हैं जिसके कारण उनकी कविताओं में सहजता एवं जीवन्तता का अभाव परिलक्षित होता है। उनकी कविताएँ उस संगीत समारोह की तरह प्रतीत होती हैं, जहाँ कलाकारों को केवल अपनी गुरु-गम्भीर छवि बिखेरनी होती है। इस कारण वे सम्प्रेषणीय नहीं बन पातीं। इसमें कोई दो राय नहीं कि अज्ञेय एक कुशल शब्द-शिल्पी हैं, लेकिन भाव-शिल्पी नहीं। वे विचारक हैं, रस-साधक नहीं। वे शब्दों के कारीगर हैं, भावों के जादूगर नहीं। उनकी कविताओं में भावों की ऊष्मा के स्थान पर बौद्धिकता की सुघड़ एवं सुचिन्तित अभिव्यक्ति देखने को मिलती है। अज्ञेय की कविताएँ भले ही संवेदना के स्तर पर सहृदय पाठक को द्रवीभूत करने में असमर्थ रहती हों, लेकिन बौद्धिक स्तर पर चमत्कृत अवश्य करती हैं। इस तरह उक्त काव्य-संग्रह का विविध सन्दर्भों में गम्भीर अध्ययन, विश्लेषण एवं मूल्यांकन किया गया है।

हरिशंकर 'आदेश' ने साहित्य की लगभग सभी विधाओं में लिखा है। उनकी शताधिक पुस्तकें प्रकाशित हो चुकी हैं। काव्य के क्षेत्र में उन्होंने प्रबन्धात्मक एवं मुक्तक दोनों तरह की रचनाएँ लिखी हैं। मुक्तक में उन्होंने सतसई परम्परा को आगे बढ़ाया है और दोहा छन्द में उनके अब तक सात सप्तशती प्रकाशित हो चुके हैं। विवेच्य काव्य 'विवेक सप्तशती' में विषयानुरूप दोहों का कोई निश्चित क्रम नहीं है। इसमें भारतीय जीवन-मूल्यों को विशेष रूप से अभिव्यक्ति का माध्यम बनाया गया है। इस बात को प्रतिपादित करने का प्रयास किया गया है कि भारतीय जीवन-मूल्यों को व्यावहारिक स्तर पर अपनाने से विश्व में शान्ति, सद्भाव, भाईचारा एवं आपसी सौहार्द क़ायम किया जा सकता है। ऐसा तभी हो सकता है जब भारतीय संस्कृति के मूल मन्त्र 'वसुधैव कुटुम्बकम्' के आदर्श को पूरी दुनिया में प्रचारित एवं प्रसारित किया जाये।

रामप्रकाश गोयल के काव्य में यथार्थ और आदर्श का सामंजस्य देखा जा सकता है। उनके काव्य में भगवद्गीता के कर्मयोग तथा प्रभु ईशू के प्रेम के सन्देश को विशेष रूप से अभिव्यक्ति प्रदान की गयी है। वे 'प्रेम' को ही

ईश्वर मानते हैं। गीता के आप्तवाक्य 'कर्म करो, फल की चिन्ता मत करो' में उनकी पूर्ण आस्था एवं विश्वास है। उनकी दृष्टि में मानव-सेवा में ही जीवन की सार्थकता है। वे 'जियो और जीने दो' के सिद्धान्त पर विश्वास करते हैं लेकिन अन्याय को सहन करना सबसे बड़ी कायरता मानते हैं। ग़मों का सामना करते हुए निरन्तर संघर्षरत रहकर आगे बढ़ते रहना ही उनकी दृष्टि में जीवन का पुरुषार्थ है। इन्हीं सब बातों की काव्यात्मक प्रस्तुति उनके काव्य संग्रह 'मुस्कुराते ग़म' में देखी जा सकती है। इसमें वैविध्यपूर्ण भावबोध एवं वैचारिकता के साथ-साथ राष्ट्रप्रेम एवं देशभक्ति की भावनाओं की भी अभिव्यक्ति हुई है। वे अपनी कविताओं के माध्यम से सुखी विश्वमानव की परिकल्पना को साकार रूप से देखना चाहते हैं।

महेश 'दिवाकर' मानवीय संवेदनाओं से सम्पृक्त मानव कल्याण की भावना को अपनी कविताओं के माध्यम से विविध रूपों व्यक्त करते आये हैं। उनका काव्य-संग्रह 'रंग-रंग के दृश्य' इसका प्रत्यक्ष उदाहरण है। इसमें जहाँ एक ओर जीवन के यथार्थ के विविध परिदृश्य देखने को मिलते हैं, वहीं भारतीय जीवन-मूल्यों एवं आदर्शों की प्रासंगिकता को भी बहुविध रूपों में रेखांकित करने का प्रयास किया गया है। उनकी रचनाओं में आदर्शपरक यथार्थ का चित्रण देखने को मिलता हे। 'रंग-रंग के दृश्य' काव्य संग्रह में उदात्त भाव-विचार, युगबोध एवं लोककल्याणकारी भावनाओं की काव्यात्मक प्रस्तुति देखने को मिलती है जिसमें मानवतावादी स्वर विशेष रूप से मुखरित हुआ है।

'वीरांगना चेन्नम्मा': नारी शक्ति की यशोगाथा' शीर्षक के अन्तर्गत डॉ. महेश 'दिवाकर' विरचित महाकाव्य 'वीरांगना चेन्नम्मा' को एक नयी दृष्टि से देखने-परखने का प्रयास किया गया है, जिससे हिन्दी साहित्य के विद्यार्थी प्राय: अभी अपरिचित ही हैं। कर्नाटक राज्य के धारवाड़ प्रान्त की महारानी चेन्नम्मा के जीवन पर आधारित इस महाकाव्य में हमें नारी के चार रूपों के दर्शन होते हैं—ब्रह्माणी, लक्ष्मी, दुर्गा और रानी लक्ष्मीबाई। इन चारों रूपों का प्रतिबिम्ब महाकाव्य की नायिका चेन्नम्मा के चरित्र में देखा जा सकता है। चेन्नम्मा की जीवनगाथा झाँसी की रानी लक्ष्मीबाई से साम्य रखती है। रानी चेन्नम्मा अंग्रेज़ों की कित्तूर राज्य को हड़पने की कूटनीतिक चालों से भली-भाँति परिचित थी, लेकिन राज्य के गद्दारों से भी घिरी हुई थी। वीरांगना रानी चेन्नम्मो युद्ध में कई बार अंग्रेज़ों को परास्त करने के बाद भी अन्त में विशाल अंग्रेज़ी सेना का सामना करते हुए वीरगति को प्राप्त हो गयी। 'वीरांगना

चेन्नम्मा' महाकाव्य केवल रानी चेन्नम्मा की देशभक्ति, वीरता, अदम्य साहस, कुशल नेतृत्व, दूरदर्शिता, प्रशासनिक क्षमता, मानवतावादी दृष्टिकोण, राजनीतिक परिपक्वता, युद्धकला में दक्षता, बौद्धिक चातुर्थ एवं लोकप्रिय जननेता की यशोगाथा का गायन मात्र नहीं है, वरन् भारत की स्वतन्त्रता और अखण्डता का मार्ग प्रशस्त करने वाला कालजयी ग्रन्थ भी है। हिन्दी महाकाव्य परम्परा की दृष्टि से इस ग्रन्थ का रचनाकाल इक्कीसवीं सदी है, लेकिन कथ्य एवं शिल्पगत वैशिष्ट्य की दृष्टि से यह ग्रन्थ द्विवेदी युगीन काव्य परम्परा की अगली कड़ी के रूप में प्रतीत होता है।

इस प्रकार 'साहित्य और समालोचना' नामक इस ग्रन्थ में एक ओर साहित्य के बारे में ऐतिहासिक विकास-क्रम की दृष्टि से व्यापक सन्दर्भों में विचार एवं विश्लेषण किया गया है तो दूसरी ओर साहित्य की आलोचना के मानदण्डों के बारे में पूर्वाग्रह रहित दृष्टिकोण अपनाने पर बल दिया गया है। वस्तुतः साहित्य का मूल्यांकन दो स्तरों पर होना चाहिए; पहला, रूपगत आधार पर और दूसरा, कथ्य एवं प्रतिपाद्य के आधार पर। श्रेष्ठ कथ्य और श्रेष्ठ रूप से समन्वित रचना ही महान बन सकती है। कथ्य की श्रेष्ठता मानवीय सन्दर्भों में निर्धारित की जानी चाहिए, जबकि रूप की श्रेष्ठता साहित्यिक मूल्यों के सन्दर्भ में। इनमें से किसी एक पक्ष के कमज़ोर पड़ने पर रचना शिथिल पड़ जाती है।

ऐतिहासिक परिप्रेक्ष्य में देखें तो आधुनिक हिन्दी साहित्य में द्विवेदी युगीन काव्य कथ्य की दृष्टि से तो समसामयिक था, परन्तु मानवीय जटिल संवेदनाओं की तार्किक एवं यथार्थपरक दृष्टि के अभाव में आदर्शवाद के मकड़जाल में सिमटकर उपदेशात्मक एवं सपाटबयानी मात्र रह गया और समय के प्रवाह में फीका पड़कर अप्रासंगिक हो गया। दूसरी ओर, सौन्दर्य की दृष्टि से छायावादी काव्य सर्वोत्कृष्ट तो था, परन्तु वहाँ सार्थक कथ्य नदारद था। इसीलिए अधिक समय तक अपनी चमक बरकरार नहीं रख पाया। यही हाल परवर्ती काव्यधारा का भी रहा। कुछ नया करने अथवा नये प्रयोगों के चक्कर में कविता प्रयोगों की प्रयोगशाला मात्र बनकर रह गयी और कवित्व से हीन होती चली गयी। यह सही है कि साहित्य की धारा सीधी रेखा में नहीं चलती और उसमें कई मोड़ एवं उतार-चढ़ाव आते हैं, लेकिन हर युग में वह एक निश्चित मुकाम तक पहुँचती है या उसे पहुँचना चाहिए। काव्य के क्षेत्र में 'कामायनी' को छायावाद की श्रेष्ठ उपलब्धि माना जाता है, तो 'उर्वशी' को छायावादोत्तर काव्य की। इसी तरह कथा-साहित्य के क्षेत्र में

‘गोदान’ को प्रेमचन्द युग की उपलब्धि माना जाता है तो ‘राग दरबारी’, ‘मैला आँचल’ आदि को प्रेमचन्दोत्तर युग की।

जहाँ तक कथ्य की श्रेष्ठता या व्यापकता का प्रश्न है, वह साहित्येतर ग्रन्थों में और अधिक प्रभावी रूप में हो सकता है, परन्तु साहित्य में उसे साहित्य के मूल्यों में ढलकर ही आना होगा, अन्यथा ‘श्रीमद्भगवद्गीता’ से श्रेष्ठ ग्रन्थ और कौन हो सकता है? ‘रामायण’ और ‘महाभारत’ की श्रेष्ठता का आधार भी यही है कि जीवन–मूल्यों को मानवीय संवेदना के साथ काव्यत्व के कलेवर में पिरोया गया है। इसीलिए काव्य के सन्दर्भ में ‘शब्दार्थ’ के अद्वैत की बात हमेशा से की जाती रही है। साहित्य में वह किस सीमा तक सम्भव हो पाया है, इसका विश्लेषण एवं मूल्यांकन समालोचना के द्वारा ही हो सकता है। मैथ्यू आर्नल्ड के शब्दों में यदि ‘साहित्य जीवन की आलोचना है’ तो समालोचना साहित्य की आलोचना है। यह आलोचना साहित्यिक मूल्यों के आधार पर ही हो सकती है, साहित्येतर मूल्यों के आधार पर नहीं। साहित्येतर मूल्य आलोचना में सहायक हो सकते हैं, साध्य नहीं। इस प्रकार यह अध्ययन साहित्य और समालोचना के क्षेत्र में नये आयाम जोड़ने में सक्षम है।

खण्ड–2

'हार' उपन्यास का प्रतिपाद्य

पन्त जी की सर्वप्रथम रचना कविता न होकर उपन्यास थी। यद्यपि वे इससे पूर्व भी छोटी-मोटी तुकबन्दियाँ कर लेते थे। पन्त जी का सर्वप्रथम एवं एकमात्र उपन्यास 'हार' पहली बार सन् 1960 में प्रकाशित हुआ। कवि के शब्दों में, " 'हार' उपन्यास की पाण्डुलिपि किसी मित्र के पास चली गयी थी और अपने बाल-प्रयास को स्मरण के आधार पर उन्होंने पुनर्सृजित किया"।[1] उपन्यास का कथासूत्र भले ही बचपन का ही रहा हो, परन्तु प्रेम के स्वरूप निरूपण एवं राग चेतना सम्बन्धी उनके विचारों में प्रौढ़ता है।

'हार' का अर्थ है–माला तथा पराजय। इस शीर्षक का सीधा सम्बन्ध उपन्यास के नायक भविष्य तथा नायिका आशा की प्रेम कहानी में, प्रेमरूपी हार (माला) को पहनाने में असफल होने के कारण प्रेम की हार (पराजय) से है। उपन्यास का घटनाक्रम 'आराम' नामक वनस्थली में दुर्गा मन्दिर तथा उसके समीपस्थ 'तरलंग' सरोवर पर घटित होता है। इसी स्थान पर प्रेमियों का मिलन, परस्पर अनुरक्ति एवं विछोह होता है। 'हार' में–भविष्य, निमेष तथा पुजारी तीन पुरुष पात्र हैं और आशा, विजया, सुफला तथा बूढ़ी सास, चार स्त्री पात्र।

निमेष विवाहित युवक है। विजया उसकी पत्नी है। वह अपनी पत्नी विजया को दुत्कारकर सुफला से प्यार करता है, जबकि सुफला निमेष के प्रति तटस्थ है। भविष्य आशा को प्यार करता है। आशा पहले भविष्य के प्रति उन्मुख रहती है परन्तु बाद में निमेष के प्रति आसक्त हो जाती है। इससे कथाक्रम में उलझाव पैदा हो जाता है और भविष्य आशा की मनःस्थिति जानकर अत्यन्त खिन्न एवं विचलित हो जाता है। वह अपनी उलझन से मुक्ति के लिए दुर्गा मन्दिर के पुजारी के पास जाता है। पुजारी प्रेम के स्वरूप एवं महत्त्व पर प्रकाश डालता है तथा प्रेम, आसक्ति, भक्ति, शाश्वत सुख एवं विश्वप्रेम सम्बन्धी भविष्य की शंकाओं का समाधान प्रस्तुत करता है, जिससे

प्रेरित होकर भविष्य इन्द्रिय सुख से विमुख होकर योगी हो जाता है। विजया अपने पति निमेष के प्रति सर्वतोभावेन समर्पित है, वह न केवल पति के रूप में, अपितु प्रेमीरूप में भी अपने पति पर न्योछावर है।

उपन्यास में मुख्य रूप से प्रेमकथा ही वर्णित है। इसमें दो युवक भविष्य एवं निमेष क्रमशः दो अविवाहित युवतियों आशा एवं सुफला को प्यार करते हैं। दो समानान्तर प्रेमकथाएँ प्रेम की त्रिकोणात्मक स्थिति उत्पन्न करती हैं। विडम्बना यह है कि जिसे युवक चाहता है, उसे युवती नहीं चाहती और जिसे युवती चाहती है, उसे युवक नहीं चाहता। निमेष सुफला को प्यार करता है, सुफला उसे प्यार नहीं करती। विजया निमेष को प्यार करती है, निमेष उसे प्यार नहीं करता। भविष्य आशा को प्यार करता है, आशा उसे प्यार नहीं करती, अपितु निमेष को प्यार करती है। इसमें कथा-नायक भविष्य स्त्री-प्रेम से वंचित रह जाता है और इसी कारण प्यार की यात्रा में हारकर अपनी प्रेमिका आशा को प्रेम का हार न पहना सकने के कारण, प्रेम से विरक्त होकर योगी हो जाता है। प्रेम की इस त्रिकोणात्मक स्थिति को निम्नलिखित रूप में दर्शाया जा सकता है–

प्रेम के इन विविध त्रिकोणात्मक स्थितियों की परिणति दो रूपों में होती है–निमेष का अपनी पत्नी से क्षमा-याचना कर उसको पुनः अपनाना तथा भविष्य का सांसारिक प्रेम-बन्धन से मुक्त होकर विश्व-कल्याण हेतु योगी हो जाना और अपनी पूर्व प्रेमिका आशा को बहन के रूप में स्वीकार करना। अपने गार्हस्थ्य जीवन की राह से भटके निमेष के हृदय पर विजया अपने त्याग, सेवा, पातिव्रत्य से विजय प्राप्त कर लेती है और निमेष अपने कुकृत्यों पर पश्चात्ताप करता है। आशा ने भविष्य के प्यार का सम्मान न कर उसे दुःखी किया, वह अपने कृत्यों पर पश्चात्ताप कर भविष्य के प्रति समर्पित होती है और भविष्य उसके समर्पण को अनासक्त भाव से शुद्ध मानवीय प्रेम के रूप में ही स्वीकार करता है। इस प्रकार आशा भी भविष्य से क्षमा याचना कर उसके साथ ही विश्वप्रेम का व्रत ले लेती है–

आशा– नाथ! मुझे क्षमा करो! मैंने घोर पाप किया है! मैंने तुम्हें व्यर्थ इतना कष्ट दिया। मैं हतभागिनी हूँ। जब तक आप मुझे क्षमा नहीं करेंगे, मेरा दुख कम नहीं होगा।

भविष्य– उठो, बहन! मैंने तुम्हें क्षमा किया। मैं तुमसे किसी प्रकार भी असन्तुष्ट नहीं हूँ। ...मैं पहले तुम्हें यथार्थ में प्यार नहीं करता था। जिस प्रेम में लालसा, क्षोभ, दुःख, विरह, आशंका, भय तथा चंचलता रहती है, वह प्रेम यथार्थ में प्रेम नहीं है। वह

एक प्रकार की आसक्ति है। यदि तुम मेरे साथ रहना चाहती हो तो मुझे इसमें कोई आपत्ति नहीं है। किन्तु यह तुम्हारे लिए अत्यन्त कष्टकर होगा।

आशा– नहीं, नाथ! मुझे इसमें कुछ दुःख नहीं है। इससे अधिक सुख मेरे लिए और क्या हो सकता है...।

आशा को आज अपार सुख हुआ। उसने प्रेम को आज पहचाना।[2]

वैवाहिक जीवन से परे स्वच्छन्द प्रेम को पन्त ने स्पष्ट रूप से स्वीकृति प्रदान की है। परन्तु यह प्रेम देह-बोध से परे, शुद्ध रूप से भावनात्मक एवं आत्मिक शुद्धि पर आधारित होना चाहिए। इन्द्रिय सुख क्षणिक एवं अपराधबोध को जन्म देता है। अतीन्द्रिय प्रेम में ही स्थायित्व एवं वास्तविक आनन्द की प्राप्ति होती है। प्रेम के इस वास्तविक स्वरूप के ज्ञान से पूर्व यदि प्रेमी-प्रेमिका में देहासक्ति होती है या शरीर-सम्बन्ध भी हो जाता है तो वह क्षम्य है। लेखक उसे मानव स्वभाव की कमज़ोरी मानता है। भविष्य एवं आशा की प्रेमकथा के माध्यम से अविवाहित जीवन में अलौकिक एवं अतीन्द्रिय प्रेम की प्रतिष्ठा कर, इस तथ्य की व्यंजना की गयी है कि रागात्मक चेतना के परिष्कार एवं कर्तव्यबोध से ही मानव-जीवन में सच्चे सुख की प्राप्ति हो सकती है। राग चेतना के परिष्कार एवं देह-बोध से परे होकर स्त्री-पुरुष जीवन भर एक-दूसरे के साथ भाई-बहन के रूप में भी रह सकते हैं। पन्त जी की यह स्थापना मनोवैज्ञानिक दृष्टि से यथार्थपरक नहीं कही जा सकती कि स्त्री-पुरुष अपनी काम-ग्रन्थि को पूर्ण नियन्त्रण में रखकर, इस सम्बन्ध का निर्वाह जीवन-पर्यन्त करने में समर्थ हो पायेंगे।

विवाह एक सामाजिक व्यवस्था है। वैवाहिक सम्बन्धों में असन्तुलन से सामाजिक असन्तुलन पैदा होगा। लेखक ने भारतीय संस्कृति एवं भारतीय नारी आदर्शों की पूर्ण स्थापना की है। विजया आदर्श पत्नी है। वह पतिपरायणा, सेवा-त्याग की मूर्ति, सास-ससुर की सेवा करने वाली तथा पातिव्रत्य धर्म की साकार प्रतिमूर्ति है। पति को पत्नी से और पत्नी को पति से विमुख होकर गृहस्थ जीवन से परे अन्यत्र सुख-शान्ति एवं सच्चा प्यार नहीं मिल सकता और निरन्तर भटकना ही पड़ता है। वैवाहिक जीवन केवल सामाजिक बन्धन मात्र न होकर वास्तविक प्रेम-सम्बन्धों पर आधारित होकर ही सुख-शान्ति का केन्द्र बन सकता है। विजया के त्याग एवं समर्पण से निमेष को जीवन की वास्तविकता का भान होता है और वह अपने कुकृत्यों पर पश्चात्ताप कर अपने पापों का प्रायश्चित्त करता है–

'हाय! मैं बड़ा हत्यारा हूँ! महापापी हूँ! दुष्ट आततायी हूँ! मैंने दूसरी स्त्री पर मोहित होकर अपना सर्वनाश किया! अपना सब कुछ खोया! अपनी स्त्री को इतना कष्ट दिया! ...विजया, मुझे क्षमा करो प्रेयसी! मैंने तुम्हें बहुत कष्ट दिया। धन्य! ...विजया, आज तुम सचमुच विजया हुई।'[3]

लेखक की दृष्टि में वैवाहिक जीवन से इतर काम सम्बन्ध नैतिक एवं सामाजिक दृष्टि से अनुचित हैं। इससे वैवाहिक सम्बन्धों में भी तनाव उत्पन्न होता है और जीवन में अनियन्त्रित वासनाओं से वास्तविक सुख की प्राप्ति नहीं हो सकती। लेखक ने इतर प्रेम-सम्बन्धों के दुष्परिणामों के घटनाचक्र को प्रस्तुत कर, चचेरी सास की मृत्यु प्रकरण की सर्जना द्वारा निमेष को जीवन की वास्तविकता का बोध कराकर, गार्हस्थ्य जीवन के महत्त्व एवं पत्नी के प्रति प्रेम एवं आदरभाव की पुनर्स्थापना की है।

उपन्यास के इस कथ्य के अतिरिक्त भारतीय समाज में सास का अपने बहू के प्रति क्रूर व्यवहार को यथार्थ रूप में उजागर कर, कुलवधू की सहनशीलता को भी रेखांकित किया है–'उसकी चचेरी सास उसे (विजया) ढूँढ़ती हुई आ पहुँची। उसने फिर अपनी काली-सी हुँकार छोड़ी–क्यों री नकटी, तुझे बार-बार कहने पर भी लाज नहीं आती? लाज खो आयी है लुच्ची! ...मैं तुझे जानती थोड़े नहीं हूँ! ...न जाने चोट्टी उसे क्या-क्या सुनाती है! कहती होगी मेरे लिए चन्द्रहार बनाओ, ऐसा लाओ, वैसा लाओ। ...जा उठ, दाल-चावल सुधार। काम करने के लिए तेरी अम्मा थोड़ी आयी हैं जो तू बैठ-बैठ के खाये! मेरे घर में बहू नहीं चाण्डालिन आयी है।

'विजया कुछ न बोली! करुणा रोने लगी। वह मानो विजया से कहने लगी, देवी तू धन्य है, तेरी सहनशीलता धन्य है! तू सती है।'[4]

सम्पूर्ण घटना-क्रम के माध्यम से रस-भावादि एवं विचार-तत्व की प्रतिष्ठा हुई है। रस-भावादि के अन्तर्गत प्रेमी-प्रेमिकाओं के संयोग-वियोग एवं तज्जनित विविध प्रेमालाप, भाव-भंगिमा, चेष्टादि तथा वियोगजनित कामदशाओं की व्यंजना हुई है। उपन्यास में शृंगार रस अंगीरूप में अवस्थित है और उसका पूर्ण निर्वाह होने से रचना आकर्षक एवं आह्लादकारी है। शिल्पगत दुरूहता का अभाव एवं विभावादि की स्पष्ट नियोजना से रस परिपाक की सृष्टि हुई है। स्थायी भावों की रसनीयता के अतिरिक्त–हर्ष, दैन्य, अमर्ष, शंका, चिन्ता, उन्माद, ईर्ष्या, विषाद, मति, ग्लानि आदि संचारी भावों की भी स्वतन्त्र व्यंजना हुई है। प्रकृति का शृंगारादि के उद्दीपन विभाव के रूप में वर्णन हुआ है। इन विभिन्न स्थायी, व्यभिचारी एवं अनुभावों की व्यंजना के कुछ स्थल द्रष्टव्य हैं–

संयोग श्रृंगार

'निमेष सुफला के रंग में निमेष-निमेष में घुलने लगे...उसके नयन निर्निमेष हो गये। और स्वतन्त्र हो सुफला के 'मुख कमल पर अबोध अलि छौंना' के सदृश बँध गये। उड़ न सके। निमेष का कोई बल न चला।'[5]

इन पंक्तियों में निमेष की सुफला के प्रति रति स्थायी भाव की व्यंजना हुई है। वह सुफला के रूप-सौन्दर्य पर इतना आसक्त हो जाता है कि निज सुध-बुध भी खो बैठता है। अपने पति निमेष के वियोग में विजया की विरह-वेदना बहुत मार्मिक रूप में अभिव्यंजित हुई है–

'मेरी वियोग की रात! हाय! मेरी वियोग की रात बड़ी विलक्षण है! ...ओह! इस जड़ प्रकृति की कठोरता का क्या ठिकाना है? कितनी ही बार मैं इसकी नीरवता को भंग कर उच्च स्वर में पुकार चुकी हूँ–'विरह रजनी मेरी हाय! कैसे कटेगी! ...मेरा दीर्घ रुदन-स्वर भीषण वज्रनाद की तरह इस मरालिनी की कठोरता कँपा नहीं सकता। ...वेदने! क्या तू ब्रह्मा से अक्षय वर पा चुकी है? ...हाय! इस पंचशर के पंचशरों की पंचाग्नि सहते-सहते इस पंचभूत शरीर को आज पाँच मास हो गये हैं। कितनी प्रबल पंचाग्नि है। ...जब से प्राणनाथ विमुख हुए, तब से मेरे लिए सारा संसार ही विमुख हो गया है।... हाय! आज मेरे ऊपर इस वर्षा ऋतु को भी दया नहीं आ रही है। धूम के धुँवारे कहुँ काजर से कारे ये निपट विकरारे घन मेरे प्राणों के ग्राहक बन बैठे हैं।'[6]

इसमें विभावादि की पूर्ण संयोजना द्वारा वियोग श्रृंगार रस की व्यंजना हुई है तथा प्रकृति को उद्दीपन के रूप में चित्रित किया गया है। इसके अतिरिक्त करुण एवं रौद्र रसों की भी व्यंजना हुई है। रसादि के अतिरिक्त वैचारिकता का सौन्दर्य भी अभिव्यंजित हुआ है। प्रेम के स्वरूप वर्णन, संसार के यथार्थ-बोध, कर्तव्य-निर्वाह एवं जीवन तथा जगत् के सत्य को भी उद्घाटित किया गया है। सुफला के निम्नलिखित कथन से गार्हस्थ्य जीवन की पवित्रता एवं पति-पत्नी की एक-दूसरे प्रति एकनिष्ठता तथा सामाजिक मर्यादा-पालन की अनिवार्यता की व्यंजना हुई है–

सुफला–'धिक्कार है ऐसे पुरुषों को जो दूसरे की स्त्री पर दृष्टि रखकर अपनी गृहलक्ष्मी को इस प्रकार यातना दिया करते हैं। धिक्कार है इनके प्रेम को। ये प्रेम के मिस उसका गला घोंटते हैं। समाज-शत्रु इन्हीं का नाम है।... यह प्रेम नहीं आसक्ति है, प्यार नहीं व्यभिचार है।'[7]

प्रेम को सस्ती भावुकता का पर्याय मान लिया जाता है। वस्तुतः प्रेम एक

ऐसी दुर्लभ वस्तु है जो हृदय एवं मस्तिष्क के समुचित सन्तुलन पर आश्रित होती है। वह दैहिक आकर्षण एवं भौतिक स्वार्थों से परे शुद्ध आत्मिक अनुभूति है जो बुद्धि की निर्मलता एवं इन्द्रिय-निग्रह द्वारा स्थायित्व को प्राप्त करती है। दाम्पत्य जीवन में ही ऐसे अलौकिक प्रेम की प्रतिष्ठा होती है। रचनाकार प्रेम की परम्परित परिभाषा से परे, उसके एक नये तात्त्विक स्वरूप को अभिव्यक्त करता है। सुफला कहती है–

'दाम्पत्य भी यथार्थ में प्रेम नहीं है। वह वास्तविक प्रेम को बतलाने वाला एक मार्ग मात्र है। उसमें फँसकर मनुष्य पीछे प्रेम का महत्त्व समझ जाता है, प्रेम को पहचान लेता है। प्रेम किसी से आँख लड़ाना, किसी के लिए चंचल हो उठना तथा किसी के बिना व्याकुल होना नहीं है। प्रेम किसी के विरह में प्रलाप करना, किसी के स्वार्थ से प्राण समर्पण करना नहीं है।... सच्चे प्रेम में दुःख नहीं होता, अशान्ति नहीं रहती। ...वास्तविक प्रेम एक अलौकिक पदार्थ है।'[8]

उपर्युक्त विवेचन से स्पष्ट है कि 'हार' उपन्यास में औपन्यासिक शिल्प का अभाव होने पर भी, उसमें मानवीय भावों की सहज एवं सरल अभिव्यक्ति हुई है। सामाजिक आदर्शों के निर्वाह में अति वैचारिकता एवं कल्पनाशीलता से मानव स्वभाव एवं स्त्री-पुरुष के सम्बन्धों के चित्रण में अस्वाभाविकता आ गयी है। समग्र रूप में 'हार' रोचक एवं रससिक्त उपन्यास है। यद्यपि उसमें कुछ भावात्मक एवं वैचारिक विरोधाभास भी विद्यमान है। विजया के दुःख एवं आक्रोश का चित्रण मार्मिक है।

सन्दर्भ

1. सुमित्रानन्दन पन्त ग्रन्थावली, भाग-1, पृ. 3-4
2. वही, पृ. 74-75
3. वही, पृ. 56-57
4. वही, पृ. 26-27
5. वही, पृ. 20
6. वही, पृ. 21-22
7. वही, पृ. 42
8. वही, पृ. 42

अँधेरे में रोशनी की कविताएँ 'शब्द के विरुद्ध'

कविता की जब भी बात करते हैं, सामान्यतया उसका पद्यात्मक रूप सामने आता है जो एक विशेष साँचे में छन्दबद्ध रूप में लय, तुक, यति आदि से समन्वित होता है। कविता का पद्य रूप गेय भी होता है और संगीतात्मक भी। इस कारण वह आसानी से कंठस्थ भी हो जाती है। कविता का यह रूप युगों से चला आ रहा है। आज जबकि कविता गद्य रूप में लिखी जाने लगी है, फिर भी पुराने संस्कार मन-मस्तिष्क में बसे हुए हैं। छन्दबद्ध कविता की सबसे बड़ी विशेषता यह है कि वह लयबद्ध होने के कारण पाठकों को संगीत का-सा आनन्द देती है। संगीत का मानव-हृदय के साथ अटूट रिश्ता है। काव्य-गोष्ठियों में वही मंचीय कवि श्रोताओं को अपने साथ बहा ले जाने में सफल होता है जो कविता को गाकर प्रस्तुत करता है। संगीत में एक तरह का जादू होता है। संगीतात्मक कविता की विषय-वस्तु यदि मानवीय सरोकारों से समन्वित हो तो उसमें चार चाँद लग जाते हैं।

आज गद्य का युग है। इस कारण छन्दबद्ध कविता मुख्य धारा से अपदस्थ होती जा रही है। छन्दबद्ध कविता की अपनी सीमाएँ होती हैं। वहाँ विषय के साथ-साथ छन्द भी उतना ही महत्त्वपूर्ण होता है। कवि को पहले छन्द-साधना करनी पड़ती है, फिर उसमें भाव-विचार को समाविष्ट करना पड़ता है। छन्दबद्ध कविता लिखने में वह स्वतन्त्रता नहीं होती, जो छन्दमुक्त कविता में होती है। वहाँ कवि को अपनी बात निश्चित साँचे में कहनी पड़ती है। इस कारण भावों की काट-छाँट भी करनी पड़ती है, क्योंकि छन्द प्रमुख होता है और विषयवस्तु को छन्द के पिंजड़े में समायोजित करना होता है। कई बार तुकबन्दी बनाये रखने के लिए शब्दों की अनावश्यक भर्ती भी करनी पड़ती है। यद्यपि अतीत में कई कवियों ने छन्दबद्ध रचना द्वारा अपना कवि-कौशल दिखाया है और एक सीमा तक वे सफल भी रहे है, परन्तु वहाँ भावाभिव्यक्ति की वह उन्मुक्तता नहीं होती जो छन्दमुक्त कविता में हो सकती है। इसीलिए

छन्द-बन्ध तोड़कर कविता के अखाड़े में कूदने वाले कवि बेबाकी से अपनी बात कह पाते हैं।

छन्द के बन्धन टूटने का सबसे बड़ा दुष्परिणाम यह हुआ कि अकवि भी कविता के मैदान में उछल-कूद मचाने लगे हैं। नवीनता के नाम पर जो कुछ मन में आता है, उसे शब्दों के माध्यम से उगल डालते हैं। इसलिए छन्द-मुक्त अकवियों की कविता के क्षेत्र में बाढ़-सी आ गयी है। रस, छन्द, अलंकारादि की गाड़ी में सवारी करने वाली परम्परित कविता आज के जटिल प्रश्नों को उस रूप में प्रस्तुत नहीं कर पाती, जिस रूप में वे हमारे समक्ष खड़े हैं। यद्यपि आज भी छन्दबद्ध कविताएँ थोक के भाव लिखी जा रही हैं, परन्तु मुख्यधारा में अपनी जगह न बना सकने के कारण वे अचर्चित ही रह जाती हैं।

वर्तमान युग में कविता के बाह्य कलेवर की अपेक्षा उसके कथ्य को विशेष महत्त्व दिया जा रहा है। दूसरा, हज़ारों वर्षों से कविता का जो छन्दबद्ध रूप चला आ रहा है, उसमें कोई नवीनता न होने के कारण लोग उससे उकता भी गये हैं। कोई चीज़ कितनी ही अच्छी क्यों न हो, एक समय के बाद वह अपनी चमक खो बैठती है। एक ही घिसा-पिटा रूप एकरसता के कारण ऊबाऊ लगने लगता है। इसलिए कविता ने छन्द के बन्धन तोड़ डाले हैं। बूढ़े उपमानों में अब वह ताक़त नहीं रही जो ताज़ा हवा के झोंकों को बरदाश्त कर सके। इसीलिए मैंने भी छन्दबद्धता की अपेक्षा मुक्त छन्द को ही अपनी कविताओं के लिए चुना। मेरी अधिकांश कविताएँ मुक्त छन्द में ही लिखी गयी हैं, लेकिन उसमें अर्थ की लय सर्वत्र विद्यमान है। अर्थ की लय ही भाव-विचार की लय है। एकान्तिक क्षणों में जब मेरे भीतर का कवि हिलोरे लेने लगता है तो वह शब्दार्थ की लहरों में अभिव्यक्त हो उठता है। तब भाव और भाषा एकमेक होकर अद्वैत रूप में कविता में निबद्ध होते चले जाते हैं।

कविता की सबसे बड़ी विशेषता है–'मित कथन'। कहानी और उपन्यास में जिस बात को कहने के लिए कई-कई पृष्ठ भी कम पड़ जाते हैं, उसे कविता चार पंक्तियों में सुन्दर रूप में प्रस्तुत कर सकती है। बिहारी जैसा कवि तो 'गागर में सागर' भरने के लिए ही प्रसिद्ध है। आज व्याख्या का युग है। 'बिन्दु' में 'सिन्धु' की खोज करने वाले न तो पाठक रहे और न आलोचक। अत: जटिलता की अपेक्षा सम्प्रेषणीयता अधिक मूल्यवान हो गयी है। मैं अपनी बात को सुधी एवं सहृदय पाठकों तक सीधे सम्प्रेषित करना चाहता हूँ। इसलिए मेरी कविताओं में वह सम्प्रेषणीयता देखी जा सकती है। मेरी कविता जीवन से जुड़े सरोकारों की कविता है। मैंने शब्दों के साथ कभी खिलवाड़

नहीं किया, वरन् उनमें प्राण-सिंचन किया है ताकि वे दूसरों के सुख-दुःख के भागीदार बन सकें। उन्हें सान्त्वना दे सकें तथा अँधेरे में भटकते लोगों को ज्ञान का दीप जलाकर सही राह दिखा सकें।

मेरी कविताएँ जीवन-जगत् के यथार्थ से जन्म लेती हैं तथा बोध के सोपानों को पार करते हुए चिन्तन के उस एवरेस्ट शिखर पर जा पहुँचती हैं जो आदर्शपरक यथार्थ होता है। कल्पना के पंख यदि ज़मीन पर टिके हों तो वे भी साकार रूप धारण कर सकते हैं। कल्पना और यथार्थ एक ही सिक्के के दो पहलू हैं, बशर्ते कि वह कोरी कल्पना मात्र न हो। हमारे ऋषि-मुनि, गौतम-गाँधी, ईशू-मोहम्मद, गुरु नानक आदि तमाम महापुरुष जीवन-जगत् के यथार्थ ही रहे हैं और आज के आदर्श हैं। वे अपने युग से भी आज अधिक प्रासंगिक हैं तथा सदा ही प्रासंगिक बने रहेंगे क्योंकि पारमार्थिक सत्य कभी बदलता नहीं। पारमार्थिक सत्य व्यावहारिक भी बन सकता है। इसे इन महापुरुषों ने अपने जीवन की प्रयोगशाला में सिद्ध करके दिखाया है।

मैंने जीवन-सत्य के बहुविध रूपों को अपनी कविताओं में शब्दार्थ का जामा पहनाया है। सब जानते हैं कि 'शब्द' कभी मरता नहीं। इसीलिए उसे 'अक्षर ब्रह्म' कहा गया है। मैंने रस, छन्द, अलंकार को लक्ष्य करके कविताएँ नहीं लिखीं, वरन् उनमें जीवन-सत्य को पिरोकर 'शिवत्व' का मार्ग प्रशस्त किया है। सत्यम्, शिवम् से अनुप्राणित कविताएँ जिस वक्रता से प्रस्तुत की गयी हैं, वहाँ 'सुन्दरम्' के दर्शन स्वयमेव हो जाते हैं। जागतिक जीवन की तीन ही गतियाँ हैं जो जन्म, भरण और मरण के परिवर्तन-चक्र में घूमती रहती हैं। सच्ची कविता जीवन पर आधारित होती है क्योंकि वह शरीरधारी मानव द्वारा मानव के लिए ही लिखी जाती है ताकि दुनिया में 'मानवता' बची रह सके। यही मेरी कविताओं का मूल प्रतिपाद्य रहा है। आज 'मानवता' ख़तरे में है। उस पर चारों दिशाओं से दानवों के हमले हो रहे हैं। 'मानवता' नहीं बचेगी तो मनुष्य भी नहीं बचेगा। अतः समय रहते उसे बचाना हमारा धर्म है। साहित्य संगीत और कला ही उसे बचा सकते हैं। उसी 'मानवता' को बचाने का उपक्रम मेरी कविताओं में देखा जा सकता है।

साहित्य अपने युग का प्रामाणिक दस्तावेज़ भी होता है, बशर्ते कि वह युगबोध से अनुप्राणित हो। उसमें व्यष्टि और समष्टि दोनों समाहित रहते हैं। मेरी कविताओं की भावभूमि व्यष्टि से समष्टि तक परिव्याप्त है। उनमें अतीत, वर्तमान और भविष्य तीनों समाहित हैं। उनमें जीवन-जगत् के कई मूलभूत प्रश्न उठाये गये हैं और उन्हीं में समाधान भी अन्तर्निहित हैं। एक तरह से प्रश्न

ही स्वयं में उत्तर भी हैं। व्यक्ति की अस्मिता उसके समाज में है। सामाजिक सरोकारों से हम स्वयं को अलग नहीं कर सकते। समाज से ही राज्य और राष्ट्र का निर्माण होता है। राष्ट्र की सीमाएँ अन्तिम नहीं हैं। वे बनती-बिगड़ती रहती हैं। इतिहास इसका साक्षी है। व्यष्टि की सीमा जब समष्टि की ओर उन्मुख होने लगती है तो वह भौतिक जगत् से आध्यात्मिक जगत् की ओर ऊर्ध्वमुखी हो उठती है। आध्यात्मिक यात्रा का अन्तिम पड़ाव महानिर्वाण है, जहाँ बुद्ध ने विश्राम लिया। सिद्धार्थ से संबुद्ध बुद्ध तक की यात्रा ही जीवन की असली यात्रा है, सार्थक यात्रा है। कविता यदि उस यात्रा का मार्ग प्रशस्त कर सकती है तो सार्थक कही जा सकती है। सभी का जीवन सार्थक हो, यही एक सच्चे रचनाकार की अभिलाषा होती है। 'शब्द के विरुद्ध' संग्रह की कविताएँ भी जीवन के अँधेरे में नया दीप जलाने का सार्थक प्रयास करती हुई सच्चे कवि-कर्म को रेखांकित करती हैं।

मानवीय मूल्यों पर आधारित 'मेरा रचना-संसार'

साहित्य के क्षेत्र में काव्यशास्त्र का विद्यार्थी होने के नाते मैंने कुमाऊँनी और हिन्दी में जो भी काव्य-रचना की है, उसे एक आलोचक की दृष्टि से भी देखा-परखा है। कभी-कभी अनुभूति के क्षणों में बहुत कुछ ऐसा भी लिखा जाता है जो बाद में अनपेक्षित-सा लगता है। अतः उस अनगढ़ भाव-रचना को छाँटने-तराशने की भी आवश्यकता पड़ती है। भाव और कल्पना के साथ यदि बुद्धि का संयोग न हो तो वह भावोच्छ्वास मात्र रह जाता है। इसलिए रचना को बुद्धि और तर्क की कसौटी पर भी कसा जाता है। प्रायः कहा जाता है कि जिस प्रकार माता-पिता को अपनी अपंग एवं अयोग्य सन्तान भी दूसरों की सुयोग्य सन्तान से अधिक प्यारी होती है, वैसे ही एक रचनाकार को अपनी साधारण रचना भी अच्छी लगती है। यही बात गोस्वामी तुलसीदास जी ने इस रूप में कही है–

निज कवित्त केहि लाग न नीका। सरस होउ अथवा अति फीका।।
जे पर भनिति सुनत हरषाहीं। ते बर पुरुष बहुत जग नाहीं।।

–(रामचरितमानस, बालकाण्ड, 7-6)

अर्थात् अपनी कविता किसे अच्छी नहीं लगती, चाहे वह सरस हो या नीरस (फीकी), किन्तु जो दूसरे की रचना सुनकर हर्षित होते हैं, ऐसे उत्तम पुरुष संसार में बहुत नहीं हैं।

दूसरे की रचना सुनकर वही हर्षित हो सकते हैं, जो सहृदय हों तथा जिनमें काव्य-विवेक हो। कभी-कभी सदियों तक विवेकसम्पन्न काव्यमर्मज्ञ नहीं मिल पाते और श्रेष्ठ रचना को भी समय पर समुचित स्थान नहीं मिल पाता। इतिहास में ऐसे सैकड़ों उदाहरण मिलते हैं, लेकिन रचनाकार को अपनी रुचि, विवेक और सामर्थ्य के अनुसार काव्य-रचना में प्रवृत्त होना चाहिए। गोस्वामी तुलसीदास एक ओर कोरे काग़ज़ पर लिखकर शपथपूर्वक यह घोषणा करते हैं कि उनमें तनिक भी काव्य-विवेक नहीं है–

कबित विवेक एक नहि मोरें।
सत्य कहउँ लिखि कागद कोरें।।

–(रामचरितमानस, बालकाण्ड, 8-6)

दूसरी ओर 'रामचरितमानस' जैसे–कालजयी महाकाव्य की रचना कर जाते हैं। यही विनम्रता और ईश्वर की शरणागति वैष्णवी भक्ति-परम्परा का दिव्य आभूषण है।

प्रायः कहा जाता है कि यदि तुम संसार में अमर होना चाहते हो तो कुछ ऐसा काम करो कि लोग तुम पर लिखें या ऐसा लिखो कि लोग तुम्हारा लिखा हुआ पढ़ें। भगवान श्रीराम ने त्रेता युग में कुछ ऐसा काम किया कि आदिकवि वाल्मीकि से लेकर तुलसीदास तक सैकड़ों कवियों ने अपने-अपने ढंग से उनकी जीवनगाथा को अपनी कविता का विषय बनाया। तुलसीदास ने श्रीराम पर कुछ ऐसा लिखा कि तब से लेकर आज तक लोग उसे पढ़ते आये हैं और अनन्तकाल तक पढ़ते रहेंगे। वह रामकथा तुलसी की वाणी में सबका तारणहार बन गयी। इसीलिए वे लिखते हैं–

कीरति भनिति भूति भलि सोई।
सुरसरि सम सब कहँ हित होई।।

–(रामचरितमानस, बालकाव्य, 13-5)

अर्थात् कीर्ति, कविता और सम्पत्ति वही उत्तम है जो गंगाजी की तरह सबका हित करने वाली हो।

तुलसी की दृष्टि में 'कला कला के लिए' नहीं, वरन् 'कला जीवन के लिए' होनी चाहिए। इस तरह उनकी कविता का मुख्य उद्देश्य 'लोकमंगल' की भावना रहा है। इसी लोकमंगल में 'आत्म-मंगल' भी छिपा रहता है, जब वे कहते हैं कि–

स्वान्तः सुखाय तुलसी रघुनाथगाथा
भाषानिबन्धमति मंजुलमातनोति।।

–(रामचरितमानस, बालकाण्ड, 7)

अर्थात् अपने अन्तःकरण के सुख के लिए तुलसीदास श्री रघुनाथजी की कथा को अत्यन्त मनोहर भाषा में निबद्ध करता है।

तुलसीदासजी की उपुर्यक्त पंक्तियों को उद्धृत करने का आशय यह है कि मुझे भी कुमाऊँनी तथा हिन्दी में काव्य-रचना करने में आत्मिक सुख का अनुभव हुआ। औरों ने मेरी रचनाओं को कितनी बार पढ़ा या नहीं पढ़ा, मुझे नहीं पता, लेकिन मैं आज भी जब कभी अपनी कविताओं को पढ़ता

हूँ तो मुझे असीम आनन्द की अनुभूति होती है। इसके साथ ही मुझे लगता है कि मैंने अपनी रचनाओं में व्यक्ति, समाज, राष्ट्र और मानवता से जुड़े जिन विषयों को भाव एवं विचार के धरातल अनुभूति का विषय बनाया, वे कहीं-न-कहीं 'लोकमंगल' की भावना से जुड़े हुए हैं। मेरी प्रतिबद्धता हमेशा सामाजिक सरोकारों के प्रति रही है।

कई बार स्वनामधन्य आलोचक कविता के शिल्प को लेकर तरह-तरह के सवाल उठाते हैं कि उसे 'ऐसा नहीं, वैसा होना चाहिए था' या कि बड़ा नहीं, छोटा होना चाहिए था आदि-आदि। मुझे लगता है कि कविता की सफलता उसकी सम्प्रेषणीयता में है और उसकी सार्थकता सामाजिक प्रतिबद्धता में। एक आलोचक की दृष्टि जब मैं अपनी कविताओं का निरपेक्ष एवं निर्वैयक्तिक दृष्टि से मूल्यांकन करता हूँ तो मुझे लगता है कि मैं अपने उद्देश्य में काफ़ी कुछ सफल रहा हूँ। सहृदय पाठकों एवं सुधी समीक्षकों को मेरा रचना-संसार कैसा लगा, उसका प्रत्यक्ष प्रमाण उन्हीं के शब्दों में इस पुस्तक के माध्यम से प्रस्तुत कर रहा हूँ।

लेकिन यह काव्य-संसार अपार है, जिसका कोई ओर-छोर नहीं है। मेरी रचनाएँ तो उसमें जल की एक बूँद के समान हैं, परन्तु बूँद का भी अपना अलग अस्तित्व और महत्त्व होता है क्योंकि बूँद-बूँद से ही घड़ा भरता है और बूँद-बूँद से ही सागर बनता है। महाकवि कालिदास 'रघुवंश' महाकाव्य में कहते हैं–

क्व सूर्यप्रभवो वंशः क्व चाल्प विषया मतिः।
तितीर्षुर्दुस्तंरमयो हा डुडुपेनास्मि सागरम्।।

–(रघुवंश, प्रथम सर्ग, श्लोक-5)

कहाँ तो महान सूर्यवंश और कहाँ स्वल्प बुद्धिवाला मैं। जिस प्रकार एक छोटी-सी नाव से कोई व्यक्ति विशाल सागर को पार करने की इच्छा रखता है, उसी प्रकार काव्य-रस के मोह से मैं भी महान रघुवंश के वर्णन भी इच्छा रख रहा हूँ।

मैंने किसी महान राजवंश के वर्णन की इच्छा तो कभी नहीं रखी, लेकिन आम जनता के दुःख-दर्द को अपनी कविताओं का विषय अवश्य बनाया है। महान पूर्वजों एवं महापुरुषों की पृष्ठभूमि में वर्तमान युग के सामाजिक, सांस्कृतिक एवं राजनीतिक परिदृश्य को अवश्य रूपायित करने का प्रयास किया है। मेरा उद्देश्य वर्तमान स्थितियों का यथातथ्यपरक चित्रण करना मात्र नहीं रहा है, वरन् अपने युग की वर्तमान दशा एवं दिशा का वैचारिक

स्तर पर सही मार्गदर्शन करना भी रहा है। युग बदलता है तो तदनुरूप युगीन परिस्थितियाँ भी बदल जाती हैं, परन्तु अनादिकाल से अद्यतन मानव ही उस बदलाव की 'धुरी' रहा है। यह बदलाव पूरी दुनिया में समग्र रूप में एक साथ कभी नहीं होता। बदलाव की यह प्रक्रिया समय-समय पर किसी वर्ग विशेष और स्थान विशेष में विभिन्न चरणों में चलती रहती है। इसीलिए मानव सभ्यता के विकास में आज भी हमें आदिम मानव और मशीनी मानव तक के सफ़र में प्रत्येक युग के हर तरह के दृश्य दिखाई देते हैं। पूरी दुनिया में आज भी जिस तरह से आदिवासी, विविध धर्मावलम्बी, रूढ़िवादी, अन्धविश्वासी, सनातनधर्मी और अतिआधुनिकतावादी लोग दिखाई देते हैं, वे मानव सभ्यता के विकास में ऐसे युग सत्य हैं जो अतीत के चरण-चिह्नों के रूप में अपनी उपस्थिति बनाये हुए हैं।

साहित्य का कर्मक्षेत्र और उद्देश्य इनसान को, इनसान के लिए, इनसान बनाये रखना है। धूर्त एवं स्वार्थी तत्त्वों ने अतीत से लेकर वर्तमान तक वर्ण, जाति, धर्म, क्षेत्र, भाषा, प्रांत और राष्ट्र के आधार पर समूची मानव जाति को परस्पर बाँटने को जो महापाप किया है, उसने आज विकराल रूप धारण कर लिया है। उसे रोकना और जड़ से समाप्त करना साहित्य का कर्म एवं धर्म है। सच्चा साहित्यकार वही है जो सभी धर्मों और जातियों के लोगों को परस्पर जोड़ने का मार्ग प्रशस्त करे तथा तमाम तरह की संकीर्णताओं से ऊपर उठकर सभी को इंसानियत का पाठ पढ़ाने में अपनी अहम भूमिका का निर्वहन करे, अन्यथा यह समूची मानव जाति एक दिन विनाश हो प्राप्त हो जायेगी। तब न साहित्य बचेगा, न धर्म-संस्कृति बचेगी और न ज्ञान-विज्ञान बचेगा। तथाकथित सभ्यता-संस्कृति एवं ज्ञान-विज्ञान के विकास की सारी कवायद मनुष्य द्वारा, मनुष्य के लिए, केवल मनुष्य बने रहने के लिए की जा रही है। यदि मनुष्य ही नहीं रहेगा तो सब कुछ व्यर्थ हो जायेगा। अतः एकमात्र उद्देश्य एवं प्राथमिकता मनुष्य की मनुष्यता को बचाए और बनाये रखने की है, जिसमें साहित्य की मुख्य भूमिका रहनी चाहिए।

मैंने अपने छोटे से रचनाकाल में अत्यल्प रचनाओं के माध्यम से यही कहने की कोशिश की है कि यह दुनिया 'मनुष्य' को लेकर है। वर्ण, जाति, धर्म, भाषा, क्षेत्र, राष्ट्र आदि तमाम भेद मनुष्य द्वारा निर्मित होने से कृत्रिम एवं मिथ्या हैं। इन कृत्रिम बन्धनों को तोड़ने की आवश्यकता है। अतीत से लेकर वर्तमान तक संसार के तमाम महापुरुषों ने हमेशा 'मानवता' का ही पाठ पढ़ाया है। 'मानवता' ही परम सत्य है, बाकी सब मिथ्या है। मेरी रचनाओं

का मूल प्रतिपाद्य भी यही रहा है। मैं अनुभव करता हूँ कि आज के इस प्रचारवादी युग में मेरी रचनाओं का व्यापक प्रचार-प्रसार नहीं हो पाया है और न वह सही सोच रखने वाले बहुसंख्यक लोगों तक पहुँच पायी है! इसका मुख्य कारण मेरी काहिली, संकोच और प्रचार से दूर रहने की प्रवृत्ति रही है। लेकिन यदि 'मानवता' का सन्देश पूरी दुनिया तक पहुँचाना है तो उसके लिए दुनिया से जुड़ना भी ज़रूरी है। महाकवि तुलसीदास को भी अपनी कृति 'रामचरितमानस' को जन-जन तक पहुँचाने के लिए कथावाचक के रूप में जगह-जगह उसका प्रचार-प्रसार करना पड़ा था, जिसके कारण एक क्षेत्र विशेष की बोली 'अवधी' में लिखी जाने पर भी वह लोगों का कण्ठहार बन गयी थी। मैंने भी कुमाऊँनी में कई रचनाएँ लिखी हैं, लेकिन वे पूरे कुमाऊँनी समाज तक भी नहीं पहुँच पायीं। कविता को पुस्तकों में ही बन्द नहीं रहना चाहिए। उसे अधिकांश पाठकों तक पहुँचना चाहिए, तभी उसकी सार्थकता सिद्ध होगी।

आदि शंकराचार्य का तत्त्व-दर्शन

आदि शंकराचार्य भारत की उन महान विभूतियों में से एक हैं जिन्होंने पूरे देश में अपनी प्रतिभा और विद्वत्ता का परचम लहराया। जब सम्पूर्ण अखण्ड भारत में बौद्ध धर्म-दर्शन के उदय एवं विस्तार के कारण वैदिक धर्म-दर्शन का पराभव हो रहा था, तब आदि शंकराचार्य एक अवतारी पुरुष के रूप में इस भारत-भूमि पर अवतरित हुए। उन्होंने मात्र 32 वर्ष की अल्पायु में ही वैदिक धर्म-दर्शन का न केवल पूरब से पश्चिम और दक्षिण से उत्तर तक परचम लहराया, वरन् बौद्ध धर्म को उखाड़ फेंका और वैदिक धर्म को पुनर्स्थापित किया। बौद्ध धर्म को अपने प्रचार-प्रसार के लिए सम्राट अशोक जैसे शासकों का राजकीय संरक्षण प्राप्त था, जबकि शंकराचार्य ने केवल अपने बलबूते पर ही वैदिक धर्म-दर्शन का झण्डा पूरे भारतवर्ष में पूरी शान से फहरा दिया और नास्तिकता के कुहासे से श्रद्धालुओं को आस्तिकता का प्रकाश दिखाया। ऐसे महापुरुष के जीवन को आधार बनाकर प्रमोद 'पुष्कर' ने जो 'आदि शंकराचार्य' नामक प्रबन्ध काव्य की रचना की है, वह निश्चित रूप से सराहनीय एवं स्वागतयोग्य है।

पुष्कर ने प्रमुख रूप में शंकराचार्य के अद्वैत मत को विस्तार से व्याख्यायित करने का प्रयास किया है। शंकराचार्य ने प्रस्थानत्रयी–ब्रह्मसूत्र, उपनिषद् एवं श्रीमद्भवगद्गीता पर भाष्य लिखकर न केवल अपने अद्वैत सिद्धान्त का प्रतिपादन किया, वरन् उसे भारतीय चिन्तन परम्परा के आधारस्तम्भ के रूप में भी प्रतिपादित किया। शंकराचार्य के अद्वैत सिद्धान्त का मूलभूत सूत्र है–'ब्रह्म सत्यं जगन्मिथ्या, जीवो ब्रह्मेव नापरः।' अर्थात् ब्रह्म ही सत्य है। यह सम्पूर्ण संसार मिथ्या होने के कारण मायारूप है। जीव ब्रह्मस्वरूप ही है और कुछ नहीं। जीव और ब्रह्म में अभेद स्थापित करना ही शांकर मत का मूल उद्देश्य है। जीव और ब्रह्म में जो बाह्य भेद परिलक्षित होता है, वह अज्ञानरूपी माया के कारण है। जिस दिन मायारूपी अन्धकार का नाश हो जायेगा और जीव

को अपने मूल तात्त्विक स्वरूप का ज्ञान हो जायेगा, तब उसे 'अहम् ब्रह्मास्मि' अर्थात् 'मैं ब्रह्मस्वरूप हूँ' का तत्त्वबोध जो जायेगा। शांकर मत में 'द्वैत' के लिए कोई स्थान नहीं है। इसीलिए वे कहते हैं–'एकोऽहं द्वितीयो नास्ति।' इसी बात को पुष्कर ने 'आदि शंकराचार्य' के प्रबन्ध काव्य में इस रूप में कहा है–

अहं ब्रह्म और तत्त्वमसि देते हैं संज्ञान।
ब्रह्म जीव समान है ये अद्वैत बखान।। (पृ. 43)

शंकराचार्य 'तत्त्वमसि' का उपेदश देते हैं अर्थात वह (ब्रह्म) तुम ही हो। जीव-जगत् की उत्पत्ति के विषय में शंकराचार्य का मत है कि ब्रह्म ही सृष्टिकर्ता है। उपनिषदों के 'एकोऽहं बहुस्यामः' के अनुसार ब्रह्म को स्वयं को अनेकशः होने की इच्छा हुई और उसने सृष्टि रच डाली। इस कार्यरूप सृष्टि के प्रति ब्रह्म ही उपादान कारण एवं निमित्त कारण है। जिस प्रकार मकड़ी अपने कार्यरूप जाल के प्रति उपादान एवं निमित्त कारण है, ठीक वही स्थिति सृष्टि के प्रति ब्रह्म की भी है। ब्रह्म एवं जीव में एक ही तत्त्व की व्यापकता के सम्बन्ध में उनका मत है कि जिस प्रकार सूर्य का पिण्ड रूप में प्रकाश और धरती का प्रकाश एक समान होता है, उसी प्रकार प्रत्येक शरीर में सन्निहित आत्मा में कोई तात्त्विक भेद नहीं है। शंकर के इसी मत को कवि ने इस रूप में व्यक्त किया है–

शंकर बोले तत्त्वमसि महावाक्य उपदेश।
तुम ही हो परमात्मा उपनिषद् का सन्देश।।
जीव ब्रह्म और आत्मा सत्य मानिये एक।
द्वैत-भाव हम मान लें तो होगा अविवेक।। (पृ. 44)

इस प्रकार आत्मा और ब्रह्म में अद्वैत सम्बन्ध स्थापित करने हेतु शंकराचार्य द्वारा दिये गये अकाट्य तर्कों का कवि ने विविध रूपों में वर्णन किया है।

अपने अद्वैत मत को प्रामाणिक रूप से सिद्ध करने के लिए शंकराचार्य ने कुमारिल भट्ट, मण्डनमिश्र तथा उनकी पत्नी भारती आदि तत्त्ववेताओं को शास्त्रार्थ में पराजित कर पूरे देश में अपनी विजय-पताका फहरायी। इस प्रकार शंकराचार्य ने अपनी असाधारण मेधा के बल पर तत्युगीन सभी प्रमुख आचार्यों की अद्वैत विषयक भ्रान्त धारणाओं का न केवल निराकरण किया, वरन् प्रबल तर्कों से उन्हें निरुत्तर कर, अपने मत को प्रतिष्ठापित भी किया। पुष्कर ने शंकर के मत का समाहार करते हुए लिखा है–

अणु से लेकर ब्रह्म तक उठे जो प्रश्न अनेक।
युक्ति सहित उत्तर दिये यतिवर ने सविवेक।।

जीवन में ही मुक्ति से मिलता है आनन्द।
ज्ञान धर्म आराधना देते परमानन्द।। (पृ. 125)

जीवन को परमानन्द के प्रकाश से आलोकित करना आदि शंकराचार्य के अद्वैत सिद्धान्त का एकमात्र उद्देश्य था और यही लक्ष्य प्रमोद 'पुष्कर' का भी है जिन्होंने इस प्रबन्ध की रचना द्वारा वर्तमान एवं भावी पीढ़ी के लिए आत्मज्ञान का मार्ग प्रशस्त किया है।

उक्त प्रबन्ध काव्य में पुष्कर ने शंकराचार्य की जीवनगाथा को संक्षिप्त रूप में जिस कुशलता, गम्भीरता सूक्ष्मता एवं तन्मयता के साथ काव्यरूप में निबद्ध किया है, वह सर्वग्राही होने के साथ-साथ आनन्ददायी भी है। शंकराचार्य के अद्वैत मत एवं उनके गम्भीर शास्त्रार्थ को उन्होंने जिस सरलता, स्पष्टवादिता एवं सहजता के साथ प्रस्तुत किया है, वह उनके दर्शनशास्त्र को आत्मसात् किये जाने का प्रत्यक्ष प्रमाण है। किसी बात को कठिन रूप में प्रस्तुत करना आसान होता है, जबकि उसे सरल रूप में प्रस्तुत करना बहुत कठिन। पुष्कर ने दर्शनशास्त्र जैसे कठिन विषय को सरल रूप में प्रस्तुत करने का सराहनीय कार्य किया है। किसी भी प्रबन्ध काव्य के साहित्यिक सौन्दर्य एवं उसकी उपादेयता की समीक्षा के लिए प्रतिभा, गहन अध्ययन, नीर-क्षीर विवेक एवं धैर्य की आवश्यकता होती है। उक्त प्रबन्ध काव्य शंकराचार्य-विषयक साहित्य-भण्डार की एक अमूल्य निधि है। यह प्रबन्ध काव्य हमारी सांस्कृतिक एवं धार्मिक परम्परा की अक्षुण्ण धरोहर है।

'काव्यांग विवेचन' की प्रासंगिकता

जीवन-जगत् में प्रत्येक वस्तु एवं घटना व्यापार का समयानुकूल मूल्यांकन होता है। मूल्यांकन करने का कोई-न-कोई आधार होता है, जिसे हम मापदण्ड या कसौटी कहते हैं। यह कसौटी सापेक्षिक भी हो सकती है और निरपेक्ष भी। सापेक्षिक कसौटी व्यक्ति-सापेक्ष और समय-सापेक्ष होती है। प्रत्येक प्राणी जैविक स्तर पर समानता रखते हुए भी भावात्मक स्तर पर एक-दूसरे से भिन्नता रखता है। भावात्मक स्तर का निर्धारण जहाँ एक ओर प्रकृति-प्रदत्त होता है, वहीं दूसरी ओर उसमें मनुष्य की दृष्टि एवं सोच का भी योगदान रहता है। भाव, विचार तथा सोच के निर्धारण में परिवेश की बहुत बड़ी भूमिका होती है। यह परिवेश भौगोलिक, सामाजिक, सांस्कृतिक एवं राजनीतिक स्थितियों पर निर्भर करता है। ये सभी चीज़ें मिलकर व्यक्ति के संस्कारों का निर्धारण करती हैं।

संस्कारों के माध्यम से व्यक्ति की जो मानसिक एवं भावात्मक संरचना बनती है, उसमें प्रकृति-प्रदत्त स्वाभाविकता और मानव-निर्मित कृत्रिमता का मणि-कांचन योग रहता है। उदाहरणार्थ—भौतिक शरीर की संरचना, जैविक वासनाएँ, भूख-प्यास आदि इच्छाएँ, काम-क्रोध, मद-लोभ-मोह आदि मनोविकार प्रकृति-प्रदत्त हैं। इनमें परिष्कार एवं उन्हें नियन्त्रण में रखने की प्रक्रिया सभ्यता के विकास-क्रम में मानव-निर्मित है। देवी-देवताओं की कल्पना, धर्म की स्थापना, सामाजिक संरचना, राजनीतिक वातावरण, जीवन-शैली, रहन-सहन आदि सभी मानव-निर्मित हैं। प्राणियों का प्राकृतिक स्वरूप हमें आदिम मानव, आदिवासी जनजातियों एवं जीव-जन्तुओं में देखने को मिलता है, जबकि तथाकथित सभ्य मानव में सभ्यता के विकास का जो स्वरूप दिखाई देता है, वह मानव-निर्मित है। यही कारण है कि जहाँ सम्पूर्ण विश्व में मानव एवं मानवेतर प्राणियों में जैविक आवश्यकताओं में समानता पायी जाती है, वहीं सभ्यता के विकास-क्रम में अलग-अलग देशों, मानव-समूहों, विभिन्न सामाजिक वर्गों आदि में भिन्नता देखने को मिलती है। यह भिन्नता जीवन के सभी क्षेत्रों में पायी जाती है।

सामाजिक वैविध्य एवं वैषम्य का मुख्य आधार वर्ग-भेद, जातीयता, क्षेत्रीयता एवं धार्मिक विविधता रही है। ये सभी विविधताएँ समय सापेक्ष हैं, निरपेक्ष नहीं। समय-समय पर इनमें परिवर्तन होता रहता है, जिस कारण उनका स्वरूप भी बदलता रहता है। अतः मानव-निर्मित कोई भी वस्तु या कार्य अनश्वर, कालातीत या अन्तिम नहीं है। मानव-निर्मित वस्तुएँ, धारणएँ, सोच-विचार, चिन्तन आदि व्यक्ति-सापेक्ष एवं समय-सापेक्ष होते है। अतः व्यक्ति और समय के अनुरूप उनमें बदलाव स्वाभाविक भी है और तर्कसंगत भी। इनमें भी कुछ बातें समय सापेक्ष होने के साथ-साथ निरपेक्ष भी होती हैं, जैसे–प्रातःकाल का मनमोहक वातावरण, जाड़ों में खिली धूप, वसन्त ऋतु का मादक स्वरूप सभी प्राणियों के चित्त को आकर्षित करता है, उन्हें सुकून देता है। इसमें कहीं भी राष्ट्र की सीमा, जाति-धर्म, क्षेत्र, अमीर-ग़रीब, ऊँच-नीच का भेदभाव आड़े नहीं आता। ये ही वे सार्वभौमिक और सार्वकालिक तत्त्व हैं जो मनुष्य को मनुष्यत्व का अहसास कराती हैं। 'प्रेम' एक ऐसा मनोभाव है जो मानव एवं मानवेतर सभी प्राणियों को अपने मोहजाल के आकर्षण में आबद्ध कर देता है। जानवर भी प्यार की भाषा जानते हैं। श्रुतिमधुर संगीत शरीर के तारों को झंकृत कर देता है। वैज्ञानिक शोधों से तो यहाँ तक सिद्ध हो चुका है कि यदि दूध दुहते समय गाय-भैंस को कोई मधुर संगीत सुनाया जाये तो वे अपेक्षाकृत अधिक दूध देते हैं। मानव एवं मानवेतर प्राणियों में ये ही वे मूलभूत समानताएँ हैं, जो उन्हें परस्पर जोड़ती हैं तथा मानव जीवन की सम्पूर्णता में पूरक का काम करती हैं।

इसी कड़ी में साहित्य को भी लिया जा सकता है। मानव-जीवन में दो तरह की आवश्यकताएँ देखने को मिलती हैं–1. भौतिक आवश्यकता, 2. मानसिक आवश्यकता। भौतिक आवश्यकताओं की पूर्ति के लिए जहाँ रोटी, कपड़ा और मकान की आवश्यकता होती है, वहीं मानसिक आवश्यकताओं की पूर्ति के लिए कला एवं साहित्य की आवश्यकता होती है। मनुष्य स्वभावतः सौन्दर्यप्रेमी होता है। सौन्दर्य का ही दूसरा नाम कला है, चाहे ललित कला हो या साहित्य कला। यद्यपि साहित्य के बिना भी व्यक्ति जीवन यापन कर सकता है, परन्तु वह जीवन पशुवत् जीवन होगा, जो भूख और मैथुन की सम्पूर्ति तक ही सीमित रहेगा। इसीलिए कहा गया है–'साहित्य संगीत कला विहीनः, साक्षात् पशुः पुच्छ विषाण हीनः'। हमारी चिन्तन-यात्रा पशुत्व से मनुष्यत्व की ओर तथा मनुष्यत्व से देवत्व की ओर रही है। इसीलिए भौतिक जीवन से आध्यात्मिक जीवन को श्रेष्ठ माना गया है।

साहित्य की जब हम बात करते हैं तो स्वाभाविक रूप से प्रश्न उठता है कि साहित्य कैसा हो? साहित्य के स्वरूप पर पूरे विश्व में समय-समय पर विचार होता रहा है। भारतवर्ष में यह विचार प्रक्रिया बहुत पहले शुरू हो गयी थी और आज भी जारी है। साहित्य के सन्दर्भ में यह प्रश्न उठना स्वाभाविक है कि साहित्य किसके द्वारा, किसके लिए और क्यों लिखा जाना चाहिए। उत्तर स्पष्ट है–मनुष्य के द्वारा, मनुष्य के लिए और मनुष्य की मानसिक सन्तुष्टि के लिखा जाना चाहिए।

भारतीय आचार्यों ने जब साहित्य के स्वरूप पर विचार किया तो उनके केन्द्रबिन्दु में केवल 'मनुष्य' था। वह किसी तरह की राष्ट्र, क्षेत्र, भाषा, धर्म, जाति की सीमा में आबद्ध नहीं था। इसलिए उन्होंने साहित्य पर मनुष्य के मनोभावों की दृष्टि से विचार किया। इन्हीं मनोभावों को 'भाव' की संज्ञा दी गयी। इन मनोभावों अथवा भावों को उनकी स्थिति के अनुसार उन्होंने चार भागों में बाँटा–विभाव, अनुभाव, संचारी भाव और स्थायी भाव। आचार्य भरतमुनि ने इनके कार्यक्षेत्र को सूत्ररूप में इस प्रकार निबद्ध किया है–'विभावानुभावव्यभिचारि संयोगाद्रसनिष्पत्तिः'। अर्थात् विभाव, अनुभाव और व्यभिचारी (संचारी) भावों के संयोग से हृदयस्थित स्थायी भाव 'रस' रूप को प्राप्त होता है। यह 'रस' ही आनन्द है, जो पाठक, दर्शक अथवा श्रोता को आनन्दित करता है।

इसी रस को रसवादी आचार्यों ने साहित्य अथवा काव्य के मूल्यांकन की कसौटी माना अर्थात् कोई भी साहित्य यदि पाठक, दर्शक अथवा श्रोता को रसानुभूति कराने में सक्षम है, तो वह सद् साहित्य है, अन्यथा नहीं। रस ही साहित्य का मूलाधार और प्राणतत्व माना गया, जिसके बिना साहित्य की कल्पना नहीं की जा सकती। इसी बात को 'रस-सिद्धान्त' में विस्तार से निरूपित किया गया है। चूँकि मानव-निर्मित कोई भी चीज़ अन्तिम सत्य नहीं होती, इस कारण साहित्य में रस की स्थिति को लेकर भी बलाबल के आधार पर मतभेद उभरने लगे, जिसमें साहित्य के बाह्य पक्ष को प्रमुखता देने के लिए कुछ आचार्य सामने आये, जिन्हें अलंकारवादी कहा गया। यद्यपि उनकी विचारधारा के मूल में भी 'सौन्दर्य' ही प्रधान था। इस तरह साहित्य के स्वरूप निर्धारण तथा उसमें प्रधानता और अप्रधानता को लेकर काव्यमर्मज्ञ दो धड़ों में बँट गये–1. आत्मवादी तथा 2. देहवादी। आत्मवादी आचार्य काव्य में रस-भावादि को महत्त्व देते थे तो देहवादी आचार्य काव्य के बाह्य पक्ष-अलंकार, रीति, शैली आदि को।

उल्लेखनीय बात यह है कि न तो आत्मवादी आचार्यों ने काव्य के बाह्य पक्ष–अलंकारादि को नकारा और न देहवादी आचार्यों ने काव्य के अन्तःपक्ष भावतत्व को। मतभेद केवल प्रधानता को लेकर था। यही कारण है कि काव्य का मूल्यांकन करने वाले सभी छह काव्य-सम्प्रदायों–रस, ध्वनि, अलंकार, रीति, वक्रोक्ति और औचित्य को सैद्धान्तिक रूप में मान्य ठहराया गया। इन छह काव्य-सिद्धान्तों में काव्य के अन्तर्बाह्य पक्षों पर बहुत ही गम्भीर एवं सूक्ष्म विवेचन किया गया है। ऐसा गहन विवेचन किसी अन्य देश के साहित्य में देखने को नहीं मिलता। भारतीय काव्यशास्त्रियों की मुख्य विशेषता यह थी कि उन्होंने साहित्य के मूल्यांकन का आधार शुद्ध रूप से साहित्यिक मूल्यों को बनाया, न कि साहित्येतर मूल्यों को। पाश्चात्य साहित्यशास्त्र में साहित्येतर मूल्यों को प्रधानता दी गयी है। भारतीय काव्यशास्त्र एवं पाश्चात्य साहित्यशास्त्र के साहित्य-विवेचन में यही मूलभत अन्तर दृष्टिगोचर होता है।

चूँकि भारतीय साहित्य मनीषियों ने काव्य के सभी पक्षों पर सूक्ष्मातिसूक्ष्म रूप में गम्भीर विवेचन किया है, जिसके आधार पर हम काव्य का समग्र रूप में सही एवं सटीक मूल्यांकन कर सकते हैं। काव्य के जिन विविध पक्षों पर भारतीय साहित्याचार्यों ने सैद्धान्तिक एवं व्यावहारिक रूप से विवेचन एवं विश्लेषण किया है, उनमें–रस, छन्द, अलंकार, शब्दशक्ति, काव्य के गुण–दोष आदि समाहित हैं। इन सबका सम्यक् ज्ञान होने पर ही काव्य के आभ्यन्तर एवं बाह्य पक्ष को भली–भाँति हृदयंगम किया जा सकता है।

जिस प्रकार शरीर के बिना आत्मा का कोई अस्तित्व नहीं होता, उसी प्रकार आत्मा यानी प्राणतत्व के बिना शरीर भी जड़वत् होता है। एक–दूसरे के अस्तित्व को बनाये रखने के लिए इन दोनों का होना परम आवश्यक है। एक के बिना दूसरे की कल्पना नहीं की जा सकती। ये एक ही सिक्के दो पहलू हैं। अतः दोनों का समान महत्त्व है। यही स्थिति काव्य के सन्दर्भ में भी लागू होती है। काव्य में जितना महत्त्व उसके भाव एवं विचार–पक्ष का होता है, उतना ही उसके कला–पक्ष का भी। जिस प्रकार शरीरधारी मनुष्य की असली परख उसके गुण–दोषों के आधार पर होती है, उसी प्रकार काव्य के उत्तम, मध्यम अथवा अधम होने की परख भी उसके गुण–दोषों पर निर्भर करती है। जिस प्रकार श्रेष्ठ मनुष्य की पहचान उसके उदात्त चरित्र के आधार पर होती है, उसी प्रकार श्रेष्ठ काव्य का निर्धारण भी उसमें निहित उदात्त भाव, विचार, भाषा, शिल्प आदि के आधार पर होता है। इन सबके बारे में जानकारी प्राप्त करने के लिए काव्यांगों का पर्याप्त ज्ञान होना अत्यावश्यक है।

इसी कड़ी में डॉ. बी.आर. पनेरू की 'काव्यांग विवेचन' नामक पुस्तक प्रकाश में आयी है। काव्यांगों का विवेचन सैद्धान्तिक होने से काफ़ी दुरूह एवं जटिल होता है तथा उनके सटीक उदाहरण प्रस्तुत करना और भी कठिन। डॉ. पनेरू ने काव्यांगों का सैद्धान्तिक विवेचन करने के साथ-साथ जिस प्रकार से आधुनिक कविता से उनके सटीक उदाहरण दिये हैं, उससे स्पष्ट होता है इन काव्यांगों की प्रासंगिकता आज भी पूर्ववत् बनी हुई है। इस तरह उक्त पुस्तक में काव्यांग विवेचन का सैद्धान्तिक एवं व्यावहारिक पक्ष एक साथ उभरकर सामने आया है। काव्यांगों का अध्ययन पाठकों की साहित्यिक समझ को विकसित करता है, जिसके अभाव में काव्य का सही-सही मूल्यांकन नहीं हो सकता। उक्त पुस्तक में काव्य के प्रमुख अंगों—रस, छन्द, अलंकार, शब्दशक्ति एवं काव्य के गुण-दोषों पर सरल भाषा में सोदाहरण प्रकाश डाला गया है, ताकि आम पाठक भी उनको आसानी से हृदयंगम कर सके। इसमें काव्यांगों का विवेचन काव्यशास्त्रीय ग्रन्थों के आधार पर किया गया है, जो न केवल विद्यार्थियों के लिए, अपितु काव्यशास्त्र के क्षेत्र में रुचि रखने वाले शोधार्थियों के लिए भी उपयोगी है।

'मेरी अमरनाथ-यात्रा' का सच

जीवन स्वयं में एक यात्रा है–जन्म से लेकर मरण तक। धर्मशास्त्रों की बात पर यकीन करें तो जीवन की यह यात्रा जन्म-मरण के बीच ही सीमित नहीं है, वरन् अनन्त काल तक अनवरत चक्रवत् चलती रहती है–सूर्य के रथ की तरह। कहा जाता है चौरासी लाख योनियों में भटकने के बाद बड़े पुण्य कर्मों से मनुष्य-योनि प्राप्त होती है। शरीर से प्राण-पखेरु के उड़ जाने के बाद मनुष्य की जीवन-यात्रा पर विराम लग जाता है, परन्तु जीवात्मा की यात्रा विभिन्न शरीरों अथवा रूपाकृतियों के रूप में निरन्तर चलती रहती है। जन्म के बाद होश सँभालने पर मनुष्य को अपनी जीवन-यात्रा का भान हो पाता है। हर व्यक्ति की अपनी-अपनी जीवन-यात्रा होती है। यह यात्रा आत्मिक एवं भौतिक, दो स्तरों पर चलती है। आत्मिक स्तर पर यह यात्रा भावनात्मक एवं वैचारिक रूप से गतिमान रहती है तो भौतिक स्तर पर शारीरिक सक्रियता के रूप में।

व्यक्ति सुबह से शाम तक घर-बाहर के कामों में निरन्तर गतिशील रहता है और इधर-से-उधर चलता रहता है। उसे हम यात्रा नहीं कह सकते। वे दैनन्दिन के कार्य कहे जाते हैं। वस्तुतः 'एक स्थान से दूसरे दूरवर्ती स्थान तक जाने की क्रिया को यात्रा कहा जाता है।' यह यात्रा कई उद्देश्यों से की जाती है। ईश्वर-दर्शन, पूजा-पाठ, पवित्र नदियों में विभिन्न धार्मिक पर्वों में स्नानादि के उद्देश्य से धार्मिक स्थानों एवं तीर्थस्थलों में की जाने वाली यात्रा धार्मिक यात्रा के नाम से जानी जाती है। पितरों के श्राद्ध-कर्म हेतु हरिद्वार, बोधगया, प्रयाग आदि पवित्र स्थानों अथवा गंगा, यमुना, गोदावरी, सरयू आदि पवित्र नदियों में अस्थि-विसर्जन हेतु की जाने वाली यात्रा कर्मकाण्ड के निर्वहन के लिए की जाती है। नये-नये स्थानों को देखने, महत्त्वपूर्ण ऐतिहासिक स्थानों का भ्रमण करने, प्राकृतिक सौन्दर्य का लुत्फ़ उठाने अथवा पर्यटन स्थलों का भ्रमण करने के उद्देश्य से की जाने वाली यात्रा पर्यटन के अन्तर्गत आती है। यह धार्मिक पर्यटन भी हो सकता है और मौज-मस्ती या

आनन्द-लाभ के लिए भी हो सकता है। किसी स्थान विशेष के ऐतिहासिक, सामाजिक, सांस्कृतिक एवं भौगोलिक अध्ययन के लिए भी यात्राएँ की जाती हैं, जो विशुद्ध रूप से अकादमिक यात्राएँ कही जायेंगी। परन्तु धार्मिक यात्रा तथा अन्य तरह की यात्राओं में एक बुनियादी अन्तर होता है। धार्मिक यात्राएँ जहाँ श्रद्धा एवं आस्था से जुड़ी होती हैं, वहीं अन्य यात्राएँ किसी प्रयोजन विशेष से की जाती हैं।

धार्मिक यात्रा के मूल में आस्था, श्रद्धा और भक्ति भाव का मणिकांचन योग रहता है। जहाँ ये तीनों भावदशाएँ एक साथ मिल जाती हैं, वहाँ दुनिया की सारी बाधाएँ नगण्य-सी लगती हैं। मन का सम्बन्ध शारीरिक क्रियाओं से सीधे जुड़ा रहता है। मनोभावों की अभिव्यक्ति कायिक-वाचिक चेष्टाओं के द्वारा होती है। मन के अनुरूप ही शरीर भी क्रिया-प्रतिक्रिया करता है। यदि मनोबल ऊँचा हो तो दुनिया की कोई भी ताक़त उसे थका-हरा नहीं सकती। इसीलिए कहा गया है–'मन के हारे हार है, मन के जीते जीत'। दुनिया के जिस सर्वोच्च शिखर एवरेस्ट पर पहुँचने की लोग कल्पना भी नहीं कर सकते थे, उसी पर महान पर्वतारोहियों ने विजय-पताका फहरा दी। अदम्य साहस, उच्च मनोबल, दृढ़ इच्छाशक्ति और अपने उद्देश्य के प्रति समर्पण भाव से मनोवांछित फल की प्राप्ति हो सकती है। प्रत्येक व्यक्ति अपनी इच्छा, रुचि और स्वभाव के अनुरूप अपने जीवन की दिशा तय करता है और उस पर आगे बढ़ता है। जीवन-मार्ग पर बढ़ते हुए कभी सफलता मिलती है तो कभी असफलता भी हाथ लगती है, परन्तु जो व्यक्ति दोनों स्थितियों में समभाव की स्थिति रखता है, वही जीवन के असली रहस्य को समझ पाता है।

भारत एक धर्म-प्रधान देश है। अतीत से लेकर वर्तमान तक धर्म उसकी रग-रग में समाहित है। धर्म का सम्बन्ध व्यक्ति के मनोभाव और आचरण दोनों से है। भारतीय धर्मशास्त्रों में जीवन के चार पुरुषार्थ माने गये हैं–धर्म, अर्थ, काम और मोक्ष। धर्म की परिभाषा में कहा गया है–'धारयते इति धर्मः, अर्थात् जो धारण किया जाता है, वही धर्म है। धर्मानुकूल आचरण करना ही सर्वोपरि माना गया है। धर्म का तात्पर्य है–सन्मार्ग पर अग्रसर होना। ईश्वर ही हमें सन्मार्ग पर अग्रसर होने का विवेक प्रदान करता है। प्रायः सभी धर्मों में ईश्वर की अलग-अलग नाम-रूपों में स्वीकृति पायी जाती है। इस दृश्यमान सृष्टि का सृष्टा ईश्वर को माना जाता है। धर्म एवं दर्शन ग्रन्थों में मनुष्य को ईश्वर का अंशरूप माना गया है अर्थात् जीव और ईश्वर में अंशांशी सम्बन्ध है। ईश्वर को सच्चिदानन्द स्वरूप माना गया है अर्थात् ईश्वर में सत्, चैतन्य

और आनन्द की स्थिति हमेशा बनी रहती है, जबकि ईश्वर के अंशरूप मनुष्य में सत् तथा चैतन्य (चेतना) तो रहता है, परन्तु 'आनन्द ' का अभाव होता है। इसीलिए वह दुःखी रहता है। अपने जीवन को आनन्दमय बनाने के लिए उसे ईश्वरीय कृपा की आवश्यकता होती है। यह भगवत्कृपा भगवद्भक्ति एवं भगवद् दर्शन से ही प्राप्त हो सकती है।

भारतीय धर्म-दर्शन में ईश्वर के अस्तित्व के सम्बन्ध में दो तरह की अवधारणाएँ प्रचलित हैं–1. जो ईश्वर के अस्तित्व को स्वीकारते हैं और उसे ही सृष्टि का स्रष्टा मानते हैं, वे 'आस्तिक' कहलाते हैं, और जो ईश्वर के अस्तित्व को स्वीकार नहीं करते, वे 'नास्तिक' कहलाते हैं। आस्तिक दर्शन मुख्य रूप से छह माने गये हैं–वेदान्त दर्शन (पूर्व मीमांसा एवं उत्तर मीमांसा), सांख्य-योग तथा न्याय-वैशेषिक। इसे षड्दर्शन भी कहते हैं। इन दर्शनों में ईश्वर के सगुण और निर्गुण दोनों रूपों की स्वीकृति है। इसीलिए कहा गया है–'सगुणहिं निरगुणहिं नहिं कछु भेदा' अर्थात् सगुण और निर्गुण ईश्वर के बीच किसी तरह का कोई तात्त्विक भेद नहीं है। प्रत्येक भक्त उसका किसी भी रूप में भजन-कीर्तन कर सकता है।

नास्तिक धर्म-दर्शन में ईश्वर के अस्तित्व को स्वीकार नहीं किया गया है। जैन और बौद्ध धर्म नास्तिक धर्म-दर्शन माने जाते हैं। लेकिन आस्तिक एवं नास्तिक धर्म में कुछ मूलभूत समानताएँ भी हैं। ये दोनों धर्म-दर्शन आत्मा की शुचिता, त्याग, अहिंसा, शुद्ध आचरण, परोपकार, दया, करुणा आदि उच्च मानवीय मूल्यों को सुखी मानव-जीवन के लिए अनिवार्य मानते हैं। भारत में इन दोनों धर्म-दर्शनों के अलावा एक चार्वाक दर्शन भी है, जो भौतिकतावादी दृष्टिकोण पर आधारित है। चार्वाक दर्शन 'खाओ-पियो, मौज करो' के सिद्धान्त को मानकर चलता है। उसका आदर्श वाक्य है–'यावत् जीवेत् सुखम जीवेत्, ऋणम् कृत्वा घृतम् पिवेत्'। अर्थात् 'जब तक जियो, सुख से जियो, ऋण लेकर भी घी पीना पड़े तो पियो', लेकिन हमेशा स्वस्थ और हृष्ट-पुष्ट बने रहो।

आस्तिक धर्म-दर्शन आस्थावादी है, जिसका ईश्वर की सत्ता पर अटूट विश्वास है। यह विश्वास ही श्रद्धालुओं एवं ईश्वर-भक्तों में जीवन के प्रति आशा एवं विश्वास का संचार करता है। नास्तिक धर्म-दर्शन को छोड़ दें तो दुनिया के लगभग सभी धर्मों में किसी-न-किसी असीम एवं अदृश्य शक्ति की सत्ता को स्वीकारा गया है, चाहे उसमें नाम-भेद रहा हो। भारतीय धर्म-दर्शन में शिव को आदिदेव, देवाधिदेव, महादेव, कैलाशपति, नीलकंठेश्वर, महेश्वर, उमापति आदि तमाम नामों से अभिहित किया गया है। विगत शती में जब

अमरनाथ की पवित्र गुफा में प्राकृतिक रूप से निर्मित होने वाले बर्फानी शिवलिंग का पता चला तो इसे शिवजी का साक्षात् अवताररूप माना गया। यही कारण है कि प्रतिवर्ष जून-जुलाई के महीने में बर्फानी बाबा के दर्शनों के लिए अमरनाथ-यात्रा पर जाने वाले श्रद्धालुओं एवं भक्तों का ताँता लग जाता है। सन् 2013 में उन्हीं बर्फानी बाबा के दर्शनों के लिए प्रकाश पन्त भी अमरनाथ यात्रा पर गये और उन्होंने अपनी यात्रा को शब्दों के कैमरे में क़ैद कर लिया।

प्रतिवर्ष अमरनाथ की पवित्र गुफा में बनने वाले प्राकृतिक शिवलिंग के दर्शनों के लिए तमाम कठिनाइयों का सामना करते हुए लाखों श्रद्धालु जाते हैं और शिवलिंग के दर्शनोपरान्त स्वयं को धन्य समझते हैं। उन्हें लगता है कि उस बर्फानी शिवलिंग के रूप में उन्हें साक्षात् शिव के ही दर्शन हो गये हैं। वे अमरनाथ-यात्रा का अपना अनुभव अपने कुछ परिजनों तक ही बाँट पाते हैं या उसकी स्वानुभूति में स्वयं ही गद्गद रहते हैं। लेकिन पन्त जी ने अमरनाथ यात्रा के अपने अनुभवों को व्यष्टिगत स्तर से समष्टिगत स्तर पर विस्तार दे दिया है। उनकी 'मेरी अमरनाथ-यात्रा' पुस्तक को पढ़ते हुए ऐसा लगता है कि जैसे हम भी मानसिक एवं भावात्मक स्तर पर उनके साथ ही अमरनाथ की यात्रा कर रहे हैं।

प्राय: प्रतिष्ठित साहित्यकार अपने यात्रा-वृत्तान्त को साहित्यिक स्वरूप प्रदान करने के लिए उसमें कलात्मकता एवं वाग्वैदग्ध्य का पुट दे देते हैं। वे यात्रा-वृत्तान्त लिखते समय कल्पना के पंख लगाकर उड़ने लगते हैं तथा उनकी भाषा अप्रस्तुत विधानों के बोझ से प्राय: बोझिल हो जाती है। उसमें यात्रा-वृत्तान्त कम, अवान्तर प्रसंग अधिक आ जाते हैं। इस दृष्टि से प्रकाश पन्त का यात्रा-वृत्तान्त बिल्कुल भिन्न है। यह अमरनाथ-यात्रा का एक प्रामाणिक एवं यथार्थपरक दस्तावेज़ है। इसमें तथ्यात्मकता, वस्तुनिष्ठता एवं यथार्थपरकता के साथ-साथ एक खोजी पत्रकार की वस्तुपरक दृष्टि भी है, जो चीज़ों को खुली आँख से उसके वास्तविक रूप में देखना पसन्द करता है, जिसमें किसी तरह का लागलपेट, आलंकारिकता एवं ऊहात्मकता से उसे परहेज़ रहता है। इसीलिए उनकी यह अमरनाथ-यात्रा शाब्दिक फोटोजेनिक प्रतिबिम्ब प्रतीत होती है तो वह स्वाभाविक ही है।

वृत्तान्त का शाब्दिक अर्थ होता है-'किसी चीज़ का पूरा हाल-समाचार अथवा आख्यान।' प्रकाश पन्त एक वरिष्ठ पत्रकार हैं, साहित्यकार नहीं। इसीलिए वे चीज़ों को एक पत्रकार के नज़रिये से ही देखना पसन्द करते हैं,

साहित्यकार के नज़रिये से नहीं। यही कारण है कि उनके यात्रा-वृत्तान्त में तथ्यात्मकता एवं विवरणात्मकता अधिक दिखाई देती है। अपनी अमरनाथ-यात्रा के दौरान उन्होंने पल-प्रतिपल जो कुछ देखा, सोचा, अनुभव किया, कहा और किया, उसका सिलसिलेवार पूरा ब्योरा इस वृत्तान्त में दिया है। यह एक तरह की अमरनाथ यात्रा की डायरी (दैनन्दिनी) कही जा सकती है, जिसमें पल-प्रतिपल की हर गतिविधि का यथातथ्य ब्योरा अन्तर्निहित है।

साहित्यिक दृष्टि रखने वाले पाठक को लग सकता है कि इसमें बहुत सारी ग़ैरज़रूरी बातें भी कही गयी हैं, जैसे–उनके अपने सहयात्रियों के साथ बातचीत एवं संवाद का पूरा विवरण, उठने-बैठने, खाने-पीने, नैमित्तिक कर्म से निवृत्त होने से लेकर सोने तक के प्रत्येक क्रियाकलाप का यथातथ्य ब्योरा, रास्ते में घटने वाली हर छोटी-बड़ी घटना का चित्रण आदि। लेकिन ये ग़ैरज़रूरी-सी प्रतीत होने वाली बातें इस यात्रा का अभिन्न अंग हैं। पन्त जी न तो यात्रा का कोई सौन्दर्यपरक चित्रण करने निकले हैं और न कोई धर्मोपदेश देने। वे एक यात्री के रूप में निकले हैं तथा यात्रा के दौरान वे जो कुछ देख रहे हैं, उनका जिससे जिस तरह का संवाद हो रहा है, उनके इर्द-गिर्द जो कुछ भी अच्छा या बुरा घटित हो रहा है, उन्हें जब-जब घर की याद आ रही है, पत्नी को अपनी यात्रा के बारे में मोबाइल से वे जब-जहाँ बातचीत कर रहे हैं अथवा इस कार्य में नेटवर्क में जो बाधाएँ आ रही हैं, घोड़ेवाले से एक यात्री के रूप में उनका जो कुछ वार्तालाप हो रहा है, रास्ते में जहाँ-जहाँ, जिस-जिस तरह की कठिनाइयाँ आ रही हैं, इन तमाम बातों का उन्होंने एक पत्रकार की तरह यथातथ्य चित्रांकन किया है। यही इस यात्रा-वृत्तान्त की खूबी है, जो उसे साहित्यिक यात्रा-वृत्तान्तों से पृथक् करती है। इस कारण इसमें सहजता, सरलता, स्वाभाविकता एवं प्रामाणिकता दिखाई देती है। पढ़ने वाले को ऐसा लगता है कि जैसे वह पन्त जी का सहयात्री बनकर उन-उन घटनाओं एवं क्रियाकलापों का साक्षी बन गया है।

इस पूरे वृत्तान्त में एक यात्री की-सी गतिशीलता भी है। इसमें कहीं ठहराव की स्थिति नहीं है क्योंकि पन्त जी यात्रा-पथ में चलते हुए उसका आँखों देखा हाल बता रहे हैं। वे एक पैनी दृष्टि रखने वाले पत्रकार और रिपोर्टर की दृष्टि से चीज़ों को देख रहे हैं। इसलिए इसमें वे पाठकों को भी अपना भागीदार बनाने में सफल हुए हैं। इस यात्रा-वृत्तान्त का पाठक भी मानस रूप में पन्त जी के साथ अमरनाथ की यात्रा कर लेता है। यह यात्रा-वृत्तान्त एक प्रकार से 'महाभारत' के संजय-दृष्टि से वर्णित वृत्तान्त की तरह है, जिसमें

दृष्टिविहीन धृतराष्ट्र युद्ध का पूरा परिदृश्य मानस चक्षुओं से देखता है। यहाँ अन्तर केवल इतना है कि पन्त जी संजय की तरह किसी दिव्य-दृष्टि से यात्रा-वृत्तान्त का हाल नहीं बता रहे हैं, वरन् आँखों देखा हाल सुना रहे हैं, लेकिन पाठक की स्थिति धृतराष्ट्र की तरह ही है क्योंकि वह वहाँ भौतिक रूप से उपस्थित नहीं है।

यदि कोई 'मेरी अमरनाथ-यात्रा' पुस्तक पढ़ने के बाद अमरनाथ की यात्रा पर जाना चाहे तो उसे लगेगा कि जैसे वह पहले भी यह यात्रा कर चुका है। यही इस यात्रा-वृत्तान्त की सफलता है। जो अमरनाथ की यात्रा पर न भी गया हो तो वह इस वृत्तान्त को पढ़कर अमरनाथ-यात्रा का आनन्द ले सकता है। अमरनाथ-यात्रा पर जाने वाले यात्रियों के लिए यह यात्रा-वृत्तान्त एक प्रकार से मार्गदर्शक (गाइड) का काम करेगा क्योंकि इसमें बड़ी बारीकी से अमरनाथ-यात्रा का पग-पग का वास्तविक चित्रण बड़े प्रामाणिक रूप में किया गया है।

'महान विभूतियों के प्रेरक-प्रंसग' की उपादेयता

विश्व में प्राचीनकाल से लेकर अद्यतन कई ऐसी महान विभूतियाँ हुई हैं जिन्होंने जीवन के विभिन्न क्षेत्रों में असाधारण उपलब्धियाँ अर्जित की हैं। जब से इस धरती पर मानव-सृष्टि का आरम्भ हुआ, तब से लेकर अब तक असंख्य लोग पैदा हुए और संसार से विदा होते चले गये। लेकिन कुछ ऐसे लोग भी हुए हैं जो आज भी याद किये जाते हैं तथा जब तक इस पृथ्वी पर मानव-जीवन रहेगा, हमेशा याद किये जाते रहेंगे। ये ऐसे महापुरुष हैं जिन्होंने सम्पूर्ण विश्व में मानवता के कल्याण के लिए अपना सारा जीवन न्योछावर कर दिया। पूरी दुनिया में मानव-सभ्यता के विकास का जो स्वरूप आज हमें दृष्टिगत हो रहा है, उसको यहाँ तक पहुँचाने में कई महापुरुषों का अमूल्य योगदान रहा है। इस धरती पर मनुष्य रूप में जन्म लेना ही पर्याप्त नहीं है। आदिम अवस्था में मनुष्य एक तरह का पशुवत् जीवन जीता था। वर्तमान में दुनिया के तमाम हिस्सों में जो आदिवासी रहते हैं, उनका जीवन इस बात का प्रमाण है कि इस धरती पर आदि मानव ऐसे ही जीवनयापन करता होगा। धीरे-धीरे सभ्यता का विकास हुआ। दुनिया के कुछ भागों में मनुष्य वन्यजीवन से कृषि युग की ओर अग्रसर हुआ और आज वैज्ञानिक एवं औद्योगिक युग में साँस ले रहा है। इसके पीछे जीवन-जगत् के बहुविध क्षेत्रों में विकास की एक लम्बी यात्रा रही है। धर्म, दर्शन, साहित्य, संस्कृति, विज्ञान, राजनीति एवं आर्थिक क्षेत्र में विकास-यात्रा के सोपानों को आगे बढ़ाने में कई महान हस्तियों ने अपना अमूल्य योगदान दिया है।

भारतीय उपमहाद्वीप के सन्दर्भ में देखें तो आज हम जिस स्वतन्त्र हवा में साँस ले रहे हैं, उसके पीछे लाखों लोगों का त्याग, समर्पण, संघर्ष और बलिदान रहा है। जैसा कि हम सभी जानते हैं, हमारा देश सैकड़ों वर्षों तक विदेशी शासकों–तुर्कों, मुग़लों और अंग्रेज़ों का ग़ुलाम रहा है। जो देश धर्म-दर्शन, ज्ञान-विज्ञान एवं अध्यात्म के क्षेत्र में विश्व सिरमौर था, जिसे ज्ञान

के क्षेत्र में विश्वगुरु के नाम से जाना जाता था और आर्थिक समृद्धि की दृष्टि से 'सोने की चिड़िया' कहा जाता था, वही विदेशी ताक़तों द्वारा सदियों तक पाँवों तले रौंदा जाता रहा। हम अपने ही घर में गुलाम हो गये। इस गुलामी से निज़ात पाने के लिए लाखों लोगों ने जीवन-पर्यन्त संघर्ष किया, तरह-तरह की यातनाएँ झेलीं और क़ुर्बानियाँ दीं। अन्त में युगपुरुष महात्मा गाँधी के नेतृत्व में हमारा देश आज़ाद हुआ।

कहते हैं 'पूत के पाँव पालने में' ही दिख जाते हैं। व्यक्ति के व्यक्तित्व का निर्माण बचपन से ही प्रारम्भ हो जाता है। नगण्य-सी समझी जाने वाली बहुत छोटी-छोटी बातें भी व्यक्तित्व-निर्माण में अहम भूमिका निभाती हैं। गाँधी जी की जीवनी को जब हम पढ़ते हैं तो लगता है कि वे हमारी तरह ही बहुत साधारण इनसान थे। उनकी दक्षिण अफ्रीका यात्रा से पहले कभी भी ऐसा नहीं लगता था कि वे हमारे देश के इतने बड़े महानायक बन जायेंगे। लेकिन तमाम कमियों के बावजूद बचपन से ही उनमें सत्यवादिता, निर्भीकता, परदुःखकातरता, उदारता, समय की पाबन्दी, मितव्ययता, आत्मनिर्भरता, स्वाभिमान आदि ऐसे गुण थे, जिन्होंने उन्हें विषम परिस्थितियों में भी आगे बढ़ने का हौसला दिया और वे साधारण मानव से महात्मा बन गये। ऐसे ही देश-विदेश की तमाम ऐसी राजनीतिक विभूतियाँ हैं जिन्होंने अपने देश को न केवल दासता की बेड़ियों से आज़ाद कराया, वरन् एक राजनेता के रूप में देश का सफल नेतृत्व भी किया। इनमें पं. जवाहरलाल नेहरू, नेपोलियन बोनापार्ट, अब्राहम लिंकन, विंस्टन चर्चिल आदि प्रमुख हैं। लेकिन ये लोग अपने जीवन की छोटी-छोटी ख़ूबियों से ही अपने मुकाम तक पहुँचे।

हमारे देश को आज़ाद कराने में शीर्षस्थ राजनेताओं के साथ-साथ उन वीर सपूतों के बलिदान का भी महत्त्वपूर्ण योगदान था जिन्होंने एक क्रान्तिकारी के रूप में अंग्रेज़ों के छक्के छुड़ा दिये थे। इनके क्रान्तिकारी विचारों से जहाँ आम जनता में विदेशी शासकों के प्रति नफ़रत एवं आक्रोश को बढ़ावा मिला, वहीं इनके क्रान्तिकारी कारनामों से साम्राज्यवादी ताक़तों की मुश्किलें भी बढ़ती गयीं और उनकी रातों की नींद हराम हो गयी। अंग्रेज़ों को सत्याग्रह और असहयोग आन्दोलन से सीधे तौर उतनी बेचैनी नहीं हुई, जितनी इन देशभक्त क्रान्तिकारियों के छद्म-युद्ध से। इनके द्वारा ब्रिटिश शासकों पर इस तरह का दबाव बनाया गया कि उन्हें लगने लगा कि अब भारत में उनके दिन गिने-चुने ही रह गये हैं। इनमें देशभक्ति का ऐसा जुनून था कि वे उसके लिए कुछ भी कर सकते थे। वे 'ख़ून का बदला ख़ून' के सिद्धान्त पर विश्वास

करते थे। उनका मन्त्र था–'तुम हमें ख़ून दो, हम तुम्हें आज़ादी देंगे।' वे निर्भीक बलिदानी और अदम्य साहसी थे। इनके बारे में भी नयी पीढ़ी को जानना बहुत ज़रूरी है कि हमारे देश में नरमपन्थी राजनेताओं के अलावा किस तरह गरमपन्थी और चरमपन्थी नवयुवक भी थे, जिन्होंने अपने देश की आज़ादी और भावी पीढ़ी की खुशहाली के लिए अपना सर्वस्व न्योछावर कर दिया तथा खुशी-खुशी फाँसी के फन्दे को गले से लगा लिया। मंगल पाण्डे, चन्द्रशेखर आज़ाद, सरदार भगतसिंह आदि तमाम क्रान्तिकारियों के बलिदान को कौन भूल सकता है!

किसी भी राष्ट्र की प्रगति के लिए राजनीतिक आज़ादी का होना अत्यावश्यक है, परन्तु किसी भी समाज की प्रगति के लिए प्रगतिशील सोच, तार्किक जीवन-दृष्टि, समानता, सामाजिक समरसता एवं मानवीय मूल्यों की प्रतिष्ठापना का होना भी उतना ही आवश्यक है। हमारे समाज में युग-युगों से तमाम तरह की कुरीतियाँ, अन्धविश्वास, रूढ़िवादिता, जातीय ऊँच-नीच, स्त्री-पुरुषों के बीच भेदभाव, असमानता आदि तमाम बुराइयाँ व्याप्त रही हैं। सतीप्रथा, छुआछूत, बालविवाह, बहुपत्नी विवाह आदि अनेक कुप्रथाओं से पारिवारिक एवं सामाजिक जीवन त्रस्त एवं कलुषित था। समाज में नारी की स्थिति शोचनीय थी। हमारे तमाम समाज सुधारकों ने न केवल इन कुप्रथाओं को बन्द करवाया, वरन् विधवा विवाह को भी कानूनी मान्यता दिलाई। इनमें राजा राममोहन राय का बहुत बड़ा योगदान रहा है। समाज में तिरस्कृत-बहिष्कृत, दीन-दुःखी, कोढ़ी-वृद्ध, रोगी एवं फुटपाथ पर नारकीय जीवन जीने वालों को एक विदेशी महिला मदर टेरेसा ने जिस तरह से अपनाया और उन्हीं की सेवा-शुश्रूषा में अपना सम्पूर्ण जीवन अर्पित कर दिया, उससे पूरी दुनिया भिज्ञ है। ऐसी महान आत्माओं के जीवन के कई प्रसंग निश्चित रूप में प्रेरणादायक होते हैं।

किसी भी राष्ट्र के चहुँमुखी विकास के लिए वैज्ञानिक एवं औद्योगिक क्षेत्र में भी प्रगति करना आवश्यकीय होता है। आदिम अवस्था के वन्य-जीवन से आज हम जिस शहरी सभ्यता के चकाचौंध भरे वातावरण में रह रहे हैं, उसका सारा श्रेय विश्वभर के वैज्ञानिकों को जाता है। दुनिया में वैज्ञानिक आविष्कारों से ही औद्योगिक क्रान्ति सम्भव हो पायी है। औद्योगिक क्रान्ति से न केवल आशातीत आर्थिक विकास हुआ है, वरन् मनुष्य की सभी जीवनोपयोगी सुख-सुविधाएँ आज उपलब्ध हैं। यातायात के साधनों से जहाँ पूरी दुनिया बहुत छोटी होती चली गयी, वहीं संचार क्रान्ति से वह 'विश्वग्राम' में परिणत हो

गयी है। वैज्ञानिक आविष्कारों एवं चमत्कारों ने धरती-आसमान तक को एक कर दिया है और पूरे विश्वमानव को एक परिवार के रूप में जोड़ दिया है। अतः ऐसे महान वैज्ञानिकों एवं आविष्कारकों के बारे में जानना भी ज़रूरी है जिनके चमत्कारिक कृत्यों से पूरी दुनिया चकाचौंध से चमत्कृत है। इनमें कई नोबेल पुरस्कार विजेता वैज्ञानिक भी हैं जिन्होंने अपने-अपने आविष्कारों से मानवता की सेवा की है। इनमें अलबर्ट आइंस्टाइन, सी.वी. रमन, हरगोविन्द खुराना, होमी जहाँगीर भाभा, जयन्त नार्लीकर आदि प्रमुख नाम हैं। इन्हीं वैज्ञानिकों की श्रेणी में श्रीनिवास रामानुजन जैसे गणितज्ञों के नाम भी लिए जा सकते हैं जिनका पूरी दुनिया में यश फैला हुआ है। औद्योगिक विकास को अमलीजामा पहनाने में देश के इंजीनियरों की महत्त्वपूर्ण भूमिका होती है। भारतवर्ष में डॉ. एम. विश्वेश्वरैया तथा सर गंगाराम जैसे इंजीनियर हुए हैं जिन्होंने आधुनिक भारत के निर्माण में अपनी अहम भूमिका निभाई है। उनका जीवन भी नयी पीढ़ी के लिए बहुत प्रेरणादायक है।

यह सही है कि मनुष्य को ज़िन्दा रहने के लिए उसकी मूलभूत आवश्यकताओं—रोटी, कपड़ा और मकान की पूर्ति होनी चाहिए, लेकिन जीवन के लिए इतना ही पर्याप्त नहीं होता। भौतिक आवश्यकताओं के साथ-साथ मानसिक आवश्यकताओं की पूर्ति भी ज़रूरी होती है। कहा गया है-'साहित्य संगीत कलाविहीनः साक्षात् पशुः पुच्छ विषाणहीनः'। अर्थात् साहित्य, संगीत और कला से रहित व्यक्ति साक्षात् पूँछ और सींगरहित पशु के समान होता है। इस तरह जीवन को सरस, सुन्दर और आनन्दमय बनाने के लिए साहित्य तथा अन्य कलाओं का भी महत्त्व होता है। विश्व में एक से बढ़कर एक महान साहित्यकार हुए हैं। भारत के आदिकवि महर्षि वाल्मीकि से लेकर छायावादी कवि निराला तक महान साहित्यकारों की एक लम्बी सूची है, जिनमें से कतिपय साहित्यकारों के जीवन की कुछेक महत्त्वपूर्ण घटनाओं को उक्त पुस्तक में स्थान दिया गया है। इस प्रकार मानसिक एवं भावात्मक परितोष के लिए जीवन में साहित्य का विशेष महत्त्व होता है।

मनुष्य के क्रियाकलापों को देखकर प्रायः उसे एक 'सभ्य जानवर' कहा जाता है। पशुत्व से ऊपर उठकर सच्चे अर्थों में मनुष्यत्व को प्राप्त करने के लिए 'आत्मज्ञान' की आवश्यकता होती है। यह आत्मज्ञान ही मनुष्य को जीवन के सारतत्व का बोध कराता है। आत्मज्ञान के द्वारा ही आत्मा और परमात्मा के स्वरूप के बारे में जाना जा सकता है। आध्यात्मिक महापुरुषों के संसर्ग एवं मार्गदर्शन से आत्मज्ञान प्राप्त कर मनुष्य स्वयं के जीवन को सार्थक बना

सकता है। भारत को आध्यात्मिक ज्ञान की धरती माना जाता है। इस धरती पर महात्मा गौतम बुद्ध, गुरु नानक, स्वामी विवेकानन्द सरीखे कई ज्ञानी महापुरुष पैदा हुए हैं जिन्होंने हमेशा मानवता का पाठ पढ़ाया है तथा अपने ज्ञान से विश्व का मार्गदर्शन किया है। ऐसे ज्ञानी-महाज्ञानी महात्माओं का दिव्य जीवन हमेशा से दीन-दु:खियों एवं अज्ञानी संसारी जीवों के लिए प्रेरणा-स्रोत रहा है।

डॉ. बी.आर. पनेरू ने उनमें से कतिपय महापुरुषों के जीवन के कुछ प्रेरक प्रसंगों को 'महान विभूतियों के प्रेरक-प्रंसग' नामक पुस्तक में संगृहीत किया है, ताकि भावी पीढ़ी का मार्ग-दर्शन हो सके और इन महापुरुषों के जीवन से प्रेरित होकर अपने जीवन को सार्थक कर सके। जिस प्रकार ज्ञान की कोई सीमा नहीं होती, उसी प्रकार सीखने की भी कोई उम्र नहीं होती। कहा जाता है कि 'पुस्तकें मनुष्य की सबसे अच्छी दोस्त होती हैं' जो हर समय उसका साथ देती हैं। ये पुस्तकें व्यक्ति के भीतर ज्ञान का ऐसा दीप प्रज्वलित करती हैं कि हमारे भीतर से ही हमारा आत्मीय साथी पैदा हो जाता है जो मरते दम तक साथ चलता है। महापुरुषों के जीवन से सम्बन्धित प्रेरणादायी पुस्तकों को हमेशा साथ रखना एक शुभेच्छु मृदुभाषी मित्र के साथ यात्रा करने जैसा अहसास होता है।

जनतन्त्र और संसदीय प्रणाली : दशा एवं दिशा

विश्व के अधिकांश देशों की शासन-व्यवस्था, वर्तमान में लोकतान्त्रिक संसदीय प्रणाली पर आधारित है। सम्भवतः इसके विकल्प में इससे बेहतर शासन-व्यवस्था का प्रारूप अभी तक विश्व समुदाय के सामने नहीं आ पाया है। लोकतन्त्र का तात्पर्य है—जनता द्वारा, जनता के लिए, जनता का शासन। परन्तु सैद्धान्तिक रूप से लोकतन्त्र की यह परिकल्पना जितनी आकर्षक लगती है, व्यवहार में उतनी खरी नहीं उतर पायी है। इतना अवश्य है कि लोकतन्त्रीय प्रणाली से पूर्व विश्व के तमाम देशों में जो राजतन्त्रीय व्यवस्था थी, राजा द्वारा ही वंश-परम्परा से राजकाज चलाया जाता था तथा राज्य की सम्पूर्ण शक्ति एक ही व्यक्ति के हाथों में केन्द्रित थी, उसका विकेन्द्रीकरण हुआ है। राजतन्त्रीय शासन-व्यवस्था हर युग में, हर देश में जनता की अपेक्षाओं पर खरी न उतरी हो, ऐसा भी नहीं है। राजा को ईश्वर का अवतार स्वरूप मानने के पीछे जो भी धार्मिक भावना या राजनीतिक-सामाजिक-सांस्कृतिक प्रतिबद्धता रही हो, लेकिन कई राजा वास्तव में ईश्वरीय अवतार स्वरूप हुआ करते थे।

भारत में, अतीत में तमाम ऐसे राजा हुए हैं जिन्होंने जनता की भावना के अनुरूप शासन-व्यवस्था चलाने में सफलता पायी है। रघुवंशी राम इसके आदर्श उदाहरण माने जाते हैं। भारतवर्ष को अंग्रेज़ों की गुलामी से आज़ाद कराने के लिए महात्मा गाँधी ने जब देश की समस्त जनता का आह्वान किया तो विकल्प के रूप में आज़ाद भारत में 'रामराज्य' का सपना साकार करने का भरोसा भी दिलाया। ऐसा 'रामराज्य' जिसमें समाज की अन्तिम पंक्ति के अन्तिम व्यक्ति की आवाज़ को भी सुना जायेगा और उस पर न्यायोचित ढंग से विचार किया जायेगा। कहा जाता है कि राजा राम के राज्य में जनता की वास्तविक भावना का गुपचुप तरीक़े से भी पता लगाया जाता था कि राजा और उसकी शासन-व्यवस्था को जनता का विश्वास प्राप्त है या नहीं। समाज के दलित वर्ग के नगण्य-से समझे जाने वाले धोबी ने जब अपनी धोबिन से राम

के आचरण और सीता के चरित्र पर आशंका व्यक्त की तो उसकी परिणति राम द्वारा सीता-परित्याग के रूप में हुई। एक सामान्य से व्यक्ति की बात पर इतना कठोर निर्णय लेने की घटना विश्व के किसी दूसरे देश के इतिहास में देखने को नहीं मिलती। जनता की भावनाओं को इतना अधिक महत्त्व दिया जाना लोकतन्त्रीय भावना का सबसे बड़ा उदाहरण है।

इस घटना का एक दूसरा पहलू भी है। थोड़ी देर के लिए यदि हम राम को ऐतिहासिक पुरुष मानकर चलें और उनकी शासन-व्यवस्था को राज्य के लिए आदर्श स्वरूप, तो सीता-परित्याग का उनका निर्णय एकपक्षीय था। इस निर्णय में धोबी की बात तो सुनी गयी, लेकिन सीता का पक्ष नहीं सुना गया। राजा राम ने अपनी छवि सुधारने के लिए निर्दोष सीता को अकारण दण्डित कर दिया, वह भी ऐसी अवस्था में जब वे गर्भवती थीं, तनिक भी मानवता का परिचय नहीं दिया गया। जनता ने बहुमत से राम के निर्णय को हृदय से स्वीकारा और सराहा नहीं होगा। स्वयं राम ने भी अपनी प्राणेश्वरी सीता के परित्याग का हृदय-विदारक निर्णय ख़ुशी से नहीं लिया होगा। यही राजतन्त्र की सीमा है। राजतन्त्र में ही इस तरह का निर्णय लिया जा सकता था, लोकतन्त्र में नहीं। राम राजा भी थे और स्वयं ही न्यायाधीश भी। कार्यपालिका, विधायिका और न्यायपालिका के सारे अधिकार उन्हीं के पास थे। वे जो चाहते, कर सकते थे।

सीता को चाहे न्याय मिला हो या न मिला हो, लेकिन यह बात उल्लेखनीय है कि एक साधारण आदमी की बात भी सुनी गयी और उस पर एक ऐतिहासिक निर्णय लिया गया, जो इस बात को प्रमाणित करता है कि किसी भी शासन-व्यवस्था में जनता से बढ़कर कोई दूसरा नहीं है, यहाँ तक कि राजा-रानी भी नहीं। परन्तु हर युग में न राम जैसे राजा हो सकते हैं और न ऐसा सम्भव है। सम्भवत: आज़ाद भारत की जनता के सामने 'रामराज्य' का आदर्श प्रस्तुत करने के पीछे गाँधी जी का उद्देश्य भी यही रहा होगा।

लोकतन्त्र में जनता अपने भाग्य का फ़ैसला स्वयं करती है। भारतीय लोकतन्त्र में अठारह वर्ष की आयु से ऊपर के प्रत्येक नागरिक को, चाहे वह स्त्री हो या पुरुष, मताधिकार प्राप्त है और वह गुप्त मतदान द्वारा अपने मताधिकार का निर्भय होकर प्रयोग कर सकता है। भारतीय जनता ने सन् 1977 तथा सन् 1984 में अपनी शक्ति का परिचय देते हुए चौंकाने वाले निर्णय भी दिये हैं और चुनावी पण्डितों के सारे अनुमान धरे-के-धरे रह गये।

जनता ने बड़े-बड़े सत्तासीनों को धूल भी चटाई है और उनके सिर पर ताज भी पहनाया है। यही लोकतन्त्र की असली ताक़त भी है और पहचान भी।

इसमें कोई दो राय नहीं कि आज़ादी के बाद भारत में लोकतन्त्र की जड़ें मज़बूत हुई हैं। देश का चहुँमुखी विकास हुआ है तथा औद्योगिक एवं वैज्ञानिक क्षेत्र में काफ़ी उन्नति हुई है। मध्यवर्ग की संख्या पच्चीस फीसदी तक पहुँचने का अनुमान है। भारत को एक आर्थिक महाशक्ति के रूप में देखा जा रहा है। उपलब्धियाँ और भी कई गिनाई जा रही हैं। तो क्या हम यह मानकर चलें कि दुनिया के सबसे बड़े लोकतान्त्रिक देश में सब कुछ ठीक-ठाक चल रहा है? उपलब्धियाँ अपनी जगह हैं, उससे कोई इनकार नहीं कर सकता, परन्तु इन उपलब्धियों ने कई अन्य ख़तरों को भी जन्म दिया है जो लोकतन्त्र के भविष्य के लिए शुभ संकेत नहीं है। वर्तमान में भारतवर्ष दो विरोधी दिशाओं में एक साथ चल रहा है, ठीक उस शराबी अमीरज़ादे की तरह जो अपनी आर्थिक ख़ुशहाली के कारण शराब के नशे में मदहोश है, लेकिन उसके पाँव गन्दी नाली में लड़खड़ा भी रहे हैं।

यद्यपि भारत ने आर्थिक विकास के क्षेत्र में काफ़ी तरक्की की है, लेकिन अभी भी हम न भुखमरी को पूरी तरह से दूर कर पाये हैं और न ग़रीबी ही मिटा पाये हैं। जनसंख्या-वृद्धि के साथ-साथ जहाँ एक ओर पूँजीपतियों की संख्या में वृद्धि हुई है, वहीं दूसरी ओर उससे कहीं अधिक अनुपात में ग़रीब एवं निर्बल वर्ग की संख्या बढ़ी है। देश का विकास असन्तुलित दिशा में आगे बढ़ रहा है। धनी अधिक धनवान होते जा रहे हैं तो ग़रीब और अधिक ग़रीब। ग़रीबी की रेखा से नीचे जीने वालों की ज़िन्दगी बद से बदतर होती जा रही है। फुटपाथों पर रात गुज़ारने वालों, जूठी पत्तलें चाटने वालों तथा भूख से मरने वालों की संख्या दिन-प्रतिदिन बढ़ती जा रही है।

यह घोर विडम्बना ही है कि आर्थिक विकास जिस तेज़ी से हो रहा है, आर्थिक अपराध भी उसी अनुपात में बढ़ रहे हैं। डकैती, हत्या, लूट-खसोट, भ्रष्टाचार, बेईमानी, कालाबाज़ारी वग़ैरह अपने चरम पर हैं। किसी भी शहरी का जीवन पूर्णतः सुरक्षित नहीं है। राजनीति में अपराधियों की संख्या में निरन्तर वृद्धि हो रही है। जनता के रक्षक ही भक्षक बन गये हैं। देश का शासन चलाने वाले राजनेता, सरकारी मशीनरी, प्रशासनिक अधिकारी, अधिसंख्यक रूप से भ्रष्टाचार के दलदल में डूबे हुए हैं। केन्द्र अथवा राज्यों में सरकारें चाहे जिस किसी भी पार्टी की हों, घोटालों की सूची लम्बी होती जा रही है। किसी का भी दामन पाक-साफ़ नहीं रह गया है। राजनीतिक दल एक-दूसरे

पर कीचड़ उछालने में लगे हैं, लेकिन सभी पक्ष कीचड़ में इस तरह से सने हुए हैं कि सब कुछ कीचड़मय-सा हो गया है। जनता मूक दर्शक बनी हुई है। मूल्यहीनता के जिस निकृष्टतम छोर पर हम पहुँच चुके हैं, उसके लिए ज़िम्मेदार कौन है, यह अहम प्रश्न है।

भारत की इस जनतान्त्रिक संसदीय प्रणाली में वर्तमान में जो कमियाँ दृष्टिगत हो रही हैं और जिसके कारण नैतिक मूल्यों का राजनीतिक क्षेत्र में तेज़ी से ह्रास हो रहा है, उसके लिए क्या जनता दोषी है जो भ्रष्ट प्रतिनिधियों को चुनकर सत्ता के गलियारों तक पहुँचाती है या वे विधायक, सांसद एवं मन्त्री दोषी हैं जो जनता की भावना के साथ खिलवाड़ और विश्वासघात करते हैं, यह चिन्तन का विषय है। लोकतान्त्रिक प्रणाली में शासन-व्यवस्था जनता के द्वारा चुने गये प्रतिनिधियों के हाथ में होती है और प्रकारान्तर से यह माना जाता है कि जनता ही अपने प्रतिनिधियों के रूप में अपनी शासन-व्यवस्था चला रही है। लेकिन ज्यों ही कोई व्यक्ति विधायक या सांसद चुना जाता है, वह जनता से किये गये वायदे भूल जाता है और भ्रष्ट तरीक़े से धन जुटाने के जुगाड़ में जुट जाता है ताकि अगला चुनाव भी लड़ सके और चुनाव हारने की स्थिति में जीवन भर की सुख-सुविधाओं की व्यवस्था की जा सके। हालाँकि कुछ अपवाद भी हो सकते हैं। ऐसी स्थिति में जनता मूक दर्शक बनी रहती है और अपने निर्णय पर पछताने के सिवाय उसके पास कोई चारा नहीं होता। अगले चुनाव में दूसरा व्यक्ति चुनकर जाता है तो वह भी पहले का ही डुप्लीकेट सिद्ध होता है। जनता बार-बार छली जाती रहती है और उसके पास कोई विकल्प नहीं होता। जनता किसी व्यक्ति विशेष को अपने सारे अधिकार देकर स्वयं अधिकारविहीन हो जाती है।

इस स्थिति से निपटने के लिए सबसे बेहतर तरीक़ा यही हो सकता है कि जनता की भावनाओं पर खरा न उतरने की स्थिति में जनता को अगले चुनाव से पूर्व अपने चुने हुए जनप्रतिनिधि को वापस बुलाने का संवैधानिक अधिकार होना चाहिए। दूसरा, ऐसे व्यक्ति को चुनाव लड़ने की अनुमति नहीं मिलनी चाहिए, जिसका पिछला रिकॉर्ड आपराधिक रहा हो या जो संगीन अपराधों में आरोपित हो। जनप्रतिनिधि योग्य हों, जनता के प्रति उनकी जवाबदेही हो, वे अपने कर्तव्य के प्रति निष्ठावान हों, इसके लिए आवश्यक है कि जिस तरह से राजकीय एवं अशासकीय सेवाओं के लिए पदानुरूप न्यूनतम योग्यताएँ निर्धारित होती हैं, उसी प्रकार उनके लिए भी शैक्षिक योग्यताओं का निर्धारण होना चाहिए।

हमारी चुनाव-प्रणाली इतनी अधिक ख़र्चीली है कि उसमें योग्य, विद्वान एवं ईमानदार व्यक्ति चुनाव नहीं लड़ सकता। प्लेटो ने कहा था कि "शासन की बागडोर दार्शनिकों के हाथ में होनी चाहिए।" लेकिन प्राय: यह देखने में आता है कि जहाँ सरस्वती होती है, वहाँ लक्ष्मी का निवास नहीं होता। इस समस्या का निदान यही है कि चुनाव का पूरा व्यय सरकार को वहन करना चाहिए, तभी साधनहीन, लेकिन योग्यतम उम्मीदवार चुनाव लड़ सकते हैं, अन्यथा धनबल, जनबल एवं बाहुबल के आधार पर ही चुनाव लड़े जाते रहेंगे और विधानसभा तथा लोकसभा में उन्हीं का वर्चस्व होगा। जो व्यक्ति करोड़ों रुपये खर्च करके चुनाव जीतता है, उसकी पहली प्राथमिकता ख़र्च किये गये रुपयों की वसूली करना तथा अगला चुनाव लड़ने के लिए धन जुटाना होता है, ऐसे में जनता के हित हाशिए पर चले जाते हैं।

कई बार जनता को दोष दिया जाता है कि वह योग्य उम्मीदवार चुनकर नहीं भेजती। प्राय: होता यह है कि प्रत्येक राजनीतिक पार्टी के उम्मीदवार लगभग एक जैसे चरित्र वाले होते हैं और जनता को दो बुराइयों में से एक बुराई को चुनने के लिए विवश होना पड़ता है। इसीलिए अमूमन लोगों को कहते हुए सुना जाता है कि सभी 'चोर-चोर मौसेरे भाई' हैं। दूसरा, विजयी उम्मीदवार जनता का वास्तविक प्रतिनिधित्व नहीं करता, वरन् वह कुल मतदाताओं के एक चौथाई से भी कम लोगों का प्रतिनिधि होता है। प्राय: मतदान का औसत पचास प्रतिशत रहता है और विजयी उम्मीदवार, अन्य प्रत्याशियों में मत-विभाजन के कारण पन्द्रह से पच्चीस प्रतिशत के बीच मत प्राप्त कर भी चुना जाता है।

जिन क्षेत्रों में जाति, धर्म एवं सम्प्रदाय के आधार पर चुनाव लड़ा जाता है, वहाँ का जनप्रतिनिधि वर्ग विशेष का ही प्रतिनिधित्व करता है और अपने वर्ग के लोगों के ही हितों की रक्षा करता है ताकि अगले चुनाव में भी उसकी जीत सुनिश्चित हो सके। इस कारण आम जनता में जातिगत, धर्मगत एवं सम्प्रदायगत वैमनस्य, घृणा-द्वेष तथा टकराव की स्थिति भी प्राय: देखने को मिलती है जो भारत की एकता, अखण्डता एवं साम्प्रदायिक सौहार्द एवं सामासिक संस्कृति की सुरक्षा के लिए बहुत बड़ा ख़तरा है। यदि इस स्थिति को समय रहते न रोका गया तो भारतीय लोकतन्त्र का भविष्य ख़तरे में पड़ सकता है। टुकड़े-टुकड़े बटोरकर जिस भारत को लोकतन्त्र के बैनर तले एकजुट किया गया है, यदि उसकी सही देखभाल नहीं की गयी तो उसके बिखरने में भी देर नहीं लगेगी।

लोकतान्त्रिक संसदीय प्रणाली में जनता के समुचित प्रतिनिधित्व के लिए आवश्यक है कि चुनाव प्रक्रिया में आमूल सुधार किया जाये। इसके लिए कई आवश्यक कदम उठाये जा सकते हैं, जैसे–पहला, निर्दलीय उम्मीदवारों द्वारा चुनाव लड़ने पर प्रतिबन्ध लगाया जाये। एक-दूसरे के वोट काटने के लिए अधिसंख्यक निर्दलीय उम्मीदवार खड़े किये जाते हैं, जिससे चुनाव-प्रक्रिया मज़ाक़ बनकर रह जाती है। सभी जानते हैं कि निर्दलीय उम्मीदवार को (अपवादों को छोड़कर) जीतना नहीं है, इसलिए निर्दलीय उम्मीदवारों को पड़ने वाले मत व्यर्थ चले जाते हैं। इससे चुनाव की गम्भीरता भी बाधित होती है। दूसरा, प्रत्येक मतदाता के लिए मतदान करना अनिवार्य कर दिया जाना चाहिए। वस्तुतः होता यह है कि शिक्षित एवं विवेकशील लोग मतदान के प्रति प्रायः उदासीन होते हैं, इस कारण वे मतदान करने जाते ही नहीं हैं। इस उदासीनता के कई कारण हैं, जिनमें तथाकथित जनप्रतिनिधियों के प्रति निराशा एवं उपेक्षा का भाव प्रमुख है।

ग्रामीण क्षेत्रों में जो मतदाता मतदान करता है, वह प्रायः अशिक्षित या कम पढ़ा-लिखा होता है तथा धनबल एवं बाहुबल के प्रभाव में आकर अथवा जातीयता के आधार पर मतदान करता है, जिससे योग्य उम्मीदवार का चयन नहीं हो पाता। अतीत में जब भी भारी संख्या में एकपक्षीय मतदान द्वारा सत्ता-परिवर्तन हुआ है, उसके विशेष कारण रहे हैं, मसलन सन् 1977 में आपातकाल के बाद के सत्ता-परिवर्तन या सन् 1984 के. श्रीमती इन्दिरा गाँधी-हत्याकाण्ड एवं सिख विरोधी दंगों के बाद स्व. राजीव गाँधी को मिले अपार जन-समर्थन को लिया जा सकता है। सामान्य स्थिति में पढ़े-लिखे वर्ग का चुनावों के प्रति जो उपेक्षापूर्ण रवैया रहता है, उसमें बदलाव की आवश्यकता है।

राजनीति को एक पेशे के रूप में नहीं, वरन् जनता की सेवा के रूप में सामाजिक स्वीकृति मिलनी चाहिए। पेशेवर राजनीतिज्ञ मृत्यु तक कुर्सी से चिपके रहना चाहते हैं, जिससे योग्य युवा पीढ़ी को आगे बढ़ने का अवसर नहीं मिल पाता। जब यह माना जाता है कि साठ वर्ष की आयु पार करने के बाद व्यक्ति की कार्यक्षमता कम हो जाती है और सभी सरकारी एवं ग़ैर-सरकारी सेवाओं में व्यक्ति अवकाश ग्रहण कर लेता है तो ऐसे में अस्सी साल के वृद्ध व्यक्ति को देश का मुख्यमन्त्री, प्रधानमन्त्री या मन्त्री बनाने का क्या औचित्य है? जीवन की ढलती शाम में ऐसे व्यक्ति से एक नये भारत के निर्माण की आशा कैसे की जा सकती है? अतः यह अत्यन्त आवश्यक

है कि विधानसभा या लोकसभा का चुनाव लड़ने की अधिकतम आयु-सीमा किसी भी दशा में पैंसठ वर्ष से अधिक नहीं होनी चाहिए। इस मुद्दे पर विभिन्न टी.वी. चैनलों के माध्यम से देश भर में जनमत संग्रह कराया जाना चाहिए ताकि जनता की वास्तविक भावना का पता भी लगाया जा सके। इस सुझाव के पीछे वृद्ध राजनीतिज्ञों की अवज्ञा का भाव नहीं है। पैंसठ वर्ष से अधिक आयु वाले लोकप्रिय एवं योग्यतम राजनीतिज्ञों की सेवाएँ सम्बन्धित पार्टी अथवा सलाहकार बोर्ड आदि में अन्य रूपों में ली जा सकती हैं, ताकि वे नयी पीढ़ी का समुचित मार्ग-दर्शन कर सकें।

जनप्रतिनिधियों के आर्थिक भ्रष्टाचार के मुद्दे प्रायः चर्चा के विषय होते हैं और जनता की यह आम राय होती है कि तथाकथित जनप्रतिनिधि सत्ता के दुरुपयोग द्वारा अधिकतम कमाई करने के लिए ही राजनीति में जाते हैं, न कि जनता की सेवा के लिए। इसके लिए आवश्यक है कि जनप्रतिनिधियों के चुने जाने से पूर्व तथा बाद की आय का तुलनात्मक आकलन किया जाये तथा आय के घोषित स्रोतों से अधिक आमदनी पर न केवल उनकी सदस्यता समाप्त की जाये, वरन् उन पर आर्थिक अपराध का मुकदमा दायर कर, कठोर कानूनी कार्यवाही भी की जाये। इन सब कार्यों में पारदर्शिता बरती जानी चाहिए ताकि आम जनता को लगे कि कानून की दृष्टि में सभी समान हैं।

वर्तमान सन्दर्भों में, इसमें कोई दो राय नहीं कि लोकतान्त्रिक संसदीय प्रणाली से कोई दूसरी बेहतर शासन-व्यवस्था नहीं हो सकती। सैद्धान्तिक दृष्टि से जहाँ यह व्यवस्था बहुजनहिताय एवं बहुजनसुखाय की अवधारणा पर आधारित है, वहीं व्यवहार के स्तर पर अपने उद्देश्यों में पूर्णतः सफल नहीं हो पायी है। इसके लिए किसी एक को ही दोष देना समीचीन नहीं है। जनता और जनप्रतिनिधि दोनों इसके लिए उत्तरदायी हैं। जनप्रतिनिधि भी जनता के बीच से ही चुना जाता है और जनता ही उसे चुनती है। ऐसे में जनप्रतिनिधि की ज़िम्मेदारियाँ बढ़ जाती हैं कि वह स्वयं को इस योग्य सिद्ध करे कि जनता का उस पर विश्वास बना रहे। ऐसा नहीं है कि देश में सभी राजनेता भ्रष्ट एवं अयोग्य हैं। इस देश में एक से बढ़कर एक राजनेता हुए हैं जिन्होंने निःस्वार्थ भाव से प्राणार्पण तक देश की जनता की सेवा की है और आज भी कर रहे हैं। यदि सभी भ्रष्ट होते तो यह देश कब का डूब गया होता।

चारों ओर फैले भ्रष्टाचार के महासागर में अभी भी ईमानदारी और नैतिकता की कुछ नावें तैरती हुई दृष्टिगत हो रही हैं, जिससे आशा बँधती है कि अभी सब कुछ ख़त्म नहीं हुआ है। इन नावों की संख्या में यदि वृद्धि होगी

तो वे आसमान के तारों की तरह पूरे देश में इस तरह छा जायेंगी कि अपने आभामण्डल से जनता में व्याप्त निराशा के अन्धकार को दूर कर एक नये भारत के निर्माण का मार्ग प्रशस्त करेंगी और फिर स्वर्णिम प्रभात की नयी बेला में हमारा देश एक नयी करवट लेगा, जागेगा, सोये हुओं को जगाएगा–'आओ हम सब मिलकर भारत के नव-निर्माण में जुट जायें, एक-दूसरे को दोष देना बन्द करें क्योंकि भीतर से हम सब एक जैसे ही हैं।'

आशा की जानी चाहिए कि इस देश में फिर से लोकतन्त्र फलेगा-फूलेगा और अपने अतीत के अनुभवों से सबक लेकर, फिर से अतीत को दोहराना नहीं चाहेगा। वह यह भी नहीं चाहेगा कि हमें आर्थिक गुलामी की मार झेलनी पड़े, जो अन्ततः हमारी राजनीतिक गुलामी का कारण बनेगी। न कभी इस बात का अन्देशा होगा कि एक और पाकिस्तान की माँग उठे, न वह आतंकवाद से भयभीत होगा और न नक्सलवाद या माओवाद से विचलित। लोकतन्त्र की बरगदी जड़ें इतनी मज़बूत होंगी कि कोई भी आँधी-तूफान उसे डिगा नहीं पायेगा, लेकिन उन जड़ों को हमें अपने ख़ून-पसीने से सींचते भी रहना पड़ेगा ताकि उसकी हरियाली और शीतल छाया का आनन्द सभी उठा सकें और ऐसा 'सर्वभूतहिते रतः' की भावना से ही सम्भव हो पायेगा। संसार में असम्भव कुछ भी नहीं है, 'जहाँ चाह, वहाँ राह' है। यदि हमारे राष्ट्र के कर्णधार एक नये भारत के निर्माण का संकल्प ले लें तो इस लोकतान्त्रिक व्यवस्था में उपजी ख़ामियों को आसानी से दूर किया जा सकता है।

❐❐